ÉREO

Estimado Sidnei

Que este livro lhe sirva como fonte de inspiração, criatividade e persistências, com seus discípulos em casa e na UL.

Abraços e
Feliz Aniversário
JuaBloque
XII 2003

# O sonho brasileiro

Thales Guaracy

# O sonho brasileiro

*Como Rolim Adolfo Amaro criou a TAM
e sua filosofia de negócios*

Copyright © 2003 A Girafa Editora Ltda.
Copyright © 2003 Noemy Almeida Oliveira Amaro e Thales Guaracy

*Não é permitida a reprodução desta obra, parcial ou integralmente, sem a autorização expressa da editora e do autor.*

Coordenação editorial
*Estúdio Sabiá*

Capa e projeto gráfico
*Cuca Petit*

Finalização de capa e paginação
*Carla Castilho*

Preparação de texto
*Claudia Abeling*

Revisão
*Paola Morsello*
*Andréia Moroni*
*Bruno Salerno Rodrigues*

Produção
*Daniel Rampazzo*

Dados Internacionais de Catalogação na Publicação (CIP)
(Câmara Brasileira do Livro, SP, Brasil)

Guaracy Thales
 O sonho brasileiro : como Rolim Adolfo Amaro criou a TAM e sua filosofia de negócios / Thales Guaracy. — São Paulo : A Girafa Editora, 2003.

 1. Aeronáutica — Brasil — História 2. Amaro, Rolim Adolfo, 1942-2001 3. Linhas aéreas — Administração 4. TAM — História I. Título. II. Título: Como Rolim Adolfo Amaro criou a TAM e sua filosofia de vida.

03.4323                      CDD-629.130092

Índice para catálogo sistemático:
1. Empresários de aviação : Biografia e obra
629.130092

Terceira edição

2003

Os direitos para publicação desta obra em língua portuguesa estão reservados por
A GIRAFA EDITORA LTDA.
Av. Angélica, 2503, cj. 125
01227-000 – São Paulo – SP
www.agirafa.com.br

*"Eu começaria minha biografia com uma exclamação de Napoleão: 'Ah! Que belo livro daria minha vida!'."*

Rolim Adolfo Amaro

## Sumário

Um homem e suas biografias ..................... 11
(*Uma nota do autor*)

1. O sonho secreto ............................. 22

2. Vôo sobre a selva ........................... 48

3. As pessoas e os negócios .................... 88

4. Comandante na tormenta ..................... 118

5. Tudo ou nada ............................... 170

6. O tapete mágico ............................ 212

7. Number One ................................. 296

8. Onde o homem se sente mais livre ........... 352

"Assim é que se faz negócio" .................. 395

"Nada substitui o lucro" ...................... 417

Rolinianas .................................... 429

# Agradecimento

Para escrever este livro, tive de ouvir dezenas de pessoas, tão diferentes quanto as relações de Rolim: seus familiares, funcionários da TAM de todos os escalões, consultores, banqueiros, capitães de indústria, executivos, políticos, jornalistas, fazendeiros, aviadores, músicos. Além de passageiros das suas empresas e gente que encontrou por acaso. Entre os entrevistados, estão não só amigos de Rolim, como concorrentes e adversários, que colocaram o valor humano acima da rivalidade. A todos esses colaboradores e amigos — entre os quais destaco o escritor Fernando Morais —, que verão muito de si neste trabalho, devo minha gratidão.

Fica minha dívida sobretudo com Adriana Conti, que gentilmente me cedeu todo o material gravado por ela com Rolim, sem esperar outra recompensa além de contribuir com a memória do comandante.

Precisei ainda consultar centenas de cartas, documentos, fotografias, livros e outras publicações sobre Rolim e a TAM. Fico grato a todas as pessoas e instituições que colocaram seus arquivos à minha disposição, em especial Miguel Pacheco Chaves, que cedeu seu precioso trabalho como fotógrafo ao lado de Rolim, e o Departamento de Documentação da Editora Abril, o Dedoc.

Deixo meu reconhecimento à TAM por ter aberto suas portas incondicionalmente para a reportagem, a Mauro Guimarães, a quem este livro deve sua existência, e à família de Rolim, pela compreensão e ajuda sem o desejo ou o sentido da interferência.

# Um homem e suas biografias
*(Uma nota do autor)*

O comandante Rolim Adolfo Amaro, dono da TAM, tinha uma paixão particular por biografias. Autodidata que não completou o primeiro grau, era um leitor ávido e profundamente interessado na história dos grandes homens do passado, dos quais retirava, assim como daqueles que conhecera pessoalmente, lições de sabedoria.

Gostava em especial de Napoleão. Lera tudo o que havia sido publicado a respeito do general imperador. Nas suas passagens por Paris, nunca deixava de visitar o Hospital dos Inválidos, onde está, sob um domo dourado, a tumba do extraordinário herói nacional da França.

Na sala de reuniões da TAM, ao lado de seu gabinete com paredes de lambris, figuravam vários retratos de Napoleão e uma extensa e minuciosa árvore genealógica da família Bonaparte. Entre projetos mirabolantes que Rolim adorava inventar, muitos dos quais acabou realizando, estava o de comprar um iate para fazer uma romaria marítima de Santos até a ilha de Santa Helena, onde Napoleão morreu no exílio.

Para Rolim, somente o livro podia retratar uma grande vida. No início dos anos 1990, quando já se considerava um homem realizado, e ameaçado por um tumor na garganta, chegou a pagar um jornalista de São Paulo por um período de dois anos para escrever sua história até ali. Ao final, contudo, acabou por superar o câncer. Quanto à biografia já escrita, não se deu por satisfeito.

*O sonho brasileiro*

Em 1994, depois de ler o perfil que eu fizera dele para uma revista da Editora Abril, chegou a me mostrar o calhamaço, retirado de uma gaveta na antiga sede do táxi aéreo, onde ainda teimava em despachar, apesar de a TAM já ser uma grande empresa aérea. E me fez um pedido, com o tratamento respeitoso ao qual estava habituado, mesmo exagerado para os meus 28 anos de idade à época.

— Doutor, leia isso aí e me explique por que eu não gosto.

Fiz o que pedia. O texto era uma coleção de histórias, episódios do passado aventuresco de Rolim como aviador. Ele, de fato, tinha muito o que contar nessa área. Carregava uma cicatriz sob o cabelo cuidadosamente implantado, herança de um acidente do qual escapara com vida por um triz. Começara a ganhar dinheiro pilotando monomotores na selva. Andara armado, convivera com índios, empresários pioneiros, vira pilotos como ele morrerem de maneira trágica.

Parecia um milagre que Rolim tivesse simplesmente sobrevivido, mas era pouco descrevê-lo como um aventureiro. Fizera-se sozinho, como uma versão brasileira do sonho americano. De piloto de monomotor que dormia embrulhado em jornais para escapar ao frio, contava em 1994 13 jatos Fokker-100 em sua frota. Sua empresa transportava 1,6 milhão de passageiros ao ano e faturava 240 milhões de dólares. Vencera no negócio mais difícil do mundo, uma atividade altamente dependente de capital (para comprar aviões), de gente (no atendimento), de energia (o combustível). Todos fatores que isolados já caracterizariam uma empresa de alto risco.

E não era tudo. Rolim abrira seu caminho num país onde a aviação, tornada ultradependente do poder público, sempre subsistira à sombra de favores e negociatas. No entanto, fizera-o a seu modo, pelo caminho inverso. Lutara contra o poder arbi-

## Um homem e suas biografias

trário no terreno econômico. Associara seu progresso à bandeira da liberdade de empresa, ao culto ao cliente e à devolução do dinheiro que a sociedade lhe entregava na forma de pagamento de impostos e da prestação de serviço honesto, a partir de uma empresa que se orgulhava do seu lucro.

Com essa trajetória, que dizia ser a mais difícil, porém de sucesso mais duradouro quando alcançado, Rolim já em 1994 era um astro do empresariado brasileiro, reconhecido como um empreendedor original, lutador e ousado. Premiado, convidado para palestras, cortejado pelos bancos que outrora lhe davam piparotes, bajulado pelo poder, era também um homem controvertido. Uns o chamavam de "marqueteiro", como se a imagem que construíra não tivesse tanto conteúdo, ou Rolim fosse somente um obcecado pela autopromoção. A imprensa também explorava seu lado caipira, expondo como extravagância o gosto pela música sertaneja, seus ditados às vezes polêmicos e sua paixão declarada por tudo o que dizia respeito ao sexo feminino.

Rolim era um homem que apreciava os paradoxos. Tanto fora perseguido no golpe de 1964 como subversivo quanto seria, mais tarde, expoente do liberalismo mais radical. Fez-se amigo igualmente de líderes de esquerda como Luiz Inácio Lula da Silva e ditadores de extrema direita como o general Hugo Banzer, da Bolívia, e Alfredo Stroessner, do Paraguai.

Personagem carismático, visionário dos negócios, administrador esperto, criador célebre de aforismos, participante ativo da história econômica do país, Rolim era ainda um sedutor. Cativava amigos instantaneamente, das pessoas simples que achava nos bares em suas viagens de motocicleta a reis e vendedores de armas. Sabia, como poucos, alimentar a mitologia que corria em torno de si mesmo.

E tinha apenas 50 anos.

## O sonho brasileiro

Com a certeza de que faria muito mais, Rolim se deixou convencer de que o melhor era adiar sua biografia. Ficou no ar a idéia de que eu, algum dia, viesse a escrevê-la. Em 1995, fui procurado por Marcelo Cândido de Melo e Adriana Conti, sócios da Negócio, pequena editora no início de suas atividades, que tinham proposto a Rolim contar em livro sua história. O comandante, como ele gostava de ser chamado, indicara meu nome como o do autor que considerava mais capaz da tarefa. Na época, contudo, meu emprego absorvia muito de meu tempo e eu não podia entrevistá-lo.

Adriana, então, tomou para si esse trabalho. Ao longo de 1995, ela perseguiu Rolim, acompanhando-o a todos os lugares, fazendo sua a incansável rotina do comandante. Tomava infindáveis chás de cadeira no escritório da TAM, à espera de uma hora livre do entrevistado. Visitou com ele diversas vezes sua fazenda em Ponta Porã, no sul do Mato Grosso. Assistiu a seu lado aos *shows* de artistas paraguaios que ele adorava. E freqüentou diversos eventos para os quais era convidado.

O resultado desse trabalho foi um conjunto de fitas que permaneceram inéditas. Nelas, se encontra o registro de duas das palestras que empresários e executivos convidavam Rolim a proferir, quando discorria sobre seu assunto predileto: a mágica pela qual a TAM se tornara a empresa mais brilhante do mercado. São raridades. Por contrato, Rolim proibia que suas palestras fossem filmadas ou gravadas. Queria manter controle sobre seu conteúdo, ou simplesmente continuar valorizando sua presença. Nem ele próprio redigia seu discurso: adorava o contato direto com as pessoas, a espontaneidade e o improviso.

Depois de 1995, entretanto, Rolim se esqueceu de dedicar-se à própria biografia. De certa forma continuava a escrevê-

## Um homem e suas biografias

la, mas de maneira inconsciente, envolvido demais com uma nova leva de acontecimentos na TAM.

No ano seguinte, enfrentou um sério revés: a queda de um Fokker-100 durante a decolagem, diante do aeroporto de Congonhas, que matou 99 pessoas em plena capital paulista, a prova mais dura de sua carreira. A tragédia, que colheu de forma shakespeariana a companhia no auge de sua forma, poderia ter levado Rolim à ruína. Contudo, acabou se tornando um exemplo de superação empresarial que surpreendeu o próprio comandante. Nem a catástrofe destruiu o que ele plantara.

Mais tarde, ainda atribulado com um novo ciclo de expansão da TAM, que entrava nas rotas internacionais, ao mesmo tempo em que se tornava líder no mercado brasileiro, Rolim poderia voltar à biografia, mas passou a dizer que desistira dela. "Concluí que fazer biografia em vida dá azar", explicava.

Mesmo assim, não deixou de me incentivar a escrever histórias de empresários. Várias vezes ofereceu patrocínio para que eu deixasse a imprensa e biografasse o falecido Amador Aguiar, fundador do Bradesco, maior banco privado brasileiro, que ele conhecera ainda como piloto de táxi aéreo.

Fez oferta semelhante ao jornalista Fernando Morais, o mais conhecido biógrafo brasileiro. Quando Fernando passou por dificuldades financeiras, vítima de uma desvalorização da moeda brasileira que complicou uma temporada de dois anos que planejara passar em Paris, ligou oferecendo-se para ajudá-lo, com dinheiro ou com trabalho (foi aceito o segundo). Preocupava-se com os homens que tinham o ofício de escrever, por achá-los importantes, por genuína amizade, para conquistar sua simpatia, ou mais provavelmente as três coisas juntas. O projeto de biografar Amador Aguiar era tão importante para ele que se recusara a dar entrevistas sobre o banqueiro, quando procurado por jornalistas. Sem o meu conhecimento, ligou para amigos dentro do Bradesco para barrar o trabalho de outros colegas que tentavam escrever a história. Desprezou minha indignação ao descobrir o que fizera. Como se fosse proprietário da idéia, alegava a seu favor que, para ser boa, a biografia de Aguiar tinha de ser a "nossa" biografia.

Ao seu modo de julgar que sabia o que era melhor para aqueles de quem gostava, Rolim costumava dizer que, ao permanecer na imprensa, eu havia "abandonado" meus "sonhos por dinheiro", e não perdia oportunidade de me lembrar o que estava dispensando.

Em abril de 2001, quando deixei a imprensa para escrever meu segundo romance, *O homem que falava com Deus*, o comandante me ligou. Exultara quando Mauro Guimarães, diretor corporativo da TAM, dera-lhe essa notícia, como se tivesse sido confirmada sua profecia.

— Meus parabéns, doutor! — disse Rolim, sempre entusiasta. — Conte comigo!

Um mês depois, pouco antes do acidente de helicóptero que levou sua vida, Rolim telefonou de novo, dizendo-se interessado em patrocinar um livro que, segundo ele me garantia, se tornara urgentíssimo. E lá fui eu ver do que se tratava.

Eram duas horas da tarde quando entrei na sala de reuniões envidraçada da TAM, agora no Hangar 7, para onde ele se mudara um tanto a contragosto. Ali, enquanto via pela janela os aviões que decolavam na pista de Congonhas, imaginava o que Rolim queria daquela feita. Talvez a biografia de Amador Aguiar. Ou, enfim, a dele próprio.

Tinha valido a pena esperar. Superada a queda do Fokker, Rolim liderara a TAM para uma fase ainda mais extraordinária de crescimento. A empresa, em 2001, tinha 8 mil funcionários, fatu-

## Um homem e suas biografias

ramento anual de mais de 1 bilhão de dólares e vinha numa seqüência de dez anos de lucros consecutivos. Rolim, o piloto que viera do nada, contava então com uma frota de uma centena de jatos. Ultrapassara a Varig no mercado doméstico e preparava seu último bote, abrindo rotas internacionais. Isso num cenário em que todas as outras empresas desse mercado afundavam em dívidas.

Rolim surgiu na sala de reuniões. Cabelos meticulosamente penteados, os olhinhos apertados como os de um chinês, resultado de quem passa a vida sorrindo, fez com que me sentasse e explicou o motivo do convite. Na verdade, disse ele, desejava agora fazer uma biografia de Ruben Berta, fundador da Varig.

— Eu mesmo te apresento os membros do conselho da Fundação Ruben Berta — soprou, em voz baixa, como era seu jeito de dizer coisas importantes. — Os velhinhos adoram contar histórias.

Seria estranho outro empresário desejar a biografia do fundador de seu maior concorrente, mas de Rolim se podia esperar tudo. Entendendo minha estranheza, explicou que os "velhinhos" eram os homens com cuja simpatia pretendia contar para a realização do maior negócio de sua vida, talvez o coroamento de uma carreira que se tornara tão inesperada que já parecia não ter limites. Rolim, que lutara toda a vida contra a Varig, no final, vitorioso, desejava salvá-la. Salvá-la para si.

Combinamos nos encontrar duas semanas mais tarde, quando ele me levaria para Porto Alegre, de modo a ter meu primeiro encontro com os integrantes da Fundação. Seria interessante ver como o velho lobo do ar daria sua última, maior e mais ousada tacada, pelo simples prazer de desafiar o quase impossível: convencer o inimigo, fazer uma fusão improvável, chegar ao final com uma empresa saudável e muito maior.

Rolim jamais veria seu plano concretizado. Em 8 de julho de 2001, saiu pilotando um helicóptero de sua fazenda em Ponta Porã, rumo ao local conhecido como Cerro Corá. Perdeu o controle do Robinson depois que o rotor se partiu, atirando seus ocupantes nas proximidades da cidade paraguaia de Pedro Juan Caballero. Não completara 60 anos.

Não por coincidência, estava a caminho de mais uma biografia. Iria encontrar-se com um grupo de jornalistas ingleses que procurava reescrever a história de Madame Lynch, esposa de Francisco Solano López, líder do Paraguai na guerra que levou o nome desse país. Era incentivador, patrocinador e parte indissociável do projeto.

Quando morreu, mais do que nunca Rolim olhava para a frente. Queria a Varig porque queria, assim como quisera a VASP e a Transbrasil. Nunca se saberá o que aconteceria se continuasse vivo. Mesmo que não comprasse a Varig, como não comprara a VASP nem a Transbrasil, não tinha dúvida de que estava a um passo de continuar crescendo.

Rolim desapareceu como viveu, no limite entre a audácia e a imprudência, como piloto e empresário. Homem impulsivo, incansável, fazia do movimento a própria vida. Sempre que algum desafio insuperável se pusera na sua frente, sua atitude fora a de atirar-se adiante, nunca recuar.

No fim, a biografia de Rolim acabaria surgindo antes do que ele passara a esperar. Restava a mim a pergunta: por que tudo isso? Aonde Rolim desejava, afinal, chegar?

Remexendo nas fitas gravadas, encontrei a resposta. Em um momento de reflexão, certa vez Rolim disse o que acreditava ser o maior mérito de sua história. Ela serviria, segundo ele, especialmente aos jovens. "É preciso mostrar o que é possível realizar", declarou.

## Um homem e suas biografias

Até nesse momento, Rolim pensara na única coisa que realmente importara em sua vida: as pessoas, fossem os clientes que recebia pessoalmente ao sopé da escada dos aviões ou os personagens que são o foco das biografias. Rolim dava ao ser humano um supremo valor. E isso transfigurava-se naquilo que, para ele, devia ser indissociável da existência de um homem, e que ele fizera ao longo de toda a vida.

Sonhar.

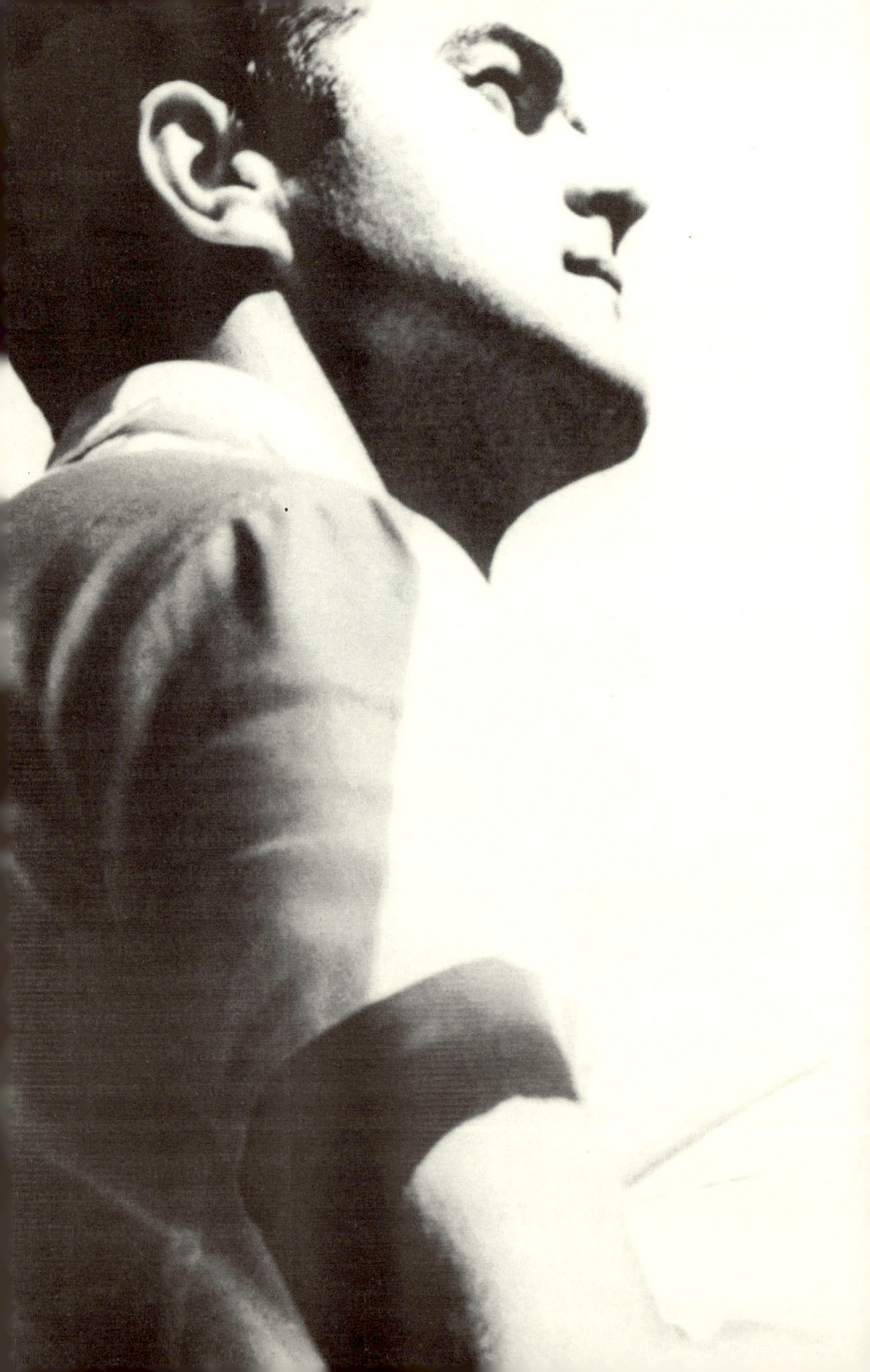

# 1. O sonho secreto

Paraíso era uma fazenda do sertão paulista, na região de Bela Floresta, distrito de Pereira Barreto, nas margens do rio Três Irmãos. No início da década de 1940, muito antes de parte dos seus 3 mil alqueires submergir no lago de uma grande barragem, esse lugar com nome de conto de fadas era uma grande extensão de mata infestada pela malária.

Ali, Adolfo Amaro, descendente de italianos, casado com a portuguesa Etelvina Rosa, foi contratado para abrir pastagens de criação de gado. Utilizava para o desmatamento os caboclos locais e mão-de-obra imigrante. A região era habitada por japoneses foragidos da Segunda Guerra Mundial, que tinham procurado no sertão trabalho e refúgio contra o preconceito. Foi uma médica japonesa que, na casa de sapé da família Amaro, fez o parto do primeiro de seus cinco filhos, aquele que desde o nome teria algo com os passarinhos.

Rolim Adolfo Amaro, assim batizado numa homenagem do pai a um militar da revolução constitucionalista de São Paulo, nasceu em 15 de setembro de 1942. Viveu a primeira infância em Bela Floresta, período em que Adolfo procurava fazer fortuna com algodão.

Adolfo Amaro trabalhava como meeiro. Tirava seus rendimentos daquilo que fizesse produzir nas terras dos patrões. Naqueles tempos pioneiros, os proprietários da fazenda, Edgar Pinto Vieira e seu irmão Jaci, permitiam a Adolfo utilizar a área derrubada para seu próprio plantio por três anos, antes de colocar a pastagem. Adolfo mandava derrubar cinqüenta alqueires de mato ao ano para plantar algodão. Chegou a ter o equivalente a seis vezes essa área plantada.

Era, à moda antiga, um empreendedor.

No caminhão Ford 1929 de Adolfo, sem portas e de pára-brisa basculante, Rolim viajava entre o pai e a mãe. Etelvina reclamava da vida numa casa de sapé, sem luz nem banheiro, mas Adolfo achava graça naquela situação. Assim que pôde, mudou a família para uma casa melhor, de madeira, com uma escadaria do chão do terreiro até o alpendre. Era ali que Rolim, a partir dos três anos de idade, sentava para esperar o pai.

Todas as tardes, Adolfo Amaro chegava em casa, apanhava seu acordeão no quarto e tocava para o filho. Por isso, o instrumento soaria sempre para Rolim como uma espécie de magia. Mais tarde, em qualquer lugar do mundo, ele andaria continuamente à procura de um acordeão, ainda que seus acompanhantes não viessem a gostar muito da idéia.

Foi uma época de pobreza. O Brasil entrou na Segunda Guerra Mundial e Adolfo sofreu o primeiro de seus muitos insucessos. Com a chuva e os pulgões, no terceiro ano de plantio o algodão "melou". Ele também tomara vultosos empréstimos para a compra de gado, em Araçatuba. Perdeu tudo: o gado e até os móveis da casa, que garantiam a dívida com o Banco do Brasil.

Em desespero, Adolfo traçou o mapa da fazenda e redigiu uma carta explicando a situação. Mandou esses papéis para o palácio do Catete, no Rio de Janeiro, endereçados ao presidente da República, Getúlio Vargas. E Getúlio respondeu. O pai de Rolim foi chamado ao Banco do Brasil e teve sua dívida refinanciada.

Adolfo voltou para a casa dos pais, donos de uma pequena fazenda de café próxima à vila de Nipoã, na região de São José do Rio Preto. Acabara de nascer seu segundo filho, João. E era hora de começar tudo outra vez.

Com dinheiro emprestado do pai e do irmão de Etelvina, Joaquim Pereira da Rosa, Adolfo mudou-se para Vila Zacarias,

## O sonho secreto

outra das pequenas povoações daquela microrregião do norte paulista, onde abriu um armazém de secos e molhados. A família Amaro morava nos fundos da loja e o pequeno depósito de sal, açúcar, farinha e outros gêneros fazia as vezes de sala.

Sobre os sacos de macarrão Petybon, os barris de banha Sol Levante, o açúcar Tamoio, fabricados pelas Indústrias Reunidas Matarazzo, ficava o rádio que ligava Rolim ao mundo. Ali viveu dos seis aos dez anos de idade.

A Vila Zacarias só dispunha de uma escola rural com até o terceiro ano primário. No momento de cursar o quarto ano, Adolfo precisou internar Rolim no colégio Dom Bosco, de padres salesianos, em Monte Aprazível. Foi lá que Rolim estudou, para sua "infelicidade", até os 13 anos de idade.

Só saía do internato de seis em seis meses. Abominava o clima de prisão e isolamento. Quando ingressara no colégio, levara consigo balas, doces e uma bola de capotão, presente dos pais. Tudo fora roubado e, ao reclamar o brinquedo de volta, Rolim acabara surrado. "Havia os maiores e os menores", dizia. "Eu, com 11 anos de idade, estava entre os menores. Que defesa eu tinha? Nenhuma."

Foi lá que Rolim dizia ter aprendido uma primeira e importante lição: dizer o sim, mas fazer o não, como forma de sobrevivência. E foi lá, também, que conheceu a dor da despedida: "Das poucas cenas que eu guardo da minha infância, foi o dia em que minha mãe me deixou: ela chorava e eu chorei escondido, depois".

O internato marcou o relacionamento de Rolim com seus pais. Sabia que precisava de educação, mas achava que a escola era um desperdício de si mesmo. "A síntese da minha vida foi o ato de ganhar tempo", diria ele na idade madura. Na escola, desprezava certos professores. Quanto menos talento um professor demonstrava, menos respeitava a matéria e pior se saía nela. Nunca se conformou com essa situação: "Não encontrava na escola a realização dos meus desejos".

*O sonho brasileiro*

Os negócios de Adolfo no armazém caminhavam, mas ele era mais impetuoso do que qualquer outra coisa. Comprava à vista e vendia fiado, contrariando os conselhos da mulher.

— Adolfo, compre fiado e venda a dinheiro — aconselhava Etelvina. — Comprando fiado, você sabe que paga. Se vende fiado, não sabe se vai receber.

Adolfo tinha coragem, mas lhe faltava a sabedoria da mulher — duas qualidades que Rolim, mais tarde, tentaria reunir. O armazém rendia o suficiente para permitir que Adolfo adquirisse uma pequena fazenda próxima à cidade. Contudo, ele queria mais, e decidiu financiar o plantio de algodão. A idéia era comprar a produção dos fazendeiros ainda no pé, barato, para revendê-la mais caro, na hora da colheita. No final, pagou caro pela safra e vendeu barato. Perdeu muito do que conseguira ganhar até ali.

Desapontado, Adolfo mudou-se de Vila Zacarias para Macaubal. Trocou o armazém por uma pequena fábrica de bebidas. Produzia licores, sodas, cervejas, o Guaraná Guarani. E vinagre. "Fazia um vinagre azedo que nossa senhora!", lembraria Rolim. Os vasilhames, de vidro, quebravam muito. Adolfo sempre perdia dinheiro vendendo fiado. Ainda tentou máquinas de beneficiar café e arroz. E colocou uma serraria, cujas máquinas viviam em pane.

Foi um desastre.

Mais uma vez falido, Adolfo acabou indo para Buritama, cidade vizinha, onde passou a tomar conta dos negócios do cunhado. Joaquim Pereira da Rosa, farmacêutico, prefeito da cidade por dois anos, falecera num acidente aéreo. Como principal avalista dos débitos de Joaquim junto aos bancos, Adolfo foi nomeado administrador do inventário. Os negócios de Joaquim estavam desordenados havia muito tempo. Seus credores passaram a bater à porta de Adolfo, que não podia se desfazer dos bens enquanto o inventário não terminasse.

O buraco aumentava. Sem dinheiro para sustentar o filho na escola, em 1955 Adolfo tirou Rolim do colégio Dom Bosco para

## O sonho secreto

morar com a família em Buritama. Tinha feito até a segunda série do ginásio — não completara o primeiro grau.

Em Buritama, Rolim foi a seus primeiros bailes de adolescência, mas não havia escola. Precisava de emprego. Sua vontade de auto-afirmação era tanta que aceitava qualquer trabalho. Com 13 anos, sem carteira de habilitação, tornou-se ajudante de motorista de caminhão na pequena transportadora inventada como novo negócio pelo pai. Levava telhas e tijolos da olaria do falecido tio Joaquim, em Buritama, para São José do Rio Preto. Saía às cinco da manhã pela estrada de terra, com um farnel de carne com farofa fria, para voltar somente à noite.

Rolim aprendeu o que dizia ter sido sua segunda lição: "O quanto coça o pó de mico, sobretudo na pele daqueles que nunca trabalharam".

Fazia muitos serviços eventuais: puxava tora na serraria, cortava madeira por traçador, operava máquina de arroz. Trabalhava também com o trator do vigário da paróquia franciscana de Buritama, o frei Marcelo Maniglia. Foi nesse Renault à gasolina, tombando terra dia e noite, que ele conseguiu dinheiro para comprar seu primeiro terno branco na alfaiataria do Maieto, além de uma gravata preta estampada com um cavalo alado. Usava o terno de linho 120 na ânsia de cativar sua primeira namorada, Clélia, filha do próprio alfaiate.

Além da olaria, Adolfo administrava o cinema que havia sido de Joaquim. João, com pouco mais de dez anos, era o porteiro. Rolim, locutor do serviço de alto-falante do estabelecimento, anunciava os filmes. Era uma época de ouro do cinema mexicano. Aqueles dramalhões o fascinavam, assim como a prosa do frei Maniglia, homem carismático e que lhe dava trela ("Jamais consegui viver com quem não me dá atenção").

Desde pequeno, Rolim não aceitava que os pais lhe dissessem como encaminhar a vida. Sempre se sentiu como o filho pródigo. Dizia que João era mais bajulado pelos pais. "Eu era um pouco amargozinho, reconheço isso", dizia ele. O pai, um homem sem letras, era também de pouco diálogo. Rolim apenas se sentiria livre para se expressar naturalmente na frente de Adolfo quando casado, com mais de 40 anos e pai de dois filhos. Nunca tivera a liberdade de lhe revelar suas dúvidas e angústias.

Adolfo Amaro era austero. Não permitia que as crianças ficassem na sala quando havia visita. Os filhos eram arrumados, mostrados e iam para a cozinha ou outro lugar. Por força da sua rebeldia, Rolim não desfrutava com a mãe, Etelvina, o mesmo relacionamento que os outros irmãos (João, Fani, Leci e Adolfo).

Sua maior identidade com o pai era o espírito indômito, a sensação de ser dono do próprio nariz, o amor ao trabalho. E a música. Sempre gostou muito de poesia, de versos. Via a poesia e a música como uma espécie de elevação. Dessa época até os cinqüenta anos, guardou no bolso um poema de Olavo Bilac, "O trabalho", cuja primeira estrofe recitava de cor:

> Tal como a chuva caída
> Fecunda a terra no estio
> Para fecundar a vida
> O trabalho se inventou.

Rolim acalentava havia bastante tempo um sonho secreto, cuja realização lhe parecia tão difícil quanto ir à Lua. Pelo trabalho, contudo, acreditava que conseguiria sua "redenção". Desde os dez anos de idade, Rolim Adolfo Amaro queria uma única coisa, desejada como a própria vida: ser piloto de avião.

*

O irmão de Etelvina, Joaquim Pereira da Rosa, fora o tio preferido de Rolim e de seu segundo irmão, João. Empreendedor, político, músico, espírito alegre, era um homem versátil — con-

## O sonho secreto

junto que Rolim apreciava muito e mais tarde adotaria para si. Como empresário, além da farmácia, era dono de uma pequena olaria em Vila Zacarias. Depois, mudou-se para Buritama e elegeu-se prefeito da cidade.

Joaquim era um cavalheiro. E um entusiasta, homem cheio de vida. Aos cinco anos de idade, na noite em que nasceu sua irmã Fani, Rolim ouviu tiros do lado de fora da casa. O tio Joaquim comemorava, e deu ao menino um amontoado de penas, que dizia ter sido da cegonha, abatida no ar por sua espingarda. Rolim guardou as supostas penas de cegonha por muitos anos como recordação.

Em 1948, quando Rolim estava com seis anos, Joaquim comprou um avião Paulistinha, motor de 60 cavalos, produzido em Utinga. Comportava o piloto na frente e apenas um passageiro atrás. Como político, o tio ajudara a fazer o Aeroclube de Birigüi e queria inaugurá-lo.

Quando Joaquim aterrissou no campo de futebol de Vila Zacarias com o Paulistinha, Rolim ficou fascinado. Sentiu pela primeira vez o cheiro inconfundível da gasolina de cem octanas. Joaquim e seu instrutor de vôo foram para a casa dos pais de Rolim, mas o garoto não saiu de perto do avião.

À saída, o instrutor girou a hélice do Paulistinha para fazer pegar o motor. A grama, um pouco alta, ondulava ao vento. Rolim ficou atrás do avião, o ar soprando no rosto, com o cheiro queimado de gasolina especial no nariz, enquanto o aparelho decolava.

"Aquele cheiro, com o vento balançando a grama do campo no interior, nunca mais saiu da minha memória", contaria Rolim. Mais tarde, quando já estava em condições de comparar experiências, acrescentaria: "Para mim, esse sempre foi um perfume inebriante. Acho, sinceramente, que tem efeito muito superior a um Chanel nº 5".

Aos sete anos de idade, já no primeiro ano do grupo escolar, Rolim voaria com o tio pela primeira vez. Joaquim sentou no banco do piloto, colocou o sobrinho no colo e decolou. Ele nunca se esqueceu. Desde logo, sabia o que queria. Sonhava com a aviação: "Aquilo não saiu da minha cabeça". Quando decolava em Buritama, distante apenas 30 quilômetros de Vila Zacarias, onde morava a família Amaro, Joaquim dava um rasante sobre a casa dos pais de Rolim. E o menino saía como um louco, trombando nos móveis, para ver o tio.

Havia um vôo da companhia Real Aerovias Brasil, São Paulo–São José do Rio Preto–Araçatuba–São Paulo. Nesse vôo triangular, o DC-3 também passava rasante sobre a cidade. Aos olhos de Rolim, era um aparelho grande, imenso: "A primeira vez que vi aquele avião, não acreditava que pudesse voar".

Joaquim, mais tarde, comprou outros aviões melhores. E mais caros: cada vez que se acrescentava um lugar no avião, o preço dele podia dobrar ou triplicar. A partir de 1952, para buscar os filhos no colégio interno em Monte Aprazível, a quatro horas de carro de Buritama, Joaquim ia voando. O colégio Dom Bosco ficava no alto de um morro que dava para um vale. Do outro lado, estava a pista da cidade. Ao apanhar os filhos no colégio, Joaquim trouxe Rolim junto no avião.

Eram três crianças para dois lugares. Rolim e seus primos, Edinho e Carlinhos, mantinham-se em pé no assento, enquanto Joaquim pilotava. Rolim esperara meses a fio por aquele vôo.

Mais tarde, em sua fazenda em Ponta Porã, no Mato Grosso do Sul, Rolim guardaria uma relíquia no seu hangar: um Paulistinha vermelho, mesmo modelo do tio.

Sabendo que Rolim gostava de avião, Joaquim lhe fornecia literatura sobre o assunto. Nunca mais o menino conseguiu se aplicar em outra coisa. Enquanto seus primos não gostavam de aviação — Edinho queria cuidar de gado, Carlinhos escolhera a medicina —, Rolim sempre manteve a perspectiva de fazer carreira na aviação.

Rolim e João idolatravam Joaquim. O destino do herói de ambos os irmãos, porém, foi trágico. Em 1953, Joaquim perdeu o

## O sonho secreto

rumo ao cometer um crime passional: matou a tiros a esposa, Nair, e um filho de criação que vivia com eles.

Buritama e toda a região entraram em comoção. Joaquim se entregou à polícia e aguardou julgamento na cadeia de Monte Aprazível, perto do colégio Dom Bosco. Por vezes, o padre Nunes liberava Rolim e seus primos das aulas para visitá-lo na cadeia.

Um ano após o crime, Joaquim foi julgado e libertado pelo júri por sete votos a zero. Nesse período, contudo, seus negócios tinham degringolado. Toda vez que o tio passava na casa de Adolfo Amaro, agora em Macaubal, Rolim se lembrava de vê-lo sentar na cama de seus pais, tomar emprestado o acordeão de Adolfo, que Joaquim tocava muito mal, e tirar dele uma valsa melancólica chamada "Neusa". Mas não se aproximava do tio. "Nunca tive coragem de penetrar no mundo misterioso dessa valsa", dizia ele.

No final de 1954, Rolim foi passar as férias de fim de ano na casa dos primos, em Buritama. Joaquim convidou os meninos para acompanhá-lo de avião a Campinas. Tiveram de recusar, na última hora: haviam organizado com os amigos do colégio Dom Bosco uma caçada de passarinhos.

Naquele dia, Joaquim não voltou. À meia-noite, quando Rolim e os primos dormiam na cama de casal do tio, receberam a notícia de que ele sofrera um acidente. O avião caíra devido às chuvas na rota para Campinas. Ao clarear o dia, veio a confirmação da morte de Joaquim, aos 35 anos de idade.

Trinta anos mais tarde, já empresário realizado, Rolim ainda conservava nos arquivos de seu escritório no aeroporto de Congonhas, em São Paulo, o laudo do acidente. Aprendera algo estranho: o sonho de sua vida também matava.

Com o desastre que levou seu tio, tudo se tornou mais difícil para Rolim. A mãe decretou a aviação assunto proibido na família. Toda vez que se tocava no tema, a mãe e a avó de Rolim choravam.

Depois de tentar em vão administrar os bens do falecido cunhado, o que só o colocou em situação ainda mais difícil, Adolfo mudou-se de Buritama para Fernandópolis, em 1958. Ali montou o empório Casa Nova. Rolim foi trabalhar como balconista, e com 16 anos de idade freqüentava em Fernandópolis a Escola Técnica de Comércio, pelo desejo do pai de que se tornasse contador. No ano seguinte, Adolfo percebeu que daquela forma o filho não ia a lugar algum.

Foi então que Rolim resolveu, secretamente, arrumar dinheiro para pagar horas de instrução no Aeroclube de Catanduva. Com 17 anos, largou o trabalho com o pai. Seu irmão João ficou em seu lugar. Um amigo de infância, Antonio Leonardo Graça Júnior, o Toninho, filho do dono da concessionária Volkswagen em Fernandópolis, a Decar, arranjou-lhe emprego como mecânico.

Rolim trocava óleo, bateria, pneus, abastecia, limpava os carros. Tomou gosto pela mecânica, o que seria importante mais tarde, quando faria pousos em pistas no meio da selva, e tinha de juntar ao papel de piloto o de chefe da manutenção. Contudo, com a entrada de um diretor austero, que o considerava apenas um protegido do filho do dono, teve que prestar um rigoroso exame técnico. E foi demitido de forma que considerou humilhante.

Em seguida, foi caixeiro-viajante da Ferrari, uma distribuidora de bebidas. Vendia guaraná, cerveja e xaropes. Economizava dinheiro porque não gastava muito: comia em casa, nos fundos do armazém do pai, de apenas dois quartos. Dormia na parte de baixo de um beliche, enquanto João ficava na parte de cima. Os dois irmãos eram acordados todo o tempo pelo barulho do banheiro contíguo.

Com o dinheiro que ganhava, Rolim comprou uma lambreta à prestação. Passeava com seus amigos, como o mecânico José Abdalla ou o piloto Nivaldo Tomás de Souza. Entretanto, ficou pouco tempo com ela: logo a vendeu para um amigo, à vista. Com o dinheiro recebido de Heitor Bottura, mais tarde candi-

## O sonho secreto

dato a deputado estadual na região de Ribeirão Preto, professor de aviação, conseguiu pagar o início do curso de pilotagem. Em seguida, trataria de quitar as prestações da lambreta, seu primeiro bom negócio.

Num dia em que a mãe estava em Nipoã, Rolim foi às escondidas para Catanduva tratar do brevê. O curso de aviador era caro. Para formar-se, eram necessárias 45 horas de vôo e seu dinheiro só pagava 22. Mesmo assim, mudou-se para lá.

À noite, com um biribinha emprestado dos motoristas de praça em Catanduva, fazia ponto na zona do meretrício. Esperava os homens que saíam dos prostíbulos para levá-los para casa de madrugada. Assim, como taxista, faturava alguns trocados.

Durante o dia, mesmo quando não estava voando, ficava no Aeroclube, ajudando os pilotos na manutenção. Oferecia-se de graça para trocar o óleo, encher os pneus, completar a água da bateria e lavar os aparelhos. Cuidava com especial atenção da barriga dos aviões, que precisa estar sempre muito limpa para detectar com mais facilidade possíveis vazamentos.

Rolim dizia já fazer esse tipo de coisa quando estava na Volkswagen. E ganhava a boa vontade dos pilotos, que gostavam do rapaz falante, vivaz, que já tinha o dom de conquistar simpatias instantaneamente, talvez a virtude mais útil em sua carreira. Acabava sendo convidado para voar como segundo piloto, o que contava para o curso. Dessa forma, completou mais que as 45 horas necessárias para tirar o brevê.

Naquele tempo, o governo federal, por meio do Departamento de Aviação Civil, o DAC, editava os manuais de acidentes aéreos. Relatavam-se o acidente, a causa e as conclusões. Rolim prestava muita atenção no documento. "Eu sempre soube, desde cedo, aprender com os erros dos outros", dizia Rolim. "Aqueles tinham pago com a vida."

Cada livro tinha de vinte a trinta acidentes. Rolim considerava a leitura atenta desses manuais o seu curso de especializa-

ção. Os cursos em si e os próprios aviões eram muito rudimentares. Nos manuais, Rolim encontrou noções do que muitos pilotos jovens da época aprenderiam apenas com o tempo:
1) Não se podem fazer curvas de grande inclinação a baixa altura;
2) Em baixa altura, é preciso manter velocidade também baixa;
3) Altura e velocidade são potência acumulada.

Como todo jovem piloto, Rolim sonhava ter o seu próprio avião. "Pensava que seria dono do meu próprio nariz", explicava. Descobriu, entretanto, que sofreria para alcançar esse objetivo. Mais tarde, saberia também que mesmo o proprietário de um avião não era tão dono assim do seu nariz, pois outras coisas estavam em jogo.

Quando morreu, sua companhia possuía 98 aparelhos, dos quais 58 jatos com mais de cem lugares; transportava 1 milhão e meio de passageiros por mês. E Rolim nunca tivera tão pouca liberdade. De certa forma, para chegar onde chegara, transformara a si mesmo em um escravo dos clientes, dos quais se considerava totalmente devedor.

Aos 18 anos, Rolim ainda não sabia disso. Era um lutador indigente: no esforço de pagar o curso de pilotagem, tivera de vender seu anelzinho de rubi devolvido por uma namorada que o abandonara; o despertador com o retrato dela; sua calça de linho; uma adorada jaqueta de couro e até o radinho de pilha de estimação, com o qual chegara a tirar uma foto em frente ao monumento do Ipiranga, em um passeio por São Paulo.

Não lhe sobrara quase nada. Possuía uma única calça, preta, para não denunciar a sujeira. Completavam seu guarda-roupa um solitário par de sapatos, dois pares de meia e duas camisas do modelo conhecido na época como "volta ao mundo". Todos os seus pertences cabiam numa maleta.

Morava em Catanduva numa pensão barata, com uma refeição por dia garantida. Almoçava ou jantava, tinha de optar. Costumava dizer que comera tanto bife de fígado nessa época que não podia nem mais ver o prato.

# O sonho secreto

Quando reuniu horas suficientes de vôo para fazer o teste no Aeroclube, em 1960, já não tinha nenhum centavo. E ainda faltava pagar a inscrição no exame final, feito por uma banca volante de examinadores do DAC que percorria os aeroclubes do interior paulista. Tomou o trem da Fepasa de Catanduva para Fernandópolis, a 200 quilômetros de distância pela ferrovia Araraquarense. Lá, foi pedir um empréstimo a Alberto Amaro, tio por parte de pai. Fazendeiro bem posto, Alberto o recebeu sentado no banco de uma camionete. Rolim prometeu que passaria no exame e o pagaria com o dinheiro do primeiro salário.

Recebeu um não como resposta.

— Primeiro, você está fazendo um curso de vagabundo — foi o que ouviu. — Segundo, você não vai conseguir o emprego. Terceiro, se quer dinheiro, vá trabalhar.

"Meu mundo caiu", dizia Rolim, ao contar o episódio. Os 10 mil cruzeiros da taxa de exame pareciam-lhe uma verdadeira fortuna — obstáculo final, intransponível, que colocava por terra tudo o que fizera até ali.

Abatido, naquele noite chegou em casa, em Fernandópolis, debaixo de chuva. Faltava só um dia para quitar o exame. E já não lhe ocorria a quem pedir o dinheiro.

Na manhã seguinte, passou na casa de Adolfo Amaro o amigo Toninho, que lhe arrumara emprego na concessionária do pai. Rolim contou-lhe a história, queixando-se de que o tio não acreditara nele. "Para mim foi a suprema humilhação", disse ao amigo. "Seu tio não acredita em você, mas eu acredito", respondeu Toninho. E deu-lhe o dinheiro.

Rolim foi fazer o exame. Passou. Com o primeiro salário, pagou Toninho. Muitos anos mais tarde, instalado no escritório com vista para os seus aviões, que decolavam a todo momento de Congonhas, diria que um amigo surgira toda vez que estivera necessitado. "As pessoas não podem perder a fé", afirmava. "Não devem se entregar, por maior que seja o problema."

A carteira do DAC, com a licença de piloto privado, levou dez dias para chegar. Rolim dizia que recebera uma "autorização para fazer besteira com o avião dos outros", frase popular entre pilotos, pois não tinha experiência alguma. Começara outra fase complicada. A licença que obtivera não lhe dava direito a remuneração. Na realidade, profissionais com tais licenças eram contratados para pilotar aviões de fazendeiros, sem registro. Era o que ele queria e começou a fazer contatos.

Encontrou Marco Cambaúva, fazendeiro dono de um Cessna-140, de dois lugares, mas que ainda não tirara o brevê. Saía de sua fazenda em Populina, na divisa de São Paulo com o Mato Grosso, e fazia muitas viagens a São José do Rio Preto. A pilotagem desse monomotor era um trabalho eventual, limitado, no qual Rolim ganhava pouco, mas já lhe garantia freqüentar um restaurante. Comprou uma calça à prestação. Tinha perspectiva de melhorar. Conduzia Cambaúva e o filho pequeno atrás. A mulher do patrão, "muito gorda", ia ao seu lado no mesmo assento.

Certa vez, foi levar um amigo de Cambaúva a Campina Verde. Fim de tarde. Rolim calculou mal o tempo, "por falta de experiência". Quando se voa para o oeste, a favor do pôr-do-sol, a luz dura mais. Toda vez que se voa para o leste, contra o pôr-do-sol, ela cai mais cedo. Naquele dia, Rolim acreditou que chegaria com luz, mas estava contra o pôr-do-sol. Escureceu antes do que esperava e ele ficou sem referências para encontrar a cidade ou um local de pouso. Ameaçava chuva.

Teve cólicas intestinais "violentíssimas". Na hora, nem pensava tanto que podia morrer: estava mais preocupado com a possibilidade de quebrar o avião e perder a licença para voar. Enfim, avistou luzes. O passageiro reconheceu Campina Verde. Havia um carro que esperava por eles: com os faróis ligados, iluminava a pista. Rolim, que resistira às cólicas como pudera, pousou e correu para o mato.

O sonho secreto

Quando voltou, o passageiro estava à sua espera, fumando um cigarro. Puxou-o para um canto. E, ao pagar a viagem, disse: "Logo que você começou a ter essas cólicas, percebi que estava muito preocupado, nervoso. Permaneci calmo para não piorar as coisas. Não se pode chegar à noite numa pista sem balizamento, com o tempo querendo fechar por todos os lados, mas as cólicas que você sentiu são sinal de que sabia que estava conduzindo duas vidas. E isso é bom".

À noite, Rolim foi para uma pensão em Campina Verde. "Ali percebi minha responsabilidade", dizia. "Era o começo de coisas que eu nem imaginava, desafios permanentes da carreira que acabara de abraçar." E de uma rotina em que a incerteza se misturaria, literalmente, ao perigo.

\*

Em quatro meses, o fazendeiro decidiu vender o avião. Rolim ficou sem trabalho. Procurou em Fernandópolis por Venino Laguna, fazendeiro que o incentivara a fazer o curso no Aeroclube. Laguna tinha dois aviões. Com um deles voava a partir de Fernandópolis. O outro, um Cessna-140, estava sem piloto. Propôs a Rolim fazerem táxi aéreo em Santa Fé do Sul, às margens do Rio Grande, região onde se encontram as divisas de São Paulo, Mato Grosso e Minas Gerais. Rolim foi para lá.

Naquele trecho do Rio Grande não existiam pontes. Na época das chuvas, quando as águas subiam muito, as pessoas receavam atravessar o rio de balsa. Fretavam o avião para passar de São Paulo para o Mato Grosso e Minas.

Rolim anunciava o táxi aéreo no jornal local e afixava cartazes nos bares. Morava no hotel do Nonô, onde também se hospedavam as professoras de São José do Rio Preto que lecionavam na cidade. Ele e um amigo de colégio, então funcionário do Banco Bandeirantes, passavam as tardes quentes do interior de São Paulo

39

pendurados no forro do quarto, sobre um alçapão que dava vista para o banheiro coletivo das moças.

Elas conversavam e tomavam banho juntas, em chuveiros em que a água vinha com o puxão de uma corda. Descobertos, os dois amigos foram expulsos do hotel, com o agravante de que entre as moças estava a filha do proprietário do estabelecimento.

Como o mercado de aviação no interior de São Paulo era limitado, Laguna trouxe Rolim de volta para Fernandópolis. Vendeu o avião, mas disse que lhe arranjaria um novo emprego, em Rio Preto. A Aero-Rancho Táxi Aéreo havia acabado de comprar um novo monomotor e quando o aparelho chegasse a vaga seria sua. Era apenas uma boa promessa.

Na mesma época, Rolim descobriu que o Aeroclube de Ibitinga procurava um instrutor. Embora não gostasse de ensinar, pegou o emprego. Para os pilotos, cada equipamento novo, ou de tamanho maior, significa novo aprendizado. E ele queria pilotar um Stinson Voyager, de propriedade do Aeroclube, o primeiro aparelho de quatro lugares sob seu comando.

Embora iniciante, Rolim já era ousado. Com o Stinson do Aeroclube de Ibitinga, deu seu *show* aéreo particular levando João, a irmã Fani e seu noivo à época, Sidnei, para sobrevoar Fernandópolis. Fez vários rasantes que assustaram os habitantes da cidade e, sobretudo, os passageiros. "Você fazia cada manobra doida... só depois, com experiência de piloto, é que a gente sabe as loucuras que fez", diria seu irmão João a ele mais tarde. Rolim concordou: "É verdade, tinha tudo para acontecer um acidente ali: avião ruim, pesado e com piloto novo".

A passagem de Rolim pelo Aeroclube de Ibitinga não foi gloriosa. Pouco conhecido, não tinha muitos alunos. Não sabia como conquistá-los ou mantê-los. Ficava mais tempo com o Stinson em fretamentos.

Certa vez, uma família o contratou para levar um doente em estado terminal para Conselheiro Lafaiaete, no sudeste de

## O sonho secreto

Minas Gerais. Esse era o aeroporto mais próximo de Congonhas, onde o paciente seria tratado por Zé Arigó, famoso na época por curas mediante poderes paranormais.

O vôo foi tumultuado. O avião apresentava um vazamento no retentor da hélice dianteira que espalhava óleo no pára-brisa. Estava muito pesado: o passageiro, atrás, usava um balão de oxigênio e diversos equipamentos hospitalares. Dividiam o banco ao lado do piloto a filha do doente e o médico.

Rolim decolou de Ibitinga rumo a Minas. O avião era muito rápido, a região de acesso difícil, com muitos morros. Rolim orientava-se visualmente, ajudado por um mapa rodoviário da Esso estendido no seu colo. Ao se aproximar de Conselheiro Lafaiete, o tempo estava meio fechado. Começou a chover. Rolim resolveu contornar a chuva. Quanto mais mudava a direção, mais se deparava com morros, pois estava entrando na região das Alterosas.

Circundando a tempestade, viu que não chegaria nunca, pois já divergia completamente do rumo desejado. Passou por entre os morros e desceu no vale de uma pequena cidade. Não havia lugar para pouso. Em baixa altitude, muito óleo escorria sobre o pára-brisa. Rolim tentou uma última manobra: escapar novamente por um espaço entre os morros, onde o tempo estava se fechando. Começou a subir em espiral. O motor superaquecia. As nuvens fecharam todas as saídas: o vale se transformara num alçapão.

Sem enxergar quase nada, Rolim enfim acreditou ter encontrado um lugar para pousar. Fez a aproximação e mergulhou no que lhe pareceu ser uma pista. De fato era, mas em obras. Entrou de chapa numa barreira de terra.

Todos os passageiros sobreviveram, mas o trem de pouso entrou na cabine e prendeu os pés de Rolim nas ferragens. Com um corte profundo na cabeça e outro na perna, foi retirado dos destroços por moradores da região. Levado para o hospital São Vicente de Paulo, em Itabirito, entrou em coma no caminho.

Em melhor estado do que o próprio Rolim, os passageiros foram para Conselheiro Lafaiete de carro. Rolim saiu do coma e recebeu alta depois de quatro dias hospitalizado. Não tinha dinheiro para pagar a conta, quitada pelo Aeroclube de Ibitinga. Estava com 19 anos de idade e já se acidentara seriamente. Na linguagem da aviação, tornara-se um "quebrador de aviões". Arrumar trabalho já era difícil antes. Aquilo, certamente, não ajudaria em nada.

O então tenente da FAB Renato Cláudio Costa Pereira, que mais tarde trabalharia no DAC e presidiria a Cernai, Comissão de Estudos Relativos à Navegação Aérea Internacional, participou do inquérito que investigou as causas do acidente. Fez um vôo semelhante ao de Rolim para averiguar em campo o que acontecera. E acalmou o indigitado.

Rolim se assustara com a palavra "inquérito". Costa Pereira explicou-lhe que essa era apenas uma formalidade. "Queremos saber as causas do acidente para evitar que seja repetido por novos pilotos que buscam afirmação como você", disse-lhe o tenente. Dessa forma, Rolim entrou nos manuais de acidentes aéreos do DAC não mais como leitor atento, mas como personagem.

O episódio teve graves conseqüências. Rolim voltou para Ibitinga e percebeu que destruir o melhor avião do Aeroclube fechara-lhe as portas. "Confiança é um elo definitivo no relacionamento das pessoas", diria Rolim a propósito do acidente com o Stinson. "Ela é vital."

Essa seria a base de tudo o que faria dali em diante: conquistar a confiança das pessoas, perseguindo-a com obsessão. O acidente, de certa forma, aprumara-o para o futuro, mas ele teria de vencer uma longa série de dificuldades para retomar a carreira.

Em Ibitinga, o máximo que conseguiu foi permissão para instruir alunos num monomotor de dois lugares. Não era o que queria. Precisava de emprego. Gostava da Companhia Mariliense de

O sonho secreto

Táxi Aéreo, a Comtax, formada pelos próprios pilotos, que trabalhavam sempre uniformizados. Os vôos eram mais longos. Empresa razoavelmente organizada, foi vendida e transferida para Londrina, no Paraná, seguindo as novas frentes de trabalho nas fazendas. Rolim foi até lá pedir emprego.

Em Londrina, os dez Bonanzas da Comtax foram agregados aos aviões de outras duas pequenas companhias: a Sociedade de Transporte Aéreo (Star), de Bauru, e a Imperial, de Belo Horizonte. Essa nova empresa, conhecida como Star-Imperial, ou apenas Star, estava com os quadros todos preenchidos. A simpatia de Rolim, porém, conquistou os donos.

Eram dois: Anélio Viecelli e Chico "Manicaca", apelido comum na aviação para designar pilotos muito ruins. Anélio apontou para os fundos do hangar, onde foram montados alguns quartos. "Lá tem uma cama vaga", disse a Rolim. "Limpe os aviões e quem sabe aparece alguma coisa."

Rolim levava os aviões do pátio para o hangar, ajudava na manutenção, aquecia os aparelhos para os pilotos. À noite, faxinava-os. Eventualmente, quando havia lugar nas viagens, os pilotos o levavam para que somasse horas de navegação e conhecesse melhor a região.

Vivia de restos. Oferecia-se para fazer a faxina dos DC-3 da VASP e da Varig que pousavam em Londrina para comer o que sobrava do lanche dos passageiros: frutas e pedaços de sanduíche. De madrugada, fazia muito frio na cama improvisada no hangar. Sem dinheiro para comprar cobertores, Rolim embrulhava-se em jornais.

Trinta anos depois, na sala com paredes de lambris de seu escritório, quando podia escolher entre quase cem aviões para voar quando quisesse, cobria o rosto com o jornal do dia ao encontrar dificuldade para cochilar um pouco. Dizia, por graça, que desde aquele tempo o cheiro do papel de imprensa embalava seu sono.

43

*O sonho brasileiro*

Em Londrina, viu TV pela primeira vez na vida. Os televisores eram raros, mas um deles fora instalado no aeroporto da cidade para a transmissão dos jogos da Copa do Mundo do Chile. Londrina se tornou o epicentro da região de táxi aéreo mais movimentada do Brasil. As empresas começaram uma disputa acirrada pelos clientes. A Star, que contratava pilotos como mercenários, gente que vinha de toda parte e não recusava missões ilegais ou perigosas, era conhecida como a "Legião Estrangeira".

Havia muitos acidentes. Os pilotos competiam entre si e, para ganhar serviço, levavam o risco a níveis muito altos. Dessa forma Rolim perdeu vários de seus colegas, entre eles José Ferracini, colega de quarto no hangar da Star, que morreria em seu Bonanza ao cair perto de Águas de São Pedro, transportando artigos de contrabando embarcados no Paraguai.

A vida era sofrida. Em Londrina, Rolim não ganhava nada. Para se manter, começou a vender as poucas coisas que comprara em Ibitinga. Até que surgiu Amaury Silva, advogado e proprietário de um Cessna-170. Candidato a deputado federal, precisava de um piloto para transportá-lo em campanha eleitoral. Rolim voou com ele pelo Paraná, visitando cidades como Maringá, Paranavaí, Umuarama e todas as regiões que se abriam ao norte do Estado. Silva, que mais tarde se tornaria ministro do Trabalho de João Goulart, elegeu-se e deixou o avião em Londrina. Rolim ficou novamente sem trabalho.

Rolim candidatou-se a uma vaga de piloto no Serviço Aéreo de Santa Catarina, que utilizava dois aviões para espalhar inseticida nas plantações. Marcado pelo acidente com o Stinson, não foi escolhido. Voltou a Londrina e, concluindo que mudar de ares não estava ajudando muito, decidiu retornar a Rio Preto, depois de quatro meses erráticos.

Procurou novamente por Venino Laguna atrás de emprego. O novo avião da Aero-Rancho enfim chegara. Colocado à disposição dos pilotos mais experientes, sobrara um Cessna-172

## O sonho secreto

BGV, de quatro lugares. Em março de 1963, Rolim foi admitido. Voava e morava numa pensão perto da igreja-matriz com cheiro de urina, oriundo de um banheiro público vizinho.

Os clientes de monomotores do táxi aéreo eram fazendeiros, compradores de café, vendedores de automóveis, empresários que desbravavam novas fazendas nas fronteiras. Homem de conversa fácil, que precisava apenas de um segundo para puxar assunto e dois para se fazer próximo, Rolim passou a conquistar amigos entre os passageiros na Aero-Rancho. Precisava deixar as portas sempre abertas. Para ele, fazer amigos era "criar moeda". De certa forma, já começara a enriquecer, mesmo antes de ter dinheiro.

A possibilidade de um segundo acidente era um fantasma. Logo nos primeiros vôos, Rolim foi buscar dinheiro do Banco do Brasil em Paulo de Faria, cidade próxima, com um campo muito ruim. Começou a escurecer, ele ainda não voltara e todos estavam preocupados. Os funcionários tinham atrasado a contagem das cédulas. Quando chegaram ao aeroporto, era quase noite. Rolim decolou de Paulo de Faria no escuro, com uma carga de 300 quilos de dinheiro no Cessna. Ao pousar, encontrou todos em grande expectativa, certos de que mais uma vez ele tinha "quebrado" o avião.

Levou um sabão dos pilotos mais velhos. Não sabia, porém, se era por preocupação real ou por receio de que ele, com sua ousadia, viesse a lhes tomar o lugar.

No terceiro vôo pela Aero-Rancho, para Uberlândia, chovia a cântaros. Não enxergava nada. Foi obrigado a voar a baixa altitude. Quando voa muito baixo, o piloto perde as referências do vôo visual, que são os acidentes geográficos. Rolim viu um campo, achou que era a pista e pensou: "Mas que pista ruim, essa!" Tratava-se da pista antiga da cidade — outra havia sido inaugurada mais para cima e aquela estava abandonada. "Foi sorte não ter quebrado o avião, pois estava cheia de buracos de tatu." Se quebrasse o segundo avião, sua carreira estaria liquidada.

Apesar disso, não teve medo. Percebeu que começara a adquirir autoconfiança, mais tarde prodigiosa. Talvez nem ele próprio soubesse, como piloto ou empresário, se as decisões arriscadas que tomava eram por arrojo ou temeridade. Ele mesmo definiria que a diferença entre a ousadia e a loucura era apenas o sucesso.

Tinha acumulado as 150 horas de vôo necessárias para voar monomotores com licença de piloto comercial. Junto com outros pilotos, pressionado por uma portaria do Ministério da Aeronáutica, regularizou sua situação. Contudo, ainda não estava autorizado a voar por instrumentos, o que lhe permitiria trabalhar nos aviões maiores com esse tipo de equipamento, então exclusivo das empresas com vôos regulares.

Estava insatisfeito na Aero-Rancho. A empresa trabalhava de forma inadequada. Pagava por fora, sem registrar os pilotos. Além disso, a crise do início da década de 1960 atingiu a companhia em cheio. Alguns funcionários foram demitidos e Rolim, piloto marcado pelo passado e inexperiente, estava na primeira linha de tiro. Ao demiti-lo, o dono da Aero-Rancho, Romeu Cunha, acrescentou que não gostava dele por ter ouvido dizer que era comunista.

No momento em que procurava superar o acidente com o Stinson, a nova demissão pesou-lhe em dobro. Nunca iria se recuperar do gosto amargo de ser mandado embora. Anos mais tarde, Rolim implantaria condições rigorosas na sua própria companhia para dificultar demissões. Repetia, em palestras, que a demissão era a maior vergonha pela qual um homem pode passar. E que, por isso, as empresas deviam evitá-la a todo custo.

Novamente sem emprego, só lhe restava perseverar. Passou a fazer pequenos bicos. Voava ora para um, ora para outro. Estava sempre de mala na mão. Como não tinha tempo de enraizar amizades, aprendeu a fazê-las depressa. Em Rio Preto, já freqüentava uma roda de professores, advogados e outros amigos que considerava

## O sonho secreto

mais preparados. Sem formação sólida, procurava obter toda informação possível na convivência com pessoas de maior instrução, hábito que preservaria pelo resto da vida. Conheceu também outro piloto, Mauro da Costa Lima, filho de um fazendeiro de Goiás. Mauro, o "Jesus", usava o avião da fazenda de seu pai e se tornaria um de seus melhores amigos.

Passou a fazer parte do estilo de Rolim ouvir pessoas que considerava experimentadas, ou cuja opinião ele respeitava. Ainda que, na idade madura, o fizesse muitas vezes apenas para confirmar suas próprias convicções — ou desafiar a dos outros.

Rolim admirava outros pilotos. E, como todo piloto, só admirava pilotos melhores do que ele. Um deles foi Rodolfo Vilar, seu instrutor em Catanduva, antigo piloto do ex-presidente Juscelino Kubitschek. Gostava também de homens de idéias. Conheceu nessa época Celso Garcia Cid, ex-garçom de pequenas pensões em Santos que se tornara fazendeiro e empresário paranaense, fundador da Viação Garcia. Admirava Garcia pela sua fé no negócio e pela força com que se dedicava àquilo em que acreditava. "Sempre gostei de ter outros homens como referência, é da minha natureza", dizia Rolim.

Adotou a fé de Garcia como seu próprio lema. E tratou de encontrar um emprego estável. Certa vez, foi a Botucatu buscar o avião de um comprador. Lá encontrou Lauri Tedeschi, piloto de Marília. Lauri contou que cinco dos pilotos da cidade, os antigos donos da Comtax, haviam comprado seus próprios aviões. Tinham se reunido numa nova empresa, fundada em 1963. Um deles precisava trabalhar em terra, na manutenção. Outro, na área comercial. Dos cinco aviões, dois estavam sem piloto. "Lauri, se você puder, me indica", pediu Rolim.

A nova companhia se chamava Transportes Aéreos Marília, mas já era conhecida pelas suas iniciais: T.A.M., como a chamavam seus fundadores, ou simplesmente TAM.

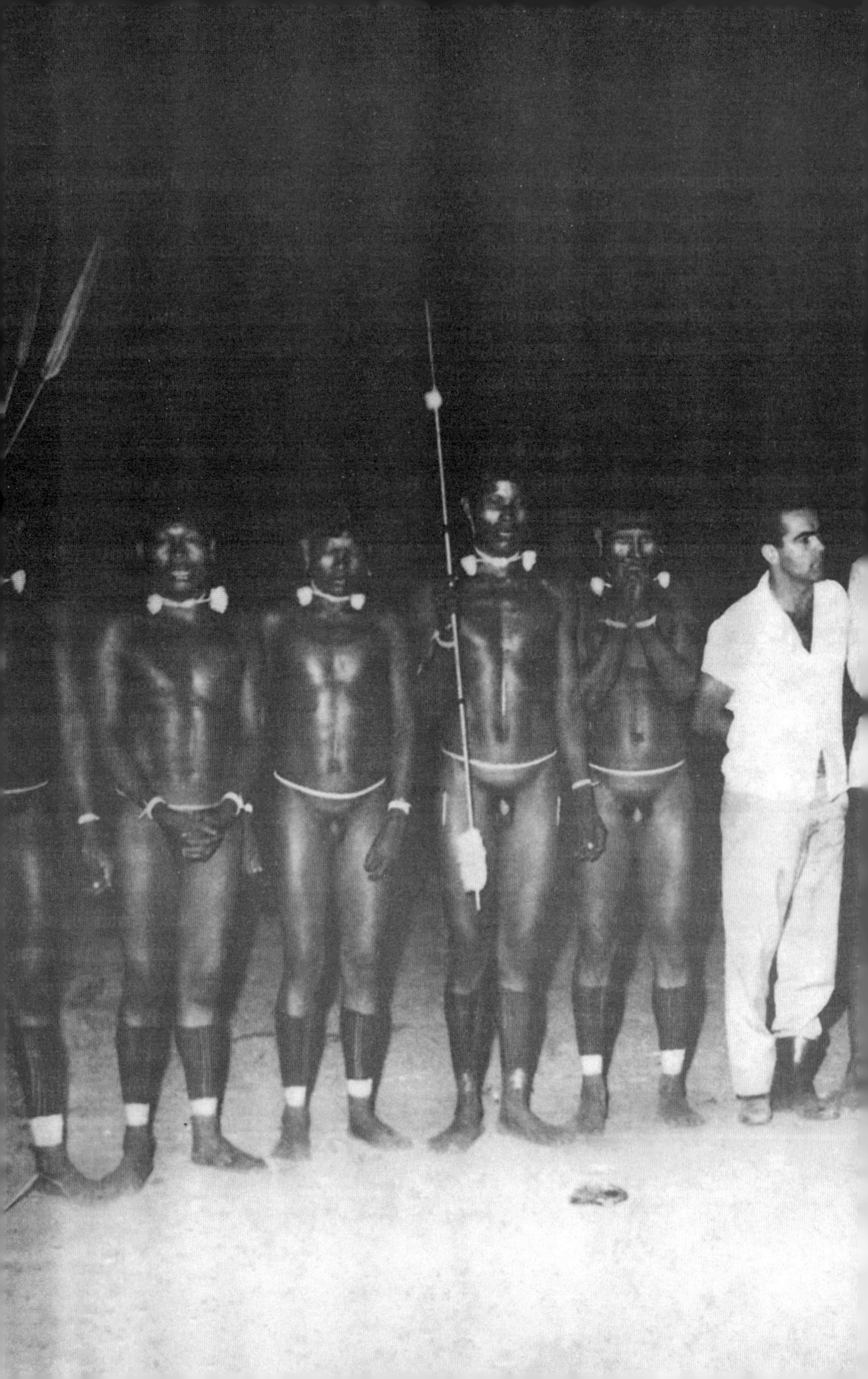

## 2. Vôo sobre a selva

Pouco antes do acidente com o Stinson, Rolim conhecera Abrão Haddad, revendedor de veículos dono de duas concessionárias Ford, uma em Ibitinga, outra em Bauru. Haddad gostava de cantar tangos e costumava se apresentar nos bailes das cidades do interior no papel de um argentino chamado Ramón de La Mata. Rolim, amante de música, adorava também comprar uma doce mentira. Sempre achara que a vida "tem de ter uma certa irresponsabilidade". Quando acompanhava Haddad aos bailes fazia, com sua voz empostada, o papel do locutor que apresentava o milongueiro para a platéia.

Logo Haddad teria oportunidade de lhe retribuir o favor. No Baile Anual do Aeroclube de Itápolis, anunciou a presença de Rolim de maneira solene: "Senhoras e senhores da sociedade de Itápolis", começou. "Tenho a satisfação de lhes apresentar o adido aeronáutico... Junto ao Aeroclube de Ibitinga... O comandante... Rolim Adolfo Amaro! Homem enviado diretamente pelo Ministério da Aeronáutica, para quem eu peço uma salva de palmas..."

Por esse motivo, Rolim foi convidado para integrar o júri que selecionaria a Miss Itápolis. Pura diversão para um admirador incansável da beleza feminina, galante e cortejador, característica que conservaria a vida inteira, ainda que nem sempre com sucesso.

Até então Rolim só namorara mulheres mais velhas, que tinham tomado a iniciativa de largá-lo. A primeira, Clélia, filha do alfaiate Maieto, tinha dois anos mais que ele. Com seu terno branco, Rolim buscava "fazer às vistas dela o que eu, como um todo, não conseguia". Não deu muito certo. "Entre a sapiência dos 17 anos dela e a ingenuidade dos meus 15, um mundo nos separava."

Por causa da sua idade, era proibido pela família de Clélia de entrar na casa dela. Dizia que namorava não como queria, mas como podia: "As mulheres aos 17 já querem ser mulheres. E os homens nem aos 50 querem ser homens".

Depois de Rolim se tornar piloto, a família de Clélia adicionou ao preconceito da idade o defeito da profissão, mal vista na época. Para despachá-lo, Clélia explicou que "jamais se deve trocar o certo pelo duvidoso". Aquilo o atingiu mortalmente.

Rolim, porém, não desistia fácil. Depois de chutado, resolveu partir para uma nova tentativa de aproximação. Achou boa idéia fazer uma surpresa. Tomou uma bicicleta e pedalou de Ibitinga até Buritama, comendo o pó da estrada em algumas horas de viagem. Quando chegou perto da pensão onde Clélia morava, foi encontrá-la na porta, arrumadíssima.

No mesmo instante, contudo, surgia também um professor de música de nome Osmar, que desceu da varanda com ela de braços. Rolim ficou com tanto medo de ser visto pelos dois que se escondeu atrás de uma árvore. Vindo de bicicleta, estava sujo, suado, visivelmente cansado. "Inadequado", resumiria depois.

Rodou com a bicicleta pelo "quarteirão mais longo da minha vida" e, desiludido, foi para a casa do primo Carlinhos. Tomou banho, dormiu, acordou às 6 da manhã. E voltou para casa de bicicleta. Estava há 24 horas sem comer.

Rolim tirou do episódio uma das máximas que inventaria para cada situação: "Nunca faça nenhuma surpresa, para não ser surpreendido". Quando se tornou instrutor de pilotagem em Ibitinga, a primeira coisa que fez foi um rasante sobre a casa da antiga namorada. A manobra também surtiu pouco efeito: "Não consegui demovê-la nem comovê-la, porque, se tivesse comovido, teria demovido".

## Vôo sobre a selva

Outra namorada, no tempo ainda em que trabalhava na Volkswagen como mecânico e estudava contabilidade, chamava-se Nildes, filha de um português dono do armarinho próximo à rodoviária. "Linda moça", dizia Rolim. Ao partir para Catanduva, deixou-a em Fernandópolis. Quando tinha algum dinheiro, Rolim comprava o bilhete do trem, de segunda classe, para visitá-la. Quando não tinha, pedia carona na estrada aos caminhoneiros.

Um dia, em Catanduva, ouviu de um amigo que Nildes fora a um baile em Fernandópolis com um rapaz de São Paulo. E dançara a noite inteira de rosto colado.

— Quero ver se ela faz isso, eu estando lá — bramiu.

Foi para Fernandópolis e viu a namorada dançando com outro. Voltou para Catanduva arrasado.

Quando Nildes o procurou mais tarde, entregou-lhe uma sacola com presentes que Rolim lhe dera: um anel de rubi e um disco de Ray Coniff com a canção de amor preferida de ambos: "La Mer". Assim como acontecera com Clélia, disse que seu pai desejava que procurasse um namorado com mais futuro.

Voltou para casa com a sacola na mão e o coração esfrangalhado. No caminho, proveniente da janela de alguma casa, ouvia tocar "La Mer", com Ray Coniff. Era o fundo musical perfeito para sua melancólica situação.

Nunca mais quis ver Nildes, nem quando ela tentou reatar o namoro. Discutiu com o pai da moça, que o definiu para a vida inteira: "O senhor é muito rampeiro", disse. Na hora, Rolim nada respondeu. Mais tarde, procurou a palavra "rampeiro" — atrevido — no dicionário.

Dizia que só não tinha sido boêmio por sua vontade de crescer: "A boemia é a melhor vida que tem. Maravilhosa!" Gostava de beber, de encontrar os amigos, dos bailes. Apenas as mulheres não pareciam ceder com muita facilidade. Para piorar, faltava-lhe um atributo essencial aos galãs: dinheiro. Não tinha um centavo sequer para levar uma namorada ao cinema, quanto mais a restaurantes. Procurava indicar as moças de quem gostava aos amigos em condições melhores do que a sua, mostrando-lhes as oportunidades que não podia aproveitar.

Sua sorte, contudo, estava prestes a mudar, pelo menos no terreno amoroso. No domingo, 16 de maio de 1964, foi ao Baile do Limão do clube Monte Líbano, em Rio Preto. O nome do evento vinha da frutinha cítrica que, a certa altura, devia ser equilibrada pelos pares que dançavam, segurando-a somente com a pressão da testa. A música se tornava cada vez mais rápida e ganhava um prêmio o casal que dançasse mais tempo dessa forma. Foi ali que Rolim conheceu sua futura mulher, Noemy. Não participaram juntos da prova do limão, mas dançaram e, na saída, trocaram telefones.

Aos 22 anos, Rolim começou a sair com Noemy, que já fazia faculdade de letras em Rio Preto, onde morava num pensionato — seus pais viviam numa fazenda em Guapiaçu, a 20 quilômetros da cidade. Iam ao cinema, quando Rolim tinha dinheiro. Ele levava a namorada para casa a pé, a pretexto de caminhar. A verdade, contudo, é que não tinha como pagar o ônibus. Noemy sabia, mas não dava demonstração.

Como Rolim pedira, Lauri Tedeschi falara com o comandante Dorvalino Trazzi, chefe dos pilotos da TAM. Mais tarde, Rolim passaria a admirar Trazzi por sua postura, pelo humor e por ser "um homem de bem". Ele o entrevistou e lhe deu sinal verde para mudar para Marília. Teria seu emprego na TAM.

A primeira viagem que Rolim fez de volta a Rio Preto, um dia de ônibus em estrada de terra, foi para pedir dinheiro emprestado. Em Marília, dona Ana Mussi, proprietária da pensão na Rua Nove de Julho, a meia quadra do Largo Santo Antônio, solicitara quinze dias de pagamento adiantado.

Até então, Rolim morava em um pequeno apartamento alugado em Rio Preto, onde mantinha alguns pertences: cama, guarda-roupa, livros. Conseguiu o dinheiro da pensão emprestado

## Vôo sobre a selva

de um tio, Orlando Ferrari. Pediu a Noemy que vendesse tudo e pagasse Orlando. Só não se desfez dos livros, "companheiros da vida toda". Quando foi para Marília, numa manhã fria de maio, Noemy o acompanhou até a rodoviária.

Com sua mudança para Marília, achava que o namoro de três meses havia terminado. Para sua surpresa, começou a receber cartas de Noemy diariamente, embora com um mês de atraso, por causa da ineficiência dos correios. Aquilo o deixou animado. As experiências anteriores ainda exerciam forte influência sobre sua auto-estima no terreno amoroso. "Eu me sentia um completo fracasso", lembraria ele.

Em Marília, Rolim dividia o quarto na pensão de dona Ana com Ditinho, negro que Agrício Bernardo de Souza, um dos sócios da TAM, trouxera de Quintana como aprendiz de mecânico. Quando não estava voando, ou ajudando os pilotos da TAM, Rolim visitava Noemy em Rio Preto, uma ou duas vezes por mês.

Na casa do pai de Noemy, criador de gado, não havia telefone, só na vizinha. Rolim ligava de um telefone de parede, próximo ao balcão do bar no aeroporto de Rio Preto. Sempre inquieto, levava broncas do dono do estabelecimento, Edgar de Souza, que o via enrolado nos fios do aparelho, depois de muitas voltas carregadas de impaciência.

— Você ainda me quebra esse telefone, Rolim!

Em Marília, a Kombi da TAM passava todos os dias às 7 da manhã para levá-lo ao aeroporto. A companhia tinha bastante trabalho em função do desmatamento da região, onde se abriam novas fazendas. Localizada no extremo noroeste de São Paulo, era uma das últimas fronteiras pouco exploradas do Estado.

Isso não significava que Rolim tinha trabalho farto. Quando chegava sua vez de voar, sobrava-lhe um Cessna-170. O Cessna-180, mais veloz, de melhor performance, estava reservado aos pilotos mais antigos. A escala era rigorosa. Até o fim da vida Rolim saberia sua ordem de cor: "O primeiro era Renato; o

*O sonho brasileiro*

segundo, Teco; o terceiro, Falco; o quarto, Carlos; o quinto, Feijó; o sexto, Agrício; o sétimo, Trazzi; o oitavo, eu".

Percebeu que, sendo o último da lista, só voaria se o cliente pedisse por ele. Dessa forma, poderia pular os outros pilotos que tinham preferência. Quando voava com algum passageiro, tratava de bajulá-lo. Como sua carreira começou a depender disso, Rolim não esqueceria nunca a lição. Carregaria a vida inteira a obsessão pela conquista individual do cliente, o que fez mesmo quando passou a transportar 1 milhão de pessoas ao mês.

Seu primeiro vôo em Marília foi com Ariosto da Riva, célebre colonizador, que mais tarde criou o projeto Alta Floresta. Levou-o com mais dois passageiros a Naviraí, que Ariosto fundara no sul do Mato Grosso, 60 quilômetros depois do rio Paraná.

Os passageiros punham a bagagem no colo: o espaço de carga era ocupado por duas latas de gasolina, necessárias para reabastecer o avião em Naviraí. O avião era lento e com autonomia de quatro horas. Sem o combustível extra, não teriam como voltar.

A amizade com os clientes rendeu muitos frutos, a começar por salvar Rolim da cadeia. Em 31 de março de 1964, eclodiu o golpe que derrubou o governo de João Goulart, iniciando o ciclo da ditadura militar. E Rolim já recebera o tacho de ser um piloto comunista desde a Aero-Rancho.

Dois amigos de Rolim, Genésio Vieira de Barros e Olemardem Ribeiro Soares, foram trabalhar com o governador de Goiás, Mauro Borges. Rolim também voara com Borges e se tornara seu fã. Naquele tempo, Rolim achava "bonitas aquelas idéias de esquerda". Tinha, de acordo com suas próprias palavras, "a mania de achar que as estatais eram a solução para o Brasil, e o dinheiro que faltava ao pobre era o que sobrava ao rico, como se a todo rico sobrasse".

Em 1964, o general Castelo Branco, recém-entronado presidente pelo regime militar, começou a cercar os governadores que tinham compromissos de esquerda, ameaçando Mauro Borges de cassação. Impetuoso por natureza, Rolim foi ao correio em Marília e despachou um telegrama a Borges. "Resista, governador", dizia o texto. "Da sua luta, sou um soldado."

A sorte de Rolim é que ele não colocara o nome do hotel onde estava hospedado. Em vez do endereço, deixou apenas "em trânsito". Logo depois, a Polícia Federal e o exército começaram a procurá-lo, começando pela própria agência de correios.

No aeroporto, Rolim recebeu a visita de um funcionário dos correios que ele conhecia, por gostar muito de aviação. "Desapareça", foi o recado que ouviu. "Saia da sua pensão, porque eles estão revirando todos os hotéis da cidade."

Rolim tinha um amigo que morava em frente a um colégio de freiras, na Rua Nelson Spiellman, 777. Mudou-se para lá, sem contar os motivos. Tinha medo de perder o emprego na TAM, já que a fama de comunista contribuíra para que fosse demitido da Aero-Rancho. Trazzi, contudo, o tranqüilizou.

Rolim continuou a trabalhar, agora usando seu segundo nome, Adolfo. Como tudo o que lhe acontecia virava lição, tirou esta do episódio, enquanto se escondia: "Manifestações de solidariedade se fazem em particular, em público jamais".

Foi salvo pela intervenção de Tarlei Rossi Vilela, fazendeiro de Rio Preto para quem pilotara e chegara a ajudar num momento delicado. Tempos antes, Anísio Moreira, deputado estadual famoso na época, propusera a Tarlei sociedade em terras na Amazônia. Ambos voaram para a região, quando o motor do avião parou. O piloto fez um pouso forçado num rio amazônico, perto de Diamantino, no Mato Grosso. Tarlei, que saltou na água, salvou-se. Anísio e o piloto, que ficaram dentro do aparelho, afundaram junto com ele.

Falou-se na época que Tarlei teria matado Anísio para ficar com a parte do deputado nas terras da sociedade. Acabou sendo preso em Diamantino. Havia a suspeita de que a esposa de Anísio Moreira planejasse matá-lo. Policiais propuseram que fugisse, possivelmente

*O sonho brasileiro*

com a intenção de assassiná-lo e explicar sua morte como uma tentativa de fuga. Tarlei, contudo, desconfiou e preferiu ficar na cadeia. "Pequenos discernimentos das pessoas às vezes as salvam", dizia Rolim ao comentar o episódio. "Pelo que vi do Tarlei, a maneira como ele passou de fazendeiro com negócios de milhões a réu prestes a ser morto pela polícia, descobri como é tênue a linha que separa o céu do inferno."

Rolim foi contratado pelo advogado Líbero Luchezzi para voar até Diamantino. Passaram ambos a noite na porta da cela de Tarlei, em vigília, para protegê-lo. Na manhã seguinte, com um *habeas corpus*, Tarlei foi libertado. Receosos de encontrar pistoleiros no caminho, saíram da cidade como foragidos. O vôo de volta para Goiânia com Rolim seria para Tarlei um reencontro ao mesmo tempo com a liberdade e a vida.

Em 1964, o fazendeiro teve a oportunidade de retribuir na mesma moeda, ao saber que Rolim era procurado pela polícia. Naquele ano, como secretário da Agricultura do governo do Estado de S. Paulo, na gestão de Adhemar de Barros, intercedeu junto ao general Amauri Kruel, comandante do 2º Exército em São Paulo, para que o deixassem em liberdade. A ordem de prisão foi retirada.

Anos depois, em 1978, ao voar para João Baptista de Figueiredo em suas viagens como candidato biônico à presidência da República, o general perguntou a Rolim o que ele estava fazendo no dia do golpe militar de 31 de março de 1964. "Ora, eu estava fugindo da polícia", disse Rolim. "Você era comunista?", perguntou Figueiredo. "Não, mas eu era contra vocês rasgarem a Constituição."

Rolim brincaria que lhe faltava algo no currículo para se tornar um líder político: ter sido preso em 1964. Era uma fina ironia, pois o golpe teria consagrado como comunista aquele que, no futuro, seria identificado entre seus pares como um dos maiores defensores do capitalismo e da economia de mercado, especialmente no fechado setor da aviação, considerado pelos militares de "segurança nacional".

Vôo sobre a selva

O convívio com os fazendeiros começava a trazer uma sabedoria muito particular para Rolim. Salvo por Tarlei da prisão, passou não só a lhe dever essa intervenção como o aprendizado durante a convivência entre ambos.

Tarlei trazia para o Brasil gado indiano da raça Gir para melhorar o perfil da produção brasileira. Mesmo sem muito sucesso na pecuária, causava profunda admiração no jovem comandante. Quando pilotava para ele, Rolim gostava de ver Tarlei negociando gado, e aguardava-o até o horário da volta, sentado sobre as cercas dos currais. Diria depois que Tarlei tinha "um talento invulgar para conquistar amigos, influenciar pessoas e fazer negócios", tríplice aliança que incorporou.

Espantava-se sobretudo ao ver como Tarlei, à moda dos fazendeiros e empresários do interior brasileiro, fechava negócios vultosos sem exigir nada além da palavra empenhada. "Rolim, em todas as negociações com clientes, acredite tanto neles quanto espera que eles acreditem em você", dizia Tarlei. "Nenhum negócio é bem sucedido quando só uma das partes merece fé."

Era um princípio no qual Rolim passou a acreditar e que se tornou preponderante em sua vida. Iria aplicá-lo com os clientes da sua futura companhia aérea, e no convívio com aquele círculo de pessoas que cultivavam a riqueza com uma velha sabedoria do interior. Para Rolim, era um mundo novo e fascinante, cujo principal personagem ele ainda estava por encontrar.

\*

Em 1964, surgiu na vida de Rolim o homem decisivo em sua carreira. Filho de Pedro Ometto, Orlando Ometto já era um empresário pioneiro e inovador. A pedido do pai, que comprara a antiga fazenda Pau D'Alho, com pouco mais de 20 anos de idade Orlando montara a Usina da Barra, tornando-se o maior produtor individual de açúcar e álcool do mundo. Estava sempre prospectando novas áreas, interessando-se pelo clima, pela qualidade da terra, e decidira se aventurar num empreendimento de proporções gigantescas.

Na época aos 44 anos de idade, Orlando decidiu adquirir 50% da TAM a fim de servir-se da empresa em seu novo grande negócio. No início do regime militar, o plano de integração nacional dava incentivos fiscais para as companhias que promovessem o desenvolvimento das regiões ainda mergulhadas na floresta. Por esse motivo, Orlando comprara uma grande área ao sul da bacia amazônica, entre os rios Xingu e Araguaia, com a intenção de transformá-la num projeto agropecuário pioneiro.

A fazenda tinha 334 mil alqueires goianos, cerca de meio milhão de hectares: era quase do tamanho do Estado de Sergipe. Começava no cerrado matogrossense e subia em direção ao sul do Pará, atravessando a serra do Roncador. Recebeu o nome de Suiá-Missu (água dos suiás), herdado do rio onde viviam os índios suiás, belicosos como os xavantes.

A idéia de entrar numa região profundamente selvagem não assustava Orlando, homem afeito ao sertão: gostava de criar negócios, desbravar terras, avançar no Brasil primitivo. E tinha seu modo muito particular de fazer as coisas. Aonde fosse, carregava Deuclézio Rodolfo, violeiro mais conhecido pelo apelido de Diogo.

Crioulo bonachão, de boa conversa e sorriso no canto da boca, Diogo era um homem-espetáculo. Apaixonado pelo folclore brasileiro, pela música dos índios, capaz de chorar ao violão, cantava com voz grave, fazia mímica, imitava bichos, repetia o uivo dos índios e sua batida, usando os dedos na caixa do violão de cravos de ouro com que Orlando o presenteara.

Para justificar seu salário, pago pela Usina da Barra, Orlando o fazia de secretário e enfermeiro. O maior usineiro de açúcar do mundo era diabético. Precisava de injeções diárias de insulina, requisitando Diogo para essa e outras pequenas tarefas.

## Vôo sobre a selva

Durante suas visitas a amigos, ou quando ia a restaurantes, Diogo adiantava-se para explicar aos cozinheiros as restrições alimentares de Orlando, de forma que ele não viesse a rejeitar a comida do anfitrião.

Além de admirar Orlando como administrador, Rolim veria nele a mesma paixão pelo interior, manifestada no gosto comum pelo cateretê, pelo cururu e outras formas da música folclórica do Brasil e do Paraguai, país que o patrão visitava com freqüência.

O projeto de Orlando dependeria no início exclusivamente do avião. Calculara qual era o capital da TAM e, para ficar com 50% da companhia, colocara nela o equivalente em dinheiro. Com o caixa cheio, a TAM pôde comprar aviões novos.

Quando Orlando se tornou sócio da TAM, Rolim já o conhecia. Certa vez, fora buscá-lo em Barra Bonita, na pista da usina, um campo muito limitado, para levá-lo ao Rio de Janeiro. Orlando pediu-lhe que primeiro sobrevoasse Piracicaba: desabara um prédio que construía na cidade, o Comurba.

Naquela ocasião, Orlando saiu muito bem impressionado. Em vez de seguir o rio Tietê num vôo visual, como ele recomendara, Rolim preferiu voar mais alto e fazer outro trajeto. Ao furar novamente as nuvens na descida, estavam não somente em Piracicaba, como exatamente em cima do edifício em ruínas. Ao chegar ao Rio, Orlando apresentou assim o piloto de 21 anos ao amigo Antônio Carlos de Almeida Braga, o Braguinha, então dono da companhia de seguros Atlântica Boa Vista:

— O menino aqui é novo, mas não é burro — disse.

Apesar da preocupação de todos na TAM com seu desempenho, Rolim conquistou Orlando, que apreciava seu jeito falante e atencioso.

Quando passou a ser sócio da TAM, que aos poucos iria incorporar comprando a parte dos pilotos fundadores que saíam, Orlando disse que precisaria de um avião somente para o trabalho na Suiá. Ninguém queria carregar o novo dono da companhia —

temiam a responsabilidade. Além disso, precisariam morar no sertão. Quando Orlando perguntou aos pilotos quem gostaria de trabalhar na Suiá, ninguém se apresentou. Exceto um.

— Eu vou — disse Rolim.

Rolim pensava que ir para a Suiá seria bom. Sairia por uns tempos de circulação — visado pelo regime militar, ainda estava sob suspeita. Era solteiro, livre para mudar. Além disso, disputando clientes com sete pilotos em Marília, voava apenas de 15 a 20 horas por mês. Gastava o seu dinheiro em restaurantes e na pensão. Na Suiá, teria comida de graça. E voaria muito mais, ganhando também mais. Na fazenda, seria o único piloto: tinha de ser com ele. "O sucesso acontece quando a oportunidade encontra a vontade", definia Rolim. "Surgiu a oportunidade, eu tinha a vontade e a agarrei."

Em 1965, Rolim começou a trabalhar como piloto de Maurício Carvalho Monteiro, administrador nomeado por Orlando Ometto para dirigir a Suiá, de quem se tornaria amigo e admirador. Apreciava a maneira como Maurício resolvia problemas. Certa vez, Orlando ligou avisando que iria à fazenda com um número de convidados muito maior do que comportavam as instalações. Em vez de protestar ao telefone, o gerente respondeu com pragmática serenidade:

— Os quartos estarão arrumados para receber todo mundo. Voltaremos quando o senhor for embora. Boa tarde.

Depois, Rolim usaria esse tipo de conduta nos negócios: jamais diria não, mesmo que fosse para mostrar ao cliente como era absurda sua reivindicação.

Na Suiá, ele estava sujeito a muitos riscos, não só no vôo como em terra, infestada pela malária. Utilizava um Cessna-185, apelidado de Cara-Preta, cor do nariz dos monomotores da TAM. Na Suiá, ele era conhecido como "o comandante dos Caras-Pretas" e achava graça naquilo. Procurava estar sempre acompanhado por um índio. Em troca de roupas, comida e bugigangas, os índios

## Vôo sobre a selva

o ajudavam a orientar-se na selva durante os vôos ("índio não pesa, é conforto", dizia aos outros passageiros). No chão sabiam tudo, desde onde era possível tomar banho sem virar almoço das piranhas até evitar as cobras do caminho.

Ninguém queria voar sobre a floresta: na mata interminável, não há onde pousar em caso de pane. "Mas eu só podia buscar mais dinheiro lá", diria depois Rolim. "Na mata, nem teria onde gastar o dinheiro. Pensei: passo um ano ou dois lá, faço um pé-de-meia e volto."

A sede da fazenda ficava no lugar de uma aldeia xavante, no cerrado. Depois de um trabalho de aproximação, os xavantes foram transferidos para outro lugar. No início, os primeiros funcionários da Suiá ocupavam barracas. Quando os índios foram retirados, passaram para as malocas, dormindo em redes amarradas entre as traves centrais e a trama de galhos que sustentava as paredes de palha de buriti. Por fim, começou a construção da colônia.

Praticamente todos andavam armados. Rolim também trabalhava com um revólver enfiado na cintura. Era uma região difícil. A gasolina chegava de barco, muitas vezes misturada com água. Para abastecer o avião, era preciso primeiro decantar o combustível.

Depois de construir a sede, os operários começaram a abrir núcleos de trabalho, muitas vezes a 100 quilômetros de distância. Em fins de 1965, a Suiá tinha 22 campos de aviação para atender 3 mil homens nos retiros. Na época, não se desmatava com correntes ou tratores: era no machado. O avião de Rolim trazia tudo para os funcionários que trabalhavam no desmatamento, inclusive a comida. Muitas vezes levava combustível e alimentos e voltava com trabalhadores acometidos de malária para tratamento.

Toda vez que Orlando Ometto visitava a Suiá, Rolim, Trazzi ou outro piloto da TAM ia buscá-lo em Goiânia. Rolim, contudo, era seu preferido, sobretudo para as pescarias. Orlando adorava pescar e não poupava esforços e dinheiro nesse prazer. Na

Barra Bonita, costumava pescar em barranco, onde armava tendas de campanha. Depois montou ranchos nas ilhas do rio Paraná. Quando acabaram os ranchos, encobertos pelas águas de uma barragem, foi para o Mato Grosso.

De Barra Bonita, mandava na frente o caminhão, com os botes, caixas de gelo, barracas, a matilha de cães para caçar paca, além de um jipe Toyota com seus ajudantes e o violeiro Diogo. O comboio entrava por Ilha Solteira, passava por Paranaíva, Cassilândia, atravessava uma sucessão de serras até o rio Ariranha e virava à esquerda até o rio Taquari, na direção de Coxim.

Muitas vezes o caminhão cruzava trechos sem qualquer tipo de estrada. Os funcionários de Orlando abriam o caminho a foice e machado e construíam pinguelas sobre os rios para fazer passar a carga da pescaria. O caminho mudava de ano para ano porque as chuvas faziam desaparecer o trabalho realizado durante a viagem anterior. No final, a comitiva atravessava mais de 800 quilômetros entre serras, areais, invernadas e matas. Quando tudo estava pronto, Orlando chegava de avião ao local escolhido.

Rolim pilotava e, muitas vezes, pescava com o patrão. Passava a noite nas barracas, ouvindo velhas guarânias na viola de Diogo, comendo paca assada na brasa e pensando na namorada. O violãozinho solitário no meio da mata fazia balançar o coração do jovem piloto.

Por vezes, voava levando Diogo "emprestado" por Orlando a Renato Sampaio de Almeida Prado, seu sócio na Tamakavy, fazenda que abria ao lado da Suiá. Rolim adorava ficar lá nos fins de semana, ouvindo violão, cantando, comendo rim assado de boi e tomando os uísques de "selo preto" (*black label*) do anfitrião.

Segundo a crença indígena, Tamakavy foi um cacique guerreiro, devorado pelos adversários para adquirir sua força. Cedo Rolim assistiu à fúria de outros devoradores da mata, como o cardume de piranhas que transformou em ossos durante a travessia de um rio a primeira leva de 300 touros da raça nelore

## Vôo sobre a selva

comprados a peso de ouro que Maurício Monteiro tentou fazer chegar à Suiá.

Rolim começou a voar muito, consolidando grande experiência numa região difícil e sem apoio. De acordo com a legislação da época, um piloto podia voar no máximo 70 horas por mês, ou fazer cinco pousos e decolagens por dia. Rolim voava 20 horas por mês em Marília e na Suiá passou a voar 150. Em média, fazia 35 decolagens diárias.

"Trabalhava como um burro", dizia. O motor de avião, que em condições normais durava de três a quatro anos, tinha de ser trocado a cada cinco meses. Rolim adquiriu a versatilidade necessária a um piloto nessas condições. Não havia escala. Voava o tempo todo. E, como previra, economizava.

Em paralelo, surgiram outros planos. Além de transportar gente, remédio, médico e comida para a fazenda, Rolim começou a receber encomendas dos próprios empregados. Virou mascate, revendendo na Suiá pelo dobro do preço produtos comprados em Goiânia — armas, relógios, lanternas, cigarros, rádios de pilha, roupas íntimas femininas.

O negócio era mais lucrativo quando sobrava mais espaço no avião. Algumas vezes, Rolim ia buscar quatro passageiros e apareciam só dois. Colocava então duas malas extras na bagagem. Com o dinheiro que ganhou nessa época, comprou em Marília seu primeiro carro, um Fusca 1300 azul. Arrematou também 150 bois, colocados no pasto da fazenda do pai de Noemy.

Passou a sair da Suiá só para levar Maurício ou revisar o avião, a cada 45 dias. Quando visitava os pais em Fernandópolis, dizia que precisava aproveitar o momento. E citava o dito segundo o qual o cavalo selado passa na porta uma só vez — quem não monta não o pega mais.

Para servir à fazenda, Orlando Ometto mandou construir até a Suiá uma estrada de 500 quilômetros, vinda de Barra do Garças. Era uma obra gigantesca, tarefa de envergadura até para o governo federal. Ao longo das estradas que abriria por conta própria, alcançando São Félix do Araguaia, surgiriam no futuro 23 municípios. Rolim passou a dar o apoio aéreo para a obra, levando comida e equipamentos para os trabalhadores. Começou a conhecer pessoas que iam à Amazônia desenvolver projetos como o de Ometto. Algumas visitavam a Suiá com seus próprios aviões. Sem experiência de viajar numa região inóspita como aquela, solicitavam a presença de Rolim para indicar o caminho. Em 1965, apareceu na Suiá, com um táxi fretado da TAM em Marília, Armando Conde, um dos donos do Banco de Crédito Nacional, o BCN. Armando queria sobrevoar aquela área amazônica para comprar terras, com o objetivo de implantar projeto semelhante à Suiá.

Na primeira vez em que se encontraram, numa aldeia xavante dentro da Suiá, Rolim vinha ao longe, com a arma enfiada na cinta, rindo e mostrando a todo mundo uma fotografia que tinha nas mãos. Curioso, Armando foi espiar: tratava-se da foto de um piloto que atravessara a Amazônia e caíra à noite com seu avião dentro da fazenda. Rolim conhecia João Evangelista: chegara a alertá-lo em Goiânia para não ir à Suiá, por causa de sua pouca experiência. Ao saber que desaparecera, Rolim deu busca e encontrou os restos do avião a alguns quilômetros da sede. O corpo de João ficara uma semana na mata — a fotografia era do cadáver devorado pelas formigas.

Horrorizado, Armando olhou o piloto que ria do que devia temer e perguntou-se que homem seria necessário para trabalhar para ele na selva.

Mais tarde, como descobriu, só havia um: o próprio Rolim.

\*

Depois de quase dois anos na Suiá, com o dinheiro que guardara Rolim já podia pagar pelas carteiras de pilotagem de

## Vôo sobre a selva

bimotores e vôo por instrumentos. Começava também a pensar na família. Era hora de mudar.

Toda vez que vinha da Suiá para Marília ou Barra Bonita, procurava visitar Noemy em Rio Preto. "Eu estava cansado de morar em pensão, de ser maltratado." Criado nos moldes mais tradicionais da organização familiar, tinha uma visão clássica do assunto: para ele, havia a mulher certa para cuidar da casa e dos filhos. E seguiu o ritual: noivou e casou com Noemy em Rio Preto, em 22 de maio de 1966.

Quase não chegou a tempo da cerimônia do noivado, na casa dos pais de Noemy, com muitos convidados — entre os quais sua própria família. Apareceu em cima da hora, depois de passar uma semana voando pelo norte do Mato Grosso com um fazendeiro. "Percebi que na aviação não havia vida pessoal", dizia ele. "Os interesses da profissão sempre eram maiores." Declarou a Noemy: "Não esqueça de que sou piloto. Tenho escala de vôo e o interesse maior é sempre do cliente".

A frase não demoraria a mostrar seu efeito. Durante a lua-de-mel no hotel Minas Gerais, em Poços de Caldas, recebeu um telefonema. Os pilotos da TAM não estavam se adaptando à Suiá e Rolim era chamado de volta. Depois se mudaria com Noemy, grávida, para a fazenda. No início, hospedaram-se na casa do gerente Maurício, que tinha sido o padrinho do casamento. Depois, transferiram-se para uma pensão dentro da fazenda, onde ficavam prestadores de serviço e visitantes eventuais.

A hora do parto aproximava-se e Rolim estava decidido a voltar. Em meados de 1966 retornou a Marília, onde alugara uma casa de tábuas, com dois quartos, no Largo do Sapo. A mobília foi comprada na Mesbla, único magazine local.

Na cidade, nasceu em dezembro sua primeira filha, Maria Cláudia. O médico, doutor Francisco Nicolau Salum, amigo de Rolim do aeroclube da cidade, era um esculápio à moda antiga. Não costumava fazer cesariana e só decidiu empreender a cirur-

*O sonho brasileiro*

gia no último instante. Rolim classificou o parto de sua filha, que nasceu com 4,2 quilos, como uma das "cenas mais impressionantes" da sua vida.

Morou em Marília pouco tempo. Orlando Ometto, que estava mudando seus escritórios de Barra Bonita para São Paulo, levou para a capital também Maurício de Carvalho e o escritório central da TAM. Rolim o acompanhou. Hospedou-se com Maurício e depois alugou uma casa na Avenida Miruna, 1228, perto do aeroporto de Congonhas.

Para fechar o negócio, precisava de um fiador. Não tinha a quem pedir. Procurou Fábio Teixeira de Carvalho, a quem tinha feito um favor. Ajudara-o a comprar um Cessna-180, daqueles que pilotava no Paraná. Testara o aparelho, orientara o negócio. Quando soube que Rolim não conseguia fiador, Carvalho se ofereceu. Era a primeira vez que Rolim recorria a um amigo feito na aviação para esse tipo de aval.

Queria tirar carteira de piloto de vôo por instrumentos. Nessa época só os pilotos de linha comercial ministravam o curso. O táxi aéreo começava a se modernizar, empregando bimotores. A TAM e a Líder tinham sido as primeiras a usar esse tipo de avião no táxi aéreo com a compra dos Pipers Aztec e dos Bonanzas. A fim de tirar melhor proveito dos aparelhos era preciso voar por instrumentos. Rolim começou a se preparar para habilitar-se nesse tipo de vôo e, em seguida, nos multimotores.

Fez o curso de vôo com instrumentos em São Paulo. E começou a voar como co-piloto de bimotores, de modo a adquirir experiência. A TAM tinha enviado para São Paulo dois bimotores e dois monomotores, mas deixara em Marília seus antigos funcionários. Rolim sentia falta dos administradores e dos antigos pilotos com quem se identificava.

Orlando montara o escritório da Usina da Barra num edifício da Rua Sete de Abril, no centro da cidade. No andar de baixo, alugara uma sala como escritório da TAM. Para suprir o caixa da

## Vôo sobre a selva

empresa, então já deficitária, colocara nela mais dinheiro e tornara-se seu acionista majoritário.

Motivado pelas promessas de lucratividade, contratara uma nova direção, baseada em escolhas muito pessoais. Silvio Furquim de Vasconcelos, seu piloto particular, foi guindado à chefia de operações da TAM. Raphael Pirágine, um ex-pianista que abandonara os recitais, foi contratado na área societária, administrativa e financeira como homem da confiança de Orlando. Era irmão do diretor jurídico da Usina da Barra, Hélio Pirágine.

Rolim não gostou. Achava que a nova direção não tinha cultura de serviço de táxi aéreo, compromisso com o passado da empresa e com as pessoas que a faziam. E que seus métodos de trabalho, mais dia menos dia, iriam se chocar com as idéias dos fundadores da TAM.

Menos de um mês após a mudança para São Paulo, Rolim bateu na porta de Raphael Pirágine. Estava ao lado de outro piloto, Carlos Assunção Lopes Medeiros.

— Seu Raphael, vim avisá-lo de que nós vamos embora.

— Por quê?

— Tivemos uma desavença com o chefe de operações.

— Não há como a gente possa resolver?

Não havia. No final de 1967, "a contragosto", Rolim pediu demissão.

\*

Dessa vez, ele não iria cair no vazio. Ao contrário: parecia dar um novo salto na carreira. Com a carteira de multimotores, tinha uma oferta de emprego na Líder, de José Afonso Assumpção, já então a maior empresa de táxi aéreo do país. Em Belo Horizonte, sede da empresa, foi contratado em 5 de janeiro de 1967 como comandante do Aerocommander, um bimotor.

A vida era massacrante na Líder. Muitas vezes, Rolim voava à noite para entregar jornais e documentos. Na época, não

## O sonho brasileiro

havia o rigoroso controle da jornada de trabalho da aviação contemporânea. Entre os pilotos surgia a vontade de encaminhar reivindicações de melhores condições de trabalho a José Afonso. Rolim, que dizia aos colegas ganhar o dobro quando era piloto de monomotor e já sonhava ter seu primeiro avião, decidiu ser o porta-voz do grupo. "O Rolim tinha muita personalidade, falava muito", afirma Jorge Fumio Hino, nissei colega de Rolim naqueles tempos como co-piloto no Aerocommander. "Foi falar com o Zé Afonso porque era o único na sala dos tripulantes que tinha peito para isso." Em conflito aberto com o patrão, Rolim acabou por pedir demissão, antes de ser demitido.

Em sua passagem pela Líder, Rolim deixou poucas marcas. Depois que o ex-funcionário tornou-se famoso, José Afonso passou a dizer que não se lembrava de como ele saíra da empresa. O próprio Rolim, contudo, diria a amigos que, ao encontrar o dono da Líder, fizera-lhe pesadas críticas. À saída do escritório de José Afonso, ainda teria apontado o dedo para o nariz do patrão.

— Zé, um dia ainda vou ter uma empresa maior do que a sua.

José Afonso, contava Rolim, ria.

Rolim voltaria outras vezes ao escritório de José Afonso, quando já competiam no táxi aéreo. No hangar onde ficava o escritório do dono da Líder, iria se queixar do retrato de São Jorge espetando a lança na garganta do dragão, pendurado na parede com a inscrição: "Não dê colher de chá ao seu concorrente".

— Achei seu quadro do maior mau gosto — disse.

Apesar da frustrada passagem pela Líder, Rolim tirou de lá algo de bom. Exercitara-se no vôo por instrumentos e não deixara de estudar a fim de se tornar piloto de linha aérea regular. No início de 1968, quando voltou para São Paulo, procurou emprego na VASP. Não pelo dinheiro, mas pelo sonho de pilotar um avião grande.

Seus rendimentos, que no último emprego já o aborreciam, passaram a ser ainda menores. Como comandante na Líder,

## Vôo sobre a selva

ganhava 1500 cruzeiros por mês. Na VASP, ingressando como co-piloto, passou a ganhar 280 cruzeiros — só a prestação do financiamento da casa em São Paulo era de 350.

Na prática, pagava para trabalhar. Entre outras coisas, teve de vender o carro, comprado com os rendimentos do tempo da Suiá. Além disso, não tinha admiração nem respeito pelos pilotos da VASP. Achava que ele, co-piloto de DC-3, era muito melhor que os comandantes.

Sentia-se frustrado. No táxi aéreo, Rolim não apenas transportava os passageiros como os acompanhava. Se iam visitar uma fazenda, olhava o gado, as plantações. Na Suiá, chegara a vender máquinas e tratores. Interessava-se por toda espécie de negócios. Além do mais, o contato direto com as pessoas, para sua índole, era fundamental. Ao chegar nos aeroportos, nunca ficava parado, esperando o passageiro voltar — acompanhava-o. Envolvia-se. Tinha sido assim, por exemplo, com Amador Aguiar, que ele conhecera quando o banqueiro comprava um Cessna-310. Mais tarde, teria a oportunidade de servi-lo como piloto de táxi aéreo.

Na época Aguiar corria o interior do Estado de S. Paulo, comprando pequenos bancos ou agências, que se transformariam mais tarde na ampla rede do Bradesco, o maior banco privado do Brasil. Sem ter o que fazer depois do pouso, Rolim se oferecia para ir com Aguiar, carregando sua mala. O banqueiro, por sua vez, o deixava assistir a suas reuniões. E Rolim passou a ver como Aguiar conduzia os negócios.

Dessa forma, começou a cultivar o espírito de servir o cliente de maneira muito pessoal, característica que mais tarde imprimiu a ferro e fogo na aviação regular.

Na VASP, contudo, não havia nada daquilo. O trabalho do comandante na aviação de carreira era apenas o de cumprir a escala, sempre previsível. Voava quase o dia inteiro, de maneira que ia a muitas cidades, mas só visitava o hotel. Mais importante,

*O sonho brasileiro*

Rolim deixara de ter contato com os passageiros. Estava proibido de convidá-los a entrar na cabine de vôo. Só os comandantes podiam fazê-lo — e a maioria deles tratava os passageiros como se estivesse transportando batatas. Quando encontrava um passageiro que conhecia do táxi aéreo, Rolim quase nem conversava com ele.

Anos mais tarde, quando passou a receber os passageiros junto ao tapete vermelho que se transformaria no símbolo do seu estilo de administrar, nada mais faria que contrariar o que aprendera em sua experiência dentro das companhias tradicionais de aviação. Obrigava os comandantes que trabalhavam para ele a receber os "clientes", como os chamava, ao sopé da escada, ao lado das comissárias. Esse contato era da sua natureza, e Rolim entendia que devia pertencer à natureza do negócio.

Quando Rolim sentiu que começara a perder o relacionamento com as pessoas na VASP, ficou preocupado. De todo modo, não permaneceria na estatal mais que seis meses. As circunstâncias apressaram sua saída.

Em 1968, o Brasil passava por uma violenta crise política. No dia 13 de dezembro foi editado o Ato Institucional Número 5, golpe de pena que entregava ao presidente o poder de fechar o Congresso, cassar mandatos, governar por decreto. E suspendia o *habeas corpus* para casos de crimes contra a "segurança nacional". Na prática, o AI-5 instaurava a mais dura fase da ditadura militar no país, um regime de arbitrariedade política, de totalitarismo econômico e da extinção mais fundamental dos direitos humanos, abrindo caminho para a tortura.

O Brasil parou. A VASP, na época uma companhia emergente, estatizada em 1949, que ganhara uma imagem de confiabilidade e segurança graças aos aviões suecos Saab Scandia de sua frota, passava por um processo de reestruturação. Com a crise econômica, teve de demitir. Rolim, recém-contratado, insatisfeito e levemente pintado do "vermelho" do comunismo, mais uma vez

## Vôo sobre a selva

estaria entre os primeiros dispensados. Casado, com a filha pequena, não podia ficar desempregado. Por sorte, ainda tinha dinheiro guardado do tempo da Suiá. E boas amizades.

O comandante Cristiano Jorge Corrêa o levou para pilotar um dos aviões recém-comprados pelo Sesc/Senac, serviços de assistência do comércio, então sob a direção de Brasílio Machado Neto. Como comandante de um bimotor Cessna-401, Rolim ganhava dez vezes mais que na VASP. Entretanto, ficou ali menos tempo ainda.

Àquela altura, Armando e Pedro Conde haviam comprado a gleba de terra na Amazônia que Rolim ajudara a pesquisar, para montar seu próprio projeto agropecuário. Seria o segundo maior empreendimento do gênero na região do Araguaia, depois da Suiá-Missu. O BCN também tinha adquirido um Cessna-206 novo em folha, que estava parado no Campo de Marte, aeroporto de São Paulo, ainda sem piloto.

Seria a razão pela qual Rolim voltaria, mais uma vez, para o lugar que lhe daria suas maiores oportunidades — a selva.

\*

Em 1968, Armando Conde telefonou, pedindo que Rolim o ajudasse a encontrar um bom piloto para trabalhar na Amazônia. Rolim demorou a responder. No final, foi ao BCN com uma proposta.

— Doutor Armando, se o senhor me financiar um avião, peço demissão do emprego e vou trabalhar na fazenda.

Rolim não tinha propriedades para lastro do financiamento do BCN. Aquele seria, também, o primeiro avião que o banco financiaria. Tinha tudo para ser um péssimo negócio, do ponto de vista bancário: se um avião cai, matando o piloto, desaparecem a um só tempo o devedor e o bem da garantia. E o seguro não pagava o prêmio em vôos realizados entre pistas não regulamentadas.

*O sonho brasileiro*

Armando Conde, banqueiro de voz rouca, amante das artes, dos prazeres da caça e dos homens de coragem, aprendera a admirar Rolim, jovem comandante que parecia incansável e não tinha medo de nada. Ainda se lembrava de Rolim rindo, com a foto do piloto devorado pelas formigas.

Quando Rolim afirmou que se mudaria para a fazenda caso recebesse o financiamento, o banqueiro concordou. "Quando souberam, meus irmãos queriam me matar", lembraria Armando. "Mas Rolim merecia. Era um lutador."

Mais tarde, ao iniciar a carreira de empresário, sempre que realizava algum novo progresso Rolim visitaria Armando na sede do BCN, na Rua Líbero Badaró, no centro de São Paulo. Levava balanços contábeis nas mãos, como se quisesse dividir com o banqueiro, então transformado em amigo, o sucesso para o qual ele dera o primeiro empurrão.

Rolim acertou o salário com o BCN, deixou alugada sua casa em São Paulo e foi para a fazenda Santa Teresinha, onde os Condes implantavam a Companhia de Desenvolvimento do Araguaia, a Codeara. Situava-se 250 quilômetros à frente da Suiá-Missu, na margem esquerda do rio Araguaia, em plena Amazônia selvagem. Do outro lado do rio, ficavam as terras dos índios caiapós.

Passou a morar na fazenda. Dali até a cidade grande mais próxima, Goiânia, eram mais de três horas de vôo. Levou Noemy, grávida, e Maria Cláudia, com apenas dois anos de idade. Ocupavam uma casa simples, coberta com telhas de amianto, muito quente. Não havia água encanada nem luz elétrica. Utilizava-se o lampião a gás. O fogão era a lenha. O lugar se infestava de mosquitos, com risco de malária. Noemy e a menina não saíam de casa o dia inteiro, com telas nas portas e janelas, para evitar a entrada dos insetos.

Nesse período, nasceria seu segundo filho, Maurício, homenagem de Rolim ao administrador da Suiá. Noemy foi a Rio Preto para o parto.

Vôo sobre a selva

Rolim levou para a Santa Teresinha seu primeiro avião, financiado pelo BCN: um Cessna-170 de quatro lugares, igual àquele com que trabalhava em Marília. Graças à sua experiência anterior na Suiá, sabia que poderia ganhar na Codeara tanto quanto ganhara trabalhando para Ometto. Contudo, poderia ganhar o dobro ou mais se tivesse um segundo avião.

Ao lado da fazenda da família Conde, às margens do rio Araguaia, formara-se a vila de Santa Teresinha de Goiás, então com não mais de 800 habitantes. A povoação começava a se tornar o centro de uma região que concentrava as fazendas com incentivos da Superintendência para o Desenvolvimento da Amazônia, Sudam.

Havia uma verdadeira corrida do ouro para explorar o Mato Grosso, o norte de Goiás e o sul do Pará. O grupo Alcântara Machado, a Eletroradiobrás, a Elagro, a IAP, todos marcavam presença na região. Dessa forma, já corria muito dinheiro em Santa Teresinha. A economia brasileira despertava novamente. Nascia a era do chamado "milagre econômico".

A Sudam injetava cada vez mais dinheiro nos projetos agrícolas da região. Para abrir as fazendas, era preciso muita gente. Os fazendeiros contratavam os "gatos", que buscavam nas cidades pobres do Nordeste operários para as frentes de trabalho no Araguaia. Traziam os peões em ônibus ou caminhões abertos, os "paus-de-arara", até onde terminava a estrada, na vila de Santa Teresinha. Dali, eles tinham de ser transportados de outra maneira.

A Codeara ficava a 100 quilômetros de barco pelo rio Araguaia. A única alternativa era o avião. Rolim continuou a trabalhar com o avião da Codeara, levando empregados para a fazenda, mas não dava conta de todo o serviço. Cada vez que um "gato" depositava 60 ou 80 pessoas na vila, começavam as bebedeiras e as brigas que desnorteavam o delegado local. As fazendas precisavam transferir rapidamente os homens para os locais de trabalho.

*O sonho brasileiro*

Obrigado a dedicar seu tempo ao avião da Codeara, mesmo quando não tinha serviço, Rolim via penalizado seu avião parado ao lado do aparelho da fazenda. Havia trabalho para táxi aéreo. O que ele precisava era de um segundo piloto.

Na época, seu irmão João voava para um fazendeiro em Araguari, no sul de Minas Gerais. Rolim mantinha com ele uma dupla fraternidade: no sangue e na aviação. Muitas vezes, quando ia de São Paulo a Brasília no Aerocommander da Líder, carregado de jornais, Rolim sobrevoava a cidade. E avisava:

— João, vou passar em cima de Araguari, uma hora da manhã. Fica acordado.

Rolim voava baixo por Araguari, variando a potência do avião, para identificar-se pelo barulho do motor.

Dessa forma, pensou em recorrer a João. De Goiânia, aonde ia com freqüência buscar mantimentos para levar a Santa Teresinha, telefonou para o irmão.

— Estou em Santa Teresinha há seis meses. Sempre tenho frete para fazer e não posso, porque a fazenda não deixa. Preciso ficar à disposição dela o dia inteiro. Você não quer vir para cá?

João já estava há três anos no mesmo emprego, sem perspectivas. No dia seguinte, pediu demissão. Em 20 de dezembro de 1968 foi para Goiânia encontrar-se com Rolim, que o levou para morar em sua casa na Codeara.

Rolim fazia o serviço da Codeara. Voava no avião da companhia, levando remédios, trabalhadores e alimentos para os postos de trabalho. Transportava também comida e presentes para a aldeia de xavantes dentro dos domínios da fazenda. Os administradores tratavam de manter os índios satisfeitos.

Com o salário, Rolim continuava pagando as prestações do Cessna-170, além das próprias despesas. Enquanto isso, repassava ao irmão os vôos que não podia fazer.

Na vila de Santa Teresinha, o primeiro trabalho de João foi levar para o hospital de Gurupi um peão atacado por uma onça pin-

## Vôo sobre a selva

tada. Estava desfigurado: a carne arrancada pelas garras do felino deixara os ossos do rosto expostos. Os dentes formavam um sorriso macabro. João Amaro tinha sido batizado na selva.

Depois de um ano, os dois irmãos já tinham reunido algum dinheiro. O 170 havia sido pago com honras ao BCN. Decidiram, então, comprar um segundo aparelho. "Começamos a fazer caixa", recordaria Rolim. "Com esse dinheiro, pagaríamos o segundo avião."

Como João já faturava com os fretes, seriam agora duas fontes de renda pagando pelo novo aparelho. Vinham surgindo vôos longos e o Cessna-170 tinha autonomia muito limitada. Rolim decidiu-se então por um Cessna-180 que pertencera à TAM, matrícula PT-ALJ. Também tinha quatro lugares, mas maior capacidade de carga. Rolim dispunha de 10 mil cruzeiros, João de 5 mil. Com esse dinheiro, deram os 35% de entrada. O resto pagariam a prazo.

Precisavam de um segundo piloto para o Cessna-170 que sobrara. Rolim convidou seu co-piloto na Líder, Jorge Fumio Hino. O 170, um monomotor muito arisco, não perdoava falhas. No primeiro vôo, Hino se acidentou. Ao pousar na fazenda, perdeu o controle quando a roda esquerda trombou num toco e terminou a aterrissagem como um *kamikaze*.

Por sorte, Hino saiu ileso. O avião, não. Mesmo que Rolim tivesse seguro, não receberia o dinheiro: a pista onde o aparelho ficara semidestruído não era homologada. Um Cessna-170 como aquele valia, na época, por volta de 20 mil dólares. Como estava pagando as contas do segundo avião, não tinha dinheiro para recuperá-lo. O avião foi para o pátio e Hino, aborrecido com o insucesso como só os orientais ficam, voltou para Goiânia.

E então Rolim contou com a pura sorte. Pouco tempo antes, quando passara por Goiânia com o avião da Codeara, encontrara Genésio Vieira de Barros e Olemardem Ribeiro Soares, que tinham deixado Rio Preto para morar na cidade. Estavam

*O sonho brasileiro*

rifando um Opala, automóvel recém-lançado pela General Motors. Custava caro — era quase o seu salário do mês —, mas ele comprara o bilhete 19019 porque o sorteio pela loteria federal também seria no dia 19, o aniversário de sua filha, Maria Cláudia.

No sábado seguinte ao desastre com o Cessna-170, o DC-3 da VASP desceu na pista de terra da vila Santa Teresinha para buscar funcionários que quisessem passar o fim de semana em Goiânia. Com a política da integração nacional, voar na Amazônia ficara barato: o governo subsidiava 80% do preço da passagem e aquele se tornara um vôo regular. Desceram do DC-3 seus amigos de Goiânia. Foram para a casa de Rolim, comeram, beberam e dormiram. Então deram-lhe a notícia de que havia ganho o carro no sorteio.

Rolim foi a Goiânia, vendeu o Opala e arrumou o avião. O Cessna não ficou como antes, mas continuou a voar. Havia espaço para mais fretamentos. Aos poucos, Rolim percebeu que os fazendeiros da região tinham um grande problema: possuíam os aviões, mas os pilotos não queriam voar no sertão. Os aparelhos das fazendas em torno de Santa Teresinha ficavam estacionados em Goiânia ou em São Paulo. Caso os gerentes precisassem, os aviões tinham de partir de uma das capitais e demoravam para chegar. Para ser levado ao hospital a 200 quilômetros de distância, um doente tinha de esperar primeiro o avião que estava a 3 mil quilômetros. Toda a operação custava muito caro.

Rolim tinha uma vantagem: já estava em Santa Teresinha. Outros pilotos de táxi aéreo mais aventureiros perceberam a vantagem de se transferir para lá, atraídos pelo cheiro do dinheiro. Começaram a lhe fazer concorrência. Era preciso tomar providências.

Nasceu, então, sua primeira grande idéia. Foi a São Paulo e comprou 12 rádios para instalar nas fazendas vizinhas à Santa Teresinha. Todos os aparelhos funcionavam numa única freqüência: assim, quando precisassem de um avião, as fazendas entrariam diretamente em contato com Rolim, que os atenderia de imediato.

## Vôo sobre a selva

O rádio funcionava 24 horas, graças a um pequeno gerador. As encrencas nas fazendas aconteciam todos os dias. Era um peão que caía do cavalo, outro que adoecia. E todos os administradores estavam conectados a Rolim. Faziam contato para que ele fosse resolver toda sorte de problemas, de transportar funcionários a buscar peças de reposição para tratores em cidades como Gurupi. Como ainda voava pela Codeara, quem fazia esses vôos era João Amaro. Muitas vezes João decolava de madrugada levando garrafas de cachaça, pacotes de cigarro e mulheres para os gerentes das fazendas.

Era possível fazer mais. Rolim começou a visitar os fazendeiros com aparelhos parados nos aeroportos das capitais. Cientes de que era muito mais prático para eles contratar os seus serviços do que manter seus aviões tão longe, fez a cada um deles a proposta: "Você me dá o avião, eu pago em serviço". As fazendas deixariam assim de se preocupar com a manutenção das aeronaves e com a contratação dos pilotos, que correriam por conta de Rolim. E teriam o serviço prestado da mesma maneira.

Assim, ele incorporou mais Cessnas-206, adquiridos junto à IAP, da família Lunardelli, e à Eletroradiobrás. Um deles passou a ficar no aeroporto de Goiânia. Rolim e João contratavam os pilotos e sua rede dava pronto atendimento com uma oferta maior de aviões.

João Amaro voava, Rolim fazia a contabilidade à noite, depois de voar pela Codeara. Anotava a entrada e a saída do dinheiro num caderno escolar. Guardava o dinheiro vivo e os documentos debaixo da cama, numa mala de papelão.

Rolim não deixara de ter contato com Orlando Ometto, que lhe encomendara colocar mil peões em um mês na nova Suiá-Missu Sul. Orlando havia adquirido dois Cessnas-206 para a TAM, mas se arrependera. Queria se desfazer de um, que Rolim comprou de imediato. Pouco tempo depois, voltou a ligar para Orlando.

*O sonho brasileiro*

—Mas por que você não vende os dois aviões?
—Você paga?
—Claro que eu pago!
Estava agora com seis 206.

Tinha de cuidar dos números, montar um sistema de manutenção das aeronaves. Começou a ficar numa posição incômoda. Muitas vezes não dispunha de piloto para seus aviões. E não podia voá-los. Quando Rolim era chamado, às vezes numa emergência, tinha de pegar um de seus aviões e deixar o da empresa. Além disso, apertadas pelo imposto de renda, as fazendas passaram a exigir notas fiscais. Era preciso iniciar um negócio legal. Rolim concluiu que tinha de pedir demissão e constituir sua própria empresa de táxi aéreo.

Batizou-a de Araguaia Táxi Aéreo, ATA. Dizia que era uma homenagem a Armando Conde, pois "Ata é a fruta do Conde". Pretendia constituí-la em Goiânia, mas a gerência da aviação civil da cidade não permitiu: já havia muitas empresas do gênero lá. Então decidiu levar a sede da empresa para Aragarças. Na verdade, era uma sede fictícia, onde ficava apenas uma caixa postal, de número 28. Nunca Rolim e João receberam lá uma única correspondência. Continuavam operando normalmente entre Goiânia e Santa Teresinha.

Para constituir a empresa, em 1969 Rolim foi ao DAC, no Rio de Janeiro. Procurou os responsáveis por novas concessões, levado por Raphael Pirágine, que conhecia desde os tempos em que trabalhara na TAM. Pirágine ajudou Rolim a escrever o contrato de constituição da companhia. Mais: se dispôs a apresentar Rolim aos militares do DAC.

Tomaram o avião da Varig em São Paulo para o Rio de Janeiro, pela ponte aérea. Rolim estava ansioso, preocupado. Pirágine o levou até os responsáveis pelo departamento técnico do DAC, os então majores Roberto de Carvalho Rangel e Silva Neto.

## Vôo sobre a selva

— Major, queria legalizar uma empresa de táxi aéreo — declarou Rolim.
— Como assim, legalizar? — perguntou Rangel.
— Tenho dinheiro, e preciso legalizar uma empresa de aviação.
— O senhor quer dizer que faz táxi aéreo clandestino?
— Claro que faço. O senhor chama isso de clandestino, eu não. Estou na Amazônia socorrendo pessoas e procurando desenvolver meu trabalho. As empresas funcionam lá do jeito que estão porque não têm nenhum apoio das autoridades. Mesmo assim, quero acertar essa situação, para não ficar fora da lei.
— O senhor sabe que posso prendê-lo?
— Se o senhor me prender, vai ter de me soltar. Sou um homem de bem.

Como em outros episódios, a ousadia de Rolim, em vez de atrapalhar, ajudou. Rangel gostou do jeito franco, um tanto abusado e divertido do comandante que vinha da selva. No final, deu a canetada autorizando o funcionamento da ATA. Rolim ficou amigo de ambos os militares, sobretudo de Rangel.

Em cinco anos, deixara de ser o último piloto da escala da TAM para comprar aviões da própria companhia e ser dono de sua própria empresa de táxi aéreo. Agora, ele é que distribuía os aviões para uma série de outros pilotos. Na escala da ATA, passaria a orgulhar-se de outra lista para ele inesquecível: Veras, Getúlio, Plínio, Siqueira, Ludovico, Cláudio, Ronaldo, Mingo.

Rolim, no entanto, não desfrutava do presente comparando-o com o passado. Experimentara um outro gosto, que era o de administrar um negócio, fazê-lo crescer. Olhava para a frente. A selva de onde viera ainda era uma mina de ouro a ser explorada.

Nas suas estadas em Goiânia, conhecera Athos Maia, fazendeiro, aviador e dono de uma revenda de Cessnas na cidade. Athos trazia aviões dos Estados Unidos para vendê-los a fazendeiros, muitas vezes trocando-os por gado, que colocava

81

## O sonho brasileiro

em sua fazenda no Mato Grosso. Certo dia, foi a Athos que revelou seu novo, grande e desafiador objetivo, renovado sonho de piloto.

— Um dia — disse ele — ainda compro um avião novo.

*

Com mais aviões a oferecer, Rolim começou a receber pedidos de pacotes de serviços das fazendas. Fechava acordos para transportar, às vezes, levas de centenas de trabalhadores para as frentes de serviço. Ele fazia seus cálculos: levar 200 trabalhadores, com um avião de cinco passageiros, significava 40 viagens. Cobrava pelo número de viagens. Contudo, na prática ganhava muito mais.

O Cessna-206 era feito para cinco passageiros de 75 quilos, mais 20 quilos de bagagem por cabeça. Rolim ia buscar os homens com os "gatos". Vindos de regiões famélicas no Nordeste, os "paus-de-arara" não pesavam mais de 50 quilos cada um. E não tinham bagagem: no máximo, traziam uma rede, uma camisa, quando muito um maço de cigarros. Rolim despachava as bagagens no Cessna-170, menor e mais econômico. Tirava os assentos do 206 e, em vez de levar cinco, levava de dez a 12 homens de uma vez. Assim, fazia sua margem líquida quase dobrar.

Toda vez que se tratava de um vôo de alto risco, Rolim assumia-o pessoalmente. Ou enviava João. Nunca pediu a um outro piloto contratado que fizesse o que ele e o irmão faziam. Dessa forma, Rolim e João é que corriam mais riscos. Rolim calcularia mais tarde ter colocado nas fazendas mais de 2 mil homens. "Fiz um bom caixa."

Tinha uma justificativa para seu método. "Só existe um jeito de fazer a roda girar. É trabalhar e ganhar mais que os outros." Aprendeu o jogo do dinheiro. A Shell lhe concedeu o primeiro

## Vôo sobre a selva

crédito de combustível. Isso teve grande importância, pois todos os que depositavam nele sua confiança recebiam de Rolim reconhecimento sem limites, como se ele lhes devesse a própria vida. Até morrer, manteria a Shell como fornecedora exclusiva de seus aviões. "Sou muito fiel a essas coisas."

Ao fim de dois anos no Araguaia, Rolim contava com dez aviões e dinheiro guardado. Isso lhe permitia sustentar situações difíceis, pois administrar o caixa exigia uma grande ginástica. Quando a Sudam não liberava dinheiro, as fazendas não tinham como pagá-lo. E ele, por sua vez, tinha de bancar o salário dos pilotos, combustível, sem falar nas próprias contas. Economizava ao máximo. O que podiam fazer na pista, como trocar óleo e velas, ele e João Amaro faziam. A manutenção mais importante era feita em Goiânia ou São Paulo.

Até então, Rolim se considerava quase imortal. Escapara do acidente com o Stinson. No Araguaia, desafiava a morte em seus vôos superlotados. Não contava, porém, com a malária. Contraiu a doença sete vezes, nas suas duas formas: a vívax, mais suave e resistente, e a falsípora, mais fácil de tratar mas que provoca ataques mais violentos.

Já tinha visto muita gente morrer de malária e experimentou na pele os efeitos da doença, cujos ataques são cíclicos, com hora certa para acontecer. Rolim sofria-os ao meio-dia. Para baixar a febre, freqüentemente precisava recorrer a banhos de água fria. Muitas vezes, tinha crises durante o vôo. Tiritava de frio e perdia a noção do que estava fazendo. "Era um caos." Uma das manifestações da malária é a febre muito alta, que tira o discernimento. Certa vez, quase não conseguiu pousar, durante um vôo com um diretor da Suiá-Missu, Manoel Xavier de Camargo: enxergava várias pistas.

Aquilo o assustou. Receava não só por ele, como pela mulher e os filhos ainda pequenos. Maurício era frágil — tivera desidratação ainda no berçário, em Rio Preto. Em 1970, Rolim alu-

*O sonho brasileiro*

gou um apartamento em Goiânia e mudou-se com a família, em 13 de maio, dia da libertação dos escravos. Noemy comemoria a data como também a da sua "libertação".

Rolim tinha de ir com freqüência ao DAC no Rio de Janeiro, havia contas a receber em São Paulo. Continuava a passar a semana na Santa Teresinha, onde ficara João, mas não podia voar nas fazendas como antes. Com dez aviões na frota, começava a se tornar mais administrador que piloto.

Em 1971, pensava em comprar um bimotor para expandir o negócio. Foi quando Orlando Ometto se pôs a telefonar para Goiânia. A essa altura, Orlando já era dono de 100% do capital da TAM. Mas não acertava com a administração da empresa, acreditava que os diretores roubavam. Não entendia bem do negócio e tinha pouco tempo para ele, pequeno como era no conjunto dos seus empreendimentos. A TAM lhe dava prejuízo. E preocupação.

Rolim começou a criar um vínculo diferente com Orlando. Mantivera boas relações no contato comercial com a companhia onde trabalhara. Quando comprara da TAM o motor para consertar o Cessna-170 que se acidentara na Codeara, pagou à prestação. Às vezes, atrasava alguma parcela, mas avisava Raphael Pirágine com antecedência. Dessa forma, aproximou-se ainda mais de Pirágine, cuja casa freqüentava quando ia a São Paulo.

Orlando precisava de alguém para tocar a TAM, mas não pensou em Rolim no início. Um dia, o usineiro foi ao banco Comind, que financiava seus aviões. E desabafou com Miguel Pacheco Chaves, então gerente:

— Não agüento mais, preciso achar alguém que toque essa empresa.

Miguel sugeriu o nome de um amigo, Antonio Pereira Carneiro MacDowell. Ambos tinham comprado um avião em parceria. E conheceram Rolim quando este arrematara um dos 206 da TAM, no qual também estavam interessados.

## Vôo sobre a selva

Orlando consultou amigos e recebeu boas referências de MacDowell, engenheiro aeronáutico formado pelo Instituto Tecnológico da Aeronáutica, o ITA. Depois disso, trabalhara na VASP e fora para a administração da Metal Leve. O próprio MacDowell, contudo, em vez de aceitar o cargo, sugeriu:

— Por que você não chama o Rolim?

Orlando passara a ver Rolim como piloto e como administrador. Quando se encontravam, já preocupado com os resultados negativos da TAM, conversava com ele sobre a gestão de uma companhia de táxi aéreo.

Pensou seriamente em fazer o convite a Rolim. Porém, a opinião de MacDowell ainda não era suficiente. O usineiro, que respeitava a sabedoria dos homens simples, costumava testar suas decisões com Diogo, seu violeiro de estimação.

— O que você acha do Rolim para dirigir a TAM?

— Olha, ele gosta muito, e é do ramo — respondeu Diogo.

Orlando chamou Rolim. Disse que estava "cansado" do negócio que só lhe dava prejuízos.

— Se você não vier trabalhar comigo, vou jogar a chave dos aviões no mar.

Rolim viu que teria mais oportunidades ali, com o dinheiro de Orlando por trás, do que em Goiânia. A TAM era uma companhia maior, o jogo mais pesado. Fez a Orlando uma proposta: iria para a empresa, mas como sócio, em partes iguais. Com a venda progressiva dos aviões da ATA, pagaria as promissórias que perfaziam a sua metade das ações.

Como o dinheiro da venda dos aviões talvez não fosse suficiente, Rolim propôs a Orlando um desafio. Faria a TAM ter lucro dentro de um ano. Conseguindo, teria os 50% de qualquer forma. Caso contrário, ficaria sem nada.

Para o usineiro, o fundamental é que Rolim prometia dedicação exclusiva à empresa. Não seria mais obrigado a se preocupar com a TAM, tendo Rolim como seu principal executivo. E o desafio pareceu-lhe de acordo com o perfil de alguém disposto a agarrar com unhas e dentes as oportunidades.

— Estou pensando em passar uma parte da empresa para o Rolim — revelou Orlando ao violeiro Diogo. — O que é que você acha?

— Acho que o senhor está certo. Ele tem interesse, está lutando muito, provou que entende do negócio. Com os outros não deu certo. Com ele pode dar.

— Então acho que é isso mesmo que vou fazer.

Em 12 de março de 1972, Rolim mudou-se para um apartamento na Rua Maestro Cardim, no bairro do Paraíso, em São Paulo. Trouxe consigo o quinto e mais novo irmão da família Amaro, Adolfo, que começara a voar com ele em Santa Teresinha. Em abril de 1972, assinou o contrato pelo qual poderia vir a ficar com 50% da TAM. E uma pilha de promissórias, algumas das quais atrasaria, sempre com a tolerância de Orlando.

João permaneceu em Goiânia, onde viria a criar sua própria empresa de táxi aéreo, a Serviço Especial de Transporte Executivo, SETE. De imediato, porém, passou a administrar para Rolim um outro negócio que haviam criado, quando ainda eram donos da ATA. Junto com a empresa de táxi aéreo, Rolim fizera um acordo com a Shell para montar uma rede de sete postos de gasolina de aviação no Estado de Goiás. Ficavam em Santa Helena, Aruanã, São Miguel do Araguaia, Paraíso do Norte, Porangatu, Araguaína e Arraias.

A maioria dos aviadores se queixava de voar em Goiás porque precisavam fazer grandes desvios de rota para abastecer. A própria ATA, para servir a mais cidades, precisava desse apoio. Assim, Rolim inventou a AMA — Araguaia Manutenção Aérea Limitada — a fim de dar manutenção aos seus aviões e de terceiros, capitalizando um negócio que iria ajudá-lo a servir sua própria frota.

Ficaria sozinho na TAM, mas isso não seria problema. Para alguém que dormira coberto de jornais em um hangar, qualquer

## Vôo sobre a selva

outro passo, dali em diante, não seria tão difícil. Tornar-se sócio da TAM era abrir a porta para um futuro em que tudo era possível. Para Rolim, bastava trabalhar.

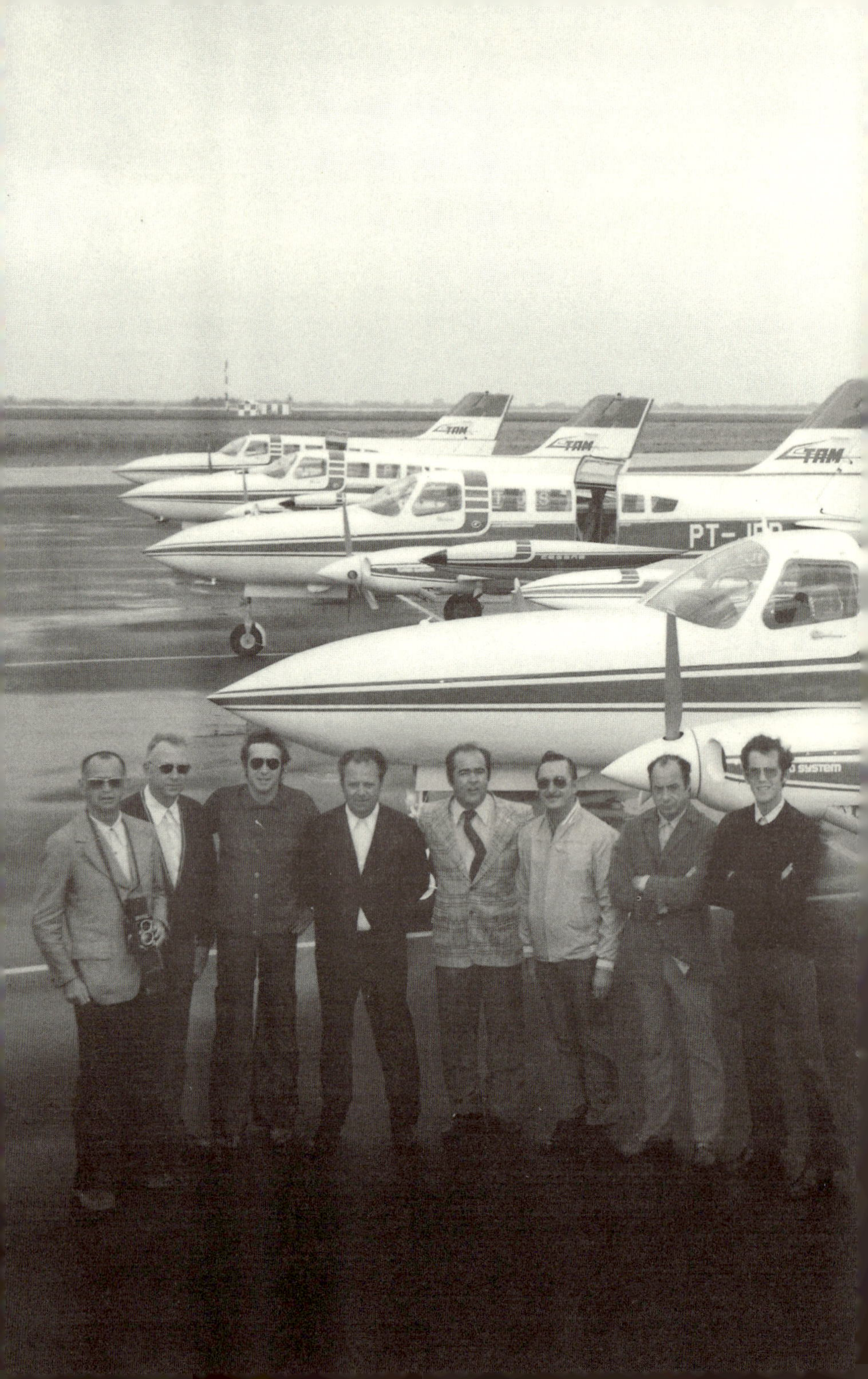
TAM
TAM
TAM

# 3. As pessoas e os negócios

A transformação de Rolim em empresário foi sutil. Desde que passou a administrar uma empresa mais complexa, se deu conta de que voar não era tudo. Espírito cumulativo, depois de cada etapa alcançada olhava para a frente e se perguntava: e agora, qual é o próximo passo? Não havia, aparentemente, final.

Foi nessa fase, também, que definiu melhor quais eram suas idéias, muitas delas recolhidas junto às pessoas com quem tinha passado a conviver. Ao se tornar sócio de Orlando, passou a ser tratado como um igual — ou, pelo menos, era assim que Orlando procurava cativá-lo. Além disso, por intermédio de Orlando, Rolim entrou para um seleto grupo de empresários, como os banqueiros Walter Moreira Salles, Roberto Amaral e o próprio Amador Aguiar, amigos pessoais do usineiro.

Muitas vezes, viajavam juntos, como na ocasião em que Orlando, Rolim, João Paulo dos Reis Veloso e Amador Aguiar visitaram Antônio Carlos de Almeida Braga. Braguinha estava em sua mansão na praia do Frade, em Angra dos Reis. Na hora de partir, o Gran Commander pilotado por Rolim não conseguiu completar a decolagem, travado pela areia pesada na pista particular de Braguinha, e atolou-se.

O episódio terminou mal, mas não sem certa ironia. Rolim voltou a São Paulo de carro para buscar socorro. Nesse ínterim, na tentativa de levantar o avião, funcionários de Braguinha fizeram com que o aparelho se partisse ao meio.

*O sonho brasileiro*

— Pode deixar que eu pago a conta — adiantou-se Braguinha quando Rolim viu o que acontecera na sua ausência.

— Não há dúvida de que o senhor vai pagar — replicou Rolim. — É por isso que seguramos os aviões da TAM na Atlântica Boa Vista.

A convivência com Orlando e seus parceiros transformou Rolim. Já não existia o homem que acreditava que as estatais eram a salvação do Brasil. Nascia um Rolim liberal, que ouvia, copiava e acrescentava idéias próprias.

De Amador Aguiar, admirava a humildade. Pregador de uma ética baseada no trabalho, no exemplo e no comportamento correto, Aguiar fizera do Bradesco o maior banco privado do Brasil. Rolim via na "sua postura monástica, seus hábitos espartanos, sua competência na condução dos negócios" um espelho de conduta que procurava seguir. Para ele, a máxima esculpida por Aguiar como ilustração de vida — "Só o trabalho pode produzir riqueza" — era o pensamento mais próximo ao já amarelado poema de Olavo Bilac que ainda morava no seu bolso.

O lema de Aguiar, que podia estar tanto na boca do dono do Bradesco quanto na de Karl Marx, não definia o banqueiro por completo. Capaz de compor delicados versos para a esposa, Rolim o admirava ainda pela capacidade de desfrutar os prazeres mais etéreos da vida. Enxergava no criador do Bradesco o seu ideal de empreendedor: "Um empresário de granito com a alma de um poeta".

Também Orlando Ometto, ex-patrão, agora sócio e amigo, parecia-lhe empresário modelar. Uma das razões por que o admirava era a disciplina de trabalho. Quando ia a um jantar, o dono da Usina da Barra sempre saía por volta das 10 da noite. Justificava-se: "Não se pode dormir tarde, porque a hora de ganhar dinheiro é amanhã cedo". Na única vez em que saíram de um encontro às 2h30 da madrugada, Orlando marcou uma reunião com Rolim para as 6h30: testava assim sua disposição de trabalho.

As pessoas e os negócios

Certa vez, ao chegar atrasado e esbaforido a uma reunião na TAM, Rolim foi recebido pelo sócio com uma frase que o acompanharia pelo resto da vida, transformando-o num obsessivo pela pontualidade:

— Rolim, fique tranqüilo. Sabemos que sempre se espera pela pior figura.

Aprendia com Orlando e seus amigos, mas seu conceito do papel da empresa e da importância do ser humano nos negócios seria inspirado em sua própria história, fonte da regra: "Se você quiser ser feliz, tire a sua felicidade da felicidade dos outros. Clientes ou não. Essa é uma lição que pratico ao limite".

Com inimigos, podia ser menos efusivo, mas sem deixar de ser cavalheiro. Não fazia distinção de classe. Mais tarde, seria criticado várias vezes por dar tanta atenção a uma faxineira na TAM quanto a um diretor que viesse se queixar de algum problema.

Com a compra da metade da TAM, Rolim desenvolveu um estilo próprio de administração. No início, serviu-se de Antonio MacDowell, "como bom escocês, um administrador implacável", nos termos de Miguel Pacheco Chaves.

Foi MacDowell quem ensinou Rolim a não perdoar o excesso e o assessorou na reestruturação da companhia. "Eu não gosto da cultura do desperdício, nem de aparentar o que não sou", dizia, numa das frases com que marcava suas posições.

Ao chegar à TAM, rebatizada como Táxi Aéreo Marília por exigência da legislação, Rolim sabia que entrava numa pesada nuvem de problemas. Como avisou Orlando Ometto, a companhia se tornara uma bagunça. Todos os pilotos tinham seu avião predileto. Quando iam embora, levavam a chave do aparelho. A indisciplina tendia a crescer, na medida em que o comando da companhia seria exercido por aquele que todos consideravam um antigo subalterno. Acharam que seria ainda mais fácil impor suas vontades. Estavam enganados.

*O sonho brasileiro*

"Quando cheguei, precisei botar os pingos nos is, sobretudo com esse tipo de gente folgada que tinha prioridades maiores que as da empresa. "Ao fazê-lo, comecei a quebrar ovos." Os "ovos" eram relacionamentos de mais de 15 anos. Achava, contudo, que isso era necessário, em benefício da empresa.

Ainda pagava as notas promissórias para Orlando Ometto, conforme vendia seus aviões. Nem sempre conseguia honrar o compromisso no vencimento. Nessas ocasiões, ligava para o usineiro, justificando o atraso.

— Seu Orlando, aquele avião não deu para vender ainda.

O usineiro era tolerante na cobrança, fato pelo qual Rolim lhe seria sempre grato.

A TAM ocupava dois hangares em Congonhas. O maior para os aviões. No menor, ficava a AeroTec, empresa que lhe prestava assistência técnica. Nos fundos, de um lado, situava-se a sala de Rolim. De outro, a de Pirágine, mantido na empresa por Orlando como diretor de operações e segundo na hierarquia.

A TAM possuía dois Navajos, um Gran Commander e um Azteca adquiridos em 1970. Eram bimotores, maiores e mais caros que os monomotores da ATA vendidos paulatinamente para pagar o pedaço de Rolim na companhia. Como não tinha dinheiro para compensar João, ele deu ao irmão 20% de sua fatia na sociedade com Orlando.

Embora mais respeitável que a da ATA, a frota da TAM era ainda pequena, envelhecida e inadequada. Aparelhos diferentes encareciam a manutenção. Para pagar as contas era preciso ter mais movimento. Assim, sua primeira medida foi inaugurar o serviço 24 horas. Mandou instalar uma cama no hangar para um piloto de plantão e pôs um Navajo sempre à disposição dos clientes para voar a qualquer hora.

Com liberdade, Rolim administrou a TAM do seu jeito. Enfrentou um mercado concorrido, em que a Líder Táxi Aéreo era a principal empresa. E muitos problemas internos. A Aero-

## As pessoas e os negócios

Tec tinha uma composição acionária diferente da TAM, gerando conflito na administração. Rolim obteve a anuência de Orlando para comprá-la.

Não se envergonhava de pagar salários baixos. Ao contrário, criava um tal ambiente de orgulho e sacrifício coletivo em torno do objetivo que era comum ter de mandar as pessoas embora para casa depois do expediente ou ordenar que tirassem férias. A moeda que prendia os funcionários à empresa não era o ganho. O estilo de Rolim fazia com que todos se sentissem mal se não procurassem trabalhar pelo menos quase tanto quanto ele.

Tendo firmado sua autoridade, Rolim encontrou tarefa mais grave: a renovação dos aviões, ciente de que seus velhos bimotores não ofereceriam a rentabilidade necessária para cumprir a promessa de colocar a empresa no azul em um ano.

Com a ajuda do consultor Mário de Bittencourt Sampaio, sócio da Multiplan, empresa de consultoria aeronáutica, definiu um novo perfil para a frota da TAM com um só tipo de avião. Dessa forma, os fornecedores seriam sempre os mesmos e era possível obter peças e serviços a preços menores. No final de 1972, Rolim deu sua tacada. Vendeu toda a antiga frota da TAM e comprou dez Cessnas-402 da Cavu, então representante da empresa americana no Brasil.

Enfrentou pela primeira vez a resistência do sócio. Orlando Ometto pedira que Rolim administrasse melhor a companhia, não que a virasse de ponta-cabeça. Não queria que a TAM se expandisse demais, de forma a aumentar potencialmente sua preocupação. Rolim insistiu: os aviões eram indispensáveis. Fazia parte do acordo entre ambos que Orlando não colocaria mais dinheiro no negócio. O usineiro concordou que Rolim trouxesse os 402, mas por sua própria conta e risco.

Rolim foi à Cessna, em Wichita, nos Estados Unidos, sem apoio nem o dinheiro do sócio. Durante dois meses procurou convencer os homens da Cessna a lhe vender os aviões e pagá-los com os resultados da operação. Quando os americanos cederam, o dinheiro reservado para a viagem já tinha se acabado. Mais que com os 402, Rolim voltou para o Brasil tendo iniciado um relacionamento com a Cessna que lhe foi de grande valor.

Os Cessnas-402 eram aviões de porte médio, para seis passageiros. Robustos, foram os primeiros de sua classe equipados com radar. Possuíam também o Club Seat, quatro assentos frente a frente. Os técnicos da TAM tinham sido contrários ao negócio. Para eles os 402 eram piores do que seus competidores, inclusive os Pipers Aztec que a companhia operava.

Rolim, contudo, estava decidido. Arrematara as conclusões da Multiplan sobre a compra com sua "intuição de piloto". Escolher o avião, numa empresa aérea, é fundamental. Uma opção errada costuma ser a morte.

Essa era sua área de decisões preferida. As tarefas burocráticas podiam ficar com Pirágine. Procurava não permitir que o tempo dedicado à administração superasse a atenção à prestação de serviço. Para Rolim, não importava muito que a contabilidade estivesse quinze ou vinte dias atrasada. Os aviões é que não podiam se atrasar.

"O entendimento dessa questão foi vital para o desenvolvimento da TAM. Nunca fui um perfeccionista do supérfluo. Uma carta com uma vírgula errada era despachada do mesmo jeito. O que eu não podia fazer era atrasar os efeitos que ela continha. Nunca me interessou dar a impressão de ser o erudito que nunca fui."

Não se acomodava à cadeira da chefia. Numa empresa ainda pequena, mantinha-se na linha de frente, como nos tempos em que voava pela ATA. Pilotava durante a madrugada, transportando jornais, cargas e malotes de empresas. Passou anos dormindo em sua mesa na TAM. Quando voava, pedia ao co-piloto que segurasse o avião, para dormir sobre a carga. Às vezes, ao acordar, o copiloto também dormia. Numa dessas ocasiões, ambos despertaram perdidos sobre o mar.

As pessoas e os negócios

Não se livrou do hábito de tentar conquistar os clientes por meio de atitudes que os valorizavam. Quando faleceu o pai de Oscar Americano, dono de uma das maiores empreiteiras do país, a CBPO, e um de seus clientes, Rolim foi buscá-lo pessoalmente para o velório, tomando o lugar do piloto. Era uma forma de lhe prestar solidariedade. Rolim intuitivamente já marcava a filosofia característica de sua carreira, segundo a qual não havia diferença entre clientes e amigos. Por causa desse gesto, Americano realmente acabaria sendo um de seus amigos fraternos.

Ao incorporar os 402, a TAM passou a ser um pouco mais respeitada. Rolim incursionou então pela primeira vez no terreno do *marketing*, onde mais tarde seria considerado um mestre. Mudou o nome da companhia de TAM Táxi Aéreo Marília para Jovem TAM, porque na época a Rádio Panamericana de São Paulo também estava alterando seu nome para Jovem Pan. Aproveitou o mote, pois não tinha dinheiro para investir em propaganda. Achava que dessa forma pegaria carona na pesada publicidade da rádio. Ali nascia o mais irreverente dos sete mandamentos da TAM: "Quem não tem inteligência para criar tem que ter coragem para copiar".

A TAM decolou devagar. O desafio de tirar a empresa do vermelho em um ano se cumpriu. E Rolim enxergava novas possibilidades. Depois da compra dos Cessnas-402, montou uma empresa no Paraná, a Táxi Aéreo Curitiba, TAC. Funcionava com uma linha de Curitiba a Blumenau. Para dirigi-la, convidou Silva Ramos, coronel reformado na aeronáutica.

Em 1973, inaugurava-se a era dos jatinhos executivos no táxi aéreo. A TAM, contudo, não tinha dinheiro para comprá-los. Na época, um Lear Jet, última palavra em aviação executiva, custava 1 milhão de dólares, muito mais do que os aparelhos utilizados pela TAM, de 150 mil dólares cada um. No Brasil, havia poucos. E a maior parte, uma dezena, nas mãos da principal concorrente da TAM, a Líder, representante da Lear Jet no país.

*O sonho brasileiro*

Rolim não suportava ficar atrás de José Afonso. Precisava ter os seus jatinhos de qualquer maneira. E os teria.

\*

Em fins de 1973, Rolim entrou na sala de Raphael Pirágine e disparou:

— Pega o talão de cheques, vamos para o Rio de Janeiro.

Pirágine, já acostumado aos seus rompantes, só lhe perguntou se voltariam no mesmo dia.

— Não sei.

Ainda na ponte aérea, Pirágine soube que o plano de Rolim era tirar um Lear Jet das barbas da Líder. Uma empresa de papel e celulose do Maranhão, a Cepalma, sofrera intervenção do Banco Central. E acabara de comprar um Lear Jet novo em folha. Interditada, sequer pudera retirar o aparelho do hangar da Líder, em Belo Horizonte. Como sua principal concorrente era também a importadora dos Lear Jets, Rolim sabia que jamais poderia comprar um avião novo da fábrica. Ali, contudo, se deparava com uma oportunidade única de adquirir uma aeronave zero quilômetro sem passar por José Afonso.

No Rio, na sede da Cepalma, o talão de cheques de Pirágine foi apresentado aos diretores da companhia. Na prática, Rolim obtivera um compromisso pelo qual a Cepalma virtualmente lhe repassava o avião. Agora, precisava negociar a transferência para a TAM do financiamento que a companhia obtivera junto à própria Lear Jet. A vantagem é que Rolim não precisaria falar com a Líder, que certamente colocaria impedimentos para o negócio. Entraria em contato direto com o fabricante nos Estados Unidos.

O vice-presidente de mercado internacional da Lear Jet, Alex Kavassay, concordou em transferir o financiamento da Cepalma para a TAM. O avião agora pertencia a Rolim. O passo final era desbloquear o Lear Jet da alfândega.

## As pessoas e os negócios

Havia dois problemas. O piloto que trouxera o avião, prefixo JBQ, esquecera dentro da aeronave a guia de importação de 50 mil dólares em peças de reposição que tinham sido embarcadas nos Estados Unidos. O material fora confiscado pela Receita Federal na escala em Belém do Pará. Também era preciso desembaraçar os documentos do próprio avião. Como importação da Cepalma, o JBQ tinha de pagar imposto de importação, mais os impostos internos, como IPI e ICMS. Como empresa de aviação, a TAM tinha direito à isenção desses tributos.

Foram necessários oito meses para desatravancar a burocracia. Enfim, Rolim foi pessoalmente a Belo Horizonte buscar o avião com dois pilotos recém-contratados, ambos habilitados em Lear Jet. O avião estava abandonado. Para decolar, teve de encher os pneus. Corria contra o relógio: fora informado de que fiscais da Receita, buscando o pagamento de dívidas da Cepalma, estavam a caminho para confiscar o aparelho.

Para fazer a mudança do financiamento da Cepalma para o nome da TAM, a Lear Jet exigia aval bancário.

— Vou falar com o Armandinho Conde — disse Rolim.

Foi de táxi para a Rua Boa Vista, então o centro financeiro de São Paulo. Armando prometeu falar com seu irmão, Pedro, e disse que o BCN daria o aval bancário sem cobrar. O banco, contudo, seguindo seus trâmites, exigiu que Rolim desse um aval particular. Como garantia, arrolaram uma casa que ele acabara de comprar na Rua Simões Pinto, e a casa de Pirágine, que ainda pagava as prestações do financiamento.

Conseguiram o avião, sem pedir nada a Orlando Ometto. E a TAM começou a concorrer com a Líder. Todo esse esforço, porém, era só o começo: contra um jatinho de Rolim, a Líder possuía dez.

Havia no Brasil um outro Lear Jet em disponibilidade. O aparelho, com o prefixo DVL, pertencia a Sebastião Ferreira Maia, o Tião Maia, o maior pecuarista do Brasil e um dos maiores do

*O sonho brasileiro*

mundo. Tio de Athos Maia, que Rolim conhecera em Goiânia, era um sábio à moda caipira. Excêntrico, *bon vivant*, tinha tudo o que à época se poderia invejar. Era casado com Maria da Glória, ex-Miss Guanabara, além de primeiro proprietário brasileiro de um jatinho executivo.

Tião não estava muito contente com o que, para ele, era apenas um brinquedo caro. Não acertara piloto para o Lear Jet, avião de comando bastante nervoso. O último se acidentara no aeroporto de Araçatuba, ao pousar num dia de chuva, quando levava funcionários de Tião para uma vistoria nos seus frigoríficos. Ultrapassara a pista, entrara na terra e quebrara o avião. Tião teve de mandá-lo consertar nos Estados Unidos. Decidido, porém, a não lidar mais com aquele problema, ofereceu-o a Orlando Ometto.

Rolim e Orlando procuraram entrar em acordo com Tião. Jantaram uma noite no Bife de Ouro, restaurante do hotel Copacabana Palace, no Rio de Janeiro, vizinho ao edifício onde o pecuarista tinha um apartamento com vista para o mar.

O jato equivalia a mais de um terço do capital da TAM. A companhia já possuía um Lear Jet, que não entrava como patrimônio, pois era quase inteiramente financiado. E o Lear Jet de Tião estava quitado.

As bases da proposta eram simples. O pecuarista receberia, em troca do jatinho, como aporte de capital, um terço das ações da TAM. Rolim e Orlando ficariam com outro terço cada um. Em percentagem, seriam três sócios, cada um com 33%, na verdade uma dízima periódica. Caso alguém saísse da sociedade, comprometia-se a vender sua cota aos dois sócios remanescentes em partes iguais, para restabelecer os 50% de cada um.

Como o Lear Jet de Tião valia mais que aquele terço da TAM, o pecuarista pediu que o crédito lhe fosse pago em horas de vôo. Assim, teria o jatinho a seu serviço, sem se preocupar com sua manutenção. Voaria até esgotar o crédito.

## As pessoas e os negócios

No dia da reunião para fechar o negócio, Orlando e Rolim entregaram papéis com informações sobre os balanços da TAM. Tião perguntou logo do contrato:

— Orlando, onde é que eu assino?

— Mas, Tião, você não vai fazer nenhuma verificação na companhia? Vai assinar assim?

— Orlando... — respondeu o pecuarista, com sua sabedoria de gavião sertanejo — com gente boa você pode até fazer negócio ruim. Com gente ruim, não há negócio bom.

Para Rolim, entrar na era do jato era fundamental. Comprar mais uma dezena de jatinhos para enfrentar a Líder, contudo, não lhe parecia o melhor caminho. A vida do táxi aéreo era muito irregular. Dependendo de contratos ocasionais, por vezes os aviões ficavam até vinte dias parados, com os respectivos pilotos recebendo salário. Precisava de uma receita regular, porque as despesas, essas sim, eram constantes.

Na época, era proibido abrir novas linhas aéreas regulares no Brasil. O governo, de acordo com a Constituição, era o poder concedente. Em agosto de 1958, durante a III Conferência Nacional da Aviação Civil Brasileira (Conac), no Hotel Glória, no Rio de Janeiro, definira-se que era preciso diminuir o número de empresas aéreas como forma de aumentar a rentabilidade.

Num regime de "competição controlada", somente a Varig e a Cruzeiro do Sul podiam voar para os Estados Unidos, embora a segunda não exercesse esse direito. A Panair ficara com a Europa e os países da região do Prata, onde a Cruzeiro também podia competir.

O controle se acentuara a partir de 1967, quando o regime militar transferira o DAC da área civil para a militar. O órgão, criado por Getúlio Vargas em 1931 no antigo Ministério da Viação e Obras Públicas, foi encampado pelo Ministério da Aeronáutica. A mão do Estado militarizado se apertou em torno de todas as áreas consideradas estratégicas ou de "interesse nacional". Os preços começaram a ser controlados, em busca da "tarifa justa". E a "competição" se tornava cada vez mais "controlada" e menos lucrativa.

Mais antiga companhia aérea do Brasil, fundada em 1927 como empresa regional atuante no Rio Grande do Sul e no litoral de Santa Catarina, era a Varig que mais crescia. Em 1960 comprara a Real e em 1965 incorporara as linhas e os equipamentos da Panair depois de sua falência. Com isso, assumira o domínio esmagador do tráfego aéreo doméstico e quase o monopólio do tráfego internacional. Ele se completaria em 1975, quando comprou também a Cruzeiro do Sul, que voava para os países do Prata.

A Varig apoiava-se na tradição de bons serviços e na inovação. Pioneira nos jatos de grande porte no Brasil, foi a primeira a adquirir dois Caravelles-I e em setembro de 1957 três Boeings 707. Numa época em que a aviação de longo alcance era feita pelo quadrimotor Lockheed-049 Constellation, que fizera a fama da Panair em rotas de capitais brasileiras para Londres, Paris, Roma e até Istambul, os aviões da Boeing significavam uma aposta ousada. A empresa trazia uma tecnologia nova de outra companhia então emergente — somente a partir da década de 1970 a Boeing se firmaria como o maior fabricante de aviões a jato do mundo.

A partir desse momento, o interesse de todas as companhias aéreas se voltou para as rotas de longo alcance. Os grandes turboélices entraram em sua curva de extinção. Em conseqüência, a partir de 1970, o número de cidades servidas pelas companhias aéreas no Brasil diminuiu. Os aviões eram maiores, precisavam de mais infra-estrutura e tecnologia, e não podiam pousar em pistas curtas.

Das 352 cidades atendidas por linhas aéreas regulares na década de 1960, restaram menos de 70 em 1973. O número de companhias também diminuiu. Além da Varig, sobraram a VASP e a Transbrasil, surgida da antiga Sadia, empresa criada por Omar

## As pessoas e os negócios

Fontana originalmente para transportar produtos dos frigoríficos de sua família. As duas últimas só tinham direito aos vôos nacionais. E todas davam prioridade a cidades grandes.

Ao mesmo tempo, o sistema viário se capilarizou. As cidades pequenas vinham sendo atendidas pelos ônibus e automóveis, que se tornavam populares, graças ao esforço para desenvolver a indústria automobilística nacional. Rolim viu aí a oportunidade de que necessitava.

Na época, corriam estudos para a criação de um sistema de aviação regional, de forma a revitalizar o transporte aéreo no interior. A idéia partiu da Embraer, estatal criada junto ao Centro Tecnico de Aeronáutica, CTA, que acabara de lançar o EMB-110 Bandeirante. Avião de doze a dezoito lugares, era resultado do esforço pessoal do coronel Ozires Silva, presidente da Embraer, que ainda seria ministro de Estado, presidente da Petrobrás e da própria Varig. Até então, existiam no Brasil somente pequenos fabricantes, como Neiva e Aerotec, que vendiam a maior parte de seus aparelhos à Força Aérea Brasileira. A FAB, por sua vez, os repassava aos aeroclubes.

Com a Embraer, Ozires vira a possibilidade de vender à FAB aviões maiores para vôos regionais. Criou então o Bandeirante, projetado como avião militar, com características para pouso em pistas do interior, que exigiam equipamentos como pneus grandes e de baixa pressão, adequados a pistas de terra.

Ozires conseguiu o apoio do ministro da Aeronáutica, Araripe Macedo. A produção era quase artesanal. Quando os Bandeirantes começaram a ficar prontos na fábrica da Embraer em São José dos Campos, o ministro Araripe disse a Ozires que preferia ceder as linhas da FAB a empresas civis, para que retomassem a aviação regional.

— Mas como vamos fazer isso se elas não foram consultadas sobre o projeto?

## O sonho brasileiro

— Elas não precisam ser consultadas — retrucou Araripe.
— A concessão é do governo, nós é que dizemos para onde devem voar. Vamos dizer também que avião terão de usar.

O avião originalmente criado para a FAB foi "capturado" pela propaganda do regime. Assim como a própria Embraer, foi apresentado como um dos orgulhos do que os militares podiam produzir. Com a pressão do Ministério da Aeronáutica, a Embraer vendeu nove aparelhos para a VASP e seis para a Transbrasil.

Contudo, era pouco. A Cruzeiro já mergulhara na crise que faria com que a empresa fosse oferecida ao Bradesco, à Atlântica Boa Vista e a outras empresas, até ser incorporada pela Varig em 1975. De fato, quase ninguém se dispunha a investir em aviação no Brasil.

O ministro Araripe determinou que se criasse um modelo para a implantação da aviação regional, sob a supervisão do tenente-brigadeiro Deoclécio Lima de Siqueira, diretor do DAC, e do tenente-brigadeiro Waldir de Vasconcelos, diretor de planejamento da entidade.

Dentro das fileiras militares, Deoclécio se diferenciava. Culto, homem de idéias, era um iluminista fardado. Encomendou à Multiplan o projeto do sistema de aviação regional regular, de maneira a recuperar o tráfego entre cidades do interior, aproveitando o Bandeirante. O trabalho foi levado às mãos do ministro Araripe, em sua casa na vila militar do aeroporto do Galeão, e aprovado.

O problema era que o Bandeirante, mesmo voando com 100% de ocupação, algo incomum na aviação, dava prejuízo. Dessa forma, seria preciso montar um sistema de subsídios, que não poderiam sair do caixa da União, mas do próprio setor aéreo. Foi criada uma suplementação tarifária, alimentada por uma taxa de 3% sobre as passagens das companhias aéreas nacionais. Os recursos seriam coletados em um fundo e repassados às empresas regionais até que estas fossem auto-sustentáveis.

## As pessoas e os negócios

A Multiplan recomendou que o governo dividisse o Brasil em cinco áreas e criasse cinco novas empresas regionais de linhas regulares, que explorariam a faixa que lhes cabia como uma reserva de mercado. A medida eliminava a competição e, com a exploração exclusiva de cada filão, haveria mais probabilidade de sobrevivência. No mercado, logo se diria que o governo acabava de recriar na aviação o sistema de "capitanias hereditárias".

Rolim conhecia bem todos os personagens envolvidos na criação da aviação regional. Já utilizara o trabalho da Multiplan, quando Mário Sampaio o auxiliara na compra dos Cessnas-206. E conhecia Ozires Silva desde 1963, quando ainda era piloto de táxi aéreo: a pedido de um amigo comum, ficara de fazer uma escala na pista do CTA, para dar carona até o Rio de Janeiro a Ozires, então jovem capitão da FAB. Entretanto, Rolim não apareceu. Ozires descobriu seu número de telefone e ligou bravo: ficara do meio-dia às 4 da tarde esperando e perdera sua reunião.

— Capitão, o senhor tem toda razão — disse Rolim. — Eu acho que precisamos almoçar — desarmando Ozires e conquistando-lhe a simpatia.

O surgimento da nova aviação regional era a oportunidade que Rolim esperava para alcançar seu grande objetivo: receita em vôos regulares. Experimentara fazer vôos regulares com aviões de táxi aéreo entre São Paulo e cidades do interior, embora não pudesse oficialmente anunciá-los como tais. As reuniões que definiram a nova aviação aérea regional aconteceram entre junho e outubro de 1975. Em 11 de novembro, o presidente Ernesto Geisel assinou o decreto, com força de lei, criando o Sistema Integrado de Transporte Aéreo Regional, SITAR. No pátio da fábrica da Embraer em São José dos Campos, Geisel anunciou oficialmente as cinco empresas regionais a serem formadas. Uma delas, pela TAM.

Num canto, o brigadeiro Deoclécio Lima de Siqueira, do DAC, puxou Rolim pelo braço.

*O sonho brasileiro*

— Se após tudo isso apenas uma das empresas vingar, florescer, se desenvolver, eu me darei por satisfeito.

Pelas regras do SITAR, as empresas nacionais — VASP, Varig, Transbrasil — podiam ser sócias, mas não controladoras da empresa regional. A idéia era justamente que surgissem empresas não controladas por alguma estatal ou outra grande companhia já estabelecida. Em compensação, para satisfazer as três grandes empresas aéreas, elas poderiam participar em até 33% do capital das regionais. Outra condição foi colocada para que as empresas graúdas não criassem obstáculos ao SITAR: a competição estava proibida. As novas companhias aéreas regionais não poderiam fazer vôos entre capitais, que continuariam como reserva de mercado. Mas estimava-se que seriam recuperados os vôos regulares para pelo menos outras 80 cidades pequenas e médias.

O plano foi fácil de ser aprovado, embora as negociações para a formação das companhias tenham levado um ano. A TAM ficou com o trecho de São Paulo até o sul do Mato Grosso. Rolim podia negociar os 33% da nova companhia regional com a VASP e a Transbrasil. Com a Transbrasil, não conseguiu — ao longo de sua vida, tentou várias aproximações com Omar Fontana sem nenhum sucesso. Com a VASP, também baseada em São Paulo, a associação parecia possível e até mesmo natural.

Uma análise feita na VASP em 1975 por Ramiro Tojal, então economista da estatal, já apontara os prejuízos que os Bandeirantes, relegados a segundo plano, representavam para a companhia. Para a VASP, eram pequenos demais. Recebiam o tratamento do patinho feio. Era freqüente o cancelamento de vôos com baixa lotação, com muito prejuízo. E o serviço era desleixado.

Tojal defendera junto ao presidente da VASP, Flávio Musa de Freitas Guimarães, a idéia da criação de uma subsidiária para aproveitar os nove Bandeirantes subutilizados pela companhia. "Lá eles eram o rabo do elefante, enquanto numa empresa regional

## As pessoas e os negócios

poderiam ser a cabeça da formiga", definia Tojal, numa comparação muito utilizada por Rolim.

Com o SITAR, esses aparelhos entravam como o capital da VASP na sociedade com a TAM. As negociações, porém, complicaram-se. Envolviam debates com o Banespa, o Banco do Estado de S. Paulo, com os deputados estaduais e uma série de órgãos públicos com interesses na estatal. Depois de reuniões que levavam das 9 da manhã até as 10 da noite, Rolim ainda ia para a Avenida Paulista, nos novos escritórios da Usina da Barra, onde ele e Pirágine apresentavam a Orlando Ometto e ao conselho de administração da Usina o andamento das negociações.

Por fim, o valor do negócio foi arbitrado e a nova empresa nasceu. Pesou a ajuda de Paulo Egydio Martins, governador de São Paulo. Rolim o conhecia há muito tempo, por intermédio de Orlando: Egydio freqüentava as pescarias do usineiro no rio Paraguai, agora servido de um iate fluvial, o Igaraçu. Em última análise, Egydio era o chefe da estatal paulista e facilitou os entendimentos com a TAM.

As bases da sociedade seriam estas: a TAM Táxi Aéreo Marília, com 77% do capital, entraria com nove Cessnas-402 — o décimo havia sido vendido para a construtora Mendes Júnior — e sua infra-estrutura nos aeroportos. A VASP participaria com seis dos seus Bandeirantes. Mais tarde viriam os três que lhe restavam como aumento de capital.

O capital da VASP na sociedade era não votante, esperteza de Rolim, para não depender das decisões de uma estatal. Aproveitava-se de uma brecha no decreto que ajudara a redigir, permitindo tal manobra.

O mercado ficou dividido. No sudeste-oeste, seria da TAM Linhas Aéreas Regionais, com a VASP entrando com um terço. A região norte, cobrindo toda a área amazônica, seria o pedaço da TABA, empresa formada a partir da Nota, Norte Táxi Aéreo, do coronel Marcílio Gibson Jacques. No Rio de Janeiro e Triângulo

*107*

*O sonho brasileiro*

Mineiro, estaria a Votec Serviços Aéreos Regionais, do empresário Cláudio Hoelck, dono da Motortec. Era uma conhecida empresa de revenda de aviões, peças e motores, que já fazia táxi aéreo de avião e helicóptero associado à Votec, Vôos Técnicos e Executivos.

A Nordeste Linhas Aéreas Regionais seria um consórcio com três participantes: o governo da Bahia, a Transbrasil e, chegada por último, a própria Votec. Por fim, a região sul seria coberta pela Riosul, associação da Varig com a Top Táxi Aéreo, de propriedade da Atlântica Boa Vista e da Sul América de Seguros, que depois se retiraram, ficando a Varig com 100% das suas ações.

Rolim assinou o estatuto da TAM Linhas Aéreas Regionais em 13 de março de 1976, num quarto do hotel Bandeirantes, em Goiânia, ao lado de Orlando Ometto. A companhia entrou em operação em 7 de julho.

Os vôos que eram o patinho feio da VASP receberam tratamento adequado: Rolim melhorou o serviço de bordo, colocou jornais nos aviões, numa pincelada do que seria sua ênfase na qualidade do serviço.

Rolim deu alento às antigas linhas da VASP. A média de passageiros transportados pela estatal com o Bandeirante era baixa. Numa de suas principais linhas, de São Paulo a Ribeirão Preto, era de dez pessoas por dia. Para mostrar que o serviço era confiável, Rolim não cancelava vôos vazios, ao contrário da VASP. Com a pontualidade e a melhora no atendimento, a média de passageiros quintuplicou.

Ao mesmo tempo, enfrentou a pressão de deputados estaduais contrários à associação da TAM com a VASP. Alegavam que a estatal não podia entregar parte de seu capital para o desenvolvimento de uma empresa privada. Durante três anos, Rolim seria convocado para sessões de inquérito na Assembléia Legislativa, instauradas para apurar irregularidades no negócio. Defendia-se com o óbvio: esses aviões representariam uma receita para a VASP — em vez de prejuízo, a estatal receberia dividendos.

## As pessoas e os negócios

Dessa forma, também Paulo Egydio Martins dava sustentação política à medida.

Paulatinamente, Rolim tratou de diminuir a participação da VASP na companhia, por meio de aumentos de capital, e sua fatia ficava cada vez maior. Tal política geraria uma ação judicial contra a TAM que se arrastou até o final da década de 1990. Rolim, porém, não estava muito preocupado. Tinha agora o que lhe interessava: mais aviões e a possibilidade de operar linhas regulares.

Parecia tudo bem encaminhado, mas havia um novo problema: seu relacionamento com Orlando se deteriorara, azedado por boatos e pela influência de parentes do usineiro.

Quando entrara na TAM, todos os aviões estavam segurados pela Atlântica Boa Vista, de Braguinha. Por intermédio de Raphael Pirágine, Rolim buscara uma conta garantida, uma espécie de cheque especial das empresas, para reforçar seu capital de giro. Essa conta lhe foi oferecida pelo Banco Itaú, com a condição de que o seguro dos aviões também fosse transferido para lá.

Rolim ligou para Braguinha.

— Quero continuar com os aviões segurados na sua empresa, mas tenho oferta de um banco que me dá uma conta especial e nós estamos precisando de capital de giro. Se o senhor conseguir algum banco que nos ofereça essa facilidade, posso manter meus aviões aí.

Braguinha respondeu que não tinha como arrumar uma conta garantida a Rolim. E que ele podia fazer o que quisesse.

Rolim transferiu para o Itaú o seguro dos aviões. Orlando zangou-se, por causa da amizade que o ligava a Braguinha.

Houve outros desentendimentos. Orlando não gostou das contas do conserto de um Bandeirante, que lhe pareceram exorbitantes. Chegou a enviar dois auditores da Usina da Barra para examinar a contabilidade da TAM. Dessa vez, foi Rolim quem não gostou nem um pouco.

Na época em que encarava as primeiras grandes dificuldades na aviação regional, um negócio para ele inteiramente novo,

## O sonho brasileiro

Rolim enfrentou uma crise que mexeria com seus sentimentos mais profundos. Começou ali seu longo processo de divórcio com Orlando, que coroaria as lições aprendidas com o usineiro sobre as pessoas e os negócios.

*

Em 1975, um ano depois de entrar como sócio na TAM, Tião Maia mudou-se para outro país. Brigara com o presidente Ernesto Geisel e seu ministro da Fazenda, Mário Henrique Simonsen, com quem discutira após ser multado. Para mostrar sua desilusão com o Brasil, tolhido pelo regime autoritário e intervencionista, investiu seu dinheiro na Austrália, onde multiplicou sua fortuna.

Certo dia recebeu Orlando Ometto, que o visitava para ver como andavam seus negócios australianos. Entre conversas amistosas, Tião vendeu a Orlando seus 33% na TAM.

Seria, para Rolim, uma traição. Não sabia que Orlando comprara a parte de Tião na sociedade, destruindo o antigo equilíbrio entre os sócios. O próprio Orlando, ao voltar, não lhe contou nada. Segundo Rolim, quem lhe deu a informação foi o irmão de Tião, Braulino Maia, mais conhecido pelo apelido de Garon: "Foi uma grande surpresa".

Garon não sabia que era o primeiro a falar sobre o assunto com Rolim e, de todo modo, achava que ele ficaria feliz com a notícia, pois imaginava que a sociedade entre Rolim e Orlando voltaria à situação anterior. Contudo, não foi o que aconteceu.

Ao descobrir a manobra de Orlando, Rolim foi procurá-lo, possesso.

— Nós tínhamos um trato — disse. — Quando alguém saísse da sociedade, ela seria restabelecida da forma anterior.

— Bom negócio não é a sociedade ser equilibrada, é ser lucrativa — rebateu Orlando. — E todos nos sentirmos bem dentro dela.

— Então, Orlando... Eu quero te vender minha parte — respondeu Rolim.

— Mas a sua parte eu não quero comprar.

— Então venda a sua. Porque para mim a TAM é muito importante. Para você, nem tanto.

Argumentou que, como acionista minoritário, seria apenas um executor das ordens de Orlando. E que o usineiro novamente incorreria nos erros de antes, ao querer administrar a TAM sozinho. Orlando não concordou. Achava que, como sócio majoritário, tirava de Rolim a excessiva autonomia que lhe dera, a ponto de tomar medidas à sua revelia, como a mudança de seguradora da TAM. Precisava de Rolim, mas sob controle. Sem conseguirem se livrar um do outro, começaram a atravessar um período de má vontade mútua.

Rolim não acreditava de fato em má-fé de Orlando ao fazer negócio com Tião Maia sem seu conhecimento. "Orlando era como um pai para mim. Eu gostava dele demais." Procurou entender seus motivos, mesmo sem aceitá-los. "Era da natureza dele ser majoritário nos negócios. Orlando era daquele tipo de empresário que não admite sociedade, quer ser o dono. E quem tem sociedade precisa ter em altíssima conta uma regrinha que é vital: quem tem sócio, tem patrão. Orlando não queria ter patrão. Essa frase quem me ensinou até foi ele mesmo."

Na verdade, eram iguais: Rolim também não gostava muito de sócio. Mimetizara Orlando mais do que supunha.

De 1975 a 1977, Rolim lutou para comprar a parte de Orlando Ometto na TAM, que exerceu de fato a maioria. Mudou o estatuto da empresa, empossou novos diretores, formando um conselho que segundo Rolim "nada tinha com a TAM". Dois auditores da Usina da Barra passaram a integrar o conselho fiscal da companhia. Orlando assentou na presidência do conselho um sobrinho, Rubens Ometto Silveira Melo, ex-diretor financeiro do grupo Votorantim.

111

*O sonho brasileiro*

Mais: Orlando exigiu a saída de Daniel Mandelli Martin, cunhado de Rolim, que começara a carreira na empresa como estagiário da administração quando ainda namorava sua irmã Leci e se tornara seu braço direito na área financeira. Rolim chamou Daniel e afastou-o da TAM a seu modo. Comprou uma pequena companhia de táxi aéreo, a Aerotáxi Paulista, com apenas dois velhos Aero Commanders, praticamente desativada. E pediu que Daniel a tocasse.

Magoou-se com Orlando. E mágoa, para quem apreciava as canções sertanejas, tinha implicações sentimentais profundas. Vinte anos passados, Rolim ainda se queixaria: "Nunca fiz nada que pudesse merecer a desconfiança de Orlando. Fui leal".

Entretanto, estava numa situação difícil. Não tinha como tocar uma empresa com 33% das ações que não lhe davam direito a nada, exceto a continuar como minoritário. "Dirigia a companhia, mas com uma espada na cabeça, mantida por Orlando e seus 67%." Era tolhido, não diretamente por Orlando, com quem quase deixara de conversar, mas pelo grupo de conselheiros e diretores que o usineiro colocara na empresa.

Em 1976, a TAM Linhas Aéreas Regionais não ia bem, por várias razões. O governo congelara as tarifas num patamar muito baixo. Colocara as empresas aéreas numa camisa-de-força. O mercado todo ia mal. As empresas que operavam linhas internacionais sofriam com o decreto 1470-76, que exigia um depósito compulsório no Banco do Brasil de 12 mil cruzeiros para cada cidadão brasileiro que fosse à Europa ou aos Estados Unidos.

Ernesto Geisel lutava contra a primeira grande crise do petróleo, origem de uma recessão mundial. A TAM contava, então, apenas com Bandeirantes, que transportavam 1 500 passageiros ao mês. A cizânia instaurada na administração enfraquecia ainda mais a companhia. Estava claro que aquela situação não poderia perdurar.

O sobrinho de Orlando, Rubens Silveira Melo, começou a convencer o tio a comprar a parte de Rolim, ou vender a sua. Acre-

## As pessoas e os negócios

ditava que o negócio já não tinha futuro: era melhor sair agora, do que dividir somente a massa falida mais tarde. A conversa passou a girar em torno do preço. A fim de que as tratativas mais regredissem do que avançassem, Orlando achava que as ações da maioria valiam mais que as da minoria. Dizia:

— Olha, Rolim, esses teus 33% valem dez. Mas os meus 66% não valem 20. Valem 50.

A negociação levou nove meses. Foram feitos vários estudos para arbitrar o preço da TAM. Rolim achava que o preço não podia ser tão alto que ele não pudesse pagar, nem tão baixo que não correspondesse à realidade. Contudo, estava disposto a qualquer sacrifício para sair daquela posição.

Certo dia, ao descer do avião em Congonhas vindo de Barra Bonita, Orlando recebeu um convite de Rolim para encontrá-lo na sala de reuniões do Hangar 1. Sem saber do que se tratava, levou consigo o violeiro Diogo, que o acompanhava, e o comandante Rubens Bombini, o Rubinho, piloto que o trouxera da usina.

Rolim pegou Orlando de surpresa:

— Você se lembra de quando falamos que só restava uma saída, ou eu comprava sua parte ou você a minha?

— Lembro.

— Quanto, afinal, você acha que vale a sua parte?

Orlando, certo de que Rolim não tinha condições de fazer o negócio, falou em algo equivalente a 2 milhões de dólares. Rolim puxou o talão de cheques, separou uma folha do canhoto e a preencheu.

— Então aqui está.

Orlando Ometto afundou na poltrona. Respirava com dificuldade e teve de ser levado por Rubinho às pressas para o hospital, sob suspeita de infarto.

Para a maior parte dos administradores e advogados do mundo civilizado, o gesto de Rolim teria mais efeito cênico do que valor comercial, pois nenhum papel fora assinado. Para completar, ele de fato não tinha o dinheiro: acabara de passar um cheque sem fundos. No código de ética dos compadres milionários do interior, contudo, o negócio fora fechado pela palavra. Orlando fez um preço, Rolim respondeu que pagava. Para eles, era o que contava.

Selada assim, a venda da parte de Orlando na TAM passou por uma negociação sobre a forma do pagamento. Por meio de promissórias, Rolim lacrou o compromisso de pagar os 2 milhões de dólares a prazo. Trouxe Daniel Mandelli Martin de volta, devolvendo-lhe a área financeira. Orlando não mais perdoaria atrasos de pagamento. A mão que antes o afagara agora seria implacável.

Apesar da ousadia ao sacar o talão de cheques, o fato é que Rolim não sabia de onde tirar o dinheiro. A TAM Táxi Aéreo Marília estava endividada, vergada sob os déficits de sua controlada, a TAM Linhas Aéreas Regionais. Rolim precisava de uma mágica.

Procurou vender tudo o que possuía. Desfez-se de um Lear Jet, comprado por Mário Pereira Lopes, que fizera fortuna com os refrigeradores Cônsul. Pediu ajuda aos funcionários para selecionar tudo o que poderia ser arrematado. Mesmo assim, não amealharia o suficiente para honrar os cheques entregues a Orlando.

Foi ao DAC reivindicar a inversão de rotas. Desde a criação da aviação regional, os vôos da TAM partiam das cidades do interior para a capital paulista e retornavam. Rolim queria fazer o contrário. Os passageiros que vinham do interior ficavam na capital para passar a noite. Os que saíam da capital voltavam para a cidade no mesmo dia. Sua freqüência, portanto, era muito maior. Ao obter a autorização do brigadeiro Sylvio Pires para inverter as rotas, Rolim conseguiu aumentar de imediato a ocupação de seus aviões.

Fazia as contas, mas ainda era pouco para honrar o pagamento da dívida. E vender mais aviões não andava fácil. Havia uma alternativa, que lhe pareceu a mais simples e sedutora: se não pagasse o seguro dos aviões, teria mais da metade do dinheiro que devia a Orlando, ao longo de dois anos. O seguro de aeronaves, porém, é um assunto delicado: muito caro, mas fundamental. Um *pool* de bancos segurava a TAM. Rolim anunciou que não iria renová-lo. E o seguro venceu.

Não estava certo de sua decisão. Toda vez que mergulhava em dúvidas, Rolim conversava com um de seus conselheiros mais próximos. Na semana em que o seguro havia vencido, procurou por eles, mas não achou ninguém. Na manhã de uma sexta-feira, o telefone tocou. Era Richard Hodger, executivo americano, que lhe vendera os Cessnas-402 antes de se transferir para a Boeing. Dick, como era apelidado, estava no aeroporto Santos Dumont, no Rio de Janeiro, onde passaria o dia antes de seguir para Buenos Aires. Convidou Rolim para um almoço. E Rolim foi encontrá-lo.

Rolim revelou a Dick que deixara de pagar o seguro dos aviões para quitar as dívidas com Orlando. E apresentou o seu dilema:

— Queria saber o que você acha. Por um lado, estou com medo de que caia um avião sem seguro. Por outro, se não acontecer nada, terei gasto todo esse dinheiro em vão.

Sem rodeios, Dick respondeu:

— Nessa situação recomendo deixar os aviões no chão e depois vendê-los. Não se opera na aviação dessa forma. Nos Estados Unidos, é assim: se você não tem dinheiro para pagar o seguro de um negócio, é melhor fechá-lo.

Rolim era movido por frases de efeito. Como diria mais tarde, aquela o "pegara no fígado", como o golpe de um pugilista. Saiu do almoço e telefonou para a empresa, em São Paulo. Mandou que Daniel refizesse imediatamente todos os seguros dos aviões da TAM.

Daniel ponderou que era sexta-feira, não daria tempo.

— Se não conseguirem fazer o seguro, parem todos os aviões. Mas tratem de fazer, porque os aviões não podem parar.

Daniel correu às seguradoras e produziu o milagre. Na mesma noite, todos os aviões estavam segurados.

## O sonho brasileiro

Rolim pressentiu que fizera algo importante, mas não calculava quanto. No sábado pela manhã, 24 de setembro de 1977, um Lear Jet da TAM mergulhou na baía da Guanabara quando trazia de Curitiba o então presidente do Instituto Nacional de Previdência Social, o INPS, Reinhold Stephanes. Não houve feridos, mas o avião foi perdido.

Sem o seguro, Rolim teria no bolso menos 1 milhão de dólares, o suficiente para quebrar. A decisão de segurar os aviões da companhia, na última hora, salvou-o do desastre completo. Assim que o prêmio foi pago, tinha em caixa dinheiro suficiente para arcar com as prestações da dívida com Orlando. Devia sua salvação, literalmente, a um desastre.

Rolim era sócio de Orlando também numa fazenda chamada Tucumã, em Araguaína, ao norte do atual Estado do Tocantins. Um dia antes de assinar os documentos para a compra das cotas do grupo Ometto na TAM, Hélio Pirágine procurara por Rolim: Orlando queria saber como ficaria a fazenda antes de concluir o negócio na companhia de aviação.

Rolim pediu um pedaço de papel ao diretor jurídico da Usina da Barra. Redigiu um recibo e, no espaço dedicado ao valor, escreveu: um cruzeiro. "Um cruzeiro só? Por quê?", perguntou Hélio. "Estou comprando a TAM, que é a minha vida. O resto não vale nada. Leva esse recibo aqui."

"Fiquei até chocado, mas Orlando aceitou", diria Rolim. Estava satisfeita a última condição para a realização do negócio.

Desde que Tião Maia saíra da sociedade, Rolim experimentou a sensação permanente de guardar uma "abóbora no estômago", acompanhada de uma dor na garganta que tornava difícil até mesmo comer. Visitara vários médicos, sem chegar a um diagnóstico preciso. Realizado, porém, o negócio com Orlando, em 15 de setembro de 1977, seu aniversário, Rolim dormiu até as 10 da manhã do dia seguinte, coisa rara na sua vida. A dor desapareceu como que por encanto.

## As pessoas e os negócios

No futuro, Orlando se reaproximaria de Rolim. Ambos permaneceriam amigos, até a morte de Orlando, aos 62 anos. Rolim nunca se esqueceu da data: 13 de dezembro de 1988. Do divórcio com Orlando na TAM, Rolim saiu com uma decepção e novas convicções. "Mais vale realizar um negócio do jeito certo do que pelo caminho da economia", afirmava, referindo-se à decisão de fazer o seguro que o salvara da queda do Lear Jet.

Adotou o lema de Tião Maia: fazer qualquer coisa com pessoas boas, capazes de avaliar erros, era melhor do que entrar em um bom negócio com pessoas ruins. Um bom negócio era, inclusive, passível de passar por crises. Contudo, só os negócios dirigidos por bons homens sairiam delas.

Rolim passaria a não mais examinar a empresa e sim as pessoas com quem iria se relacionar. Cada vez que iniciava um negócio, do mais simples à aquisição de aviões de milhões de dólares, preferia os interlocutores que o tratavam como ele tratava os outros.

Para Rolim, formado na escola dos pilotos que lavavam e passavam graxa nos próprios aviões, o dirigente não podia se encastelar no poder. Esse comportamento se espelhava em Orlando Ometto, mas Rolim lhe acrescentou algo próprio. Não bastava o presidente da empresa falar com os outros, tinha de ser realmente igual aos outros. Isso significava também que devia ser o primeiro servidor do cliente. E, se servia pessoalmente ao cliente até o limite de suas forças, os funcionários não poderiam exigir menos de si mesmos.

Era esse o segredo que implantaria na TAM.

# 4. Comandante na tormenta

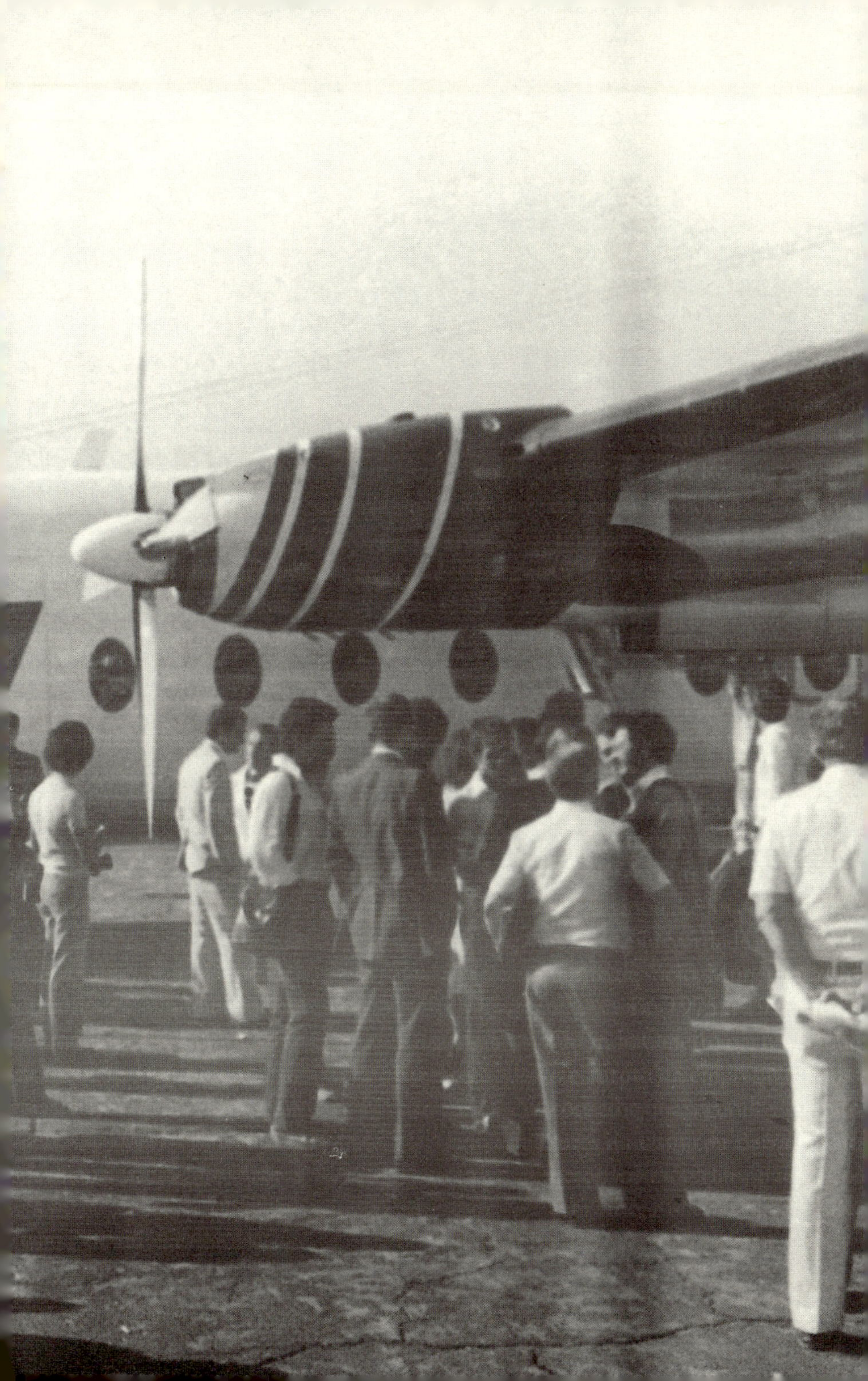

Ao separar-se de Orlando Ometto, Rolim tinha em suas mãos a maior companhia de que já fora dono. Era, também, o maior problema que já enfrentara. No início, sem concorrência na área em que podia atuar, Rolim disputava os passageiros com os ônibus. Precisava convencê-los a optar pelo vôo regional, numa época em que o transporte terrestre em trajetos mais curtos se tornara eficiente e barato. Por isso, o *slogan* da companhia, impresso nos bilhetes, nos balcões de embarque, na portaria de entrada da empresa e onde mais Rolim pudesse escrever alguma coisa, era: "Vá e volte de avião".

O ano de 1978 foi dedicado a reorganizar a TAM. Rolim implantou um modelo de gestão baseado no seu autodidatismo. Somou o que aprendera dos ases dos negócios com uma boa dose de esperteza própria. Fincou nesse ano a linha mestra da TAM para sempre. Cortou funcionários, reduziu o tamanho da companhia. Movia-o a noção da empresa de serviços contemporânea, totalmente dedicada à sua atividade-fim: o transporte de passageiros.

Procurou assim dispensar tudo o que era sinônimo de atividade-meio: comida, representação comercial, publicidade. Colocou para fora da empresa quaisquer funcionários não envolvidos com a atividade central. Dispensou os advogados. Acreditava que uma companhia que precisa de advogados tem problemas demais. A solução para não contratar uma legião de bacharéis era nunca gerar problemas com os clientes.

Rolim foi um pioneiro da terceirização, quando a palavra sequer existia. Até cunhou uma frase para definir sua política: "Só não terceirizamos nossa inteligência".

Incentivou a formação de empresas em torno da TAM. Emprestou dinheiro a funcionários para que se desligassem da companhia e continuassem a lhe prestar serviços. Era um modo de terceirizar atividades e ao mesmo tempo premiar aqueles de quem gostava.

O primeiro caso seria o de Raphael Pirágine. Como homem de Orlando Ometto na TAM, Pirágine se demitiu quando o usineiro saiu da sociedade, em 1977. Apesar disso, Rolim gostava dele e achava que lhe devia algo. Em 1980, convidou-o para montar uma empresa que preparasse as refeições servidas nos aviões da TAM.

Não estava satisfeito com a qualidade das empresas que o atendiam nesse departamento. A última, a Restaurante do Aeroporto, R.A., a mesma da Varig e outras companhias aéreas, tinha sido a gota d'água. Rolim queria algo diferente. Dispunha-se a tudo para melhorar o serviço.

Pirágine não tinha dinheiro. Rolim investiu na montagem da empresa e deu-lhe 51% das ações. Conservou 24%, e Daniel Mandelli Martin, os outros 25%. Assim, o ex-pianista e ex-diretor da TAM foi dirigir a empresa de *catering* Multilanches Refeições Limitada, auxiliado pela mulher, Marli, gaúcha de boa mão para a cozinha.

— Vou pagar com o que eu retirar de lá — avisou Pirágine.

— Do jeito que você quiser, quando você quiser — replicou Rolim.

A Multilanches chegou a ter 200 funcionários, produzindo em média 4 mil refeições diárias. E servia também a outras empresas. Em 1984, Rolim chamou Pirágine:

— Meu negócio é aviação, não tenho nada a ver com comissaria aérea. Você não quer comprar minha parte?

Sua fatia da Multilanches foi trocada por um Monza, comprado na Duarte Chaves, concessionária de Miguel Pacheco Chaves.

Ao terceirizar, Rolim orientou seus melhores esforços para onde interessava. O resultado foi um serviço melhor e, simultaneamente, mais economia. Modificou, por exemplo, o atendimento ao público no aeroporto, que se estendia das 6 da manhã até as 9 da noite. O movimento no balcão tinha o seu ciclo. O trabalho era maior pela manhã, quando os executivos saem para seus compromissos em outras cidades, e no fim da tarde, no retorno a São Paulo. Rolim passava as moças do balcão para o telefone das onze da manhã até as quatro da tarde, pico do atendimento telefônico. Assim elas atuavam em duas frentes.

Para ele, essas idéias eram vitais. Como não controlava a receita, já que a demanda era dada pelo mercado e as tarifas pelo governo, tinha de administrar a companhia pela despesa. Diminuiu aviões e rotas, e manteve na empresa somente dez Bandeirantes.

Havia, ainda, um outro osso duro de roer. A aviação é um negócio de prestígio. Diretores e conselheiros, ligados a Orlando, não queriam sair da empresa. A TAM tinha uma direção burocratizada. Os gestores reportavam-se ao conselho de administração, muito grande. Era mais difícil convencer o conselho da oportunidade de um negócio do que as pessoas com quem Rolim pretendia fazer o próprio negócio. Rolim afastou todos.

A partir do dia em que defenestrou os antigos conselheiros de Orlando, Rolim administrou a TAM como empresa pequena, mesmo quando se tornou grande. Contava com um braço direito operacional e com um grupo de diretores que participava das reuniões decisórias. O número deles nunca superou os dedos de uma mão. Mesmo quando a TAM atingiu 8 mil funcionários, o seu núcleo executivo continuou exatamente do mesmo tamanho.

Rolim juntava as informações de que precisava, ouvia os conselheiros que achava mais convenientes, convocava os diretores e discutia o assunto. Decidia-se ali mesmo. E cada diretor tomava as providências imediatamente.

A saída de Orlando da TAM acarretou uma dificuldade. Rolim dizia que seu grande desafio não foi pagar as dívidas da companhia, mas assumi-las: precisava substituir os avais de Orlando Ometto junto aos bancos. "A empresa tinha que alçar vôo por conta própria. Como sempre se ligou a um grupo forte na área de açúcar, ela mesma não tinha crédito no mercado."

Aos olhos dos banqueiros, Rolim, com apenas 35 anos, não parecia exatamente confiável. E seu patrimônio estava longe do que podiam oferecer como garantia seus ex-sócios, Orlando e Tião Maia, proprietários de terras e protagonistas de outras atividades importantes.

Sentiu na pele o que era ser ninguém no mundo dos negócios. Foi ao Comind. Propôs trocar o aval de Orlando no banco pelo de Olacyr de Moraes, então empreiteiro em São Paulo, que conhecera entre suas amizades com passageiros do táxi aéreo. Olacyr ainda não era o peso-pesado mais tarde conhecido como o "Rei da Soja". Segundo Rolim, ambos foram esnobados.

— O senhor está brincando comigo? — disse Roberto Amaral, do Comind. — Quer tirar o aval do Orlando Ometto e colocar o daquele empreiteiro do Ipiranga?

— Olacyr é meu amigo e tem patrimônio — argumentou Rolim.

— Nem pensar — foi a sentença.

O segundo banqueiro, assim que Rolim explicou suas intenções, levantou-se, cumprimentou-o e disse até logo. "Nem me olhou na cara."

Outro que se propôs a ajudá-lo foi Geraldo Bordon, dono dos frigoríficos com o sobrenome da família. Ao concordar em ser o avalista de Rolim, contudo, Bordon exigiu ações da TAM como garantia.

— Mas estou fazendo tudo isso para ficar com a empresa e agora vou dá-la a você? — exasperou-se Rolim.

Assim como Geraldo Bordon, outros empresários se propuseram a dar o aval, mas queriam o seu pedaço.

## Comandante na tormenta

Desesperado, Rolim procurou Jorge Volney Atalla, outro próspero empresário das usinas de açúcar, que conhecera na década de 1960. Como piloto de monomotor em Marília, Rolim levara o então jovem engenheiro da área petrolífera de São Paulo a Jaú, onde administrava negócios de família. Mais tarde, Atalla montou a Copersucar, usina açucareira que assumira gigantescas proporções nos tempos ricos do Proálcool, o programa de substituição de importação de petróleo criado em 1975.

Numa intensa campanha que frutificou no final da década, grande parte da frota de veículos de passeio era movida a álcool. O Proálcool se tornou uma bandeira nacional, patrocinada pelo governo. E só regrediu com a retomada da normalidade dos preços do petróleo, na metade da década seguinte. Esse cenário fizera brotar um rio de dinheiro no interior do país. Em toda parte, sobretudo no interior de São Paulo, substituíam-se as antigas plantações de café, algodão e laranja por canaviais.

Atalla ficara conhecido por catapultar sua fortuna graças ao Proálcool. E a Copersucar por ter patrocinado a primeira equipe brasileira de Fórmula 1, associada a Wilson Fittipaldi Júnior, tendo como principal piloto da escuderia Copersucar-Fittipaldi seu irmão mais famoso, o bicampeão mundial de automobilismo Emerson. De Atalla, o homem capaz de apoiar projetos improváveis, Rolim recebeu uma resposta tão modesta quanto providencial:

— Rolim, não sei se meu nome serve, mas, se servir, você pode colocar em todos os compromissos que tem com os bancos. Dou meu aval a você.

— Mas que garantia o senhor quer, doutor Atalla?

— Nenhuma. Conheço você.

Rolim sempre se lembraria do gesto de Atalla, mesmo não tendo precisado dele. Conseguiu um empréstimo junto aos irmãos Pedro e Armando Conde, pagou todas as dívidas da companhia no mercado e passou a dever somente ao BCN, onde graças à amizade com os antigos patrões era considerado avalista de si mesmo.

Enfim conseguiu se voltar para o mercado. Na sua situação, não podia operar linhas pioneiras, que exigiam investimento. Nem podia ter equipamentos parados. Todos os aviões eram absolutamente necessários. Quando um quebrava, toda a empresa entrava em colapso. E a frota era inadequada. "Os aviões custavam muito dinheiro e rendiam muito pouco."

Contudo, as contas estavam restabelecidas e os funcionários se motivaram. "Foi nessa época que aprendi que os funcionários não gostam de ver ninguém privilegiado dentro da empresa. Ela precisa ser horizontalizada. Todos têm de ter direitos e deveres iguais. A TAM foi manejada como se eu fosse um funcionário a mais."

Para fazer crescer as receitas, Rolim começou a aumentar a freqüência de suas linhas, mas não resolveu todo o problema. Os executivos que viajavam das cidades do interior de São Paulo para a capital e vice-versa queriam sair de manhã e voltar à tarde. Ainda que oferecesse número maior de vôos ao longo do dia, não conseguia atrair novos passageiros. Tinha de mudar o perfil da empresa.

A solução, como nos tempos em que disputava seus passageiros com os outros pilotos na escala da TAM, pareceu-lhe natural. Rolim sairia do buraco da maneira clássica do capitalismo: tomando o cliente dos outros.

*

Aproveitando-se dos vícios das empresas de aviação, nutridos num período em que a concorrência era anulada pelo controle estatal, Rolim continuou investindo no bom tratamento ao cliente. Queria instaurar nas linhas regulares o atendimento personalizado que se acostumara a prestar no táxi aéreo. Num tempo em que os passageiros faziam fila nos balcões e eram tratados com displicência no embarque, isso era uma grande novidade.

Apesar de todo o esforço, Rolim percebeu em 1979 que o número de passageiros da TAM diminuía. Examinou as causas da queda do movimento. Como seus aviões eram de pouca capacidade, os clientes telefonavam para fazer a reserva e não conseguiam lugar. Ligavam de novo, a mesma coisa. Na terceira vez prefeririam ir de carro: não contavam mais com a empresa.

Além disso, pesou sobre a TAM o acidente com um de seus Bandeirantes, com desastrosas conseqüências à imagem companhia. No dia 8 de fevereiro de 1979, o avião decolou do aeroporto de Bauru com destino a Araçatuba e caiu em Agudos. Segundo os técnicos da TAM, o Bandeirante tinha um problema de projeto. Um parafuso que prendia o leme vertical se soltou. O comando travou e o piloto entrou voando chão a fora. Morreram 18 pessoas: os pilotos Moisés Zatirco e Wilson Rosário e 16 passageiros.

Rolim aprendeu que qualquer discurso cai por terra diante da tragédia. Para reconquistar a confiança em sua companhia, não bastava a publicidade. Precisava apresentar algo novo, verdadeiro.

Com a reestruturação administrativa da TAM, entre 1979 e 1980, Rolim conseguira fazer caixa. Não era muito, mas ambicionava dotar a empresa de aviões melhores. Mais do que ambicionar, encarava essa mudança como um fator de sobrevivência. Precisava de aparelhos mais rápidos, pressurizados, confortáveis. O avião também tinha de ser algo mais parecido com o que ele prometia em seu discurso de bons serviços. E não estava à venda no Brasil.

Como sempre, Rolim sabia que para se firmar tinha de ser diferente. Não seria fácil. Primeiro, importar aviões era proibido. O governo não autorizava a compra de aparelhos, exceto os nacionais, o que dava à Embraer completo monopólio.

Na Embraer, não havia nada que correspondesse aos seus desejos. Pequeno, barulhento e despressurizado, o Bandeirante somente existia graças ao benefício da reserva de mercado e do conceito de similaridade, um golpe da lei para obrigar as empresas a comprar o mesmo equipamento para diversas categorias de atuação. Pelo regulamento, o Bandeirante podia tanto ser utilizado num vôo de longa distância, para o qual não havia sido projetado, quanto para distâncias mais curtas. Como se inventara a aviação regional justamente para vendê-lo, não havia qualquer razão para que o Ministério da Aeronáutica liberasse importações a Rolim. Além de detestar o avião e abominar a camisa-de-força que o forçavam a vestir, Rolim julgava que a Embraer não fora justa com a TAM na ocasião do acidente em Agudos. No seu entendimento, em vez de admitir que pudesse ter havido alguma falha no aparelho, ou pelo menos manter-se silenciosa até o laudo oficial, a estatal apressara-se a jogar a culpa sobre o piloto. Rolim queria quebrar o monopólio da Embraer. Não aceitava comprar nada mandado pelo governo. E estava certo de que, oferecendo um avião mais adequado aos passageiros, enfim arrumaria a TAM.

Pensou primeiro no AVRO 748, inglês, operado pela FAB e depois pela Varig. Contudo, o avião já deixara de ser fabricado. O único turboélice ainda produzido em série no mundo era o Fokker-27. Rolim não queria comprar avião de tecnologia muito superada ou que tivesse saído de linha. Estar em produção significava garantia de atendimento e reposição de peças.

Um F-27 novo não saía por menos de 5 milhões de dólares. Ficaria mais barato o aluguel do avião usado pelo sistema de *leasing*. E, com uma reforma completa, pareceria quase novo.

Um F-27 nessas condições ainda custava 1,5 milhão de dólares, mais do que podia pagar. Mesmo assim, Rolim não poupou esforços para trazer o avião. Nem riscos. Ou melhor, o que outros enxergavam como risco, Rolim via como a única forma de sobrevivência. Arranjar avião não era problema. Estava certo de que tinha mercado se oferecesse bons serviços.

Para comprar os aparelhos usados, ele precisava do apoio da fábrica para reformá-los. Deu início a uma operação quixotesca, mas que revela seu estilo de modo exemplar: tramou a compra de um avião proibido, com um dinheiro que não tinha, procurando pessoas que não conhecia.

## Comandante na tormenta

Embora falasse inglês muito mal, achou melhor resolver tudo pessoalmente. Confiava na sua presença. Pegou uma linha comercial em São Paulo e foi à França. Desceu em Paris, alugou um pequeno Renault e seguiu viagem até Amsterdam, na Holanda.

Apareceu na portaria da Fokker, com sua pastinha executiva na mão. E pediu uma entrevista com o diretor da empresa para a América Latina, Dick Koen. Depois de alguma insistência, Koen acabou por recebê-lo.

— O que o senhor quer?

— Quero comprar um avião. Preciso de três Fokkers-27 para colocar nas linhas da minha empresa.

— O senhor tem a permissão de importação?

— Não.

— E o dinheiro?

— Também não.

— Mas como o senhor quer o avião? Não tem a permissão nem o dinheiro!

— Meu amigo, isso são coisas que resolvo ao seu tempo. Primeiro, preciso garantir os aviões.

A princípio, o homem da Fokker não lhe deu muito crédito. Rolim, com um terno tão surrado quanto seu inglês, recém-chegado num carrinho alugado, com sua desinibição de camelô, pareceu-lhe uma figura extravagante demais, um caixeiro-viajante que queria comprar os aviões para revendê-los.

Por isso, na minuta do contrato, havia uma cláusula rezando que todo avião da Fokker comprado por Rolim, depois de revisado, devia necessariamente ir para o Brasil e ser colocado em operação na TAM. Caso contrário, a Fokker receberia uma percentagem sobre o valor do aparelho, a título de comissão. Rolim não se importou, exceto pelo fato de que haviam considerado seu negócio insignificante.

Acertaram o preço, o prazo, e que a Fokker escolheria os aviões usados, os revisaria e os entregaria como novos.

Três aparelhos estavam disponíveis, na Indonésia: Lima Alfa Fox, Lima Alfa Golf e Lima Alfa Hotel. O depósito de garantia do negócio, de 10% sobre o valor dos aviões, montava a 450 mil dólares. Esse dinheiro ficaria na Fokker, para que a empresa reformasse os aparelhos. Uma vez concretizada a venda, devolveria a quantia e Rolim começaria a pagar os F-27 na forma de aluguel, com o resultado da operação deles.

O fato de não haver os 450 mil dólares no caixa da TAM não era empecilho. Rolim assinou o contrato, voltou com ele em sua pasta executiva e começou a se mexer. Procurou Jorge Volney Atalla, da Copersucar. Atalla, mais uma vez, ajudou-o. Deu-lhe o endereço de um banco em Houston, no Texas. E o nome da pessoa que devia procurar.

Rolim viajou e encontrou o homem que Atalla recomendara. Era o ex-governador texano John Connally, o mesmo que estava ao lado de John Kennedy quando o presidente americano foi morto com um tiro na cabeça, em carro aberto, durante um desfile em Dallas. Connally, então diretor do Texas Commerce Bank, recebera um telefonema de Atalla e atendeu Rolim muito bem. Fez-lhe o empréstimo de quase meio milhão de dólares, a ser avalizado pelo usineiro.

Rolim assinou os papéis e remeteu o dinheiro para Amsterdam, convertido em florins do dia, cobrindo a garantia para a Fokker reformar os aviões.

Como era corriqueiro em sua vida, faltava o que deveria ser mais fácil, embora fosse, na realidade, o mais difícil: a permissão do governo brasileiro para a importação.

Rolim tinha uma esperança. O governo Geisel estava no fim. O próximo indicado para o Palácio do Planalto a bordo da Arena, partido majoritário no Congresso que legitimava a transição de um governo militar para o outro, era o general João Figueiredo. Este, por sua vez, já sondara o brigadeiro Délio Jardim de Mattos para ocupar o Ministério da Aeronáutica. Délio conhecia

Rolim desde que chefiara o departamento de operações do DAC. E dizia a Rolim que tão logo fosse ministro ajudaria as empresas brasileiras a se reequipar.

Ex-chefe do III Comando Aéreo Regional (Comar), do Estado Maior da Aeronáutica e do Comando-Geral do Ar, Délio era homem sedutor, brincalhão. Conhecia praticamente todos no meio da aviação. Aproximara-se de Hélio Smidt, a quem apoiara para se tornar presidente da Varig. Contudo, nutria apreço especial por Rolim.

Como um pai observa as travessuras de um filho, bravo por dever mas divertido, no íntimo, repreendera Rolim num de seus momentos de esperteza. Quando Délio era comandante da IV Zona Aérea em São Paulo, Rolim pedira-lhe autorização para erguer um "hangarzinho discreto e modesto" em Congonhas, onde instalaria os novos escritórios da companhia. Para fazer qualquer obra em área de "segurança nacional", era preciso autorização militar.

Em três dias, Rolim acumulou grande quantidade de pré-moldados e outros materiais de construção. Numa única noite, caminhões e um exército de operários levantaram como formigas um prédio com três andares, o Hangar 1, nova sede da TAM. No dia seguinte, o hangarzinho "discreto e modesto" era fato consumado. Ocupava quase toda a área de 3 mil metros entre a antena e um depósito da Aeronáutica.

Délio advertiu Rolim, mas salvou-o de uma ordem de prisão. Ordenou somente que trocasse o telhado de alumínio, que refletia o sol nos olhos dos pilotos e interferia no radar.

Mais tarde, já como ministro do Supremo Tribunal Militar, Délio sugeriu a Figueiredo que chamasse Rolim para transportá-lo em suas viagens pelo Brasil, quando buscava a simpatia de deputados e senadores do Colégio Eleitoral. Embora garantido pela indicação de Geisel e o suporte da Arena, o ex-chefe do Serviço Nacional de Informação, o SNI, tinha de cumprir um périplo para visitar seus "eleitores" em seus redutos políticos. Rolim praticamente dei-

*O sonho brasileiro*

xou suas funções executivas na companhia para servir como piloto particular do futuro presidente, o que lhe valeu proveitosa aproximação. Homem de confiança absoluta de Figueiredo, Délio entrou no governo como o ministro de idéias mais arejadas das pastas militares. Entretanto, não podia tudo. Precisava respeitar alguns princípios. Sobretudo o de proteção à indústria brasileira, tão cara ao regime militar, de cunho ultranacionalista. Quebrar a reserva de mercado na aviação, àquela altura, seria como atirar contra o próprio Ministério da Aeronáutica, a quem a Embraer estava vinculada. Mais: na visão dos militares seria como atirar contra o Brasil.

Délio, contudo, ouvia Rolim, para quem era "imoral" o poder concedente explorar uma fábrica com mercado garantido.

Ao longo de 1979, Rolim pleiteou à Cotac, Coordenação do Transporte Aéreo Civil, a licença de importação para os F-27, sem resultado. Em março de 1980, empossado Figueiredo e com Délio no Ministério da Aeronáutica, começaram as tratativas para abrir algumas importações no setor aéreo.

O alto comando da Aeronáutica se opôs ao ministro. Délio, sob inspiração de Rolim, encontrou um subterfúgio. Para cada avião de 40 lugares, a TAM seria obrigada a ter três de 15 assentos. Dessa forma, para ficar com os três F-27 que desejava importar Rolim manteria em operação pelo menos nove Bandeirantes. E ainda retiraria cinco assentos do Fokker-27, que comportava 45 passageiros, para adequá-lo à nova condição.

Aceita a fórmula, Délio emitiu o aviso ministerial número 5, que se tornou famoso na aviação brasileira. E uma portaria com a autorização para a TAM trazer os Fokkers-27. Estavam prontos havia seis meses. A Fokker já relutava em entregá-los, caso em que Rolim perderia o dinheiro da reforma — o compromisso estava vencendo. Afinal a Fokker entregou os aviões e devolveu os 450 mil dólares de garantia ao Texas Commerce Bank.

Só que o florim havia se desvalorizado em relação ao dólar. Na hora de receber o dinheiro de volta, depois da conversão, o

Texas Commerce Bank só apurou 290 mil dólares. Rolim não tinha como pagar o resto. Decidiu sangrar o capital da TAM Táxi Aéreo Marília.

Vendeu o primeiro avião a 300 mil dólares. Não tomaria mais empréstimos. A cada avião acrescentado à empresa regional, diminuía a frota do táxi aéreo. Rolim chegou a não ter mais nenhum monomotor na Táxi Aéreo Marília. Todos foram transformados em capital para comprar aparelhos para a TAM Linhas Aéreas Regionais.

Assim, pagou suas contas e mudou o perfil da frota. O quarto F-27 chegou em 1981. Originário da Air New Zealand, foi completamente atualizado: poltronas, interior e pintura novos, motores pouco usados e revisados. Ficou estacionado no pátio da TAM dois meses e meio, com um mecânico da Fokker a guardá-lo, até Rolim pagá-lo.

Restava saber se todo esse esforço seria afinal recompensado.

Entre o Bandeirante e o F-27 não havia comparação. O Bandeirante era barulhento, sem as duas camadas externas dos aparelhos pressurizados. Muitos passageiros sofriam dores de ouvido. Seus dois motores Pratt & Whitney eram de manutenção cara. Com sete anos de existência, não passara de 400 exemplares, e a Embraer já construía um modelo maior, o Brasília. O então presidente da estatal, Ozires Silva, dizia que o orgulho da indústria aeronáutica nacional transitava pela "curva da mortalidade industrial".

Certa vez, já no fim da carreira do Bandeirante, Rolim se achava na sala VIP da TAM no aeroporto de Congonhas com Ozires, este de costas para a porta envidraçada que dava para a pista. Apontando um avião que decolava, ele desabafou:

— Lá vai o anfíbio!

Ozires virou-se, viu o que era.

— Que anfíbio nada, Rolim. É um Bandeirante!

— Pois é, merda não voa, bóia.
No trajeto São Paulo–Ribeirão Preto, a TAM fazia nove viagens de Bandeirante por dia, com 60% de ocupação. Com o F-27, graças à maior capacidade, precisava fazer apenas três viagens, com muito mais conforto, graças à pressurização, para transportar o mesmo número de passageiros. As turbinas eram Rolls Royce, inglesas. Além disso, com 20 anos de projeto, o aparelho era bastante experimentado.

Os F-27 transformaram a TAM. Chegaram a concorrer com os Lockheeds Modelo 188 A, conhecidos como Electras, na ponte aérea Rio–São Paulo. Permaneceriam em atividade mesmo depois de a companhia trazer os primeiros Fokkers-100. Antes de comemorar, porém, Rolim ainda teria de produzir alguns milagres.

*

Em 1979, Rolim organizou o primeiro curso de comissárias. Formou 25 aeromoças. Nos Bandeirantes, introduzira uma novidade: o co-piloto saía da cabine e servia café aos passageiros. A TAM oferecia também uma lancheira de papelão, com sanduíche de queijo, bolachas, bombom e guardanapo, depositada no encosto do banco da frente de cada passageiro. Com os F-27, porém, ele inaugurou um serviço de bordo de verdade.

Com seus dois primeiros F-27, Lima Alfa Fox e Lima Alfa Golfe, a primeira linha que a TAM inaugurou foi de São Paulo para Ribeirão Preto, no interior do Estado. Em vez dos nove vôos diários nessa rota com os Bandeirantes, a TAM passou a fazer quatro com os F-27: dois de manhã, dois à tarde.

A segunda linha de F-27 foi para Ponta Porã, no Mato Grosso. A terceira, uma rota triangular entre São Paulo, Araçatuba e São José do Rio Preto. A mesma da companhia Real, cujos aviões Rolim se acostumara a ver sobrevoando sua casa, deslumbrado, quando menino.

Foi um sucesso. Além de pressurizado, o F-27 transmitia maior segurança. O passageiro associava o tamanho do avião à confiabilidade. Rolim precisou aos poucos aumentar o número de freqüências nas linhas. Para isso, eram necessários novos aviões. Chegaria a oito F-27 em 1982. O movimento dos Bandeirantes tornou-se insignificante.

Rolim, que na época já despachava no seu edifício de três andares no Hangar 1, procurou Waldir de Vasconcelos, agora diretor-geral do DAC, para convencê-lo a passar à TAM também o Hangar 2. Não foi tarefa das mais fáceis: pelo apelido que tinham lhe dado ("Touro Sentado"), já se sabia o que o mercado pensava dele. Apesar disso, Rolim conseguiu. O edifício, onde a Cruzeiro do Sul guardava carrinhos de bagagem e papéis velhos antes de ser vendida à Varig, tinha sido construído em 1940 e se encontrava em estado lastimável. Foi preciso trocar o telhado e fazer uma ampla reforma, sem a qual o seguro sairia mais caro. Nas novas instalações, Rolim passou a ter mais espaço para a frota.

Não podia perder a satisfação de colocar seus novos aviões a serviço dos passageiros. Tinha genuíno prazer em mostrar os F-27, o que o estimulava a estar todos os dias na TAM às 5 da manhã. Aprendeu que os passageiros eram sempre afáveis na hora de embarcar. Comportavam-se como quem precisa de um amigo. À saída, estavam sempre com pressa, loucos para ir para casa. Por isso, Rolim preferia cumprimentá-los cedo. Gostava de destacar pessoalmente os bilhetes. E conversava com eles durante a espera. Assim sempre podia aprender coisas novas.

Apesar do avanço representado pelos F-27, por dentro a TAM ainda funcionava como nos seus tempos de salinha no galpão do táxi aéreo. Rolim cercara-se de gente de sua confiança, e no início dos anos 1980 a TAM era ainda uma empresa mais que familiar.

José Pinto Neto era um diretor financeiro que também cuidava das fazendas e dos negócios particulares de Rolim. O cunhado, Daniel, era o seu curinga na companhia. E o irmão, João

Amaro, deixara suas atividades em Goiânia para ajudá-lo no negócio que se tornara muito maior. Era o diretor comercial.

Havia na TAM um único engenheiro contratado, Gustavo Coutinho Resende, ex-funcionário da Transbrasil. Para tornar a companhia mais técnica, Rolim trouxe Ramiro Tojal, que trabalhara na VASP com o brigadeiro Oswaldo Pamplona Pinto. De volta a uma empresa de aviação, Tojal estava satisfeito. Economista com veia prática, rápido, munido de uma verve acaipirada que combinava bem com o estilo de Rolim, Tojal convidou para a TAM outros profissionais que conhecia da VASP, como Jorge Pinheiro, à época na Transbrasil.

Por sugestão de Tojal, Rolim colocou Pinheiro para trabalhar ao lado de João Amaro. Piloto de formação, João não era muito afeito à área comercial. Em uma companhia pequena como a ATA, ainda conseguia desempenhar-se. Numa empresa maior e mais complexa, preferiu a sabedoria de deixar seu cargo executivo.

"Quando vim de Goiânia, meu mundo era deste tamanhinho aqui. Não acompanhei o processo de crescimento da TAM como o Rolim. Quando voltei para a empresa, já com 500 funcionários e compromissos internacionais, meu caminhãozinho não agüentava tanta areia."

João comprou em sociedade com Rolim uma empresa de táxi aéreo, a Oeste Redes Aéreas, ORA. Transferiu-se para Cuiabá, onde ficaria por dez anos. Manteve-se na TAM como acionista e conselheiro do irmão. Abria caminho para uma era menos romântica na administração da empresa.

A profissionalização da TAM ainda não estava completa. O próprio Rolim não dominava todos os processos de uma empresa de linha aérea regular. O que ele queria, como se dizia internamente, era "arrancar o velho do pijama": em fevereiro de 1981, contratou o próprio brigadeiro Oswaldo Pamplona Pinto. Convidou-o para ser seu vice-presidente, com a missão de colocar na companhia tudo aquilo que ele ainda precisava descobrir sobre empresas de aviação de grande porte.

O brigadeiro Pamplona era considerado figura lendária da aviação. Herói de guerra a bordo de um caça em batalhas aéreas na Itália, transformara-se num caso raro de piloto com habilidade para manobras no terreno da administração. Recuperara a VASP mais de uma vez, nas gestões dos governadores Carvalho Pinto e Abreu Sodré. Ao começar sua carreira na TAM, tinha 71 anos de idade. Seu número de divisas só era comparável ao de aposentadorias: encerrara a carreira pela Força Aérea Brasileira, a FAB, pela VASP e pela Infraero.

Pamplona foi convencido a pegar o emprego por Ramiro Tojal e Jorge Pinheiro, ex-discípulos agora na TAM. Rolim recebeu o brigadeiro com o orgulho de quem tivesse comprado a própria VASP. Era quase um sonho empregar como vice-presidente de operações da área técnica o homem de quem fora subordinado, como mero co-piloto da companhia, 13 anos antes.

Rolim deu uma festa no hotel Brasilton, no centro de São Paulo, para a qual foram convidadas cerca de 60 pessoas, entre ex-diretores, ex-gerentes e pilotos mais antigos da VASP, só para anunciar que Pamplona iria para a TAM. Depois, ofereceu um jantar. O brigadeiro, homem austero, tímido, recatado, aceitou toda a cerimônia e a felicidade esfuziante de Rolim entre a paciência e a resignação. Constatou que teria de se haver com os rompantes do seu jovem e exuberante patrão.

A especialidade de Pamplona era o trabalho com método, com sua experiência em reorganização de companhias aéreas, calma inabalável e disciplina militar. Aconselhou Rolim a separar a administração de suas várias empresas. Ele já tinha vários negócios menores: a Stratus, empresa de aviação agrícola, a ORA, a Táxi Aéreo Curitiba, a TAC, além da Táxi Aéreo Marília e da Linhas Aéreas Regionais. Cada uma passou a ser uma unidade independente e a Táxi Aéreo Marília tornou-se a controladora das outras.

## O sonho brasileiro

O tempo mostrou que, ao levar Pamplona para a TAM, Rolim tomara uma das melhores decisões de sua vida. Pamplona adorava a aviação e não se importava de abandonar a aposentadoria, ou de trabalhar para um antigo subordinado. Melhor, tinha paciência para ensinar os outros e enfrentar os erros com tranqüilidade. O espírito ponderado do velho brigadeiro, que servia de contrapeso para o ímpeto do ainda jovem comandante, era cristalizado numa frase: "Não precisa acertar sempre, tem é de não errar nunca".

Rolim percebeu como era útil contar com alguém capaz de controlar sua impetuosidade, que às vezes se voltava contra a própria companhia. Quando algo não funcionava direito, ele se exasperava. Sua forma de trabalhar ainda estava impregnada da experiência no táxi aéreo, completamente diferente. No táxi aéreo, voavam-se poucas horas por dia, a qualquer hora e sob qualquer circunstância. Um avião passava cerca de 80 horas por mês no ar. Na aviação regular, eram 200 horas. O número de pousos e decolagens de cada aparelho multiplicava-se. O desgaste dos aviões e as exigências de manutenção eram muito maiores. A cadência, a rotina é que faziam o sistema funcionar.

Para complicar, as aeronaves do táxi aéreo ainda precisavam ser aperfeiçoadas. Para adaptá-las à aviação regional foi necessária uma década de desenvolvimento tecnológico. Criou-se até mesmo uma expressão para designar essa fase: "airlinizar", transformar os aparelhos em aviões de linhas aéreas.

Rolim ainda não compreendia isso muito bem. Iniciado em pistas de terra entre fazendas e o sertão, onde cuidava de seu próprio avião, alarmava-se com tudo o que via. O piloto de táxi aéreo não sabe aonde vai no dia seguinte. O de regional tem escala para o mês inteiro. No táxi aéreo, o piloto pousa em lugar onde não tem assistência e não deixa ninguém colocar a mão no avião, senão estraga. Na aviação regular, um mecânico está sempre à espera do aparelho para checar tudo, ou não há o vôo de volta.

## Comandante na tormenta

Rolim desconfiava: cada vez que um avião entrava em pane, punha a culpa nos mecânicos. "Será que eles precisavam mexer no avião?", reclamava. "Olha só o que aconteceu!" Certo dia, pela manhã, um mecânico foi dar partida num Fokker-27, de modo a prepará-lo para os vôos do dia. Quando esquentava demais — não podia passar de 780 graus — o motor Rolls Royce tinha de sofrer uma operação de resfriamento, com a retirada do combustível. Nesse processo, contudo, o motor queimara. Fora de combate, todos os seus vôos naquele dia foram cancelados. Ao saber da notícia, às 6 horas da manhã, quando chegava para o trabalho, Rolim esticou o corpo para fora pela janela do escritório do terceiro andar e demitiu o mecânico aos gritos, no pátio.

O engenheiro Gustavo, o único que falava inglês perfeito, foi convocado para telefonar para a Fokker. Via Embratel, convenceu a companhia holandesa a vender para a TAM um motor de reserva. Seriam 250 mil dólares a mais.

O DAC, defensor ardoroso da tese de que tudo o que se fazia na aviação regional era para prejudicar a Varig, só atendeu a TAM depois da interveniência do ministro Délio. Rolim e Tojal demonstraram que toda empresa tinha direito a ter motor de reserva. E que, se tinham a concessão do governo, o mesmo governo não poderia obstruir a sobrevivência da empresa.

Apesar da aflição, Rolim aprendeu que para ir em frente precisava dos outros. Inclusive dos seus contrários, como o brigadeiro Pamplona, cujo temperamento resfriava os seus excessos. Não tomava mais qualquer decisão sem ouvir o ponderado veterano.

Pamplona convenceu Rolim da importância da engenharia. No fim de sua faxina, havia dez engenheiros na TAM e uma empresa organizada. Rolim também descobriu com Pamplona que, na aviação regular, o fundamental era a continuidade do serviço em todos os setores. Havia necessidade de um estoque de peças para reposição rápida. Aquela foi uma lição que, uma vez aprendida, diminuiria muito suas dores de cabeça.

A idéia de se voltar totalmente para o cliente tomou maior consistência. O que Rolim precisava era garantir os vôos e melhores condições ao passageiro. Em essência, era nisso que se tornava especialista. Ainda queria dar o mesmo atendimento que oferecia aos clientes do táxi aéreo, mesmo com mais pessoas com quem se preocupar.

Dessa forma, Rolim foi o primeiro empresário brasileiro a colocar em prática uma noção contemporânea da empresa de serviços. Consolidou na TAM a idéia de investir maciçamente na atividade-fim. Deixou a aquisição dos aviões para as grandes empresas de *asset management* do setor. Todos os F-27 eram alugados. Seu patrimônio não eram os aviões, e sim os passageiros. "Tudo o que eu faço é para o cliente."

O objetivo do comandante era o estreitamento das relações com as pessoas, receita seguida como religião. Desligou a empresa dos meios de produção. Todos os 72 representantes da TAM foram terceirizados. E ele mudou o seu perfil. Na associação com a VASP, a empresa regional herdara da estatal muitos representantes nomeados por razões nada profissionais. "Um era filho de deputado, outra a amante do coronel, uma bagunça desgraçada. Tivemos de ir adequando devagarinho os representantes ao perfil do negócio." Para ele, o representante da TAM tinha de ter prestígio não por outras relações, mas pela "excelência da nossa postura, pela seriedade do nosso negócio".

Com a terceirização quase completa, o foco de Rolim foi colocar os aviões em operação — e dar plena assistência ao passageiro para que voltasse a utilizar os seus serviços. "Não fazemos comida, nem compramos ou vendemos o avião. Nós somos transportadores de passageiros."

Cuidava cada vez menos do escritório, mas fiscalizava pessoalmente a limpeza dos aviões. Levantava às 4 horas da madrugada, andava um pouco na esteira, tomava banho, depois um café frugal e chegava à TAM às 6 da manhã, ainda antes do pessoal de manutenção. Examinava cada aparelho minuciosamente. E reclamava sempre que via os motores sem as capas ou detectava sujeira. Em seguida, rumava para o saguão da TAM no aeroporto para conversar com os clientes. Só depois ia ao escritório cuidar dos assuntos do dia.

Raramente jantava. Tinha uma frase de efeito até para essa refeição: "No café da manhã, seja egoísta. Coma tudo. Não reparta nem com o seu amigo. O almoço, divida. O jantar, dê a seu inimigo". Às 10 da noite ia dormir.

Seu estilo refletiu-se em todos os aspectos da administração. Embora os diretores orientassem as novas contratações, nenhum funcionário entrava na companhia sem antes falar com ele. Foi assim quando Rui Aquino foi trazido pelo engenheiro Luiz Eduardo Falco como assistente de diretor técnico da Táxi Aéreo Marília. O comandante o recebeu na pequena sala de reuniões contígua ao seu gabinete no Hangar 1. Eram 7 da manhã. Rolim deu-lhe as boas-vindas e disse mais "algumas coisas":

— Primeiro, se o senhor não fizer nada na TAM é por incompetência sua. A TAM vai dar condições para o senhor crescer aqui. Segundo, se o senhor tiver algum problema para resolver, não escreva. Resolva. Ou então me procure. As portas do meu escritório estão abertas das 6 da manhã às 10 da noite.

— Muito obrigado — disse Rui. — Acho que o senhor acabou de definir o meu horário de trabalho.

Catorze anos mais tarde, Rui seria guindado por Rolim à direção da Táxi Aéreo Marília sem jamais lhe ter escrito um bilhete.

Para Rolim, quem fazia um memorando interno não queria resolver o problema, mas passá-lo para outro. Na TAM, as mesas dos diretores sempre estavam limpas. Não havia papéis acumulados. "Nós precisamos de pessoas que tomem decisões. É do nosso catecismo: peque por ação, não por omissão."

Queria uma empresa grande, mas que não repetisse os erros que vira na VASP. Descortinava o que seriam as empresas aéreas no futuro. Intuía que o tráfego nos aeroportos centrais seria fundamental. Já em 1981, reivindicava ao brigadeiro Délio o direito de colocar um jato em sua frota. Tentou convencê-lo a permitir que a TAM trouxesse um F-28, um jato pequeno, irmão mais velho do futuro Fokker F-100, barulhento, mas da mesma geração do Boeing 737-200, então o grande astro da aviação comercial. Foi a Brasília várias vezes. Délio disse que, se Rolim conseguisse fechar negócio com a Fokker, estudaria o caso seriamente.

Rolim queria o jato para entrar na ponte aérea Rio–São Paulo, trecho de maior movimento e receita para as companhias aéreas, filé do mercado brasileiro, razão pela qual era mantida aí também uma reserva de mercado para as grandes companhias, em especial a Varig. Rolim só furaria esse bloqueio dez anos mais tarde.

Na época, todos os jatos eram grandes e precisavam de espaço. O Boeing 737-200 era inadequado para pousar e decolar em Congonhas ou no aeroporto Santos Dumont, no Rio de Janeiro. Ainda estavam por surgir os jatos de grande porte com aerodinâmica e freio para operar em pistas curtas. Com um jato menor, Rolim estava certo de que deixaria para trás os 12 Electras da ponte aérea.

A força da Varig surtiu efeito: Rolim não obteve autorização para operar o F-28 no trecho Rio–São Paulo. Também não conseguiu obter o financiamento para os quatro aparelhos mínimos de que precisava para operar com jato na ponte aérea. Rolim estava louco por aviões novos, até porque comentavam que ele trouxera quatro aparelhos velhos para o país.

Em março de 1982, a Fokker ofereceu a Rolim dois F-27 novinhos em folha. Para Ramiro Tojal, os aparelhos eram a mesma coisa que os velhos. A única diferença é que tinham capacidade para 50 passageiros, em vez de 48. E um preço muito maior. Rolim, contudo, imediatamente se entusiasmou.

— Com duas máquinas novas, eu ponho numa o nome Cidade de Ribeirão Preto, na outra Cidade de Maringá. Prestigio

Ribeirão, que é a principal demanda nossa, e o Estado do Paraná, o que mais nos ajudou.

— Comandante, isso custa caro — objetou Tojal.

— Temos de conquistar o respeito do nosso usuário.

— Comandante, isso custa três vezes mais do que estamos pagando pelo avião usado.

— Mas temos que trazer os aviões, doutor.

Como projeto econômico, a compra dos novos F-27 era um perigo. A TAM assumiria uma dívida adicional de 10 milhões de dólares, cujo pagamento poria suas contas no limite do suportável. Para Rolim, porém, a boa imagem significava tudo.

No mesmo março de 1982 a decisão de compra foi tomada. Os aviões chegariam em janeiro de 1983. Tojal foi enviado ao Rio de Janeiro para negociar um empréstimo junto ao Banco Nacional de Desenvolvimento Econômico e Social, o BNDES, de modo a atender Rolim com "mais paixão do que razão", como definiu o economista.

Por volta de outubro, o BNDES declarou que financiaria os aviões, mas era preciso o aval pessoal de Rolim e de sua mulher, Noemy. A proposta não respeitava as regras: a TAM, sociedade anônima, dispensava os bens dos sócios como garantia dos seus débitos. Mas foi a condição imposta para que saísse o negócio.

Tojal voltou do Rio de Janeiro exultante. Estava certo de que Rolim, ao saber da condição do BNDES, desistiria da compra.

— Há males que vêm para o bem — adiantou-se Tojal, já consolando o chefe. — Os canalhas tiveram a coragem de dizer que eu preparasse a promissória da dona Noemy com seu aval pessoal.

Só não esperava pela reação de Rolim.

— Eu dou!

— Não dê! Isso já passou... A gente desiste dessa porcaria e fica tudo melhor. Não foi culpa sua, não foi culpa minha. Foi do BNDES. Para o público, a gente fala que não deu para comprar avião novo por causa do BNDES.

O *sonho brasileiro*

— Não, doutor Ramiro... O avião está pronto! Quero buscá-lo!

Rolim foi para casa e voltou com a concordância de Noemy. No dia marcado, 7 de janeiro de 1983, estava com Noemy e os filhos em Amsterdam. Tinha dito aos holandeses da Fokker que gostava de realejos. Na festa de entrega dos aviões, Rolim tirou do bico do periquito seu bilhete da sorte. A família Amaro ainda assistiu a um espetáculo de música e dança holandesa.

Rolim não se importava em saber que era sua a conta do avião e da festa. Estava feliz. Queria ainda ir a Paris com o F-27, mas foi proibido por Tojal: os aviões precisavam operar o quanto antes.

Os novos Fokkers-27 chegaram ao Brasil no dia 10 de janeiro de 1983. Para o batizado, Rolim mandou convidar os presidentes da Varig, da VASP e da Transbrasil. No casco, os aparelhos exibiam seus novos nomes: conforme o prometido, Cidade de Ribeirão Preto e Cidade de Maringá.

O governador paulista, José Maria Marin, e o prefeito de Ribeirão, Antônio Duarte Nogueira, fizeram explodir champanhe na fuselagem do primeiro. O segundo aparelho recebeu o mesmo batismo de dona Lia, esposa do brigadeiro Waldir de Vasconcelos, ao lado do prefeito da cidade paranaense, Sincler Sampaio.

Rolim fizera o que queria. Agora, podia dizer que tinha aviões novos em folha.

O Brasil não ia bem. O resultado da longa ditadura militar foi uma gigantesca armadilha na esfera econômica. Os empréstimos para as grandes obras públicas, a sustentação de um governo hipertrofiado por estatais faraônicas, o desperdício da burocracia e todos os prejuízos causados pelo dirigismo criaram um imenso déficit público. O país se tornou inadministrável e quebrou em 1982.

## Comandante na tormenta

O triunvirato econômico do governo, formado pelos ministros Delfim Netto (Planejamento), Ernane Galvêas (Fazenda) e o presidente do Banco Central, Carlos Geraldo Langoni, chamou 400 credores para uma reunião numa sala de convenções do hotel Plaza, em Nova York. Avisou que não iriam fechar a conta do dia 19 de setembro. O Brasil entrava em uma moratória declarada. Como saída para a crise, Delfim Netto imaginou um novo modelo pelo qual o Brasil passaria a ser o país da exportação. Com as importações sob controle draconiano e o estímulo às vendas para o exterior, o país conseguiria os dólares necessários para fechar as contas. Na verdade, precisaria de ainda mais ajuda: sucessivos acordos com o Fundo Monetário Internacional, cujos empréstimos impediriam que o Brasil quebrasse.

Para montar seu modelo exportador, Delfim enfrentava uma problema elementar: as empresas brasileiras, desacostumadas à competição, tinham se tornado obsoletas e incapazes de concorrer por seus próprios meios. Só havia uma maneira de obter os superávits da balança comercial que seriam perseguidos como tábuas de salvação: baratear lá fora o produto brasileiro por meio da desvalorização cambial.

Veio o carnaval. No dia 18 de fevereiro de 1983, quarta-feira de cinzas, o governo anunciou a desvalorização do cruzeiro em 25%. Para comprar um dólar, que antes custava 243 cruzeiros, passariam a ser necessários 305. Em seguida, nova pancada levaria a queda do cruzeiro para 30% em relação ao dólar.

A maxidesvalorização, que tinha o objetivo de aumentar as exportações e gerar divisas, iniciou um ciclo perverso de recessão, tão duradouro que o período ficou conhecido como "a década perdida". A crise levou ao fundo do poço o próprio regime militar, debilitado e sem soluções para o país. Ressurgiu o anseio pela democracia e por um presidente da República com força para executar uma tarefa hercúlea: a reforma do Estado.

O *sonho brasileiro*

Quando a máxi foi anunciada, o audaz comandante da TAM tinha dois aviões novos em folha, como sempre sonhara. Ao mesmo tempo, estava virtualmente falido.

\*

No início da década de 1980, as contas da TAM estavam bastante apertadas. As empresas regionais subsistiam graças à suplementação tarifária. A taxa de 3% embutida no preço de todos os bilhetes aéreos do país era mais uma distorção da economia oriunda do regime antimercado.

Era o dinheiro transferido para as companhias regionais que tornava a passagem de curta distância acessível ao público. Ainda que o beneficiasse, Rolim não gostava do mecanismo. A suplementação tarifária era um instrumento que podia aumentar ou diminuir de acordo com o ânimo das autoridades. Ele pensava que se de repente surgisse alguém disposto a sufocar o setor, já tão sujeito a arbitrariedades, bastava cortar o benefício.

Desde que assinara com o DAC o contrato de concessão de linhas regionais, Rolim preocupou-se em diminuir a importância da suplementação tarifária nas contas da TAM. No início, representava 50% da receita da companhia. Rolim queria que a estabilidade da TAM resultasse do mercado, e não de outros negócios ou expedientes artificiais. Pretendia perpetuar a empresa no universo do mercado, o que só conseguiu em 1990.

Não queria um governo que determinava um salário por lei mas não abria mercado por lei, nem permitia a lucratividade por lei. Quem devia sustentar a TAM era o cliente, o mesmo cliente que ele buscava seduzir a todo instante.

O efeito imediato da maxidesvalorização do cruzeiro foi onerar todos os endividados em dólar. Ao mesmo tempo em que os custos da aviação eram contados em moeda americana, a receita em cruzeiros caiu 30%, provocando uma diferença brutal entre receita e despesa. Isso agravaria a operação da TAM. Não havia como pagar as contas do mês, quanto mais as dívidas. Rolim só terminaria de quitar a compra dos seus dois novos F-27 14 anos depois, quando a empresa contava com quase 80 jatos.

A diferença entre as despesas e a arrecadação da TAM chegou a 50%. Assustado, Rolim aproveitou a visita de um antigo funcionário do departamento de financiamentos do Comind. Olhinhos espertos atrás de um par de óculos de aro de tartaruga, Antônio Luis Teixeira de Barros saíra do banco e tornara-se consultor. Rolim lhe disse:

— Senta aí, então.

— O que você quer?

— Quero que você veja os nossos balanços e me diga, afinal, o que está acontecendo.

Teixeira viu e chegou a uma conclusão simples.

— O que está acontecendo é que quanto mais você voa mais prejuízo você tem.

— Qual é a saída? — perguntou Rolim.

— A única é trazer dinheiro, porque senão você não vai ter como continuar.

A TAM precisava de fôlego. Rolim decidiu abrir o capital. Desfraldou o que chamava de "bandeira da sobrevivência". Vendeu alguns ativos e desfez-se de dois aviões para reduzir o endividamento. Procurou manter apenas as linhas de maior rentabilidade.

Refinanciou dívidas, mudou a forma de remuneração dos funcionários. Numa de suas tiradas características, lançou dentro da companhia o programa "roupa boa não encolhe". De 1983 a 1986, os funcionários teriam de aplicar parte do seu salário num fundo administrado pela TAM. Era uma forma de não demitir 20% do seu quadro. Todo mês os empregados da TAM, de todos os níveis, recebiam 90% do que tinham direito. O restante era depositado no fundo de capitalização.

## O sonho brasileiro

Estava anunciado que a TAM abriria seu capital. Os funcionários receberiam então seu dinheiro na forma de ações da própria companhia. Poderiam ficar com elas ou vendê-las. Rolim abriu o capital da TAM dois anos depois, em agosto de 1986. A maior parte dos funcionários exerceu o direito de venda. Poucos guardaram as ações. E estes tiveram razões para exultar. Em dez anos, cada ação, comprada a centavos de dólar, multiplicou seu valor.

Em 1984, estimulado pelo diretor-geral do DAC, o brigadeiro Waldir de Vasconcelos, Rolim perguntou ao presidente da Varig, Hélio Smidt, se não trocaria também os Bandeirantes por um avião melhor. Caso contrário, poderia lhe vender a Riosul.

Rolim reclamava do desequilíbrio causado pelo decreto de criação da aviação regional, na medida em que a maior empresa aérea do país podia servir-se da Riosul e vice-versa. Para ele, a Varig se beneficiava da suplementação tarifária via Riosul. Estava certo de que o dinheiro não ficava nos cofres da empresa menor, ou ao menos podia ser manipulado conforme a conveniência de quem administrava ambos os caixas.

Em vez de vender a Riosul para Rolim, Smidt fez o que o DAC de fato desejava: aparelhou a empresa regional. A TAM lutara uma década para abrir a importação dos Fokkers-27 e comprar seis aparelhos, um a um, sem aval, pagos no dia-a-dia. A Varig trouxe para a Riosul quatro de uma vez só.

Com as dificuldades do mercado, mais a limitação para tentar novas rotas, Rolim tinha boas chances de mergulhar no desastre. Se operasse somente na aviação regional, provavelmente teria quebrado.

No esforço para levantar a empresa aérea regional, com a venda de aviões para pagar os F-27, ele praticamente desativou o táxi aéreo, mas sempre pensou em voltar a esse mercado de forma diferente. Precisava de alguma zona não controlada, de onde pudesse drenar recursos para injetar na companhia principal.

## Comandante na tormenta

Tirou Daniel Mandelli da diretoria da TAM Linhas Aéreas Regionais e colocou-o na direção da empresa de táxi aéreo com a missão de ressuscitar o velho negócio.

Em 1981, a Cessna começou uma profunda reformulação, parou de produzir os monomotores e bimotores convencionais, e concentrava sua operação nos jatinhos executivos. Rolim nunca perdeu a empresa de vista, desde os anos 1970, quando fora a Wichita comprar seus primeiros Cessnas-402 ao assumir o comando da TAM. E desde 1972 enviava à companhia um relatório anual sobre a economia brasileira.

Insistia em provar o quão nefasto era no Brasil o papel da Embraer. E quão nocivo era o conceito de similaridade, que forçava os Bandeirantes a tudo, apenas para fechar o mercado à importação. "Se a mudança não vier motivando as pessoas que fazem a política, virá sobretudo por aqueles que fazem o mercado. Sabemos que essa segunda é muito mais penosa, porque mais lenta. Contudo, quando vier, será muito mais duradoura."

Desde 1978, Rolim negociava aviões particulares. Volta e meia, amigos e clientes o procuravam para que lhes comprasse algum avião no exterior. Os mais pedidos eram Lear Jets e Mitsubishis. O interesse não era apenas o de comprar o aparelho, mas o de ter alguém que administrasse a manutenção.

Ministros, políticos, altos funcionários públicos faziam constantemente o trajeto São Paulo–Brasília. Empresas privadas utilizavam jatos executivos com regularidade. E não tinham como administrar seus próprios aviões. Capitães de indústria ou grandes fazendeiros mantinham jatinhos particulares por pura vaidade. Os aparelhos passavam boa parte do tempo ociosos.

Rolim — que já ficara com aviões de terceiros, nos tempos em que trocara os aviões das fazendas vizinhas à Codeara pela prestação pura e simples do serviço de transporte aéreo — pôs em prática, então, um plano mais elaborado. Por meio de um contrato, comprava o jatinho executivo para a empresa, instituição

*O sonho brasileiro*

ou pessoa física. E passava a administrar o avião para o comprador que assim preferisse.

A Líder, como representante da Lear Jet, vendia jatos executivos. Contudo, esse nunca foi seu negócio principal. Focava o táxi aéreo. Rolim mudou essa equação. Para ele, nem o táxi aéreo, nem a venda de jatinhos eram o foco do negócio, eram apenas o início de um relacionamento mais amplo. Além de receber comissão pela venda de um aparelho de milhares de dólares, passava a ter clientes com capital que dependiam dele para manter seus aparelhos.

Aí está, pensou Rolim, a verdadeira galinha de ovos de ouro. O serviço dá dinheiro em regime permanente.

Em 1980, surgiu a oportunidade de comprar ferramentas e peças da combalida Cavu, representante da Cessna no Brasil. Rolim decidiu que era hora de retornar a Wichita para discutir a possibilidade de assumir completamente essa representação. Queria aplicar seu conceito de serviço permanente com uma marca forte nas mãos.

Os dirigentes da companhia americana colocaram sobre a mesa alguns dados: no Brasil eram operados somente seis jatinhos executivos Cessna Citation, enquanto havia 64 aviões de outras empresas na mesma categoria. Para entregar a representação da marca no país a Rolim, queriam que fizesse um pedido firme de Citation.

Rolim recusou:

— Não vim aqui para comprar avião, vim para discutir o mercado. E para fazer uma política. Opero outros tipos de avião. No Brasil não há mercado a curto prazo para o Citation, a não ser que façamos algumas coisas.

— E que coisas são essas?

— Primeiro, temos de ter uma oficina homologada, para fazer o serviço nos aviões que vamos vender no Brasil. E um estoque de peças, para manter esses aviões voando. Terceiro, preciso de uma condição econômica mínima dentro da minha empresa para dispor de um ou dois aviões de reserva, mesmo sendo do serviço de táxi aéreo. Quando o cliente tiver um problema no seu avião, coloco o meu para voar no lugar do dele. Terá garantido o serviço, independente do que aconteça com seu aparelho. Se não, estamos mortos, não vamos a lugar algum.

Os americanos ficaram frustrados. Sem a compra dos aviões, desistiram do negócio. E Rolim insistia que não adiantava colocar mais meia dúzia de aparelhos no país, deixar os clientes desassistidos e não vender mais nada, queimando a marca na praça. Tinha de estabelecer uma política pela qual poderia ganhar muito mais: venderia não só os aparelhos, como a assistência. Com isso, garantiria uma clientela fiel e a continuidade do negócio.

Voltou para casa certo de que aquele era o único caminho: "Não consegui aquilo que eu considerava vital para o nosso plano se materializar a médio prazo", diria depois.

Outros candidatos a representante da Cessna foram até Wichita. "Ou por falta de opção, ou porque alguma voz, algum ouvido, algum cérebro mais iluminado resolveu acreditar em mim, me chamaram para uma nova conversa. Fiz novamente o pedido das condições mínimas de suporte aos aviões que iríamos vender no Brasil. E disse: caso contrário, não há nenhuma condição de os senhores disputarem o mercado brasileiro."

Uma semana depois de sua volta ao Brasil, o responsável pela divisão Citation da Cessna, Chris Hartnubring, holandês naturalizado argentino, desembarcou no aeroporto de Congonhas com um contrato para assinar, onde havia uma cláusula para que a TAM Táxi Aéreo comprasse três Citations. Rolim disse:

— Com que companhia aérea você veio?

— PanAm.

— E tem bilhete de volta?

— Tenho.

— Então vou mandar chamar um táxi. Você pode voltar já para Wichita.

— Por quê?

— Você devia ter vindo aqui para tratar de suporte, de atendimento ao cliente, de revenda de peças, de serviço de manutenção. E vem falar de vendas? Não estamos discutindo compra de avião. Resolva o assunto principal e então poderemos começar a vender.

Hartnubring voltou para Wichita. A companhia enviou um fax, concordando. O homem que se tornaria o principal aliado de Rolim dentro da Cessna era Russel Meyer Jr., futuro *chairman* da companhia, tão famoso na aviação americana por seus métodos pouco ortodoxos quanto o dono da TAM no Brasil. Juntos, Rolim e Meyer celebrariam vários negócios inéditos para a Cessna, com excelentes resultados.

O documento afinal previa a representação exclusiva para o Brasil dos produtos da Cessna. Com isso, Rolim reativaria de vez a TAM Táxi Aéreo. A empresa seria uma central de negócios, cujo principal filão era a venda de aviões e a prestação de serviço de manutenção.

Rolim passou a vender genuinamente o serviço. O táxi aéreo seria apenas um braço do negócio principal. Caso um dos clientes tivesse algum problema com seu jatinho, Rolim podia colocar um de seus aparelhos à disposição. E o cliente pagava apenas as despesas operacionais de rotina. Tinha certeza de contar sempre com um avião — sem a dor de cabeça de administrá-lo. E Rolim reforçava o lema de que a TAM era a empresa que "resolvia o problema do cliente".

O primeiro Cessna Citation II novo foi vendido para um amigo, Olacyr de Moraes, no começo de 1983.

No seu escritório em Congonhas, Rolim ficava muito próximo dos clientes que embarcavam nos jatinhos, logo abaixo de sua janela. Muitos almoçavam com ele, ou no mínimo eram recebidos com um abraço amistoso e alguma das suas piadas características. Essas conversas engendravam novos negócios. O táxi aéreo se tornou um balcão, com resultados que ajudaram Rolim a sustentar a outra companhia.

No setor onde não era controlado, saía-se bem. O sucesso foi tamanho que a TAM Táxi Aéreo se tornaria a maior distribuidora de Citation do mundo. Quando Rolim começou, havia no Brasil somente os seis Citations apontados pela Cessna. Em 1995, 15 anos depois, seriam 160. O Brasil tornou-se o maior comprador de Citation depois dos Estados Unidos.

Em 1985, a Cessna lançou o turboélice Caravan, que chegou ao Brasil em 1987. Daí em diante, a TAM passou a vender em média oito aviões ao ano, quase um por mês. Tornou-se responsável por 27% da produção da Cessna. Seria também a maior operadora individual de Citation do mundo. Em 1995, Rolim tinha 17 exemplares em sua frota própria. E uma de suas empresas, a ARPA, no Paraguai, se tornaria a única operadora de Citation em linha regular no planeta.

Ao fechar negócio com a Cessna, Rolim não carregava pretensão de desbancar a Líder do primeiro posto no mercado de táxi aéreo. Preferia ficar com a assistência ao cliente da Cessna, num conceito mais amplo de serviço do que o simples transporte de passageiros. Seu modelo de negócios no táxi aéreo viria a provar que Rolim envelhecia como um bom vinho. Sua parceria com a Cessna tornou-se um "caso" para os estudiosos de administração que povoavam suas palestras, interessados em conhecer a "mágica" do sucesso da TAM.

A qualidade do atendimento era um fator preponderante, mais até do que o próprio produto. Esse era o conceito novo que ele introduzia no mercado, inclusive para a Cessna. Seu avião era fácil de pilotar e, por isso, o Citation tinha o mais baixo índice de acidentes do mundo. Mas não adiantava ter o produto com as melhores características se o mercado não tomava conhecimento.

Além disso, Rolim estava seguro de que logo outra empresa copiaria a Cessna, e melhor. "O mercado vai ficar cada vez mais competitivo e o produto perfeito não é fabricado." Por isso, o enfoque do negócio não podia ser o produto, mas o serviço. Era a ele que o cliente seria fiel. Um produto mais avançado logo poderia surgir, mas não seria um problema tão grande se o cliente permanecesse confiante no serviço da TAM.

Rolim recusava, inclusive, vender o avião se o achava inadequado para o cliente. Alegava que não queria vê-lo insatisfeito depois. "Infeliz o comerciante que faz uma venda de oportunidade. O negócio é vender o produto pela vida inteira."

O caso da Cessna encarnou para Rolim a mais perfeita aplicação de sua fórmula de trabalho: "É assim que se faz negócio, assim que se cria mercado".

Sob a gestão de Daniel Mandelli, a TAM Táxi Aéreo gerou um caixa positivo que ajudou as Linhas Aéreas por muito tempo. Ainda assim, Rolim teria de brigar muito. Principalmente porque a crise econômica seria duradoura, profunda e marcada por obstáculos inesperados.

Eles viriam, literalmente, do céu.

\*

No dia 28 de junho de 1984, um Bandeirante da TAM chocou-se com um morro nas proximidades de Macaé, no Rio de Janeiro. Havia a bordo 17 pessoas, a maioria jornalistas de várias emissoras de televisão. Não houve sobreviventes. Pela primeira vez, Rolim teria de enfrentar junto à opinião pública uma catástrofe de grande repercussão. Sobretudo porque no caso as vítimas pertenciam à própria imprensa.

Na ocasião, a Petrobrás pretendia levar os visitantes a uma plataforma submarina de extração de petróleo. No dia 28, saíram do aeroporto do Galeão, no Rio de Janeiro, cinco aviões fretados pela estatal do petróleo junto à TAM. Os quatro menores decolaram com plano de vôo por instrumentos. Os pilotos não sabiam

Comandante na tormenta

como estavam as condições em Macaé, sem equipamento para estimar as condições metereológicas na hora de chegada. Somente o Bandeirante decolou em vôo visual. Deparou-se com uma tempestade pelo caminho, perdeu-se e caiu nas proximidades de Macaé. A imprensa também caiu sobre Rolim de maneira implacável. A insistência dos jornalistas em explorar um caso no qual seus próprios colegas haviam sido vitimados começou a parecer a Rolim perseguição.

Telefonou para Roberto Marinho, dono da Rede Globo, maior e mais poderosa das redes de TV, que transformara o acidente em Macaé numa novela diária no Jornal Nacional. Disse-lhe que a emissora fazia uma campanha para quebrá-lo. Marinho ordenou ao departamento de jornalismo para que somente voltasse a noticiar o caso quando saísse o resultado do inquérito conduzido pelo Ministério da Aeronáutica.

Embora o acidente tenha piorado uma época já muito ruim, aquele cenário negro aos poucos abrandaria. A tarifa aérea, que permanecia congelada, foi reajustada em 1985.

A ditadura militar dava sinais de chegar ao fim. A crise econômica sugara a força dos sucessivos governos militares e a sociedade clamava por mudanças. Grandes comícios, como o que juntou 2 milhões de pessoas no vale do Anhangabaú, em São Paulo, expressavam um imenso movimento pelo restabelecimento do voto direto para a presidência da República.

A emenda do deputado Dante de Oliveira, que instaurava as eleições diretas para a presidência, não passou no Congresso, ainda dominado por um sistema que plantava políticos estranhos ao voto do povo — os chamados "biônicos". Contudo, a pressão social forçou a eleição no Congresso do primeiro presidente civil em 20 anos: Tancredo Neves.

Mineiro com longa história na política, formado na arte da negociação, Tancredo parecia o homem certo para promover a "transição": devolver o país ao controle civil. Mesmo tendo sido

*O sonho brasileiro*

eleito pelo voto indireto do Congresso, tornou-se popular, com o apoio da grande massa de brasileiros que esperava o desmantelamento do regime autoritário e a recuperação econômica.

O destino, porém, pintou esse momento com tintas de cruel ironia. Tancredo não chegou a assumir: na noite que precedeu a posse, passou mal e foi hospitalizado, vindo a morrer de infecção generalizada no Instituto do Coração (Incor), em São Paulo. O governo foi assumido pelo seu vice, José Sarney, antigo líder da Arena, partido que por duas décadas sustentara no Congresso o regime militar.

Sarney era a peça que contrabalançava a aliança capaz de permitir o acordo com os militares, pelo qual o governo fora entregue a Tancredo. Do dia para a noite, transformou-se no primeiro presidente da chamada Nova República.

Nas circunstâncias em que assumiu, Sarney passou a governar com um ministério alheio. Manteve na Fazenda o sobrinho de Tancredo, Francisco Dornelles. Uma das primeiras coisas que Dornelles fez foi unificar os reajustes de tarifas públicas. A tarifa da aviação migrou do Ministério da Aeronáutica para o recém-criado e todo-poderoso Ministério da Economia.

"Começou isso que eu chamo de quebradeira do sistema brasileiro de aviação", atacava Rolim. O Ministério da Fazenda, despreparado para avaliar os custos e preços de todos os setores, fazia-o às cegas e de maneira draconiana. Segurou os reajustes, como forma de deter a corrida inflacionária, sem sucesso.

Em cinco meses, Dornelles caiu.

Entronado novo ministro econômico, o empresário Dilson Funaro, dono da Trol, uma fábrica de brinquedos, instaurou o Plano Cruzado, que congelou todos os preços e salários, além de instituir o cruzado como nova moeda. O nome tomou duplo sentido, pois deu partida a uma guerra santa de amplitude nacional contra a inflação.

Sequiosa pelo fim de um período de sacrifícios, a população aderiu em massa. O país mantinha-se ligado aos índices de preços, maravilhado pelo fato de que eles se aproximavam de zero, como se o Brasil tivesse sido abençoado por um milagre.

A situação se sustentou por um estrangulador controle de preços e o apoio popular. Massas enfurecidas invadiam supermercados que tentavam aumentar preços, trocando as etiquetas na calada da noite. Sarney, que entrara no Palácio do Planalto literalmente pela porta dos fundos, acumulou um prestígio nunca alcançado por um presidente brasileiro.

Como em todo congelamento num regime de inflação alta, alguns preços foram apanhados antes do reajuste. As tarifas aéreas ficaram 30% abaixo do seu ponto de equilíbrio. Cada bilhete aéreo vendido dava prejuízo. Para piorar, como em outros setores, a demanda explodiu.

Sem tarifa, as companhias aéreas aprofundavam seus déficits. Rolim alertava outros empresários: "As empresas vão quebrar, não sobrará nenhuma".

Procurou no Bradesco Amador Aguiar, já venerando e consagrado como o maior banqueiro do Brasil. Relatou suas dificuldades. Estava certo de que não resistiria à crise. E não tinha força para reclamar como os grandes do mercado. Amador Aguiar somente lhe disse:

— Rolim, sabe qual é a diferença entre um banco pequeno e um banco grande e forte?

— Não.

— Quando há uma corrida bancária, um banco grande resiste algumas horas mais.

Rolim contou o que dissera Amador Aguiar ao presidente da Varig, Hélio Smidt, na ante-sala de um banquete, em outubro de 1986, no hotel Copacabana Palace. Sua esperança era que a Varig, com seu poder junto às autoridades, entendesse que a crise a pegaria da mesma forma. E se movesse para ajudá-lo a convencer o governo a mudar, se não pela causa do mercado, ao menos em causa própria.

## O sonho brasileiro

A Varig, porém, não estava tão preocupada com o mercado interno nem com o controle tarifário. Mais de 70% de sua receita era em dólar, graças à concessão pública que lhe permitia explorar com exclusividade os vôos internacionais. Mesmo assim, Rolim achava que havia algo errado no gigante imperturbável. Com tamanho privilégio, a empresa estava bastante endividada. "Vi aí o prenúncio dos problemas que a Varig iria enfrentar."

Rolim ainda subestimava a capacidade das crises se arrastarem. Mais tarde, o cavaleiro do sucesso vertiginoso da companhia na década de 1990, usaria esse período para inspirar uma frase: "Nunca perca a esperança, nem o objetivo".

O controle tarifário gerou um acúmulo de 58 milhões de dólares de patrimônio líquido negativo na TAM. Rolim, com sua casa hipotecada ao BNDES, já vendera tudo o que podia. E ainda assim continuava devendo. Apesar disso, entre todas as empresas aéreas, a TAM era a única que tentava se socorrer por meios próprios. A Riosul, outra empresa regional respeitável do mercado, tinha o apoio da Varig, sua controladora. A VASP, estatal paulista, como dizia Rolim, "tinha uma agência do governo dentro dela", graças aos recursos do governo do Estado, que a sustentava por meio do Banespa.

Quando a demanda começou a crescer por causa do congelamento associado ao ganho de poder aquisitivo da população, graças ao reajuste de 10% dos salários, promovido pelo Cruzado, essas companhias trataram de aumentar a oferta o quanto podiam. Rolim foi no sentido contrário. Reduziu pessoal, diminuiu a oferta, encolheu a estrutura. Sabia que continuaria perdendo dinheiro, mas pelo menos perderia menos que os outros.

Certo de que a euforia de consumo do Plano Cruzado levava o país ao desastre, era uma espécie de voz no deserto, clamando pela liberdade de mercado, quando ninguém cogitava algo semelhante.

Com Adolfo e Etelvina:
infância marcada pelo acordeão e
pelos insucessos do pai.

*Com o primo Carlinhos, no colégio
Dom Bosco, em Monte Aprazível: sempre
à espera do avião do tio Joaquim.*

*O tio Joaquim, de destino trágico:
inspirador em Rolim do sonho de voar.*

*Empório Casa Nova,
em Fernandópolis, um dos negócios
de Adolfo, onde Rolim foi balconista.*

*Com a irmã Fani, no concurso
de miss: faltava dinheiro para desfrutar
o amor pela boemia.*

*Em Fernandópolis com José Abdalla
(à esq.), mecânico e amigo de farras, montado
na lambreta que comprara a prestação.*

*Ao lado do Stinsson do Aeroclube de Ibitinga,
com o qual se acidentou: aos 19 anos, um piloto já marcado.*

*Em Marília, hangar da T.A.M., formada por um consórcio dos pilotos da antiga Comtax: Rolim foi contratado como o último na escala.*

*No casamento com Noemy,
em 22 de maio de 1966, pouco antes
de voltar para a selva.*

*Com Noemy e a filha Maria Cláudia:
de volta do Araguaia, para administrar
negócios e afastar a família da malária.*

*Com Noemy e um xavante na fazenda Suiá-Missu,
onde voava pela TAM para Orlando Ometto: risco alto
e vida precária para a família.*

*Rolim entre os suiás: vôos para levar
trabalhadores, comida e remédios selva adentro.*

*Opala ganho numa rifa em 1969 e transformado em dinheiro para consertar o Cessna-170, acidentado na Codeara.*

Com Orlando Ometto, que o colocou como presidente da TAM: patrão, sócio, ídolo nos negócios e, por fim, adversário.

Com os Cessnas-402 que comprou para levantar a TAM, em 1972: desde o começo, a ousadia como marca.

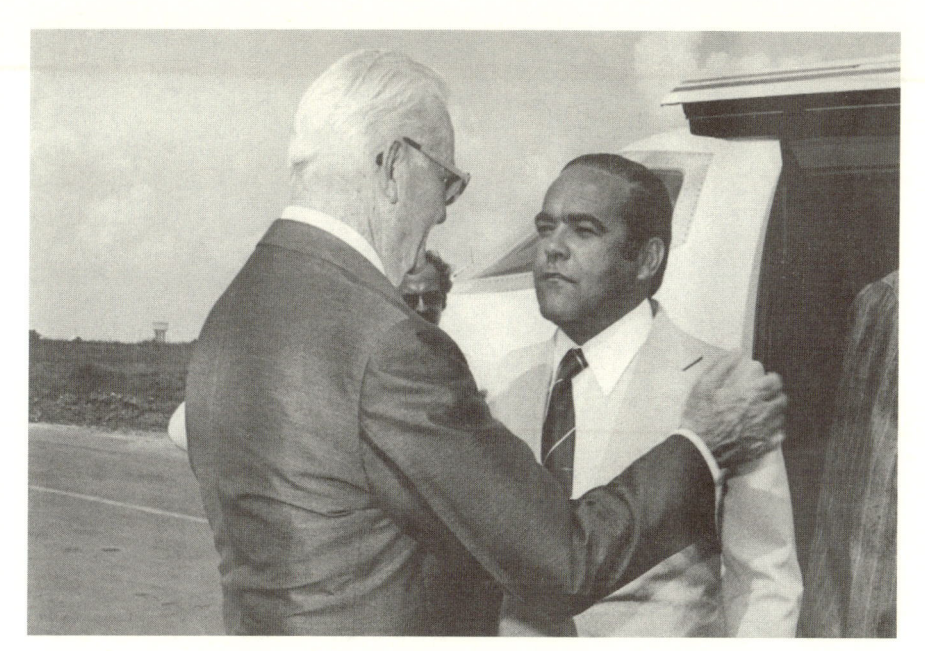

*Com Ernesto Geisel, que abriu a aviação regional:
oportunidade no espaço deixado pelas grandes companhias aéreas.*

*Tudo dependia dos militares. Em 1979, Rolim apresenta à
Aeronáutica, numa mesa emcabeçada pelo tenente-brigadeiro-do-ar Sylvio
Gomes Pires, diretor do DAC, seus planos dentro da aviação regional.*

*Rolim (último à direita) com o presidente Figueiredo (segundo à esquerda) e o ministro Délio (de copo na mão), em um churrasco na granja do Torto: rara abertura para o homem da TAM e seus violeiros no jardim do poder.*

*O Fokker-27, importado sob pesados riscos, é a grande cartada para deixar atrás a era dos Bandeirantes e crescer.*

*1989: Rolim anuncia "o fim do monopólio" da ponte aérea,
depois de convencer o DAC de que havia espaço para ele.
O serviço de bordo no F-27 mostra como Davi pretendia vencer Golias.*

*Rolim (de terno claro) com Ramiro Tojal (com a medalha do mérito aeronáutico) e o brigadeiro Pamplona (segundo à esquerda), que ajudaram a profissionalizar a companhia e a organizá-la: "velhos diabos". O primeiro à direita é Miguel Candia.*

*Anúncio da chegada do Fokker-100: dívida diária em dólar, nenhum passageiro para aquele avião "grande demais" para a aviação regional e proibição de voar.*

*Rolim vai para a porta do avião: sem dinheiro, ele busca a conquista individual do cliente como nos tempos do táxi aéreo.*

*Com Umberto de Angelis, primeiro chefe do "Fale com o Presidente", em 1991: administração ao lado do passageiro.*

## Comandante na tormenta

Tinha, na época, 1% do mercado de aviação nacional. E achava que precisava lutar para mantê-lo:

"Sobrava este maluco aqui para reclamar. Quando ia a Brasília, os ministros diziam: lá vem esse chato, que é 1% do problema, querendo ser 100% da solução. Era assim que eu era tratado. Eu dizia: esse 1% do mercado é 100% da nossa vida. E se não tomarmos já uma medida, vamos quebrar todos. Mas eles não acreditaram".

De fato, o congelamento das tarifas agravou a situação que levaria a VASP, em seus dois últimos anos como estatal, no final da década de 1980, a acumular mais de 300 milhões de dólares de prejuízo. A Transbrasil sofreu intervenção federal. Era tutelada por um administrador do Ministério da Aeronáutica e sustentava-se com recursos do Banco do Brasil — os militares ainda consideravam importante salvar a companhia de Omar Fontana, sob o pretexto de manter um ambiente de concorrência no mercado.

Mesmo em situação dramática, a TAM podia ser considerada exceção. Ela se preparara melhor para o fracasso do Cruzado, os novos congelamentos que ainda viriam e o futuro confisco da poupança privada, no início da década de 1990. Assim, no momento em que passaria a gozar um pouco de liberdade no mercado, alçaria vôo.

Findo o período de controle de tarifas e iniciado um ciclo em que a competição dava o tom, a TAM se tornaria líder, desfrutaria de uma década de lucros sucessivos, enquanto a Varig colecionava balanços catastróficos, a Transbrasil fecharia as portas e a VASP deixaria para o passado suas maiores ambições.

Na crise, a TAM se preparava para o lucro.

*

Em agosto de 1985, na gestão de Otávio Júlio Moreira Lima, o Ministério da Aeronáutica transferiu todas as operações com jato do aeroporto de Congonhas para o aeroporto de Cumbica, em Guarulhos, a 40 minutos de carro do centro da cidade de São Paulo. A obra, mais um esforço de criação de infra-estrutura no tempo do regime militar, era polêmica. O local escolhido para a construção freqüentemente fazia com que o aeroporto não tivesse visibilidade para pousos e decolagens.

Apesar desse problema, Cumbica foi iniciado, concluído, e todos os vôos interestaduais e internacionais alocados lá. A idéia era transferir o tráfego aéreo pesado para fora das cidades, como já ocorrera no mundo inteiro.

No dia 2 de janeiro de 1986, foi inaugurado o sistema conhecido como VDC — Vôo Direto ao Centro —, que passou a vigorar em todos os aeroportos, com exceção do Santos Dumont, onde chegaria no ano seguinte. De acordo com as regras do VDC, ficaram no aeroporto central de São Paulo somente os vôos de turboélice, que incluíam os Electras da ponte aérea Rio–São Paulo e os F-27 das linhas regionais, operados pela TAM e Riosul.

Congonhas, onde Rolim trabalhava, ficou às moscas. No saguão, que antes fervilhava, podiam-se ouvir os passos dos poucos passageiros, como num castelo mal-assombrado.

Para os remanescentes de Congonhas, a prolongada crise econômica parecia se refletir no abandono do aeroporto. Algumas empresas regionais entraram em dificuldades. Uma delas foi a Votec, aquela a quem na antiga repartição das capitanias da aviação regional couberam o Rio de Janeiro e o Triângulo Mineiro e que pelo caminho mantivera somente as linhas do Brasil central. Era um amplo corredor que ia do Triângulo Mineiro até Belém, passando pela região dos rios Araguaia e Tocantins.

O dono da Votec, Cláudio Hoelck, não suportara a crise. Além disso, com problemas de saúde, não tinha a mesma disposição para levantar o negócio. Rolim, que já ambicionara comprar a Riosul, antes de a Varig bancar a compra dos F-27, interessou-se. Teria outra empresa regional, com operação em uma área diferente. Seria um passo na direção de nacionalizar o serviço. Além disso, aumentaria mais rapidamente a sua frota.

O Araguaia era justamente o lugar onde Rolim fizera a vida como piloto de táxi aéreo. Aquilo falou alto ao seu coração. Em meados de 1986, comprou a Votec. De fato, não foi bem uma venda como Rolim desejava no início. A Votec se encontrava em mau estado e na última hora Rolim foi convencido pelos diretores da TAM a fechar o negócio apenas com os aviões e equipamentos da empresa, assumindo as dívidas do seu financiamento.

Mesmo assim, Rolim não seria ele mesmo se não desse um toque audacioso ao negócio. Todos eram a favor da compra dos aviões da Votec, mas sem quatro Bandeirantes. Rolim comprou todos os oito, contrariando Tojal, Daniel e o próprio brigadeiro Pamplona.

Para se apropriar das linhas da Votec, Rolim foi com Cláudio Hoelck ao DAC falar com o brigadeiro "Touro Sentado". Expuseram os termos do acordo: Rolim assumiria as linhas da Votec se Cláudio desistisse delas. E Cláudio desistiria se Rolim as assumisse. "Touro Sentado" autorizou.

A TAM montou então uma empresa zero-quilômetro chamada Brasil Central, com as cores azul, amarelo e verde. Com essa paleta e o logotipo BRC, parecia uma filial aérea da Petrobrás. A BRC tinha, herdados da Votec, três Fokkers-27 ainda não quitados com o Banco Hannover. E os oito Bandeirantes com dívidas pendentes junto ao BNDES.

Assim, Rolim passou a ter nas mãos, contando com o que já possuía na TAM, nove F-27 e 19 Bandeirantes. Sua frota era quase igual à das outras três regionais juntas, responsável por 50% do tráfego aéreo regional do país. Concentrou os F-27 na TAM. E iniciou aos poucos a troca dos Bandeirantes por Cessnas-208 Caravan, para fazer rotas de Belém a Brasília, com ramificações. Trouxe dez aparelhos financiados, num daqueles seus movimentos que à primeira vista pareciam loucura.

## O sonho brasileiro

Com as tarifas brasileiras congeladas, inflação de mais de 100% ao ano, gerir um negócio economicamente desequilibrado levava qualquer um a ser eliminado do mercado em pouco tempo. No dia em que assumiram a frota da Votec, a TAM e a Brasil Central juntas faturavam 45 milhões de dólares-ano. E deviam 80 milhões. Os diretores da TAM garantiam a Rolim que o negócio não se sustentaria.

— Comandante, nós temos problemas insuperáveis — disse Ramiro Tojal. — Sobretudo se o governo aplicar uma nova máxi, ou voltar o congelamento tarifário, ou ainda se a inflação continuar a crescer, o que é a tônica da década.

Rolim, contudo, fazia da coragem o seu capital. Da maneira como via as coisas, o Brasil era um país grande que não permaneceria em crise para sempre. E, quando saísse dela, ele tinha de ter nas mãos uma massa de negócios que pudesse fazê-lo crescer rapidamente junto com os lucros.

Rolim achava que a TAM tinha de ser identificada como a companhia de São Paulo. Enquanto as grandes companhias transferiam seus vôos para fora dos grandes centros — Cumbica, Galeão, Confins —, Rolim queria fazê-lo para Congonhas, dentro da capital paulista. Entendia que seu futuro — e o da própria aviação — estava nos aeroportos centrais.

Por trás disso, havia um conjunto de idéias sobre a direção pela qual pretendia desenvolver a companhia. Desde quando fora criada a aviação regional, Rolim sabia que a TAM tinha como cliente o passageiro executivo, o viajante freqüente, que busca rapidez e bom serviço, sem se importar tanto com o preço do bilhete: o preço inferior da passagem não compensava o deslocamento para os aeroportos mais distantes. Na década de 1980, Rolim mirava o mercado executivo, mas não podia cobrar pelo serviço como desejava. Primeiro, pelo controle tarifário. Segundo, porque o F-27, mesmo sendo o melhor avião que já tivera, não convencia plenamente.

## Comandante na tormenta

A idéia de atrair mais gente para Congonhas ganhou força com a criação da Brasil Central, com a possibilidade de criar uma rede nacional, de São Paulo a Ribeirão Preto, de Ribeirão Preto a Brasília, de Brasília a Belém. Era a única forma de avançar, dadas as limitações que o governo lhe impunha, já que não podia voar entre capitais, nem invadir regiões reservadas a outras companhias.

Porém, começou a se deparar com empecilhos para fazer acordos operacionais entre a TAM e a própria Brasil Central. O DAC julgou que isso configurava concorrência para as companhias nacionais e proibiu a compra de um bilhete São Paulo–Belém, com o passageiro passando da TAM para a Brasil Central e vice-versa.

O impasse reforçou a impressão entre os subordinados de que Rolim não media corretamente o que fazia. Em sua equipe, Rolim tinha estrategistas e executores. Sempre ouvia todos, mas não raro os contrariava sem apelação. Confiava mais no próprio instinto.

Diversas vezes ao dia, entrava na sala de Tojal para discutir o que fazer. Seu cargo era tomar a iniciativa e deixar que cada um dos diretores cumprisse um papel, conforme sua especialidade e temperamento. "O Maquiavel aqui é o Ramiro Tojal", dizia quando não tinha solução para um problema.

Certa vez, Rolim ouvira do ministro Délio Jardim de Mattos um comentário sobre o brigadeiro Pamplona. "Sabe por que o diabo é perigoso? É porque o diabo é velho..." Gostava de repetir o ditado a Ramiro Tojal, em voz baixa, como se não quisesse ser ouvido, acrescentando: "E o senhor está ficando de cabelo branco..."

Ao ouvir pessoas alheias aos problemas, ou de maneira aleatória, Rolim procurava mostrar aos diretores que não podiam perder de vista as soluções simples. Aos olhos dos subordinados mais graduados, contudo, esse estilo preocupava. Diante do ímpeto que o levara a comprar uma nova empresa em meio a uma grave crise, assustava que o comandante consultasse faxineiros, porteiros ou o rapaz do cachorro-quente para tomar decisões.

Enquanto isso, tinham de achar um meio de juntar os dois braços separados do que um dia ele desejava transformar em um corpo — TAM e Brasil Central.

A fé de Rolim permanecia inabalável. Pelo menos até se agravarem as conseqüências danosas do Plano Cruzado à economia, o segundo maior desastre da década, depois da maxidesvalorização de Delfim Netto.

\*

Infelizmente, o paraíso na Terra é sempre temporário. A euforia popular despertada no Plano Cruzado pelo súbito ganho no poder de compra logo começou a arrefecer com a suspeita de que sob a capa artificial do congelamento se formava uma bomba de efeito retardado, na forma de uma imensa pressão inflacionária.

Nos supermercados, revendedoras de veículos e outras lojas, começaram a faltar produtos, devido à destruição da cadeia de vendas, impossibilitada de sustentar na ponta produtos com preços tabelados. Não adiantava ter dinheiro na mão e preços congelados se não havia o que comprar. O congelamento passou a "fazer água".

Rolim tratou de aproveitar o Cruzado enquanto durou, da forma como podia. O tráfego aéreo de julho de 1986 foi tão forte que decidiu lançar as ações da TAM no mercado. Os funcionários que tinham trocado parte do seu salário por participação na companhia podiam resgatar o seu dinheiro. Rolim pagava sua dívida, mas sabia que mais adiante teria novos problemas. Com a pressão sob o congelamento, surgiam rachaduras múltiplas na economia. Onde os preços não podiam subir, como nos produtos industrializados, mais fáceis de controlar, havia desabastecimento. No setor de serviços — cabeleireiros, dentistas, advogados —, os aumentos já corriam livres.

Em fevereiro de 1987, o Plano Cruzado implodiu. O dique do congelamento vazou por todos os lados. A inflação recrudesceu para a casa dos 60% ao mês. Veio então o Cruzado II, apresentado como uma correção de rota, destinada ao mesmo fracasso do plano original. Com ambições políticas próprias, o ministro Dilson Funaro lançou em março outra manobra demagógica, com conseqüências danosas ao país: a moratória declarada, a segunda depois da patrocinada por Delfim Netto.

Em maio de 1987, o caixa da TAM andava na indigência. Não havia reajuste tarifário há um ano, e o dólar subia. A diferença entre receita e despesa montava a quase 80%. Três pequenos reajustes não compensaram a defasagem. Cada vez que a tarifa era reajustada, a margem negativa caía para 30% ou 40%, sem resolver o problema. O ministro Funaro foi defenestrado junto com o segundo plano. Deu lugar ao economista Luís Carlos Bresser Pereira.

Professor de economia, conselheiro da rede de supermercados Pão de Açúcar, Bresser era mais uma tentativa do presidente Sarney de controlar a espiral inflacionária.

Sem a solução dos problemas essenciais da economia brasileira, após décadas de controle do governo, sem competição entre empresas privadas, com estatais exuberantes pelo gigantismo e ineficiência, o país precisava de uma reforma geral de base. E a sucessão de congelamentos funcionava apenas como um analgésico de efeito cada vez mais breve.

Eram fortíssimas as suspeitas de que Bresser representava mais um congelamento, o método preferido da gestão Sarney. A popularidade sem precedentes desfrutada no Plano Cruzado ainda exercia influência mágica sobre o presidente.

No dia 9 de junho de 1987, o ministro da Aeronáutica de Sarney, tenente-brigadeiro Octávio Júlio Moreira Lima, convocou uma reunião. Estavam presentes Hélio Smidt (Varig), Omar Fontana (Transbrasil), Rolim (TAM e Brasil Central), Antonio Angarita (VASP) e Humberto Costa (Riosul). Todos expuseram que, extenuados pelo longo período de prejuízos, demitiriam grande parte de seus funcionários. Rolim disse que não agüentava mais. Mesmo com os três reajustes tarifários desde o Plano Cruzado, a defasagem das tarifas ainda era de 50%. Hélio Smidt propôs que ficasse em 35%. Com isso, a Varig estaria satisfeita.

Rolim protestou:

— Hélio, você tem tarifa internacional em dólar e eu não tenho, a VASP não tem, a Transbrasil também não. O número é 50%, e o reajuste tem de ser 50%.

O combustível aumentava todo mês 45%. Como representava 20% dos custos, no final do mês faltavam 9% no caixa. Os homens da aviação tentaram explicar as contas ao brigadeiro, esperançosos de que ficasse comovido com a matemática.

Em 12 de junho, dia dos namorados, Bresser Pereira apresentou o plano econômico que levou seu nome, o terceiro na gestão Sarney. Como imaginado, os preços tinham sido recongelados. Na véspera, o Ministério da Aeronáutica reajustara as tarifas aéreas em 35%, a medida exata pedida pela Varig. Não era o que Rolim precisava, mas salvava um pouco a situação.

Bresser congelou todos os preços menos o câmbio, que continuou nas alturas. O Plano Bresser seguiu seus antecessores. E Bresser também. Depois dele, em dezembro de 1987, foi a vez de um ex-funcionário de carreira do Banco do Brasil, Mailson da Nóbrega, última tentativa de um governo pulverizador de economistas.

A vida se tornara um vendaval. Sob vento, porém, Rolim segurava seu chapéu de palha. Ainda havia vida, apesar de tudo, na Nova República.

\*

Com freqüência, Rolim visitava os pais em Fernandópolis e o sogro em Rio Preto. Aproveitava para matar a saudade dos velhos companheiros de aviação. Seu negócio ficara muito maior que o deles, mas gostava de encontrar os amigos como nos tempos de piloto. Ainda se considerava um deles: "Se me chamarem de mau amigo, mau pai, mau amante, não acho ruim. Mas se me chamarem de mau piloto, eu brigo".

Em Rio Preto, tomava chope com os pilotos da velha guarda na padaria Multipão ou no Chicken Inn, transformados em balcões de pequenos negócios. Ali, fechou sociedade em um Sêneca I com Olivar Pedro da Silva, que conhecera quando ambos eram pilotos da Aero-Rancho. Olivar, que abrira o pequeno Táxi Aéreo Rio Pretense, colocou o avião na linha Rio Preto–Votuporanga–Fernandópolis–Santa Fé com o logotipo da TAM na cauda.

A linha durou só três meses. Sem terem como sustentá-la, Rolim e Olivar trocaram o Sêneca por um Sertanejo e fizeram Rio Preto–Paranaíba–Cassilândia–Campo Grande. Depois de três anos a linha se tornou deficitária. Na TAM, o brigadeiro Pamplona foi chamado para opinar, e Rolim e Olivar decidiram fechá-la.

Mesmo assim, ele continuava a fazer seus pequenos negócios. Comprou de Olivar um Bonanza, um 180 e um 210 quebrado, e vendeu-lhe um Piper Aztec e um "Puxa-Empurra" — como era conhecido entre os pilotos do interior o Cessna-337, que tinha duas caudas e dois motores, um na frente e outro atrás. Como parte de pagamento dava automóveis, repassava dívidas, qualquer coisa. Os recibos eram assinados na mesa do bar em guardanapos de papel.

Rolim sabia que não seria preciso muito para voltar a ser como seus antigos colegas, ainda pilotos independentes ou donos de pequenos táxis aéreos no interior. Numa economia tão frágil, andava sempre na corda bamba. Por isso, carregava uma certa melancolia dos tempos de piloto e uma ligação muito forte com amigos empresários sujeitos à mesma vida de riscos.

Num mundo em que todos os negócios dependiam do governo, o perigo de quebrar era constante. Por causa dessa som-

## O sonho brasileiro

bra, Rolim chegou a fazer um acordo com Olacyr de Moraes. Como dono de empreiteira, Olacyr dependia tanto do governo quanto ele. Fizeram, então, um pacto: aquele entre os dois que quebrasse primeiro receberia do outro um salário vitalício de 10 mil dólares mensais.

Parecia piada, mas ambos levavam muito a sério o compromisso, firmado com o mais forte dos selos no círculo dos compadres: a palavra.

Rolim quase chegou a precisar da renda vitalícia combinada. O último congelamento da era Sarney, depois de tantas agruras, parecia ser o golpe de misericórdia. As energias da companhia tinham sido minadas. Rolim praticamente morava no Rio e em Brasília, batendo às portas dos economistas e burocratas do poder público. Costumava contar a seguinte história sobre Luís Carlos Bresser Pereira:

"Um dia, eu procurei o ministro da Fazenda em Brasília e disse:

"— Deve haver alguma coisa errada, ministro. Um vôo de São Paulo a Curitiba pela TAM custa 28 dólares. E do aeroporto de Congonhas, em São Paulo, ao aeroporto de Guarulhos, a 40 quilômetros, custa 38 dólares de táxi.

"— Mas é claro que há uma coisa errada — disse o ministro. — O senhor não percebeu ainda o que é?

"— Não, não consegui perceber.

"— Não é o avião que está barato. É o táxi que está caro.

"— Então não vamos discutir mais isso — disse".

Diante da indiferença crônica das autoridades, Rolim cedia ao inevitável. Precisava reduzir o tamanho da companhia, contrariando sua máxima, sustentada com tanto sacrifício, segundo a qual "roupa boa não encolhe". Começou a se desfazer da frota e a demitir. "A garantia da sobrevivência era a prioridade", dizia. A situação continuava complicada, sobretudo devido ao pagamento de dois F-27 novos, que continuavam pesando no orçamento.

De 1987 a 1990, a TAM viveu sem perspectiva. A Transbrasil, mesmo sob intervenção federal, tinha problemas. A VASP acumulava déficit sobre déficit. Encaminhava-se para a situação que obrigaria o governo do Estado a privatizá-la como única saída para não extingui-la — ainda assim, esquecendo pesadas dívidas, assimiladas pelo Erário.

Tudo piorou depois de um desastre real. Em 1989, um F-27 acidentou-se gravemente ao pousar em Bauru. Deslizou sobre a pista, varou o aeroporto e avançou para a rua. Passou entre as casas de uma vila, perdeu a primeira asa, depois a segunda. O charuto se arrastou até bater num Santana Quantum, que vinha na contramão, matando seus dois ocupantes — uma mãe e uma criança a caminho da escola. O avião pegou fogo. Os passageiros foram retirados com vida, mas o piloto Sérgio Espósito, preso na cabine, teve os pulmões afetados pela fumaça. Morreu mais tarde no hospital Albert Einstein, em São Paulo, em conseqüência da intoxicação.

No mesmo dia, um caminhão com 44 bóias-frias havia capotado no interior de São Paulo. Rolim se entristeceu ainda mais ao ver que o acidente da TAM, embora com menos vítimas, recebeu destaque maior nos jornais do que o do caminhão. Podia entender o fascínio que os acidentes aéreos exerciam sobre a imaginação das pessoas — e da própria imprensa. Quando se tratava dele, contudo, aquilo soava mais uma vez como perseguição.

Para completar, Rolim perdeu um colaborador fundamental, o brigadeiro Pamplona, que, aos 79 anos, cansado, decidiu retirar-se. Rolim não queria sua saída. O velho brigadeiro, contudo, não tinha mais energias para trabalhar numa equipe e numa época que exigiam fôlego de maratonista.

Nessa hora, contudo, a antiga centelha de Rolim voltou. Nas situações em que se podia esperar o desânimo, acendia-se nele um novo lampejo. "Foi aí que veio a nossa crença de que, estando no fundo do poço, só podíamos melhorar", lembraria. "Se errássemos no *timing*, porém, estaríamos quebrados."

Foi assim que, quando todos achavam inevitável desistir, ele resolveu recomeçar.

# 5. Tudo ou nada

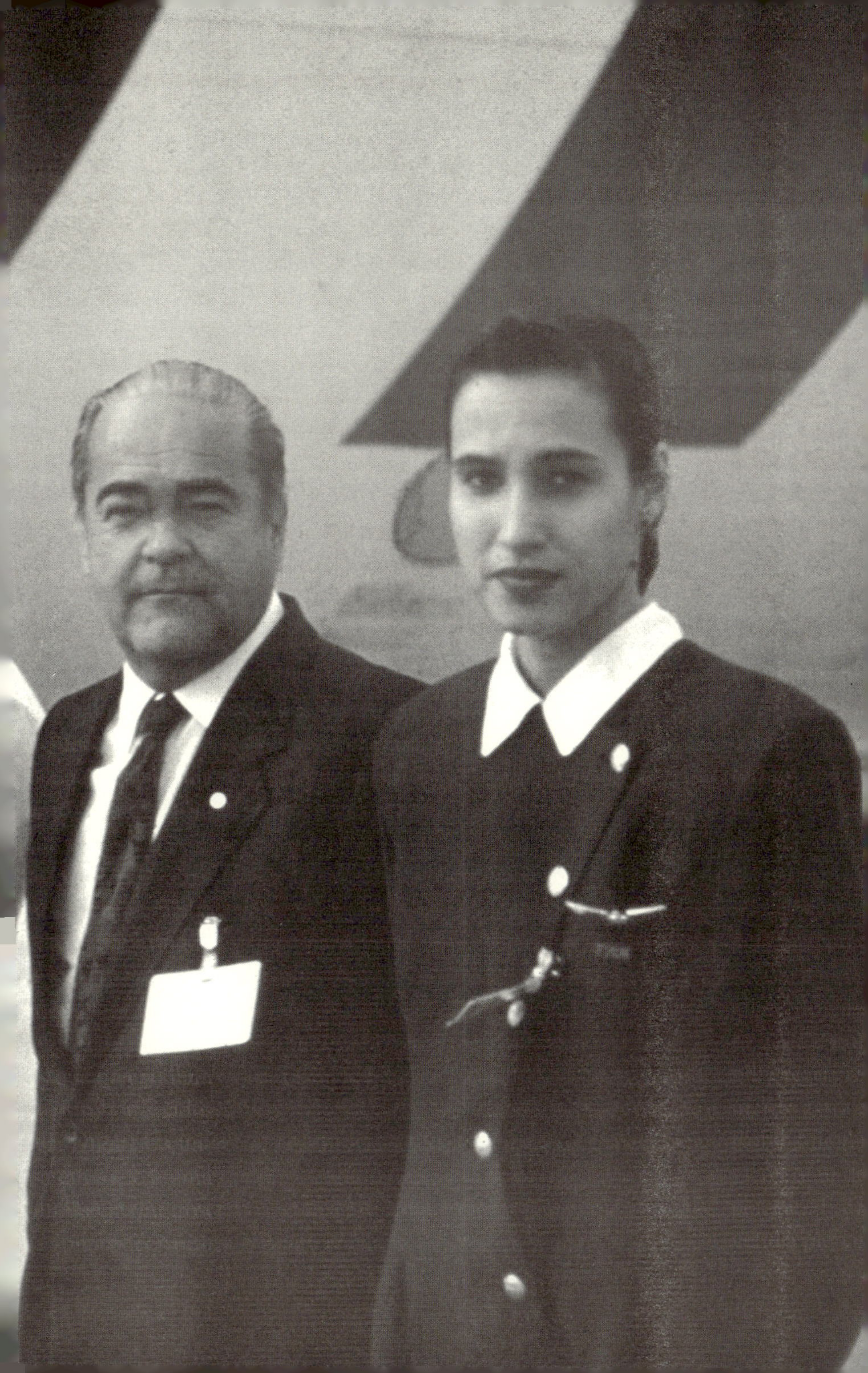

Era 1989, e o último ministro da Economia de Sarney, Mailson da Nóbrega, lançava mais um pacote, batizado de Plano Verão, que tirou três zeros da moeda, instituiu o Cruzado Novo e aplicou outro congelamento, que passou com a mesma rapidez da estação. Depois Mailson desistiu de medidas artificiais, cada vez mais inócuas e passou a administrar a economia no dia-a-dia, com uma política que definiu como a do "feijão com arroz", sem sustos, nem surpresas, mas também sem soluções.

Assumiu claramente que sua tarefa era levar o governo Sarney até o fim, deixando para o próximo presidente as indispensáveis reformas de base da economia brasileira.

Em maio do mesmo ano, Rolim fez algumas visitas ao novo chefão do DAC, Pedro Ivo Seixas, brigadeiro de idéias mais arejadas. Tomando o militar pelo braço, desceu os quatro lances de escada que separavam o escritório do DAC do saguão do aeroporto Santos Dumont, para lhe mostrar as filas da ponte aérea Rio–São Paulo, que saíam do edifício e ganhavam a rua.

— É uma vergonha essa fila! — disse. — E a ponte aérea mantendo o monopólio!

Convencido pelos argumentos e a maneira como Rolim o colocara diante da realidade logo abaixo de si, 90 dias mais tarde Seixas permitiu que a TAM, com os F-27, operasse também o trajeto Rio–São Paulo.

— Eu quero provar ao senhor que ponho três aviões no trecho Rio–São Paulo, não derrubo o movimento dos Electras na ponte aérea e o passageiro terá uma alternativa. Vai ser mais respeitado.

Tudo verdade. Naquela época, os aeroportos de Congonhas e Santos Dumont continuavam a receber apenas os turboélices. Na ponte aérea Rio–São Paulo, os antigos Electras eram soberanos havia 30 anos. A princípio, parecia difícil que Rolim, com seus F-27 projetados na década de 1950, com 50 lugares, pudesse enfrentar os Electras, com quase o dobro de capacidade. Contudo, agora pelo menos tinha o mínimo — na verdade tudo o que pedia: oportunidade de trabalhar.

Para inaugurar os vôos entre o Rio e São Paulo, Rolim separou três F-27, entre eles os dois mais gloriosos dos seus 11 aviões, os mesmos que batizara galhardamente de Cidade de Ribeirão Preto e Cidade de Maringá. Representavam ainda o melhor de sua frota. Fazia seis vôos Rio–São Paulo paralelos à ponte aérea. Passou a concorrer com o consórcio liderado pela Varig, que detinha sozinha 60% dos vôos da ponte aérea, onde 14 Electras faziam 33 viagens por dia.

Apesar da diferença de recursos, Rolim não se intimidou. Não tinha vergonha de ser o Davi contra Golias. Pelo contrário, tratou de aproveitar o momento. Assim que saiu a autorização do DAC, anunciou que aquele era o fim do monopólio na ponte. E logo se apresentou como uma opção ao passageiro que não gostava do tratamento lá recebido.

Chamava os vôos da TAM de "Primeira Classe" na ponte aérea. Sem fila, com belo serviço de bordo, atendimento impecável. Duas comissárias num avião de 48 lugares atendiam melhor que num aparelho maior. E passou a oferecer pontualidade. O passageiro podia reservar assento e horário, o que a ponte aérea de Varig, VASP e Transbrasil não permitia.

Enquanto esperavam na fila da ponte, os passageiros assistiam os clientes da TAM embarcar na sala ao lado, o que ajudou a aumentar a curiosidade e o respeito em torno da companhia. Todos se perguntavam por que as três grandes companhias da ponte aérea não faziam igual.

## Tudo ou nada

No fim das contas, Rolim competiu com os Electras. Num tempo em que a concorrência era nula, com tarifas iguais e em que o cliente ainda era transportado como se lhe fizessem um favor, a TAM aparecia com uma promessa de mudança. Rolim abriu seu próprio caminho simplesmente dando ao cliente o que ele queria — e na medida em que desfazia os liames criados pelo governo.

O resultado veio rápido. Em três semanas, os seis vôos da TAM tinham 95% de ocupação.

Rolim se deliciava com a reação positiva do público, apesar dos Fokkers-27, em matéria de conforto, deixarem a desejar. Os dois aviões que comprara zero-quilômetro, fina flor de sua frota, já tinham sete anos, eram estreitos, lentos, trepidavam e faziam barulho, sob o impacto dos seus dois motores.

Aos poucos, o movimento cresceu em Congonhas. O ingresso no trecho Rio–São Paulo teve um resultado muito positivo, pelo menos em imagem. Mais gente iria entrar em contato com a companhia e experimentar aquela estranha empresa em que se embarcava para o Rio ou São Paulo com horário marcado.

Rolim oferecia ao passageiro de linha regular um pouco do gostinho do que os clientes da Cessna ou do seu táxi aéreo já estavam acostumados. No Brasil de então, aquilo era ainda raro: o brasileiro estava tão habituado a ser maltratado que havia perdido até a vontade de reclamar. Duas décadas de preços controlados, de falta de competição, de reserva de mercado tinham feito o consumidor esquecer o que era de direito.

Apesar disso, os brasileiros que viajavam para o exterior e viam como as coisas funcionavam fora do país adotavam um comportamento diferente. Rolim queria aproveitar-se da insatisfação que crescia com as filas, os vôos que partiam apenas quando o avião enchia, o tratamento dado aos passageiros, tudo o que a ponte aérea tinha de burocrático, de imposição monopolista, de inércia e acomodação.

A TAM abriu-se aos passageiros como um voto de protesto. O cliente que antes ficava na fila três humilhantes horas e enfim

## O sonho brasileiro

recebia a informação de que o avião não sairia por algum problema técnico, quando na verdade apenas não tinha a lotação desejada, agora conhecia uma alternativa. Rapidamente muitos passageiros migraram para a TAM, mesmo com aviões menores e mais lentos.

Aos poucos, a pontualidade, a cordialidade, a limpeza e o serviço decente da companhia passaram a ser comentados. O F-27 tinha jornal, moças recebendo com um sorriso, gente jovem. E, num ambiente mais agradável, não fazia tanta diferença que o F-27 levasse cinco a dez minutos mais para cumprir o mesmo trajeto que o Electra.

A partir de 16 de setembro de 1989, a TAM ultrapassou os Electras da ponte aérea em número de passageiros transportados no eixo Rio–São Paulo. Rolim entusiasmou-se. Olhava para o F-27 com as cores da companhia, e dizia:

— É imbatível, não? Azul, vermelho e branco. É por isso que a bandeira da França é tricolor!

Apesar do sucesso na ponte aérea, o dinheiro não veio. Como a tarifa mantinha-se baixa, mesmo com 95% de aproveitamento dos assentos os resultados continuavam negativos. Rolim chamou novamente o consultor Teixeira de Barros.

— Tenho 95% de ocupação, e as contas ainda não estão fechando. Queria que você analisasse os balanços e me dissesse qual é o problema.

Rolim não estava gastando mal ou demais. Simplesmente o preço da passagem era tão baixo que mesmo com ocupação plena ele empatava ou perdia dinheiro.

Para piorar as coisas, a conquista da liderança na ponte aérea tinha data marcada para terminar. Em 1º de novembro de 1989, graças a uma autorização do DAC, entraram na ponte aérea os primeiros jatos em substituição aos Electras. Com isso, os turboélices foram aposentados no trajeto Rio–São Paulo.

Nem mesmo todos os salamaleques que Rolim podia inventar superariam os ganhos tecnológicos oferecidos pelo

## Tudo ou nada

Boeing 737-300, homologado para operar na ponte aérea. Tempo, conforto, ruído, turbulência: tudo era a favor do jato. Os F-27 voltaram aos vôos regionais.

Quando o DAC abria uma janela a Rolim, fechava em seguida a porta. Até mesmo a visibilidade que a companhia conseguira com os vôos Rio–São Paulo teve seu ponto final.

Rolim, no entanto, sentira o gostinho do sucesso. Sabia agora que quando lhe era dada a oportunidade, ainda que inferiorizado, conseguia andar na frente dos outros. Não voltaria atrás. A companhia ficara mais conhecida e ele queria a todo custo ir adiante.

No final de 1989, o governo de São Paulo, na gestão de Orestes Quércia, já dava sinais claros de que a VASP seria privatizada. Ao controle de tarifas, a estatal juntara uma compra inadequada de aviões que terminou de afundá-la. Vinha rolando pesadas dívidas com o Banespa, o Banco de Desenvolvimento de São Paulo, o Badesp, e o Tesouro Federal.

Deficitária há dez anos, a VASP teria de subtrair mais 100 milhões de dólares dos cofres públicos ao longo de 1990 para manter seus Boeings voando. Sem dinheiro em caixa para prosseguir, a privatização era a única saída para salvar-se.

Aquilo, claro, despertou o apetite roliniano. O simples fato de a VASP estar sendo colocada à venda fazia que ele se tornasse candidato a comprá-la. A Vasp exercia sobre ele uma atração irresistível: com 32 aviões, só era menor que a Varig, que tinha 82 aparelhos. Em 1989, transportara 5 milhões de pessoas, 31% dos passageiros de vôos domésticos. Embora desse prejuízo, seu faturamento a colocava entre as 120 maiores companhias do país.

Para os diretores da TAM, que lidavam com as contas apertadas de uma companhia ainda sobrecarregada de dívidas e descarnada pelo controle tarifário, aquilo era a mais rematada loucura. Comprar uma empresa altamente endividada, naquelas circunstâncias, soava como o modo mais rápido de naufragar com ela.

*O sonho brasileiro*

A VASP tivera em 1989 um prejuízo de 51 milhões de dólares. Sua frota era antiquada: de seus 32 aviões, 21 eram Boeings 737-200, com 20 anos de atraso tecnológico em relação aos 737-300. Mais: com 7300 empregados, ligados à companhia por um regime de empresa estatal, abrigava um grande emaranhado de privilégios e encargos trabalhistas que podiam sugar a TAM para o buraco.

Rolim não se importava com nenhum desses problemas. Mantinha hasteado seu velho atrevimento. Da mesma forma que comprara os dois F-27 fora de seu alcance, sobrevivera e ainda os usara na conquista da ponte aérea, agora ele queria a VASP. Enquanto muitos viam a compra da estatal como suicídio, considerava aquele salto a única saída para o seu negócio. Era algo que não dependia da matemática de seus financistas, mas de uma visão do negócio que cabia a ele defender dentro da companhia.

"Quando percebemos que aquela série de déficits sucessivos, aquele acúmulo de prejuízos infindáveis, em função de tabelamentos e de uma sucessão de problemas, começou a afetar nosso moral, nossa vontade de ir para a empresa trabalhar, de progredir, tínhamos de dar uma guinada ou sair desse negócio."

Entre desistir e mudar, não teve dúvida: "Essa é a grande história. Eu não consigo trabalhar se estou tendo prejuízo. Ganhar dinheiro é da nossa natureza. Agora, se o mercado está competitivo, está difícil, cabe a nós resolver esse problema. Percebi que meu pessoal tinha envelhecido debaixo de uma filosofia que na verdade não era nossa, porque tinham sido dez anos de tarifas que não eram nossas, com horários controlados que não eram nossos, linhas que tinham sobrado para nós. Por tudo isso que levara a empresa a prejuízos sucessivos, vi que só havia uma saída: renovar a motivação e dar a guinada que precisava ser dada".

Rolim não tinha o temperamento do recuo. Lançava-se à frente, mesmo que parecesse dar um salto no abismo. Em vez de temer as condições de mercado, depois de uma década desafortunada, via como saída para a crise não o retrocesso, mas a tomada

## Tudo ou nada

de mais risco. Acima de tudo, colocava o sonho — o sonho de ter uma companhia grande. E mostrar o caminho certo.

Quando soube que o DAC autorizara o jato entre Congonhas e o Santos Dumont, Rolim começou também a estudar o aluguel de um outro aparelho que pudesse competir na ponte aérea. Não recebeu nenhum sinal de que poderia acompanhar o consórcio da Varig, VASP e Transbrasil na mudança do turboélice para o jato. Contudo, queria forçar sua passagem. Na sua cabeça, esse novo jato seria útil na compra da VASP, cuja frota dava prejuízo e, segundo avaliava, precisava ser reformulada.

Foi prospectar qual seria esse avião. Em 15 de setembro de 1989, dois meses antes da entrada em operação dos jatos na ponte aérea, decidiu assinar a aquisição de dois Fokkers-100, recém-lançados pela companhia holandesa, com as características de que ele precisava. Por sorte já estavam em produção. Tinham sido encomendados pela PanAm, que pretendia utilizá-los em vôos regionais dentro dos Estados Unidos. Contudo, em 1989 a então maior companhia aérea americana já começara a apresentar os problemas de caixa que levariam à sua derrocada e cancelara a compra. A Fokker notificou Rolim de que poderia repassá-los à TAM.

Era tudo o que ele queria. Primeiro, o Fokker-100 era diferente — Rolim gostava de ser diferente. Segundo, suas características técnicas indicavam outras vantagens. Como jato, o custo de manutenção do Fokker-100 era quase o mesmo do que o de um F-27, embora levasse o dobro de passageiros e tivesse melhor desempenho.

Apresentava vantagens também em relação a outros jatos, em especial na economia de combustível. Pesava 26 mil libras menos que um Boeing 737-500, utilizado pela Riosul para transportar o mesmo número de passageiros. Numa distância de 1000 quilômetros, equivalente a um vôo de São Paulo a Brasília, gastaria 1,5 tonelada de combustível menos que um Boeing 737-300.

*179*

## O sonho brasileiro

Tinha sido considerado em testes o avião mais silencioso de sua classe, algo importante para a atuação em aeroportos centrais.
Por fim, Rolim passara a ser respeitado na Fokker. Já não era visto como o caixeiro-viajante, mas como um cliente que cumpria seus compromissos.
Independente do caminho, ele sabia que não iria a lugar algum se não mudasse o canal tecnológico. Sem respeitar, acompanhar e desenvolver a tecnologia do jato na aviação comercial, iria para o buraco. Sim, traria os Fokkers-100 de qualquer modo, ainda que fosse contra tudo e contra todos.
Tal como ocorrera com os F-27, Rolim não compraria os Fokkers-100. Traria os dois aviões por meio de uma empresa de *asset management*, que na verdade seria a proprietária dos aparelhos e os alugaria à TAM. Pagaria por eles no dia-a-dia, sem qualquer aval que não o cumprimento dos compromissos de aluguel. Ou usando a "credibilidade", como preferia dizer.
O contrato ficou pronto no dia 25 de setembro de 1989, mas Rolim pretendia retardar o recebimento dos aviões ao máximo. Deixou o documento assinado, mas pediu para receber os aviões somente seis meses depois, quando tivesse a autorização para colocar os jatos em Congonhas. E quando ficasse também definido o resultado da eleição presidencial marcada para o final daquele ano.
Durante o governo Sarney, como parte do pacto que elegera Tancredo Neves, fora formada uma Assembléia Nacional Constituinte, que promulgou em 1988 a nova Constituição brasileira e restabeleceu as eleições diretas para presidente. Ao mesmo tempo que retardara decisões importantes no terreno econômico, a nova Constituição empurrava as esperanças de reestruturação para o próximo presidente, eleito democraticamente.
Como muitos outros empresários, Rolim receava que o ex-líder operário Luiz Inácio Lula da Silva confirmasse nas urnas a dianteira que lhe davam as pesquisas. No início do segundo

## Tudo ou nada

semestre de 1989, Lula, do Partido dos Trabalhadores, já vinha com uma folgada liderança nos levantamentos para a votação em primeiro turno. Escaldado pelo governo Sarney, o eleitor parecia querer dar uma guinada radical na sua primeira oportunidade de votar em eleições diretas para a presidência depois de 30 anos. Entretanto, Lula defendia teses ultranacionalistas, algumas mais radicais que as dos próprios militares.

Na área da aviação, Lula chegara a mencionar que desejava a formação de uma superestatal, que encamparia as empresas existentes. No mercado, já lhe davam até um nome: Aerobrás. No dia 20 de outubro, quando Lula foi para o segundo turno das eleições na disputa final com Fernando Collor de Melo, Rolim fez que o pedido dos Fokkers-100 fosse sobrestado. O contrato continuava assinado, mas ele pedia 60 dias para retomá-lo.

O fim da campanha no segundo turno, em 15 de dezembro, deu a vitória a Fernando Collor, que se apresentava como candidato progressista. Collor subira nas pesquisas como um meteoro e assumira a liderança no final, vencendo por pequena margem. O perfil do candidato agradava ao empresariado. Estava associado ao combate à corrupção em Alagoas, onde como governador construíra a imagem do "caçador de marajás". Era jovem, dinâmico e pregava a modernidade por meio da abertura dos mercados.

Aquilo deu mais ânimo a Rolim: o Brasil mudava, as perspectivas também. Sua prioridade era a VASP e sonhava trazer o Fokker-100 para transformar a estatal, depois de privatizada. Ele podia desprezar a matemática e as avaliações econômicas e financeiras, mas tinha coragem de apontar para uma direção e seguir em frente, animando sua tropa.

E foi o que fez.

\*

## O sonho brasileiro

Antes de mais nada, Rolim continuava piloto. E todo piloto quer operar jatos. Aviões grandes. Assim como o marinheiro que tem um barco de 20 pés almeja o de 23, e o que tem um de 23 se aborrece quando um de 28 pés o ultrapassa, ele queria aviões cada vez maiores.

O jato exercia sobre Rolim um fascínio que beirava o deslumbramento. Odiava ter de pegar um avião de carreira, obviamente dos outros, para viajar ao exterior. Sabia a diferença entre o negócio que tinha e o que desejava ter. E podia prever o resultado, se traçasse o caminho justo.

Tinha de fazer um esforço nessa direção. O desejo de possuir uma frota de jatos se misturava, naquela hora, à excitação de montar um projeto para comprar a VASP. "Fizemos um negócio muito profissional, muito sério". Caso viesse a comprar a estatal, Rolim daria um grande salto: já teria, para si, 30% do mercado interno, herança das linhas da estatal.

Consultou-se com seu conselheiro mais ponderado, o brigadeiro Pamplona. O "velho diabo" foi convidado mais uma vez a tirar o seu pijama. Iria em auxílio de Rolim atrás da estatal que já ajudara tantas vezes a salvar.

Pamplona dizia que tinha muito medo das pendências trabalhistas que a VASP deixaria. Questionava também as dívidas da companhia, cujo tamanho não estava claramente definido. A posição oficial era de que a VASP acumulava dívidas de 300 milhões de dólares, segundo a consultoria Coopers & Lybrand, contratada pelo governo de São Paulo para fazer os cálculos necessários à sua privatização. Por fim, como outros diretores da TAM, Pamplona desconfiava da capacidade da formiga em dominar o elefante. Ao entrar numa companhia maior, Rolim podia ser esmagado por sua estrutura, em vez de promover nela a reforma indispensável.

A VASP era um abacaxi enorme, mas Rolim continuava pensando no sumo, não na casca espinhuda. Já sonhava entrar na

## Tudo ou nada

companhia levando pela mão o venerando Pamplona, que lá estivera em gestões gloriosas, para uma verdadeira cerimônia de beija-mão. E contava com seu carisma para resolver quaisquer problemas que pudessem aparecer.

Em fevereiro de 1990, pouco antes de Fernando Collor ser empossado na presidência, Rolim procurou Rubel Thomas, encarnação da santíssima trindade na Varig: tendo sucedido Hélio Smidt, tornara-se ao mesmo tempo presidente da companhia, presidente do conselho de administração e presidente da controladora da companhia, a Fundação Ruben Berta.

Diante de Rubel e do conselho da Varig, do qual participavam Walter Caravajal, vice-presidente, e Joaquim Santos Fernandes, diretor financeiro e presidente do banco Varig, Rolim propôs sociedade para comprar a VASP.

Queria que a Varig oferecesse o seu patrimônio em garantia das dívidas da VASP e que participasse do capital. Precisava de 50 milhões de dólares, pouco mais do que o lance mínimo, para entrar no leilão. Ainda não tinha nem 20 e estava a seis meses do prazo final. Pedia à Varig 5 milhões de dólares, 10% do valor total.

Em troca Rolim se comprometia a fazer um contrato pelo qual a TAM não concorreria com a Varig nos vôos internacionais, que Collor como presidente eleito prometia abrir. Nem entraria em disputa nas linhas domésticas já estabelecidas por um prazo de dez anos. Acreditava que a Varig tinha razões para temer a entrada de um aventureiro que lhe fosse fazer competição acirrada. E apresentava-se como a pessoa que oferecia mais garantias à líder de mercado.

Usou com Rubel uma das suas frases de efeito:
— Eu vim aqui lhe dizer que é preferível você saber de quem vai ser sócio do que não saber de quem vai ser inimigo.

Para "surpresa" de Rolim, Rubel disse não. Achava que devia seguir o próprio caminho. E que deixassem privatizar a VASP.

## O sonho brasileiro

— Temos uma empresa saudável. Imagine se a gente vai se meter numa dívida de 300 milhões de dólares — alegou Rubel.

— Temos acionistas, temos a Fundação para prestar contas, temos de olhar tudo isso.

O vice-presidente de Rolim, Ramiro Tojal, lembrou os casos de "estranhos no ninho" que tinham provocado grandes desastres no mundo dos negócios da aviação, como Frank Lorenzo, que comprara nos Estados Unidos a Eastern Airlines, fizera uma guerra tarifária e fora à lona quase arrastando consigo a American e a United Airlines.

Mesmo assim, a cúpula da Varig não se convenceu. Gaúcho de fala mansa, com uma longa carreira dentro da Varig, Rubel ainda confiava muito na força da companhia. Para não manchar o protocolo, disse que iria pensar mais um pouco, mas dias depois veio a esperada negativa oficial da empresa para a proposta.

Frustrada a tentativa, Rolim passou para a alternativa seguinte. Sua equipe passou a trabalhar com a ajuda do SRL Hannover, banco de investimentos que havia entrado em contato com a TAM um mês antes. Sua missão era difícil: arrumar os 50 milhões de dólares, mais garantias para assumir as dívidas de 300 milhões de dólares da VASP. O SRL tinha como sócio mais visível João Sayad, ex-ministro do Planejamento escolhido por Tancredo Neves, que trabalhara no início do governo da Nova República com Sarney. O SRL se ofereceu para atuar como o banco da TAM no leilão da VASP. Juntou-se ao SRL uma empresa especialista em mercado de capitais, a Brasilpar, de Roberto Teixeira da Costa.

Com esses colaboradores, Rolim começou a vender seu projeto de aquisição da VASP, que implicava um plano de reestruturação da companhia. Ao mesmo tempo, procurava adquirir direito sobre algum patrimônio para dar em garantia contra as pesadas dívidas da VASP.

Isso sempre fora um problema. As dívidas que assumia eram grandes. E o bem que Rolim considerava ser o maior de sua

## Tudo ou nada

companhia, o cliente, infelizmente não tinha serventia nesse aspecto. A sede da TAM, como a de outras companhias aéreas, ficava em terreno da Infraero. Os aviões de sua frota não lhe pertenciam. E as fazendas que Rolim comprava estavam longe de ser suficientes como lastro para os 300 milhões de dólares em débito da VASP.

Acompanhado de sua equipe de assessores, Rolim foi apresentar o projeto a Lázaro Brandão, do Bradesco, Roberto Setúbal, do Itaú, e Pedro Conde, do BCN, sempre pessoalmente. Foi também ao Banco Nacional, ao Iochpe, ao Bozano Simonsen. Não houve banco no Brasil que não tivesse ouvido a apresentação do falante dono da TAM.

Ninguém enxergava o negócio como Rolim. Primeiro, a privatização da VASP parecia economicamente inviável. A empresa, de fato, era insolvente. Não havia ninguém com garantias suficientes interessado em entrar num negócio que já começava com um patrimônio líquido negativo de centenas de milhões de dólares.

Era preciso apertar o governo para renegociar as dívidas da estatal com o Erário.

As dívidas da VASP tinham vários braços. Ela vivia de pedir empréstimo para o Banespa e o Badesp. Além disso, pedia garantias aos dois bancos, que eram algumas vezes resseguradas pelo Tesouro de São Paulo. Por sua vez, este as repassava ao Tesouro da União. No dia 2 de agosto de 1982, a VASP comprara três Airbus, que ainda não tinham pago a conta do seu investimento e eram responsáveis por boa parte das dívidas da empresa no dia de sua privatização.

Nem aquilo afugentava Rolim. Para ele, tudo tinha solução. Assim como achava que o importante em seu negócio não eram os aviões, mantinha-se fascinado pela VASP, com a força de sua tradição, a sua ligação com o público, sua história de serviços prestados. Para ele, 300 milhões de dólares não eram nada perto do

*185*

que representava aquela marca para os passageiros. A VASP valia mais que 300 milhões. Valia qualquer sacrifício. Contudo, para seguir adiante com os parceiros, Rolim dependia da renegociação das dívidas. E do próximo governo, com quem teria de tratar.

Nos últimos meses do governo, a política do feijão com arroz já queimava na panela. Mailson da Nóbrega conseguira cumprir o papel de levar o governo Sarney até o final, porém com uma inflação que se aproximava dos três dígitos ao mês.

Em 15 de março de 1990, Collor vestiu a faixa presidencial e anunciou prontamente um "pacote" para debelar a espiral hiperinflacionária. Numa situação crítica, empregou uma medida radical: o "tiro no tigre", como ele chamara. Era um bloqueio do dinheiro de pessoas físicas e jurídicas, que deixava na conta corrente de cada um 50 mil cruzados, o bastante para pagar um almoço de consolação. Com isso, drenava o dinheiro da economia, estancando a inflação por absoluta falta de moeda.

O país, já traumatizado, foi tomado por um misto de surpresa, esperança e temor. Junto com a ressurreição do cruzeiro, que viria a substituir o desmoralizado cruzado, o governo Collor prometia uma carga fiscal mais pesada e um corte abrupto nas despesas públicas, prenunciando um agravamento brutal da recessão. O congelamento de preços e salários completava o plano, mas as outras medidas eram tão mais amargas que passou quase despercebido.

A medida de reter a poupança do público, logo classificada como "confisco", apesar de o plano prever uma devolução progressiva do dinheiro, era tão draconiana que ultrapassava de longe todos os limites da lei e do bom senso. Collor, que assumira com a maior massa de apoio popular já vista no Brasil, matara a inflação com um tiro só, mas a pesado custo. Caso o tigre revivesse, todo um país o deixaria no lugar do alvo.

A recessão veio como um raio. No final de 1990, uma pesquisa do instituto Interscience revelou que 70% da população con-

## Tudo ou nada

sumia menos, 81% acreditava que o dinheiro iria rarear e 70% duvidava que os preços fossem baixar.

Para complicar as coisas, logo no começo do governo Collor os empresários vieram a descobrir que a nova gestão tinha um funcionário oculto. O caixa de campanha de Collor, Paulo César Farias, mesmo depois da eleição não deixou sua função. Aos poucos, Paulo César, o PC, passou a intervir em quase tudo o que dependia de decisões federais, em troca de propina. Para cobrar, falava em nome do presidente da República. O desvendamento de sua atuação desembocaria, dois anos mais tarde, no processo que levaria o primeiro presidente eleito do Brasil em três décadas à renúncia.

PC Farias era velho amigo de um homem a quem no passado vendera tratores, Wagner Canhedo. Baixinho e careca, com olhos de ave de rapina, Canhedo era munido de coragem, instinto e, como a história viria a provar, de uma extraordinária capacidade de empurrar imensas dívidas com a barriga. Como Rolim, não completara o segundo grau, começara a vida como motorista de caminhão e se fizera sozinho, graças a golpes de ousadia e à habilidade de cativar pessoas.

Iniciara sua fortuna em meados da década de 1950, quando vendia ao governo madeira oriunda de duas fazendas no Paraná para a construção de Brasília. Proprietário de 14 empresas na capital nacional, entre elas uma companhia de ônibus urbanos, a Viplan, estava decidido a comprar a VASP. Quando a privatização foi anunciada, 64 empresas se disseram interessadas. Quatro fizeram propostas concretas. Somente duas se habilitaram ao leilão. Uma era a TAM. A outra era a empresa de Canhedo.

O dono da Viplan não tinha apenas simpatias no governo. Conquistara também os funcionários da VASP, que tinham horror ao nome de Rolim, por saber que seria enérgico com os gastos — e a folha salarial. Criaram uma empresa, a VOE, para concorrer com a VASP. O dinheiro para o leilão seria arrecadado com a coleta de parte de seus salários. Canhedo convenceu os dirigentes

## O sonho brasileiro

da VOE de que não teriam capital suficiente para a disputa. Ofereceu-lhes 20% de um consórcio chamado Aeropart, no qual ele teria os 80% restantes. Todos os empregados que adquirissem cotas da Aeropart, de forma a levantar os fundos de que a VOE precisava para entrar no negócio, teriam seu emprego garantido na nova companhia por pelo menos 120 dias. Conseguiu adesões de 3500 dos 7300 funcionários.

Enquanto isso, Rolim lutava para juntar o dinheiro necessário para participar do leilão da VASP, fazer o primeiro pagamento e equacionar as dívidas da companhia. Com o apoio de alguns bancos e de amigos, recebeu a promessa de empréstimos suficientes para comprar um pacote de Títulos da Dívida Agrária, ou Títulos da Dívida Externa. Eram papéis do governo federal que podiam ser arrematados no mercado financeiro com descontos de até 60%. Rolim queria saber se poderia quitar os débitos da VASP com esses títulos. Na prática, pagaria as dívidas com 300 milhões de dólares em títulos, mas pagaria por eles somente 40% do seu valor de face.

Havia, na proposta, algo da ironia típica de Rolim. Acreditava que, em princípio, o governo não poderia deixar de aceitar seus próprios títulos como pagamento de uma dívida: se não os aceitasse, quem mais os compraria? Mesmo que tivesse de tomar emprestado todo o dinheiro para comprar os títulos públicos no mercado, a operação valeria a pena.

"Queríamos quitar os débitos da VASP, porque acreditávamos que a empresa só poderia decolar livre deles", contaria Rolim. No entanto, não contava com a má vontade do governo: "Quando as coisas ficaram prontas para o leilão, comecei a sentir dos burocratas de Brasília uma certa dificuldade na liberação de informação. E que era informação vital, para que os bancos e parceiros pudessem entrar no negócio".

O governo não respondia se os títulos públicos seriam aceitos no pagamento das dívidas da VASP junto ao Tesouro,

## Tudo ou nada

como Rolim solicitara. Quinze dias antes do leilão, os parceiros começaram a se afastar. O BCN disse que desistia. O Bozano Simonsen também. À medida que os bancos fugiam da rinha, Rolim via-se em situação cada vez mais difícil. Já tinha os 50 milhões de dólares de que precisava para entrar no leilão, mas não possuía patrimônio como garantia das dívidas, e sequer uma palavra havia sido proferida sobre como seriam negociadas caso vencesse a disputa.

A uma semana do leilão, Rolim voltou a Rubel Thomas, propondo sociedade novamente. A TAM entraria com o empréstimo dos bancos remanescentes do consórcio, e a Varig com o restante do dinheiro. Diante do crescimento de Canhedo como o estranho no ninho que todos tanto temiam, ou que na opinião de Rolim deveriam temer, apresentou-se novamente como a melhor alternativa para a Varig.

Rubel Thomas, contudo, não mudara de idéia. Mesmo diante da iminência da assunção da VASP por Canhedo, manteve sua posição. Rolim sentiu-se abandonado. E diante das dificuldades nas negociações com o governo, achou que estava apenas sendo usado. Sob a bandeira da desestatização, da concorrência e da abertura às importações, o governo Collor ia dando oportunidade a novos negócios, mas não parecia deixar de dirigi-los.

— Esse é um jogo de cartas marcadas — disse-lhe Olacyr de Moraes, um dos remanescentes do consórcio que o apoiava, por meio do banco de seu grupo, o Itamaraty. Olacyr mantivera-se no negócio, porém mais por amizade a Rolim que por convicção. — Caia fora — recomendou.

Rolim se recusava a ouvir: queria a VASP de qualquer jeito. O sonho de ter uma grande empresa só se realizaria com a compra da estatal paulista. Era obstinado e estava acostumado a ir contra tudo e todos até o fim. Não se deparara ainda com o impossível.

Tentou, então, um último recurso. Foi até à ministra da Economia, Zélia Cardoso de Mello. Queria saber se o governo aceitaria as garantias que oferecia para rolar os débitos da VASP com o governo federal. Zélia disse-lhe que não podia dar-lhe essa certeza.

Sem saber que tratamento receberia caso comprasse a VASP, desistiu. A três dias do leilão, comunicou por carta sua decisão à comissão de privatização da VASP. Alegava que não tinha obtido resposta dos governos estadual e federal às questões que considerava vitais para a sobrevivência da empresa. Um dia depois, saía em Brasília a carta oficial, dizendo que o governo não renegociaria os débitos da VASP com o Tesouro da forma pretendida pela TAM.

*

Rolim já havia desistido oficialmente da VASP, mas achava que ainda podia especular. Na véspera do leilão, por intermédio de Miguel Pacheco Chaves, mandou o recado de que queria encontrar Canhedo. Miguel conhecera Canhedo quando trabalhava no Comind. Ligou para ele. Canhedo disse que, no dia do leilão, iria cedo a São Paulo. Em 1º de outubro de 1990, às 8 horas da manhã, quando desembarcou de seu avião no hangar da Líder, no aeroporto de Congonhas, Miguel estava à sua espera com uma Kombi da TAM, utilizada no transporte interno do aeroporto.

Canhedo foi levado até a pequena sala de reuniões do Hangar 1, anexa à sala de Rolim. Acompanhados de Miguel e do filho de Canhedo, Ulisses, o "Alemão", Canhedo e Rolim sentaram-se frente a frente pela primeira vez.

— Ô Wagner, você vai ao leilão?
— Claro que eu vou ao leilão! E você, vai?
— Claro que eu vou.
— Então você se prepare, porque esta empresa vai ser minha a qualquer preço.

"Levei um choque com a disposição de Canhedo. Mais que

## Tudo ou nada

um choque, pensei, puxa vida, ele realmente tem os fundos para ir até o fim."
Conversaram mais um pouco. Rolim jogou, então, sua última cartada.
— Wagner, estamos pagando caro por esta empresa. Vou te fazer uma proposta. Não vamos ao leilão. Deixamos o governo resolver primeiro o problema das dívidas da empresa. Terá de fazer um segundo leilão. Nesse segundo leilão, resolvido o problema das dívidas, nos apresentamos.
Canhedo, contudo, parecia disposto a pagar, mesmo caro.
— Não — disse ele. — Já disse que essa empresa vai ser minha a qualquer preço. E eu vou ao leilão.
— Nós estamos fazendo besteira. Não vá ao leilão, espere um pouco.
— Eu vou ao leilão.
— Então vou te dizer uma coisa. Já oficializei minha saída. Leia esta carta.
Rolim entregou a carta que três dias antes mandara para a comissão de privatização da VASP comunicando sua desistência. Quando a leu, Canhedo ficou pálido.
— Mas você não pode fazer isso comigo... Você tem que ir ao leilão!
— Mas por quê?
— Porque não pode haver leilão de um candidato só. Isso não é leilão. Eu não vou agüentar esse pessoal do PT, a imprensa, todo mundo em cima de mim.
— Mas você tem de agüentar, foi esse o leilão que você preparou.
— Você tem de ir ao leilão. Precisa me fazer este favor — insistiu Canhedo.
— Doutor, já estou fora, está aí a carta, não há mais volta.
— Reconsidere isso.
— Não há hipótese.

Canhedo desceu a escada que levava ao pátio do hangar. Ainda mandaria Miguel Pacheco Chaves de volta, para convencer Rolim a entrar no leilão. Este recusou, uma última vez.

Dois minutos antes do meio-dia, hora marcada para o leilão, o leiloeiro anunciou no pregão a retirada da TAM da disputa. Restara um único candidato diante do martelo. Com o lance mínimo de 44 milhões de dólares e as fazendas de Canhedo no Paraná como garantia das dívidas, o consórcio VOE-Canhedo saiu vitorioso. Ficou com 60% das ações da companhia, enquanto o restante passaria a ser vendido pelo Estado nos anos seguintes.

Rolim ficou "traumatizado" com o episódio. Remoeu o fato de que fora ele quem mais trabalhara politicamente para privatizar a VASP. Na hora "H", alguém havia passado na sua frente, com mais dinheiro, ou melhores relações com os novos donos do poder.

"Eu tinha me preparado a vida inteira para aquilo... Quantas noites passei na Assembléia Legislativa, tentando convencer os deputados a votar a privatização da empresa, por ser ela gravosa ao governo de São Paulo... E porque todos os movimentos de cunho reivindicatório nasciam lá dentro, não eram coibidos e atingiam todas as empresas do setor..."

No dia subseqüente à privatização, Rolim estava na sua sala, no Hangar 1, triste como nunca. Por trás das montanhas que tentara mover, estava o sonho de dirigir a companhia tradicional onde trabalhara no passado, e se desfizera a ambição de consertar nela tudo o que pudera ali ver de errado. Mais: perdera a disputa para Canhedo. A conversa entre ambos não lhe saía da cabeça. "Foi a única vez na vida em que vi Rolim ser dominado por um olhar, o olhar do Canhedo", contaria mais tarde Miguel Pacheco Chaves.

Rolim ficou ainda mais sentido quando Canhedo "dançou sua valsa" após a martelada do leiloeiro, abraçando o então governador Orestes Quércia na Bolsa de Valores de São Paulo, a

## Tudo ou nada

Bovespa. Viu a cena — "ridícula, por sinal" — muito constrangido, pela televisão.

Naquela hora, apareceu em sua sala Shigeaki Ueki, ex-ministro das Minas e Energia e ex-presidente da Petrobrás, seu amigo e integrante do conselho de administração da TAM. Ueki conversou com Rolim, percebeu o quão desolado ficara e entregou-lhe um papelzinho que o comandante guardaria sempre em sua carteira.

Lá se lia: "*Sometimes, less is more*" (às vezes, menos é mais).

"Eu acho que o Ueki já previa o que ia acontecer com a TAM", dizia Rolim. "Sabia que teríamos grande impulso, mas para ter esse impulso seria preciso uma grande motivação. E nós passamos a tê-la na medida em que a privatização da VASP, da forma em que foi feita, não honrava as tradições de seriedade e lisura na condução dos negócios públicos e privados no Brasil."

Nos dias que se seguiram, Rolim veria como Canhedo articulara o negócio. No dia do leilão, conforme os termos do edital, assinou um cheque equivalente a 4,4 milhões de dólares, 10% do que devia dar pelo lance. Tinha mais 30 dias para pagar o resto. Os técnicos dos bancos credores fizeram a avaliação de edifícios e dos 248 mil hectares de terras que ele oferecera como garantia das dívidas da VASP. E os bens foram considerados suficientes.

Rolim achava que aquilo não era possível. Não havia fazenda no Brasil que pudesse lastrear uma dívida daquele tamanho. Além disso, o estilo do adversário o incomodava. Canhedo havia dito à Petrobrás que só manteria a conta da empresa, fornecedora do combustível da VASP, se lhe fossem emprestados 20 milhões de dólares para ajudá-lo a pagar pela estatal. Seu pedido recebeu o reforço de PC Farias, que solicitou ao então presidente da Petrobrás, Luiz Octávio da Motta Veiga, que atendesse Canhedo, alegando uma amizade "de 20 anos". Quinze dias antes do leilão, Veiga pediu demissão.

Mais tarde, uma Comissão Parlamentar de Inquérito foi aberta para averiguar as relações de Canhedo com Fernando Collor e PC. Também foi questionado o trabalho dos técnicos do Banespa que fizeram a avaliação das fazendas de Canhedo. Independente do resultado da CPI, a forma de trabalho dos novos donos do poder já parecia bastante clara a Rolim.

Um mês depois de levar a ex-estatal, Canhedo mandou um recado. Chamou em seu escritório, num edifício contíguo ao aeroporto de Congonhas, o consultor Antonio Teixeira, do qual também fora cliente quando tomava financiamentos no Comind.

—Teixeira, vou aumentar a frota brutalmente aqui, tomarei conta do mercado. Abrirei uma empresa regional e vou colocar dois vôos em cima de cada um que a TAM fizer. Avisa o Rolim que eu quero comprar antes. Ele me vende a TAM ou eu a liquido.

Rolim disse não, mas somente mais tarde revelaria o que pensava a respeito de Canhedo. "Não tenho nada contra Canhedo pessoalmente, embora não aprecie o jeito dele de trabalhar", diria sobre o adversário. Assim como considerava que a "natureza" de Orlando Ometto fizera o usineiro tentar passá-lo para trás, atribuía os métodos de Canhedo ao ânimo do empresário conquistador. O dono da VASP, para Rolim, podia ser desculpado por seguir seus instintos.

Preferia canalizar sua frustração para outro lado. Olhava preocupado para um sistema que parecia contrário a todos aqueles que trabalhavam limpamente. E para seu principal agente: PC Farias. Desejava esclarecer a relação ainda nebulosa de PC com o governo. Dali em diante, iria se empenhar no processo de depuração da política brasileira, que o atrapalhara por mais de uma década e acabara de lhe aplicar aquele golpe doloroso.

Na época, quando os empresários ainda receavam denunciar as propinas cobradas por PC Farias, Rolim começou a se movimentar nas sombras contra o esquema de corrupção que somente depois seria melhor esclarecido. Mais tarde, durante a investigação no Congresso que apurou os negócios de PC, foram apontados vários sinais de enriquecimento ilícito do ex-caixa de campanha

## Tudo ou nada

de Collor, cuja renda média saltara de 2,6 milhões para 54 milhões de cruzeiros por mês após a posse.

No início, ninguém arriscava questionar um governo eleito com o maior apoio popular já visto na história do Brasil. Mesmo quando PC telefonava cobrando 30% para azeitar negócios que dependiam da interferência do governo, nada era levado a público.

Rolim, não. Acostumado a ser marginalizado nas decisões de Brasília, vira desde o episódio da VASP que aquele governo não seria a seu favor, nem do país. Com seu jeito afável, sua memória extraordinária para lembrar nomes e cativar interlocutores, uma das especialidades do comandante passara a ser a aproximação com a imprensa. Conhecia repórteres pelo nome, sabia de suas vidas e chegava a discutir seu trabalho. Aprendera a importância de duas coisas. Conhecer os jornalistas e possuir a isca com que eles gostam de ser fisgados: notícia.

Rolim era um dos homens mais bem informados do mercado. Diariamente encontrava muita gente na sala de embarque, que se tornara ponto de encontro de empresários, executivos e autoridades de governo. Se o ministro da Fazenda embarcasse às 6 horas da manhã, às 5 Rolim já estava no aeroporto para recebê-lo. Todos os dias encontrava alguém que lhe falava algo de PC. E não foi difícil descobrir uma notícia dentro do seu próprio mercado.

Em janeiro de 1992, um jatinho inglês HS-125/800, com o prefixo PT-OMC, avaliado em 10 milhões de dólares, desligou suas turbinas no hangar da Brata, uma das empresas de Wagner Canhedo em Brasília. Acabara de ser adquirido por PC Farias para a Brasil Jet, sua companhia de táxi aéreo. Numa época em que a maior parte das empresas do ramo amargava maus resultados em decorrência do longo período de recessão, era a primeira vez que PC comprava algo acima de suas posses. Pelo menos, das que podiam aparecer.

Rolim telefonou para o então subeditor de Assuntos Nacionais da revista *Veja*, Hugo Studart, contando a história do jatinho, publicada primeiro em uma nota na seção Radar. Rolim descreveu a Hugo o jato, sua pintura cinza degradê, puxando para o preto, e disse que o aparelho já tinha recebido o apelido de "Jato Morcego", na verdade uma invenção sua. Ao escrever a nota, Hugo mudou o apelido por distração para "Morcego Negro". Embora nascido ao acaso, o nome pegou. Acabou se tornando não só uma sombria referência à cor do jato como à origem do dinheiro que o pagava.

Na edição de 29 de janeiro, *Veja* daria a história completa da aquisição do jato, numa reportagem com o título "PC abre as asas". Pela primeira vez, surgia na imprensa uma notícia mais ampla revelando sinais de enriquecimento ilícito de PC.

Em causa própria e coletiva, Rolim colocou-se a favor da denúncia, embora sem aparecer como o seu autor. Na reportagem, para a qual dera a maior parte dos subsídios, aparecia somente comentando uma informação marginal sobre o nível de atividade do setor. "O mercado está acanhado", dizia ele. "Diminuiu muito a quantidade de pessoas dispostas a fretar um jato." Sem entrar na discussão da origem do dinheiro de PC, lançava a idéia de que não podia vir do próprio mercado.

Ainda não ficara provado de onde vinha o dinheiro para pagar os 144 mil dólares mensais de *leasing* do Morcego Negro, assim como os recursos que haviam propiciado a súbita ascensão de PC no mundo dos negócios. Contudo, as suspeitas sobre o enriquecimento rápido do colaborador de Fernando Collor e suas relações com o presidente começaram a circular com menos freios.

Aos poucos, os boatos de cobrança de propina corriam livremente entre o empresariado, antes preocupado com as retaliações do governo, ou convicto de que poderia tirar mais partido do silêncio. Foi Rolim também quem plantou na imprensa que Wagner Canhedo recebera dinheiro de PC para comprar a VASP. Segundo afirmou a Hugo, PC teria dado a Canhedo 4 milhões de dólares para completar o que precisava de forma a quitar a pri-

## Tudo ou nada

meira parcela do pagamento da estatal, logo após a privatização. Rolim acreditava e tentava demonstrar que Canhedo era testa-de-ferro de PC.

A simbiose entre Canhedo e PC na VASP nunca ficou provada, mas as suspeitas contra o ex-tesoureiro da campanha de Collor, seus negócios e sua relação com o governo cresceram. Mais tarde, o irmão de Collor, Pedro, em uma entrevista à própria *Veja*, denunciaria suas atividades ilícitas. Seria o início do processo que acabaria resultando em um movimento popular contra a corrupção que levaria milhares de pessoas às ruas, pedindo a renúncia do presidente.

Em dezembro de 1992, Collor renunciou para não ser defenestrado. Acabara de ser transformado em réu em um processo de *impeachment* no Senado, aprovado por 67 votos a três. Ficara dois anos e meio no Palácio do Planalto.

Um mês antes, em novembro, a Comissão Parlamentar de Inquérito que investigava a privatização da VASP a considerara legal. Ao mesmo tempo, inocentara no processo o ex-governador de São Paulo Orestes Quércia e seu sucessor, Luiz Fleury Filho. Não foi estabelecida nenhuma ligação documentada entre Canhedo e PC. Contudo, o dono da VASP já não contava mais com a influência do amigo no governo e a empresa entrava num período de turbulência.

Para Rolim, esse final não era suficiente. Ele ainda queria uma grande companhia e não desistiria. Ao mesmo tempo em que promovera a entrada de um novo jogador e um clima de concorrência na aviação, o governo Collor também lhe proporcionara condições para crescer. Na prática, liquidara o monopólio da Varig na área internacional. Abrira o mercado brasileiro para as companhias estrangeiras em vôos internacionais. E dera espaço para o crescimento de empresas nacionais no mercado interno.

Estava surgindo um mundo novo na aviação, que podia ser para Canhedo mas também para Rolim.

*O sonho brasileiro*

Como dissera, iria tirar da derrota a energia para crescer sozinho. Queria provar que podia ser maior que todos, com seus próprios meios. E reafirmaria seu caminho, que era o caminho do mercado.

\*

Caso tivesse conseguido comprar a VASP, Rolim se veria às voltas com uma empresa velha, doente, com necessidade de uma grande reformulação. No entanto, apropriar-se de sua rede de rotas significaria a chance de ocupar rapidamente o mercado. O plano de Rolim para a antiga estatal era completamente diverso do que Canhedo implementou na companhia. O novo dono da VASP iniciou uma política de compra de aviões numa corrida alucinante: seriam 30 aparelhos em menos de um ano.

Além disso, deu início a uma guerra tarifária, com preços muito baixos, aproveitando o início de um período de flexibilização dos preços promovido pelo governo Collor. Apostava no bilhete barato e na venda em alta escala, da mesma forma que faria em uma companhia de ônibus.

Tivesse posto as mãos na VASP, Rolim teria feito o contrário. Pretendia diminuí-la, controlar seus gastos, melhorar os serviços, elevando-os ao nível dos que tinha na TAM. E aumentaria os preços. Ao mesmo tempo, promoveria uma reformulação paulatina da frota com os Fokkers-100, cuja encomenda ele mantivera contratada. O avião, a seu ver, era ideal para as rotas entre os aeroportos centrais das capitais, onde estava o pote de ouro do mercado doméstico.

Sem a VASP, teria novamente de lutar contra o sistema. Os vôos de jato entre as grandes capitais continuavam exclusivos dos aeroportos fora das zonas urbanas: Cumbica, Galeão e Confins. Teria de crescer sozinho e furar essa proibição, abrindo Congonhas para o jato, não somente no trajeto Rio–São Paulo. Cada vez mais acreditava na reativação dos aeroportos centrais no mundo inteiro. "Nada supera o homem ganhar um minuto", dizia. "O tempo é a única coisa que não se recupera." Via que as empresas modernas tinham o tempo como seu principal capital. Além disso, com jatos cada vez mais silenciosos, que incomodavam menos a vizinhança, decolavam e aterrissavam em pistas de menor comprimento, a tecnologia trabalhava a favor da volta aos aeroportos centrais.

Depois de perder a VASP, Rolim tirou da gaveta o plano de trazer os Fokkers-100 para o Brasil. Em vez de substituir os velhos Boeings da VASP, agora eles serviriam para o desenvolvimento da própria TAM. Enquanto a compra da VASP era tratada internamente na TAM como o projeto "Revolução", a alternativa do crescimento próprio, mais lenta, recebera o codinome de "Projeto Evolução". "O trauma da VASP foi importante para adquirirmos um novo impulso", contaria Rolim. "Aí fomos buscar o avião adequado, com os parceiros com quem já havíamos negociado adequadamente."

Em maio de 1990, a Fokker enviara um de seus homens a São Paulo para confirmar o interesse na compra dos jatos, negociada desde agosto de 1989. A primeira entrega, que seria naquele mês, fora postergada para setembro do mesmo ano, pouco antes do leilão da VASP. Depois, sofrera nova prorrogação.

Rolim fechou o acordo final, com a participação da Guiness Peat Aviation, empresa de *asset management*. O acordo implicava que a GPA compraria os dois Fokkers-100 e os alugaria à TAM, com material de apoio, treinamento, tudo incluído, por 15 mil dólares ao dia por avião.

Rolim sairia do zero para dois jatos. Em tecnologia, isso significava que a TAM daria um salto de 1950 para 1990. Com 18 anos de vida, saía de um cenário sem futuro para a guinada que Rolim vinha buscando: na definição de Ramiro Tojal, "um renascer completo".

## O sonho brasileiro

Enquanto se desenrolava o estudo para a privatização da VASP, Rolim mantivera conversas paralelas para desenvolver o avião segundo novas especificações. O Fokker-100 original, que voara pela primeira vez em 1987, era um pouco diferente daquele que traria para o Brasil. "Queríamos um avião 100% confiável", diria Rolim. Sistemas de navegação, sistemas de freio automático, porta traseira para embarque mais rápido, muita coisa precisava ser modificada para adaptar o aparelho ao clima e às condições que encontraria no Brasil.

Quando começou a visitar a fábrica em Amsterdam, a equipe de Rolim sabia que teria de se defrontar com alguns inibidores do projeto. Primeiro, a TAM não tinha infra-estrutura para o jato. Precisava comprar os enxovais de suporte, tudo aquilo que uma empresa precisa ter para operar um avião com regularidade.

Como o Fokker-100 nunca voara nos trópicos, os técnicos da TAM não sabiam como seria o comportamento das vigas e de todo o material estressante do avião. Nem das turbinas, da pressurização, ou, ainda, da refrigeração. A Fokker introduziu no aparelho usinas de energia extra para poupar o sistema de ar condicionado. "Tudo foi feito para dotar o avião do enxoval adequado", disse Rolim.

O presidente da Fokker, Maarten Kuilman, levou Rolim para ver o avião na linha de montagem, na fábrica de Schipol, nos arredores de Amsterdam. No entanto, o próprio Kuilman ainda não tinha visto a logomarca da TAM estampada no avião. Rolim, em uma troca exasperante de faxes, fizera o *designer* mudá-la tantas vezes que acabara se tornando o autor da obra. Recusara o modelo proposto três vezes, alegando que estava pequeno.

Mandara, "democraticamente", fazer um plebiscito sobre o novo desenho dos aviões entre os funcionários. Na noite do domingo, como sabia que sua proposta seria derrotada, sorrateiramente entrou na sala da votação e trocou o conteúdo das urnas. No

## Tudo ou nada

dia seguinte, o desenho que defendia "venceu". Uma pequena trapaça, acreditava, em nome de uma boa causa.

Rolim deixou o logotipo tão grande que o aparelho parecia quase todo pintado de vermelho entre a asa e a cabine.

— Mas é esse o tamanho que você quer da logomarca? — perguntou o espantado Kuilman.

— Esse é o tamanho da nossa ambição — disse Rolim. — E você não viu ainda o nosso Jumbo.

Rolim tinha certeza de que sua aposta era vencedora, mas sem a VASP, e estando ainda fora do grupo das três grandes, teria de começar devagar. Iria, como diz a expressão, comer pelas bordas.

"Quando a privatização da VASP se definiu, estávamos preparados para introduzir o Fokker-100 na TAM", diria. Rolim aproveitou o embasamento adquirido na confecção do projeto financeiro e econômico para comprar a estatal. Tratou de adaptá-lo ao plano de desenvolvimento autônomo da TAM.

Claro que não tinha dinheiro. Mais uma vez, empregaria seu único trunfo. "Nosso único capital, não se pode perder de vista, era a credibilidade", dizia Rolim, e falava essa última palavra longamente, como se desfrutasse dela. "Foi com essa pedra de toque, mágica, que nós fizemos o progresso da TAM."

O único problema da moeda que Rolim utilizava era que, uma vez empenhada a palavra, tinha de cumpri-la. Não podia falhar.

Tempos antes, fizera um estudo de viabilidade para colocar jatos nas linhas aéreas regionais. Era uma forma de trazer o aparelho para seu próprio negócio, sem interferir no regime de não concorrência com as três grandes. Todavia, já era um passo com vistas a dar o pulo para o grande jogo, numa etapa posterior. Seria um movimento perigoso, mas o único possível.

Rolim achava que obteria o apoio do brigadeiro Sócrates da Costa Monteiro, que havia recebido com simpatia sua idéia de colocar os jatos nas linhas regionais, quando já era cotado para ser ministro da Aeronáutica. Contudo, as coisas tinham mudado na

## O sonho brasileiro

era Collor, e o Ministério passara a ser mais cuidadoso no que tangia à concorrência, agora que ela se acirrara com a entrada de Canhedo no jogo.

Os aviões chegaram ao Brasil no dia 29 de setembro, praticamente escondidos. Rolim conseguira uma autorização para trazer aviões de linha aérea regional, concedida na suposição dos técnicos do DAC, que não conheciam o Fokker-100, de que o aparelho era algo semelhante ao F-27. Rolim foi buscá-los pessoalmente. Um de seus prazeres era pilotar os aviões que comprava — não deixaria de ser assim daquela vez.

Rolim fez uma escala em Miami, pois os Fokkers-100 não tinham autonomia para cruzar o Atlântico direto para o Brasil. Pousou depois em Recife, em seguida em Brasília, sem alarde. Pretendia manter o avião fora das vistas das autoridades o maior tempo que pudesse.

O Fokker-100 era um pouco difícil de ocultar. Em comprimento, superava o Boeing 737. Decididamente, não era um avião regional, embora Rolim tivesse garantido que o trazia com esse propósito.

Em 5 de outubro de 1990, às sete horas da manhã, um mês depois da privatização da VASP, Wagner Canhedo mais uma vez foi apanhado pela Kombi da TAM, agora nos escritórios da VASP, ao lado do aeroporto de Congonhas. Estava convidado para ver a cerimônia de apresentação pública dos dois Fokkers-100 que a TAM anunciava como seus novos aviões regionais, no hangar da companhia.

Estavam presentes também Omar Fontana, da Transbrasil, o próprio ministro da Aeronáutica, Sócrates Monteiro, e o diretor-geral do DAC, o tenente-brigadeiro-do-ar Sérgio Luiz Bürger. Ao ver o tamanho dos jatos, o ministro Sócrates tomou um susto. Como não se tratava de um Boeing, não imaginava que o tal Fokker de Rolim pudesse vir a fazer concorrência para grandes empresas. Aquele avião, contudo, para todos os efeitos, era bem grande.

## Tudo ou nada

Sócrates disse a Rolim que ainda iria estudar a autorização para que os dois aparelhos voassem. Ramiro Tojal, que nunca confiara muito nas promessas do ministro Sócrates, virou-se para o comandante e soprou no seu ouvido:
— Rolim, eu não falei?
Durante os 20 dias seguintes, os aviões ficaram em terra, esperando licença para decolar, enquanto já corria o pagamento do *leasing*.
Para pedir autorização de vôo ao DAC, Rolim inventara uma solução marota. De modo a dizer que não concorria diretamente com VASP, Transbrasil e Varig, inventara linhas entre capitais, mas com um pouso no meio do caminho, que caracterizaria a rota como vôo regional. Mesmo assim, o DAC lhe deu destinos diferentes dos que havia pedido.
Dessa forma, os Fokkers-100 iriam fazer São Paulo–Ribeirão Preto–Brasília. Ou São Paulo–Araçatuba–Cuiabá. Ou, ainda, São Paulo–Presidente Prudente–Campo Grande. Para atender o DAC, o vôo para Belo Horizonte tinha parada no aeroporto de Confins, e não na Pampulha como Rolim desejava.
Os vôos foram liberados, mas colocar o plano em prática nessas condições foi terrível. Rolim, que queria tanto começar por linhas como São Paulo–Belo Horizonte, logo descobriu que não havia demanda para um vôo entre a capital paulista e o aeroporto internacional de Confins. E ninguém queria ir para Brasília tendo de fazer uma escala em Ribeirão Preto. Muito menos naquele avião estranho, enorme, que ninguém acostumado aos pequenos aparelhos da aviação regional conhecia.
Rolim virou o ano de 1990 muito mal, sem pagar à Fokker nenhuma prestação. Janeiro de 1991 também foi ruim. Na verdade, os concorrentes também estavam mal. O próprio país, depois do confisco do dinheiro promovido por Collor, andava cambaleante. E a inflação ameaçava voltar.

## O sonho brasileiro

O primeiro trimestre de 1991 continuou péssimo. Sem passageiros, Rolim não tinha receita. Sem receita, não pagava a Fokker. Acumulou seis parcelas atrasadas do pagamento pelos Fokkers-100.

Já não havia como dar desculpas à GPA por telefone. Rolim, acompanhado de Ramiro Tojal, resolveu tomar um avião para Shannon, na Irlanda, com uma espinhosa missão: contar a verdade.

\*

— My very good friend, Mr. Tony Ryan! — exclamou Rolim, ao chegar ao quartel-general do seu credor.

Tony Ryan era dono e principal executivo da GPA, cuja direção mais tarde entregaria para a GECAS, GE Capital Aviation Services. E fundaria a Ryan Air, a maior companhia de *low fare* (tarifa popular) da Europa. No momento, era também o homem com quem Rolim tinha, a 32 mil dólares por dia de aluguel de dois Fokkers-100, um passivo de cerca de 5,5 milhões de dólares atrasados em meio ano.

Durante a viagem, Tojal preparara Rolim para o pior. Receava que, com seu incorrigível otimismo, o comandante fizesse parecer a Ryan que estava tentando enganá-lo. Ou que estava descolado da realidade.

— Não seja otimista... — pedia. — Não vamos exagerar com os homens... Cuidado que eles têm espiões no Brasil...

De fato, tudo o que Rolim fazia a GPA tinha condições de conferir. Ryan tinha também como clientes a VASP, a Varig e a Transbrasil.

Rolim levava na mala uma caixa de pedra para charutos, que Tony apreciava. Tojal comprara um porta-canetas para Sean Dolland, o vice-presidente. Foram detidos para averiguações no aeroporto de Heathrow, em sua escala em Londres, por causa daquele monte de pedras estranhas na bagagem. Chegaram a

Shannon com os presentes fora dos respectivos embrulhos, desfeitos pela polícia alfandegária.

Shannon é uma área de livre comércio na Irlanda. Clima nada hospitaleiro, abrigava a GPA, seus funcionários e mais nada. Somente dois anos depois, em 1993, seria inaugurada ali a Shannon Air Space, onde companhias de toda a Europa mandavam fazer a revisão mais pesada de seus aviões, atraídas pela isenção local de impostos. Possuía quatro hangares gigantescos, cada boca com capacidade para quatro Boeings 747.

Ao chegar à GPA, Rolim encontrou Mr. Ryan de bom humor. Em vez de discutir a dívida, encaminhou a conversa para um comprometimento maior do fornecedor. Sem pagar os dois aviões que já tinha em suas mãos, sugeriu que a GPA lhe entregasse mais dois. Alegava que sem isso não conseguiria quitar os atrasados. Parecia um grande blefe, mas Mr. Ryan, embalado pelo entusiasmo de Rolim, deixou-se envolver pelo seu canto de sereia.

Ao pegar o avião de volta, Rolim trazia em sua pasta de trabalho um reescalonamento da dívida por dois anos, mais a encomenda de outros dois Fokkers-100. Do ponto de vista financeiro, Rolim e Tojal tinham cavado um buraco ainda maior. No entanto, saíram exultantes, com a sensação de que tinham uma descomunal capacidade de realização.

Ao verbalizar diante de Mr. Ryan por que ainda acreditava na TAM, Rolim como que convencera a si mesmo. Agora nenhum obstáculo parecia intransponível. Estava no seu espírito realizar. E mostrar que era possível. Shannon o fizera lembrar-se da razão pela qual estava naquele negócio.

\*

Ao voltar para o Brasil, Rolim pôs mãos à obra. Sua tarefa agora era reverter o desastroso início das operações com os Fokkers-100. Era a hora de aparecer o lutador.

## O sonho brasileiro

Primeiro, acreditava que havia detectado o problema que o levara a um começo desastrado:

"Eu, pessoalmente, havia cometido um erro. Achei que o mercado saberia o que era o Fokker-100. E o mercado não sabia. Quando nós fizemos a publicidade do novíssimo Fokker-100 como o jato de Congonhas, não tinha me dado conta de que o Brasil era um país da Boeing. As pessoas pensavam que o Fokker-100 ainda era aquele simpático turboélice barulhento como o diabo, de tecnologia antiga, que já tinham visto na ponte aérea ou num dos nossos outros vôos regionais".

O dia-a-dia indicara-lhe o problema:

"Muitas vezes aconteciam coisas assim: o magnífico Fokker-100, de última tecnologia, ficava parado na pista em Cuiabá ao lado de um Boeing velhinho de uma empresa congênere. O Boeing podia estar em pane, mas os passageiros não queriam desembarcar para entrar naquele novíssimo aparelho de 34 milhões de dólares que não conheciam. Diziam: 'Ah, esse avião eu não conheço, não é Boeing, não'. Então nos vimos com um problema desgraçado. Tínhamos um avião, tínhamos a disposição de fazer o serviço correto e não tínhamos condição de fazê-lo. Primeiro, não podíamos fazer as rotas como queríamos, devido aos entraves que o poder concedente nos impunha. Além disso, as pessoas não sabiam o que estávamos oferecendo".

Rolim escolheu sua arma para lutar. Virtualmente quebrado, não tinha dinheiro para fazer propaganda. Diante da recusa do DAC em dar as linhas diretas entre as capitais, tinha de convencer os passageiros do improvável: embarcar naquele avião do qual ninguém ouvira falar e numa companhia pouco conhecida, para fazer um vôo regional com um aparelho superdimensionado. Ou num vôo entre capitais, mas com uma escala indesejável.

Apesar de tudo, Rolim continuava acreditando na sua capacidade de convencimento. Faria como no início de sua carreira. Iria conversar com todos os clientes, um a um, para explicar o

# Tudo ou nada

que estava acontecendo. Contaria a história do Fokker-100. E iria pessoalmente estimular os passageiros a embarcar em seu avião.

No início, os Fokkers-100 continuaram a decolar quase vazios. Mesmo assim, Rolim não suspendeu nenhuma linha. Ele mesmo, mais tarde, contaria nas palestras que fazia pelo país a experiência que tivera no retorno da catalisadora visita à GPA:

"Eu voltei a São Paulo, juntei a diretoria da TAM e disse: 'Olhem, temos crédito (da GPA) para fazer o que precisa ser feito. Mas nós não podemos sacrificar o nosso santo nome em vão. Esse crédito, uma vez dado, tem de ser respeitado, porque não há volta'.

"Começou a dicussão entre os diretores. O economista, dizendo que o caixa era negativo, achava que não dava. O engenheiro, que não tinha equipamento para dar apoio aos aviões nas localidades das rotas escolhidas, dizia a mesma coisa. Depois de um debate muito grande, tomei uma decisão. Eu disse: 'Amanhã, 6 horas da manhã, os senhores, por favor, coloquem os dois jatos no *gate* de embarque que nós vamos começar a fazer esse negócio direito'.

"Quando tomei a decisão de posicionar os aviões em Congonhas, fui embarcar cada passageiro que se aventurasse a entrar naquela máquina com 39 metros de comprimento que ninguém conhecia. E fui contar o que era o avião, como era silencioso, moderno, e o que tinha sido a sobrevivência da empresa para chegar até ali. Eu contava nossa história a todos quantos podia. E ao fazê-lo recebi um apoio enorme. Uma solidariedade fantástica. Assim, começamos a criar um relacionamento novo com o cliente e com o mercado".

Ao tomar a iniciativa de conversar com os passageiros, Rolim dizia que descobrira o "mundo encantado" do cliente. E sua própria vocação: "Descobri também o quanto podia ser feliz convivendo com essas pessoas".

Gostava de lembrar que começara, literalmente, do zero. Como no dia em que embarcou passageiros para o vôo de São Paulo a Campo Grande, via Ponta Porã, e apareceu um único cliente.

*O sonho brasileiro*

"Veio o cliente, olhou para aquele avião grande, gigantesco, indo para Ponta Porã. Olhou e disse:
"— Mas eu sozinho no avião?
"— Claro, meu amigo, o avião é para você! — respondi."

Contava também, para diversão da platéia de suas palestras, o caso do desembarque de um vôo proveniente de Dourados, no qual recepcionara apenas dois passageiros, uma mãe com filho pequeno. Tinham adorado a viagem. "Puxa, como eu brinquei no corredor!", dizia a criança.

Apesar daquele começo desolador, aos poucos funcionou. A imagem daquele homenzinho sorridente ao lado do avião, a idéia do presidente da companhia que recebia pessoalmente seus passageiros e o modo encantador com que Rolim sabia enfeitiçar seus interlocutores produziam o seu efeito. Lentamente, os aviões foram ficando menos vazios.

Surgia o efeito da propaganda boca-a-boca, cuja força Rolim ainda teria oportunidade de comprovar.

Nos contatos que tinha com os executivos que viajavam em seus aviões, Rolim lhes deixava um cartão de apresentação, como forma de demonstrar que estava sempre ao alcance de qualquer queixa ou sugestão. E ganhava de volta, também, um cartão. Assim, nas manhãs de Congonhas, quando recebia os passageiros na sala de embarque da TAM e mais tarde os cumprimentava na escada dos aviões, colecionava um montinho diário de cartões, novos contatos que mais tarde iriam se transformar num banco de dados.

"Todas as manhãs, depois que eu soltava os dois Fokkers-100 e os aviões mais antigos, voltava ao meu escritório sempre com cinco, seis cartões de visita de cada cliente. Comecei a trocar correspondência com todos. Passei a perguntar a eles se tinham feito boa viagem, se estavam felizes com o vôo, se tinham alguma sugestão de horário. Resultado: começamos a criar um vínculo direto com o cliente."

## Tudo ou nada

Mais tarde Rolim seria classificado como "marqueteiro", como se sua presença na sala de embarque fosse apenas um ato demagógico. No entanto, aquilo para ele era natural. Gestos que para outros pareceriam extravagantes nele faziam sentido, pelo menos para quem conhecia seu temperamento.

Certa vez, mandou fazer uma lista de empresários de calibre e escreveu-lhes uma carta com um convite para conhecer o Fokker-100 e os serviços da empresa. No dia em que Antonio Ermírio de Moraes, um dos donos da Votorantim, embarcou num de seus aviões, Rolim abaixou-se até o chão para beijar-lhe os pés. Para quem passara o que ele passou, receber o dono do maior grupo privado brasileiro representava o mesmo que ser visitado por Jesus Cristo.

Rolim podia comportar-se de forma teatral, mas de uma maneira ou outra sempre estivera ao lado do cliente. Aquele voto de confiança que o passageiro dava à companhia era para ele como uma dívida de gratidão. Mais uma vez, Rolim fazia dos passageiros seus amigos. Assim ele construíra sua carreira, não com o Fokker-100, mas desde quando embarcava empresários no táxi aéreo. E não perderia a característica que o levara até ali.

Para conquistar credibilidade junto ao cliente, Rolim sabia que não bastava ter aviões grandes e confortáveis. Tudo o que fazia era notado. Ao contrário de uma revenda de automóveis, que tem contato com o cliente somente na venda ou na hora da revisão gratuita do veículo, uma empresa de transporte aéreo tem várias ocasiões para encantá-lo ou desapontá-lo. Definia Rolim:

"Quando a pessoa liga, o setor de reservas tem de atender. Não pode demorar um minutinho. E a moça tem de atender da maneira adequada. O cliente faz a reserva e vai para o aeroporto comprar o bilhete. Não quer encontrar fila. Nem quer que a emissão do bilhete demore exaustivos 15 ou 20 minutos. Se a atendente estiver com cabelo despenteado, esse detalhe vai se somar àquilo de ruim que já pode ter acontecido.

*O sonho brasileiro*

"Quando o cliente segue para o embarque e vê pessoas com bagagem na mão, gente atropelando, sai para a pista e ainda enxerga aquele carrinho antigo com as malas esmagadas, piora tudo. Sobe a escada do avião e vê a comissária mascando chiclete. Quando se acomoda no assento, ele reclina sozinho. Então, logo vira para o cliente do lado e diz: se o assento está assim, imagine os motores".

Com essa pequena parábola, Rolim ilustrava sua filosofia de colocar todo o foco no serviço. Ele entendia o mecanismo completo do atendimento ao cliente, num setor em que isso era tão exigido. Por isso, começou a instalar seus pontos de checagem em todos os departamentos que tinham contato com o público.

Para começar, conseguiu um espaço separado para a TAM, nos fundos do edifício de Congonhas, onde a circulação fosse exclusivamente dos clientes da companhia. Contabilizava o tempo de espera na reserva. "Se tocou no telefone aquela musiquinha de espera, o cliente já fica bravo", alertava ele. "O tempo dele é de ouro."

A TAM fazia questão de mostrar que não voava direto entre capitais por proibição do governo. Quando não havia ninguém para desembarcar nas escalas, os aviões da TAM taxiavam, abriam e fechavam as portas, somente para não descaracterizar o vôo como regional. E seguiam para a capital, deixando aquele gostinho de indignação contra o poder público em todos os passageiros.

O comandante exultava. Daquela forma em breve não seria mais ele a reclamar ao DAC o direito de fazer o vôo direto entre capitais. Seriam os passageiros que queriam voar com a TAM. Aos poucos, Rolim criava uma poderosa aliança com o usuário do transporte aéreo, na forma de uma absoluta identidade. Assim como quando entrara no trecho Rio–São Paulo com os F-27, mostrava-se ao seu lado na tentativa de lhe oferecer um serviço melhor. E afirmava que o governo impunha o desconforto, o prejuízo e a irritação não à companhia, mas ao brasileiro.

Seria jogo de cena se Rolim não estivesse também real e pessoalmente empenhado em eliminar as falhas que podiam ocor-

## Tudo ou nada

rer em quaisquer das instâncias de contato com o cliente. Para agradar, não poupava esforços. Finalmente, aplicaria na linha regular o que já fazia para seus clientes na Cessna.

"A TAM criou um relacionamento novo com o passageiro", diria. "O cliente é o maior bem que uma organização pode ter. Eu sempre digo aos nossos funcionários: 'Olha, avião para a empresa, um a mais, um a menos, não significa grande coisa. O que não podemos é quebrar esse pilar da credibilidade, da comunicação, do canal que permite às pessoas saberem que podemos resolver o seu problema. Isso não há dinheiro no mundo que pague'."

Apareceu um círculo virtuoso em torno de todos os pequenos acertos que agradavam o cliente, na reserva, na emissão da passagem, na sala de embarque. Com o Fokker-100, Rolim podia dizer que tinha também um avião à altura do serviço que desejava entregar. Passou a conquistar a confiança do passageiro. E vender a noção de segurança, tão cara numa situação em que as pessoas colocam a própria vida nas mãos do prestador de serviço.

Com aquilo, Rolim conseguiu o que queria, pela via à qual sempre se agarrara: a do mercado. Com o tempo, os aviões da TAM começaram a se encher. A propaganda voluntária do cliente que experimentou e recomendou ao amigo surtia seu efeito.

Restava saber quando ela se manifestaria em algo mais: no faturamento.

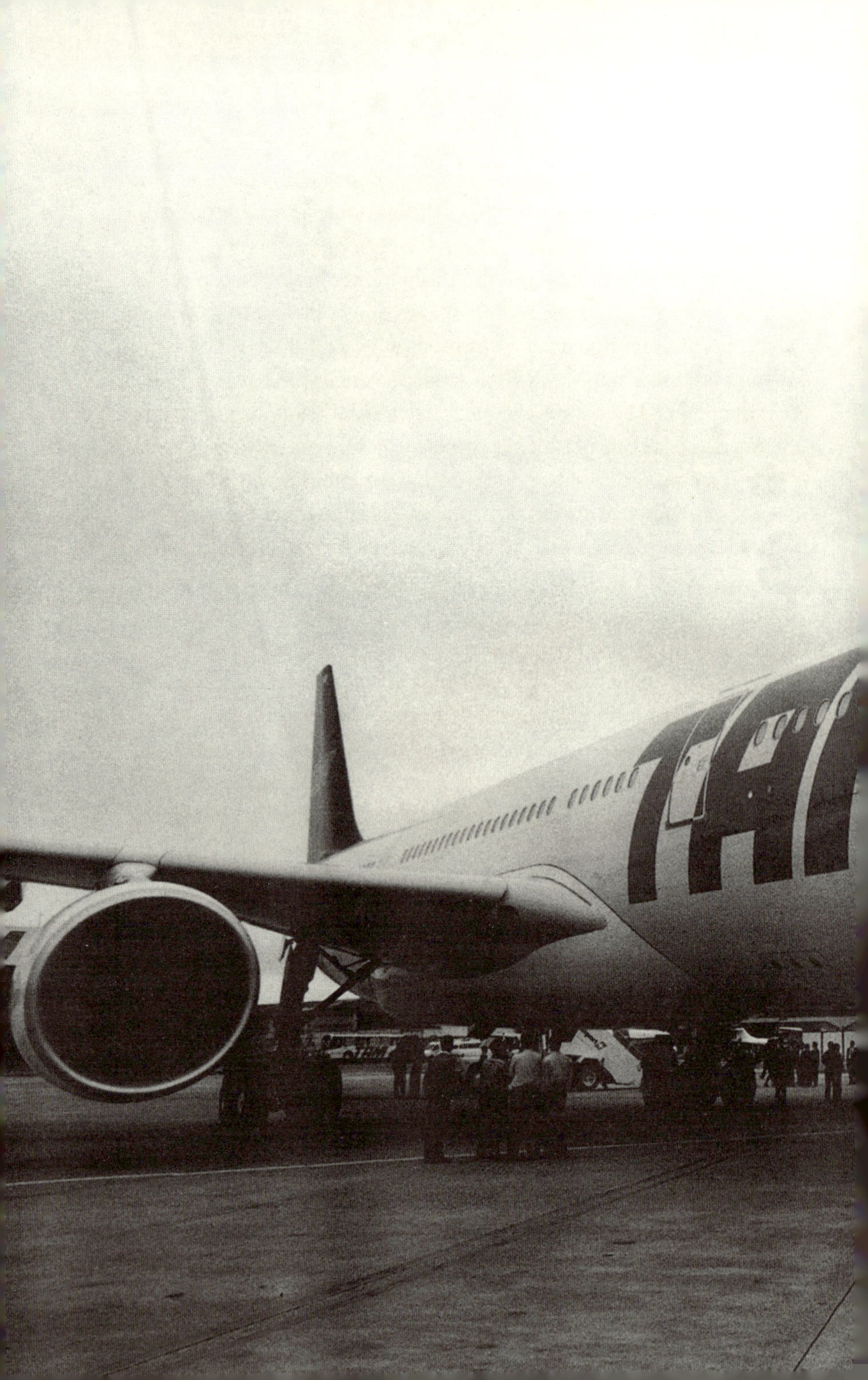

# 6. O tapete mágico

Em abril de 1991, a 30 dias da data prevista em contrato para trazer o terceiro Fokker-100 encomendado à GPA, a TAM ainda não havia obtido autorização do governo para importá-lo. O DAC não queria aumento de oferta, sobretudo depois da chegada dos dois primeiros aparelhos, causa de estrondosa discussão.

No fim, Rolim acabara operando linhas que os militares do departamento não queriam liberar e a concorrência dizia que não deviam ter sido liberadas. A Riosul protestara junto ao DAC, afirmando que os vôos dos Fokkers-100 não tinham escopo regional. A Varig também.

Rolim abrira uma brecha no jogo dos grandes, forçando sua transição de companhia regional para companhia nacional. Para prosseguir, contudo, precisava dos novos aviões, a fim de ampliar sua rede e mostrar a um público maior o novo rosto da companhia.

Para Rolim, novamente o mais difícil não era o dinheiro, o avião, o mercado. Tinha sido mais simples convencer Tony Ryan a lhe dar mais dois aviões, mesmo devendo-lhe 5,5 milhões de dólares, do que obter uma simples assinatura para fazê-los voar no Brasil. Sua vida era quebrar os empecilhos criados pelo governo, lutando contra a pressão dos concorrentes sobre órgãos públicos que administravam interesses privados sem prestar contas a ninguém.

Era preciso imaginar um jeito de convencer o DAC a permitir que os dois Fokkers-100 operassem no Brasil. Então aconteceu um daqueles incidentes que na hora "H" transformavam os desastres em impulso na vida de Rolim. Mais tarde,

## O sonho brasileiro

iria compará-lo ao episódio do jatinho acidentado na baía da Guanabara, que acabou ajudando a pagar sua dívida junto a Orlando Ometto. Ou a rifa do Opala que lhe permitira consertar o seu Cessna-170 no tempo da Codeara.

O feriado de Tiradentes de 1991 caiu numa quinta-feira. A diretoria da TAM passou quatro dias descansando. Luiz Eduardo Falco, promovido a diretor, ficou de plantão e saiu no domingo, 24 de abril, com a namorada.

Nesse dia cedo, o tratorista foi buscar um Fokker-100 que estava em manutenção no hangar da TAM. O mecânico-chefe fora ao banheiro. No lugar, estava só um mecânico auxiliar. Ao sinal de que o avião estava pronto, o tratorista colocou no aparelho a *tow-bar* (barra de ligação) e começou a arrastar o Fokker-100 para a pista, com o auxiliar a bordo.

Naquela época, Congonhas ainda tinha movimento pequeno, ainda mais no domingo, quando mergulhava numa sonolência de fazenda. O tratorzinho começou a puxar o Fokker-100 pela área de estacionamento das aeronaves, ao lado da pista. Naquele instante um forte vento de cauda soprou no platô formado pela pista de Congonhas.

Aviões foram feitos para voar. Sua empenagem funciona como uma vela de barco: é moldada para pegar vento. O Fokker-100 tomou embalo. O avião ainda era novidade na TAM. O mecânico auxiliar, dentro da cabine, olhou para o painel. Não fazia a menor idéia de como se acionava o freio daquele monstro.

O avião começou a empurrar o guincho. O tratorista, ao ver o que estava acontecendo, brecou na expectativa de segurar o aparelho. No mesmo instante, *póu!* — o pino da *tow-bar* arrebentou. O Fokker-100, agora livre, continuou seu caminho. Ao perceber aquele gigante vindo em sua direção, o tratorista pisou no acelerador e cuidou de sair da sua frente, fazendo uma curvinha.

Com o atônito auxiliar a bordo, o Fokker-100 de apenas seis meses de vida correu pela pista de Congonhas, perseguido

## O tapete mágico

pelo tratorista em desespero. O vento virou um pouco, o avião saiu mais para a esquerda, bateu com a roda na calçada, levantou, passou a barriga por cima do muro de 1 metro de altura, saiu do outro lado, desceu uma rampa e mergulhou de bico no pavilhão das autoridades.

E ali ficou enterrada metade da novíssima frota da TAM.

O avião permaneceu 48 horas enfiado no pavilhão, com o rabo no ar e o bico amassado, até que os técnicos descobrissem como guinchar aquela máquina de 25 toneladas sem abalar sua estrutura.

O coordenador da equipe de resgate de aeronaves da Varig, tomado pela TAM por empréstimo, foi quem resolveu o problema: o Fokker-100 foi preso por duas alças laterais a uma grua, que levantou o corpo do avião. Na frente, uma tripulação de mecânicos fazia o papel de contrapeso para mantê-lo estável no ar, antes de ser recolocado no chão.

A operação levou duas horas para ser concluída, das 5 às 7 da manhã do dia 27 de abril. O Fokker-100 foi fotografado, ridicularizado, humilhado durante os dois dias em que esteve literalmente no buraco.

Rolim foi ao DAC implorar. Com um Fokker-100 inutilizado, o aluguel diário correndo, sem conseguir metade da receita de que precisava, e sem avião reserva para colocar em seu lugar, entrou em pânico. Na época, o DAC pedia estudo de viabilidade para importação de qualquer aparelho. Diante do diretor do órgão, Sérgio Bürger, Rolim abriu o coração. E conseguiu liberar a importação de dois novos aparelhos numa única canetada. "O Bürger autorizou a importação dos Fokkers-100 de pena, ao ver o sofrimento em que estávamos", contaria Tojal.

Um mês depois, o Fokker-100 que fora recebido no pavilhão de autoridades estava consertado e a TAM tinha mais dois jatos novíssimos para duplicar o tamanho de sua frota. O primeiro veio no mesmo mês. Em 190 dias, chegou o segundo. Com a adesão rápida dos passageiros, rapidamente Rolim duplicou sua receita.

## O sonho brasileiro

Então disse a Ramiro Tojal:

— Vamos a Shannon agradecer?

Em outubro, Rolim encontrou Tony Ryan na GPA. Explicou que em 1992 a tarifa seria reajustada e as coisas iriam melhorar ainda mais.

Durante a viagem, começou a amadurecer idéias sobre o que faria dali em diante. Sentado com Ramiro Tojal num café do hotel Intercontinental, em Londres, chegou à conclusão de que tinha a melhor tecnologia mas ainda não tirava dela o seu melhor benefício.

Relembrou o motivo pelo qual escolhera o Fokker-100. Aquele não era avião para sair de manhã num vôo de São Paulo a Campo Grande e voltar no fim da tarde, como acontecia com os velhos F-27. Era um jato de multifreqüência diária, para vôos de 500 a 600 quilômetros.

Por causa das dificuldades, Rolim não podia perder de vista seu objetivo original. Excitado, sentiu que estava cada vez mais próximo de consolidar seu sonho: implantar, no trajeto entre capitais, um serviço de bordo de qualidade com melhor avião e um toque especial. Ofereceria qualidade com preço alto.

Continuaria seguindo no caminho inverso de Canhedo, que depreciara o serviço da VASP ao rebaixar as tarifas, na tentativa de tomar os passageiros da Varig e da Transbrasil. Rolim não entraria na guerra de preços das grandes companhias aéreas oferecendo qualquer serviço. Faria uma corrida por fora. Sua experiência com os F-27 nos vôos regionais e na ponte aérea mostrava que ele tinha retorno quando oferecia um serviço sério, de qualidade, mesmo que mais caro.

Mais tarde, firmaria essa posição ao defender sua política tarifária. "A TAM não dá desconto", dizia. "Não aviltamos o nosso produto. Se nós fizermos campanha de desconto, vamos ter de controlar esse desconto. Tudo o que precisa ser controlado não merece ser feito. Então eu não faço."

## O tapete mágico

Achava que o sistema de descontos conforme o horário não o interessava, pelo menos na época:

"Se eu tiver programa de descontos, que diminui o preço da passagem num vôo ao meio-dia, por exemplo, vou ter um problema. O passageiro que perdeu esse vôo acaba indo às 18h00. Senta ao lado de outro e começa a conversar com ele. O outro descobre que esse passageiro pagou menos pela passagem. É injusto. Mais: o cliente compra o bilhete com 50% de desconto. Se sabe que não tem direito de embarcar às 18h00, fica nervoso, reclama com o funcionário do balcão para forçar o seu embarque. Oferece dinheiro."

Para justificar o preço que praticava, Rolim só tinha de dar o que prometia. "As passagens da TAM não são caras", defendia. "Elas parecem caras porque as pessoas no Brasil têm baixo poder aquisitivo. As tarifas das nossas companhias são sempre as mesmas. Praticamos a tarifa básica. O que ocorre apenas é que cada companhia têm uma política de desconto sobre essas tarifas, que a TAM não pratica."

Rolim sabia que, mais dia, menos dia, teria de mexer na estrutura de preços da TAM. Mas só podia fazer isso quando tivesse um volume de passageiros suficiente para que a medida não se tornasse um risco como se tornara para a VASP. Com ganhos de escala, diminuiria os custos. Então poderia dar descontos.

No final da década de 1990, com o regime de maior liberdade de preços e num momento em que a TAM teria participação muito maior no mercado, Rolim ultrapassaria a Varig no mercado interno graças justamente a uma política agressiva de descontos. Assim que pôde oferecer preços mais baixos, mantendo a qualidade dos serviços que se tornara sua marca registrada, juntaria de uma vez só as duas vantagens competitivas — qualidade e preço — para se tornar quase imbatível.

Naquele momento, contudo, Rolim só queria firmar a imagem de qualidade da TAM. Manteria a aposta no serviço. Na década de 1980, quando o país estava paralisado pela crise econômica e o mundo corporativo só falava em diversificação, tinha sido um dos poucos a se manter focado no negócio. Enquanto a Varig abrira hotéis e a Transbrasil, locadoras de carros, ele não quisera saber de nada que não voasse.

Agora, manteria uma luta sem tréguas para agradar os passageiros. Num tempo em que eles continuavam a ser tratados pelas companhias aéreas como se lhes estivessem fazendo um favor, Rolim queria fazer transparecer o inverso. Na TAM, o cliente é que fazia um favor à companhia. Por isso, o passageiro tinha de ser bem atendido e receber o que de melhor a TAM oferecia. Pagava mais caro, mas ali a companhia dava valor ao seu dinheiro.

Precisava mostrar a um público mais amplo o que tinha a oferecer. Necessitava alardear o *marketing* da qualidade, mesmo quando essa expressão ainda estava em gestação nos manuais administrativos. Intuitivamente já era um especialista nesse assunto, que ele definia de uma outra forma, bem mais pessoal:

"É a minha vida".

\*

A essência da política de Rolim foi sempre perguntar como era possível criar identificação com o cliente. "Tudo para os clientes", a frase que repetia, não era somente um *slogan*, mas uma atitude pessoal.

Quando Rolim se aproximava para conversar, destacava o cartão de embarque, abaixava para pegar um papel de bala, limpava um tapete ou apanhava a mala de alguém para ajudar, queria demonstrar o que ele chamava de "espírito de servir". Sua satisfação traduzia-se na satisfação do passageiro. E esse era um sentimento verdadeiro.

Mais, ele queria que o "espírito de servir", um conceito cristão aplicado à administração, se espalhasse por toda a companhia, dos diretores aos atendentes no balcão. Pregava a solidariedade e o espírito de participação. "O problema de um é o problema de todos", afirmava. Assim, diretores da TAM podiam ser vistos carregando malas quando faltava gente na pista, ou na cozinha quando havia algum problema com a empresa encarregada da comida de bordo. Rolim chegou a limpar os banheiros de um Fokker-100 numa escala de vôo.

A força do exemplo também se manifestava de outras formas. Tornou-se célebre na empresa o dia em que Rolim demitiu de uma só vez sete funcionários do serviço de reservas. Pilhara-os deixando de atender um telefone que tocava, num fim de semana de pouco movimento. "O erro é admitido", dizia ele. "Desde que não seja deliberadamente contra o passageiro."

Após voltar da viagem de agradecimento a Shannon, Rolim passou a fazer um esforço contínuo para tornar a recepção ao cliente o mais calorosa possível. Quando ganhava chocolates, balas e doces, mandava imediatamente as guloseimas para o seu pessoal, como exemplo de uma nova possibilidade de agrado ao cliente.

Valia tudo. Certa vez, recebeu uma caixa de rapadura. O departamento de *marketing*, que sempre achava um jeito de encaixar suas idéias, serviu rapadura no período de festas juninas. Aproveitou para promover dentro do avião o correio elegante, a troca de cartões enamorados típicos desse tipo de festa no interior do Brasil.

O "*marketing*", na verdade, era ainda um departamento bastante familiar. Muitas vezes a família de Rolim colaborava: Maria Cláudia e Noemy, em casa, punham babados nas balas e doces servidos no avião. A idéia de fazer sorteios começou num Natal — sortearam uma maquete do Fokker-100, muito valorizada na companhia por sua raridade.

Esse tipo de ocupação era constante. Muitas vezes, as iniciativas não eram muito bem vistas pelos funcionários. Em geral, Rolim vivia inventando coisas que perturbavam a rotina. Distribuir balinhas no corredor do avião antes do embarque, por exem-

## O sonho brasileiro

plo, era um trabalho a mais que a ninguém em outras companhias se dava. As idéias de Rolim atrapalhavam muito, mas tinham outro sentido.

Muitas vezes, ele assumia para si tarefas que não lhe cabiam. Nos aeroportos do interior, mandava colocar papel higiênico nos banheiros. "Nem isso os aeroportos fazem, apesar das altas taxas de embarque que cobram", queixava-se. Não era porque o poder público faltava que ele deixaria os clientes — seus e de outras companhias — sem assistência.

Os cuidados se estendiam a tudo o que o cliente podia ver. Rolim mandou colocar nos carrinhos que levavam as malas dos passageiros uma espécie de cortina, de modo que eles não vissem bagagens amontoadas. Mandou pintar de branco todo o equipamento de terra.

Luiz Eduardo Falco, diretor responsável pela área operacional, não entendeu. Preferia pintar o material de outra cor.

— Vai aparecer muito a sujeira — objetou.

— Por isso mesmo — disse Rolim. — Se há algo que irrita um passageiro é achar que suas malas estão sendo maltratadas dentro de um caminhão sujo. O material não pode estar sujo nunca. E não basta parecer limpo. Tem de estar realmente limpo.

Numa empresa em que tudo estava limpo, qualquer detalhe fora do padrão era percebido. O que estava sujo era facilmente reconhecido e tornava-se compulsório limpá-lo. Um tratorista que aparecesse com o equipamento sujo era notado e obrigado a manter sua máquina em perfeitas condições.

A TAM tinha de ser um negócio transparente.

Em tudo o que Rolim fazia, o exagero, a ênfase propositadamente, tinha o objetivo de deixar muito claro o seu esforço para atingir o melhor. Acreditava no efeito positivo produzido nos passageiros quando viam as bagagens, antes empilhadas em carrinhos sujos, agora trafegando pela pista em veículos imaculados como num hospital.

## O tapete mágico

Rolim gostava de dizer que controlava a companhia com o lenço branco que trazia no bolso. Desde as 6 da manhã, quando já estava de plantão em Congonhas, costumava passá-lo nos aviões estacionados no hangar. Depois, usava o lenço nos banheiros, na pedra de mármore do bar ou onde mais achasse necessário.

Era o seu "teste de qualidade": "A limpeza é importante porque essa é a forma de o passageiro julgar o que não vê. Meu lenço é o ponto de referência. Se no final da manhã ele fica a ponto de precisar ser lavado, tem encrenca. Eu pergunto aos mecânicos, aos comissários, ao pessoal dos serviços gerais: vocês lavam a cueca todo dia?"

Nas palestras que daria mais tarde, já na condição de empresário premiado, Rolim sacava o lenço que trazia no bolso, mostrado à platéia como se fosse um exemplar da Bíblia ou da Constituição. "Aqui está a transparência da cor do serviço que nós queremos prestar", dizia. "Estamos trabalhando com gente que observa e vê essas coisas."

Estar em contato com o passageiro e entender melhor os seus desejos era a oportunidade de colocar em prática tudo o que aprendera na vida. Ele sabia que o avião tira o homem do seu meio natural. Vivia a citar uma suposta pesquisa sobre o que mais causava medo às pessoas. O dentista viria em primeiro lugar. O segundo era o avião. Para voar, os passageiros precisavam identificar-se muito fortemente com a companhia. Era sua única forma de se sentirem seguros. E, quando se sentiam seguros, podiam criar um laço tão intenso com a empresa aérea quanto o fariam com um santo protetor.

Para Rolim, essa identificação vinha com a personalização. Quem garantia tudo, da limpeza à segurança, era ele: o amigo pessoal do passageiro. Não havia melhor efeito tranqüilizador do que saber que o próprio presidente da companhia estava por ali, zelando pela segurança e conforto de todos, a ponto de carregar pessoalmente os volumes trazidos pelas senhoras. Ele mesmo dizia, como se esse posto lhe fosse atribuído por outros, que o consideravam o "carregador de malas mais bem pago de Congonhas".

Para aumentar a sensação de bem-estar, Rolim não deixava transparecer nenhum detalhe que induzisse o passageiro a pensar que a empresa era mal organizada em algum departamento. Tudo era feito para inspirar confiança. Comissários e tripulação traziam uniformes impecáveis. Rolim, diariamente, examinava todos que encontrava pela frente.

Detestava roupas amassadas. Penteava-se sempre com o cuidado de quem preserva seus implantes. E penteava os outros também.

A apresentação das comissárias de bordo fazia parte da identidade da marca, da mesma forma que a pintura dos aviões e do equipamento de terra. Elas deviam trabalhar de cabelo preso. Para Rolim, o cabelo solto desuniformizava a equipe e transmitia uma imagem de excessiva informalidade ou desleixo.

O tipo de maquiagem fazia parte do uniforme. Foi estabelecida uma maquiagem para a manhã, outra a partir do início da tarde. A funcionária não podia trocar sequer o batom.

Rolim selecionava pessoalmente as aeromoças. Gostava de contar aos passageiros mais essa sua tarefa, como se isso também fosse uma garantia de qualidade. Entre os homens, que eram a maior parte de sua clientela, aproveitava para criar uma certa mística em torno do assunto, como se fosse um sultão.

O critério de seleção pela beleza era, no seu caderninho, o primeiro. Não tinha pudores em explicar a razão: "Nenhum homem gosta de ser atendido por mulher feia", dizia. Depois da beleza, a cordialidade era outro atributo indispensável às funcionárias da TAM. Comissárias e atendentes tinham de estar sempre "penteadas, arrumadas, bonitas". E serem gentis como gueixas.

Os critérios de seleção, além do olho de Rolim, obedeciam a padrões matemáticos. Não havia uniforme número 46. O maior era o 44. E não havia pano excedente para que as comissárias pudessem aumentá-lo numa costureira. Dessa forma, não podiam engordar. Caso o uniforme esticasse demais, eram retiradas de vôo até emagrecer.

## O tapete mágico

Algumas regras de apresentação pessoal inventadas por Rolim atendiam a obsessões pessoais. Para ele, por exemplo, as atendentes no *check in* tinham de ficar em pé e não sentadas, para não demonstrar indolência. Na sua ausência, os comandantes e as comissárias precisavam receber os passageiros ao sopé da escada do avião como ele fazia. Ficavam, porém, fora do caminho, para não atrapalhar o fluxo de passageiros. E tinham de sustentar o olhar do cliente ao cumprimentá-lo.

Como estava sempre no aeroporto, Rolim assumia ele mesmo muitas vezes as tarefas dos atendentes. Quando havia quatro ou cinco vôos partindo em horários simultâneos, reclamava se não conseguia destacar os bilhetes de todos os passageiros. Quando Falco ou outro diretor destacava os bilhetes em seu lugar, ficava de mau humor o dia inteiro.

A participação de Rolim em todos os detalhes do dia-a-dia acabou por lhe render uma de suas maiores idéias. Certo dia, pela manhã, notou que o carpete do Fokker-100 estava sujo, resultado do trânsito de passageiros sobre ele. Era feito de um material sintético importado da Suíça, à prova de fogo, cuja limpeza era muito cara. O que fazer? Um mecânico que escutava a discussão ao pé da escada de embarque deu-lhe uma sugestão:

— Por que o senhor não põe um tapete?

A medida era tão óbvia que pareceu a Rolim genial. Originada na mais franciscana simplicidade, ganhou asas na imaginação do comandante. Rolim pensou: por que não um longo tapete vermelho? Algo que simbolizasse o respeito que a empresa tinha pelo cliente, o sentimento de honra ao recebê-lo. "Este vai ser o símbolo da nossa reverência ao cliente", anunciou.

Rolim, que já recebia os clientes ao sopé da escada dos aviões pela manhã, passou a fazê-lo ao lado do tapete sintético vermelho. Mandou ainda que pintassem de vermelho as escadas do Fokker-100, para que se tornassem uma continuação do próprio tapete.

Em pouco tempo, pela reação do público que encontrava no aeroporto, acreditou que estava no caminho certo. A experiência mostrava que as pessoas reconheciam o que vinha fazendo. E que, agindo dessa forma, sempre tinha retorno.

Dizia Rolim: "Na sala de embarque, onde estou das 6 até as 9 da manhã, o ambiente fica muito agradável. E vou confessar uma coisa: nunca um cliente, por mais que nós o tivéssemos maltratado, ou feito alguma coisa de maneira inadequada, foi deselegante comigo. Ao contrário. Percebo que estou no caminho certo sabe quando? Quando as pessoas me mandam cartas. Dizem: 'Comandante, eu já fiz muitas viagens pela TAM e sempre fui muito bem atendido. Entretanto, tal dia aconteceu isso e isso'. Elas têm boa vontade comigo. Eu acho que se isso acontece é fundamentalmente porque faço o que gosto".

\*

Enquanto implantava sua filosofia de trabalho, Rolim aos poucos via o reflexo no caixa. Mesmo assim, permanecia uma indefinição preocupante. Os clientes se dispunham a voar pela TAM pelo bom atendimento, mas Rolim ainda fazia suas escalas obrigatórias.

Mais uma vez capitalizava o "vôo de protesto". O passageiro preferia a TAM às velhas companhias nas quais antes era obrigado a viajar. No entanto, seria muito melhor se a escala obrigatória não existisse.

A campanha de Rolim, utilizando a boa vontade dos clientes para amolecer as barreiras do DAC, funcionava. Até mesmo políticos que embarcavam em aviões da TAM de São Paulo para Brasília, obrigados a fazer escala em Ribeirão Preto, pressionavam o governo para promover a liberação dos vôos diretos entre capitais pela companhia.

Para conquistar essas linhas, porém, a irritação dos passageiros não seria suficiente. Rolim teria de pegar carona no jogo dos grandes. As três maiores companhias aéreas ainda não prestavam muita atenção à movimentação da TAM. Estavam mais ocupadas brigando entre si. Ao entrar na VASP, com a compra de aviões novos e sua política de preços agressiva, Canhedo engalfinhara-se com Omar Fontana em uma luta titânica. A Varig, por sua vez, estava distraída demais com a concorrência das companhias estrangeiras, cujas linhas ligando o Brasil a outros países tinham se multiplicado com a abertura sem precedentes promovida por Collor.

Wagner Canhedo começou lentamente a ir à lona, como Rolim previra. Ao baixar os preços das passagens no mercado interno e forçar a concorrência a fazer o mesmo, foi arrastado junto com os adversários.

Em maio de 1991, Omar Fontana reclamou formalmente ao Ministério da Aeronáutica que a VASP vinha se utilizando de *dumping* (rebaixamento dos preços além do suportável) para derrubar a Transbrasil. Valia-se do argumento de que as tarifas aéreas ainda eram reguladas. Não podendo aumentar o preço das passagens, Canhedo também não podia baixá-lo tanto.

Por trás desse embate, havia ainda a intenção de abrir caminho para os vôos internacionais, então exclusivos da Varig entre as companhias brasileiras. No passado, essa tinha sido a parte do leão, em função das receitas em dólar que proporcionava, num tempo em que a moeda brasileira permanecia enfraquecida. O ambiente na era Collor indicava que todos os tipos de proteção estavam caindo. O mesmo devia acontecer na aviação.

VASP e Transbrasil acreditavam que os vôos internacionais poderiam lhes trazer não só receita em dólar como o prestígio necessário para se firmarem no segundo lugar do mercado, após a Varig. Aumentaram a pressão política sobre o governo para ter o direito de serem também empresas de bandeira (com direito a voar para o exterior).

A Varig defendia a manutenção de uma única empresa de bandeira, sob a alegação de que somente assim era possível lutar contra as duas dezenas de companhias estrangeiras que tinham aportado no país. E sustentava que, devido à invasão internacional, já não valia o argumento de que detinha o monopólio dos vôos para o exterior.

Ainda que não conjugados, os apelos da VASP e da Transbrasil começaram a dar resultado, apesar dos esforços da Varig em contrário. O governo organizou a quinta edição da Conferência Nacional de Aviação Civil, Conac. Nesse foro, seria definida uma nova política nacional da aviação.

A TAM, então só com quatro Fokkers-100, começara a crescer no mercado interno, mas ainda era frágil e insegura. Rolim ainda não colhera frutos palpáveis das mudanças que vinha promovendo. Temia que o pior pudesse acontecer na Conac: seria atropelado pela VASP e Transbrasil ao mesmo tempo, mal começara a decolagem.

Mais uma vez, tentou aliar-se a Rubel Thomas. A Varig, em tese, era aquela que tinha mais a perder com as mudanças da Conac, pois corria o risco de ver tanto as linhas nobres do mercado interno quanto as para o exterior serem abertas a outros competidores. Era sua segunda tentativa desde a privatização da VASP de apresentar-se como noiva da Varig para bloquear o avanço da concorrência "perigosa".

Ele não via outra saída para a TAM. Estava convencido de que era melhor apoiar a Varig do que se ver esmagado pela VASP do emergente Canhedo ou a Transbrasil do irredutível Omar.

Numa reunião convocada pelos próprios presidentes das companhias aéreas, Rubel e Rolim defenderam a tese de que deveria haver um acordo interno entre eles para definir como ficaria a nova configuração do setor, evitando o debate público na Conac.

## O tapete mágico

Rolim saiu da reunião otimista, achando que daria certo. Fez que seu vice-presidente, Ramiro Tojal, pegasse uma carona com Rubel Thomas no final do encontro. Tojal embarcou na Blazer preta do presidente da Varig, acompanhada de dois outros carros negros dos seguranças e batedores de Rubel, para soprar coisas ao seu ouvido.

— Se nós formos discutir na Conac, diante do governo, você não terá nenhum controle sobre o seu naco do mercado — disse Tojal. — Só sabemos uma coisa. O aventureiro que chegou não tem limite para endividamentos. Se ele vai pagar a conta ou não, é outro problema. Percebo sinais de credores assustados. Mas não sabemos onde ele vai chegar.

Veio a resposta menos esperada.

— Não se preocupe — disse Rubel. — A Varig tem muita gordura para queimar. Temos um patrimônio líquido de mais de 1 bilhão de dólares. E você vai ver isso no balanço do primeiro semestre deste ano. Quero ver o Canhedo me pegar.

Quando chegou à TAM, Tojal foi recebido com grande expectativa.

— E então? — perguntou Rolim. — O senhor falou?

— Tudo!

— E o homem?

— Disse que tem dinheiro o bastante.

O tempo mostraria que Rubel estava enganado. Dez anos mais tarde, a Varig apresentaria em seu balanço um patrimônio líquido negativo de 2 bilhões de dólares. A Transbrasil e a VASP, que conseguiram entrar nos vôos internacionais, tinham fracassado. A primeira fecharia as portas. A segunda lutaria para sobreviver, depois de abandonar as linhas internacionais. E Rubel Thomas se tornaria empregado de Rolim, na TAM.

Rolim se tornaria o único ganhador da Conac. Cresceria no vácuo deixado pelas grandes companhias no mercado interno, período em que o real seria moeda forte, enquanto os outros se digladiavam pelas linhas internacionais. Numa década de estabilidade da moeda, que teria por bastante tempo paridade com o dólar, o mercado interno comemoraria sua década de glórias. E, com uma filosofia agressiva voltada para o passageiro, a TAM cresceria a ponto de ultrapassar a própria Varig no transporte doméstico.

Às vésperas da Conac, contudo, ainda era cedo para prever um futuro como esse. As companhias compareceram ao fórum. Ao saber da reunião privada entre os presidentes das companhias aéreas, o DAC endureceu. Rolim e Rubel receberam um puxão de orelhas. A conferência foi realizada em outubro de 1991, no hotel Sheraton, no Rio de Janeiro. Assim como outras companhias, a TAM alugou ali vários apartamentos, com fax, telefone, secretária, montando um verdadeiro quartel-general.

Ramiro Tojal foi designado para discutir o tráfego local e o VDC. Rolim se inscreveu nas discussões sobre o tráfego aéreo internacional, sem ter sequer uma linha para fora do país. Era lá, contudo, que os pesos-pesados da aviação se encontravam. Tinha olhos e ouvidos voltados para o que ocorria na sala contígua, onde se discutia o destino da aviação nacional, mas mantinha-se entre aqueles que considerava seus pares.

Da Conac, saiu um novo desenho da aviação nacional. Acabava a exclusividade da aviação regional — era o fim das "capitanias hereditárias". As empresas regionais concordaram que o dinheiro da suplementação tarifária seria dividido entre elas e as empresas que viessem a operar em novas redes regionais. O DAC cuidaria de construir um novo contrato de concessão, prevendo a quebra da exclusividade.

A ponte aérea Rio–São Paulo ficaria prioritariamente para o consórcio das três grandes companhias — VASP, Varig e Transbrasil. Caso não pudessem atender toda a demanda, porém, as regionais poderiam participar desse trecho. E a TAM, Riosul e demais companhias antes consideradas regionais ficariam priori-

## O tapete mágico

tariamente com as chamadas linhas especiais, rotas diretas entre capitais, a partir dos aeroportos centrais, operadas com jato.

Nos aeroportos centrais, as nacionais só poderiam entrar quando as antigas regionais demonstrassem incapacidade de atender toda a demanda. Assim, a TAM pôde ao final de 1991 voar direto para Belo Horizonte. O Fokker-100 tinha direito de decolar em Congonhas e pousar na Pampulha. Ou ir direto a Brasília, ou Curitiba, ou Porto Alegre, sem escalas.

Tudo o que Rolim queria.

A VASP e a Transbrasil também estavam satisfeitas por terem conseguido o que buscavam: as linhas para o exterior. Teriam participação garantida no mercado internacional. O Brasil iniciaria negociações para aumentar o número de linhas, numa área em que as decisões são bilaterais: cada vez que se coloca uma nova rota internacional, o outro país tem direito a fazer o mesmo.

A resposta dos parceiros foi rápida. As companhias americanas exultaram. Depois da falência da PanAm, surgia a possibilidade de aumentar a participação da American e da United Airlines no mercado brasileiro. Foram abertas negociações para a entrada também da Delta e, por fim, da Continental Airlines. Eram as quatro maiores companhias aéreas do mundo.

Apesar dessa verdadeira revolução, a Varig confiava ter ganhado o jogo. No plano doméstico, acreditava ter mantido sua posição, pois abrira caminho para crescer por meio de sua subsidiária, a Riosul. Além disso, mantivera sua participação na ponte aérea Rio–São Paulo, a cornucópia do mercado interno, agora com o jato. Ali, tinha 72% dos vôos, resultante de sua fatia histórica, mais o pedaço que herdara ao comprar a Cruzeiro.

Mais: como VASP e Transbrasil, a Varig acreditava que se livrara de uma nova concorrência, especialmente da Líder, que entrara na Conac com a intenção de obter autorização para participar do mercado em parceria com a AirBrasil. Queria operar na ponte aérea com jatos 146 da British Aerospace, oferecidos à companhia

## O sonho brasileiro

pelo príncipe Charles, numa embaixada à inglesa. Por último, no mercado internacional, a Varig iria para o enfrentamento, convencida de que com sua tradição liquidaria outras ambições.

A regulamentação da Conac foi um oásis democrático na história da aviação civil brasileira. Para redigir o texto, o DAC convocou especialistas das próprias companhias. O diretor técnico da Riosul, Fernando Pinto, que mais tarde chegaria a dirigir a companhia e a própria Varig, e Ramiro Tojal, representando a TAM e a Brasil Central, participariam da confecção do documento, assim como representantes da TABA e da Nordeste.

Durante a discussão do novo regulamento, Tojal aventou a possibilidade de introduzir os Fokkers-100 na ponte aérea, alegando a participação histórica da TAM. Como no passado a companhia tivera 11 freqüências de 48 assentos com o turboélice F-27, defendia a tese de que tinha direito ao mesmo naco, agora com o jato.

Os aeroportos centrais do Brasil começariam a ser efetivamente reativados. Rolim viu sua profecia prestes a se realizar. Agora que não tinha obstáculos pela frente, sabia que iria decolar. Em setembro de 1991, já diria que só precisava de mais aviões: "O dia em que eu tiver 30 Fokkers-100 ninguém me segura".

Em dezembro de 1991, passou a vigorar o sistema de "bandas tarifárias" no mercado internacional. Era parte do acordo para a ampliação bilateral das linhas aéreas internacionais, que levou o DAC a admitir um regime de tarifas semelhante ao praticado no exterior, pelo qual as companhias aéreas podiam mexer em suas tarifas conforme os horários, os dias e até a disponibilidade de assentos. Vôos lotados tinham tarifas mais caras, vôos mais vazios se tornavam mais baratos, dentro da lei da oferta e da demanda. O passo seguinte seria permitir essa flexibilidade também no mercado interno.

Pelo mesmo acordo, o governo brasileiro aceitava a "multidesignação". Na prática, quaisquer companhias aéreas brasileiras podiam promover os *charters*, vôos não regulares, de carga ou passageiros, para qualquer lugar do mundo, sem limitação.

## O tapete mágico

Era como se estivesse encerrado um ciclo de luta, que não se restringira aos negócios. O ano de 1991 seria marcado por uma grande mudança não só na vida da TAM, mas em outra, que andara um tanto esquecida por Rolim: a sua própria.

\*

Em 1991, Rolim já ganhava bastante dinheiro. Ao mesmo tempo, porém, sofrera um grande impacto pessoal. Depois de anos trabalhando em condições difíceis, começou a sofrer de afonia e dores de garganta, como as que o tinham afligido nos tempos em que lutava para comprar a TAM de Orlando Ometto. Daquela vez, contudo, o diagnóstico foi um tumor nas cordas vocais. Uma década de dificuldades tivera outro tipo de preço.

Assim como para todos os que recebem a notícia do câncer, Rolim sentiu como se estivesse marcado para a morte. Foi para os Estados Unidos e submeteu-se a duas cirurgias com o doutor Eugene Myers, especialista no hospital da Universidade de Pittsburgh.

Depois de uma fase de observação, o retorno da doença foi afastado. Rolim alugou uma motocicleta BMW e rodou 5 000 quilômetros de estradas americanas em dez dias. Nem a viagem, contudo, extirpou o efeito psicológico deixado pelo susto que tomara. Decidiu viver dali em diante um pouco menos em função do trabalho, e mais de si mesmo.

Mais tarde, Rolim resumiria assim sua experiência: "Pouco antes da cirurgia, antes de a anestesia fazer efeito, fiz uma reflexão. Pensei: nasci nu e não preciso de nada do que eu tenho para morrer. Ali, descobri que a única coisa que gostaria de possuir era um pouco mais de tempo para mim".

Sempre tivera paixão por motocicletas, assim como seu irmão João. Estendera esse gosto a toda a família. Comprara uma pequena moto nos Estados Unidos para Maurício, quando o filho

*O sonho brasileiro*

tinha apenas quatro anos de idade. A Maria Cláudia, sua filha, deu uma 125 cilindradas quando ela chegou aos 13.

Gostava também de lanchas. Na casa que comprara em Fort Lauderdale, na Flórida, mantinha um barco cabinado. Quando estava na cidade, saía com a família pelo canal intercostal que passa por Miami. Muitas vezes levava amigos, conselheiros e parceiros nos negócios, como os holandeses da Fokker, o ex-ministro Shigeaki Ueki, o cantor caipira Rolando Boldrin e o violeiro Diogo. Contudo, achava que aquilo dava muito trabalho.

— Barco bom é o dos outros — dizia.

Passou a andar mais de motocicleta. Fazia longas viagens com Miguel Pacheco Chaves, João Amaro e Maurício. Andar de motocicleta era uma forma de estar sozinho. As longas horas na estrada, no casulo do seu capacete, obrigavam-no a pensar e revisar sua vida. Como não conseguia ficar longe das pessoas, preferia viajar em grupo, procurando sempre impor suas vontades aos colegas de viagem. Não deixava de ser o "comandante".

Amante de máquinas, trazia ele próprio os aviões dos Estados Unidos, pilotando. Convidava amigos como Athos Maia para acompanhá-lo. A primeira vez, foram num vôo comercial e voltaram num King Air para cinco passageiros, comprado por Rolim.

Em 1987, ambos tinham comprado aviões nos Estados Unidos e foram buscá-los juntos. Rolim regressara em seu novo Bonanza e Athos num Cessna 210. Vinham pousando pelo caminho. Primeiro, Guadelupe, no Caribe. Depois, Boa Vista, em Roraima. O tempo estava bonito, foram para Manaus fazer a alfândega. Em seguida, desceram em Sinop, no Mato Grosso. Decolaram cedo no dia seguinte. Pararam em Fernandópolis, onde Rolim ficou para visitar os pais.

Outra decisão que Rolim tomou em função do câncer foi dedicar-se à paternidade de uma forma que não conseguira fazer antes. Nunca ficara muito confortável quando se tratava da edu-

## O tapete mágico

cação dos filhos, tarefa deixada a Noemy. Tendo parado seus estudos aos 12 anos, Rolim nunca foi o pai que cobrava o boletim. Tinha pouco tempo para as crianças. Quando os filhos se tornaram adultos, tratou-os com a rigidez de quem não oferece as facilidades esperadas por quem tem uma família com dinheiro. "Sou daqueles que dão de presente um par de sapatos com um pé preto e outro marrom", dizia.

Somente depois da doença é que decidiu se aproximar mais dos filhos. Com os mais velhos, essa manobra foi bastante favorecida pelo trabalho. Em 1992, colocou Maria Cláudia, formada em Marketing e Administração nos Estados Unidos, dentro da TAM Linhas Aéreas. Trabalharia no *marketing*, no início com Maria de Lourdes da Candelária, a Marilu, chefe do setor.

Mais tarde, também Maurício entrou na TAM, formado em Administração Aeronáutica nos Estados Unidos, para trabalhar na empresa de táxi aéreo, tocada por Daniel Mandelli. Empresa original e controladora do grupo, na sua opinião era dali que realmente emanava o espírito da TAM.

Além de pai ausente, envolvido pelos compromissos de trabalho e pela vida errante dos tempos de piloto, Rolim carregava consigo o peso de uma tragédia. Em 1973, tivera com Noemy uma terceira filha, Carolina, que morreu pouco depois, em 15 de setembro, data do seu aniversário. Levara a família para almoçar, deixando a criança em casa com uma babá. Ao voltar, encontrou a criança morta. Regurgitara no berço e afogara-se no próprio vômito.

Por essa razão, nunca mais Rolim gostaria de comemorar seu aniversário. Ficava constrangido até mesmo quando alguém, inadvertidamente, dava-lhe os parabéns.

Embora nos anos 1990 tivesse conseguido se aproximar mais dos filhos, Rolim sentia que perdera a infância deles. No entanto, teria ainda a oportunidade de ser o pai que nunca antes pudera ser. Rolim mantivera um relacionamento fora do casamento com uma empresária do ramo de confecções, Sandra

235

Sênamo. Em 1984 Rolim tivera com ela um filho temporão. Acabou por reconhecer oficialmente a paternidade de Marcos quando o menino tinha quatro anos. Em crise no casamento, chegou a dizer em entrevistas que nessa época oferecera a Noemy as ações da TAM, para ficar apenas com um "aviãozinho velho", recomeçando a vida no interior. Essa fase, porém, foi contornada. Marcos foi aceito e passou a conviver com Noemy e a família.

Depois disso, Rolim ganhou um pouco mais de tranqüilidade doméstica. Voltou ao seio de sua família, mas depois da experiência do câncer decidiu ter com Marcos um pouco do envolvimento que não tivera com seus dois filhos mais velhos quando pequenos. Levava o menino para a sede da TAM, onde ele jogava basquete pelos corredores da companhia. Ao crescer, Marcos passou a acompanhar Rolim em suas viagens de motocicleta. E, ao completar 16 anos, já pilotava monomotores na fazenda do pai em Ponta Porã, o lugar escolhido por Rolim para desfrutar uma outra vida fora do trabalho.

Comprara a fazenda numa ação à moda dos compadres do interior, em escala milionária. No início da década de 1980, Athos Maia precisou vender algumas terras. Pediu a Olacyr de Moraes que lhe comprasse uma área no vale do rio Guaporé, no alto do Mato Grosso. O lugar, muito selvagem, não agradou Olacyr. O empreiteiro, então, se propôs a lhe dar o dinheiro, mas por parte da Pacuri, fazenda de Athos em Ponta Porã. Ficava a apenas 40 quilômetros da sua fazenda Itamaraty, onde imensas plantações o tornariam conhecido na imprensa como o "Rei da Soja".

Olacyr comprou metade dos 7 200 hectares da Pacuri, antes dedicados à criação de gado. Pagou e recebeu, em troca, um cartão de apresentação, com um recibo rabiscado, assinado e datado por Athos no verso. Guardou o cartãozinho em seu cofre, sem nunca ter registrado a compra em cartório. Assim, ficou com as terras por dez anos.

# O tapete mágico

Quando Rolim disse a Athos que gostaria de comprar uma fazenda no sul do Mato Grosso, o amigo sugeriu que comprasse a parte de Olacyr. Assim, atenderia seu desejo e ficariam os três vizinhos. Pediu, então, ao empreiteiro que revendesse as terras a Rolim. Para Olacyr, proprietário de mais de 50 mil hectares na Itamaraty, os 3 mil hectares de Ponta Porã eram quase nada. Vendeu-os a Rolim e rasgou o velho cartão com o recibo no verso, de modo que Athos escriturou o imóvel diretamente para Rolim.

Rolim fazia tudo movido por impulso, por paixão, e a fazenda que montou no lugar era um terreno livre para a diversão. A Jaguarundy era um recanto onde podia descansar nos fins de semana e guardar os seus "brinquedos", como o Paulistinha vermelho que o fazia lembrar do tio Joaquim.

Convidava os artistas de Assunção, que aprendera a apreciar em suas jornadas no Paraguai com Orlando Ometto, freqüentador na capital paraguaia de intermináveis *peñas* — palavra que não existe em português, usada para designar as rodas de música típica daquele país.

Na fazenda, Rolim virava a noite em *peñas* que promovia na varanda da casa, para desespero da família, que não conseguia dormir. Ali, podia cultivar as coisas que moldavam seu caráter, externadas na música, na vida do campo, na criação do gado, no envolvimento com a língua e a cultura paraguaias.

Orgulhava-se de ter composto a letra de uma guarânia, com o título "Longe é um lugar que não existe":

Toda manhã
Quando o sol bate na janela
Eu me lembro tanto dela
Meu coração volta a sorrir

Meu pensamento
Busca então nestes momentos

Encontrar seus pensamentos
Que, imagino, pensam em mim

O meu caminho
Só a ti ele conduz
Só você que me dá luz
Só a você eu quero bem

E assim distantes
Nós estamos
Separados
Cada um
Vive seu lado
Corações enamorados

O meu amor
A todo tempo
Assim persiste
E descobrimos
Que tão longe
É um lugar
Que não existe

Sempre entusiasta, tocava a fazenda da mesma forma que seus negócios. Quando resolvia fazer alguma coisa, logo criava planos ambiciosos. Visitava os amigos para ver o que faziam e tratava de fazer melhor.

O consultor Antônio Teixeira de Barros, por exemplo, criava cavalos da raça Apaloosa. Rolim soube e foi visitar seu haras.

— Bacana, hein? — disse, olhando os animais.

— É verdade.

— Você me compra uns?

— Quantos? — perguntou Teixeira, já desconfiado.

## O tapete mágico

— Ah, me compra uns 50.
— Você ficou louco? Vá devagarzinho, compre uns três para ver como é que é. Depois vá comprando mais.
— Está bem.
Passado um mês, Rolim já contava 30 animais.
Ao contrário do que ocorria na TAM, na Jaguarundy ele se permitia não ouvir críticas de amigos ou colaboradores, nem que estivessem dizendo a mais pura verdade. Certa vez, Rolim perguntou a Gonzaga Marins, diretor de controladoria da Táxi Aéreo Marília, que cuidava de seu imposto de renda e bens particulares, o que achava da fazenda.
— Depende — respondeu Marins.
— Como assim?
— Como propriedade particular, é linda. Como negócio, é um desastre.
Depois disso, Rolim passou a não convidá-lo mais para ir à fazenda.
Mantinha em Congonhas um hangar com seus brinquedos, que poucas pessoas tinham a permissão de ver. A Trans-Ar era o lugar onde mantinha seus aviões particulares, um Bonanza, um Citation e um Turbo Commander, todos pintados de amarelo e azul, com um "R" de Rolim. Ele gostava de passar ali algum tempo. Quando comprava um avião novo, ia até lá várias vezes discutir com o pintor a execução da faixa decorativa. No mesmo hangar ficava sua coleção de motocicletas, a maior parte delas Harley-Davidson. Chegou a ter mais de uma dúzia, com a ajuda de amigos como Oscar Americano, que lhe deu uma BMW de presente.
Também com Oscar Americano, Rolim entrou para um clube fechado de amantes de carros importados. O grupo cotizou-se para comprar um punhado de carros dos sonhos: um Jaguar, uma Ferrari, um Porsche, um Audi último tipo e assim por diante. Cada um tinha o direito de usar todos os carros, em sistema de rodízio.

Assim como passou a ter por norma só fazer o que lhe desse prazer, Rolim resolveu que teria também de modificar seu papel na empresa. O que mais gostava de fazer na TAM era aproximar-se das pessoas. A experiência com o câncer só aumentou esse desejo. E, como era de seu feitio, ele tentaria realizá-lo no limite de suas possibilidades.

*

No início de 1992, o entusiasmo do comandante com o retorno que obtinha dos passageiros levou-o a dar um passo adiante. Decidiu deixar os problemas administrativos para se dedicar quase inteiramente a ouvir os clientes.

Estar ao sopé dos aviões já não era o bastante. Rolim descobrira o seu caminho e mergulharia nele com todas as energias. Instituiria aquilo que já fazia na prática. Criaria a possibilidade de os passageiros entrarem em contato diretamente com ele, encontrando-o no aeroporto ou não.

O nome do serviço pareceu-lhe óbvio. O "Fale com o Presidente", criado oficialmente em fevereiro de 1992, não se tornaria apenas um canal de comunicação com o cliente. Seria a pedra de toque no estilo carismático de administração de Rolim.

Primeiramente, Rolim deu mais autonomia aos diretores para trabalhar em suas áreas. Fez uma única recomendação:

— Toquem, vão em frente, mas não esqueçam que quem tem a caneta sou eu.

Para dirigir o "Fale com o Presidente", Rolim convocou Umberto Lopes de Angelis, antigo funcionário e uma espécie de curinga dentro da companhia. Senhor simpático, de bigodes bem cultivados, era do tipo que poderia ser o pai de todo mundo. Rolim conhecera-o muitos anos antes, quando trabalhava como atendente nos balcões da VASP. Na época, Rolim costumava vir de Goiânia a São Paulo, deixava os aviões da ATA no aero-

## O tapete mágico

porto para a manutenção e retornava à capital goiana em um vôo de carreira.

Numa dessas viagens, quando Rolim aterrissou em Congonhas, percebeu tarde demais que deixara em Goiânia a carteira, com documentos e dinheiro. Sem saída, foi até o balcão da VASP e apresentou-se. Explicou que era um cliente regular e sempre tomava aquele vôo, mas esquecera a carteira.

— Será que eu poderia embarcar e depois fazer o pagamento?
— Não há problema — disse Umberto. Sem discutir, fez o *check in*.

Tempos depois, sem que Rolim soubesse, Umberto foi contratado por Raphael Pirágine para trabalhar na TAM. Ficou muito satisfeito ao vê-lo lá. Sobretudo, admirara Umberto pelo desprendimento de autorizar o embarque de um passageiro acreditando simplesmente em sua palavra. Nunca se esquecera dele. Esse era o espírito que desejava implantar na companhia. Queria que todos os funcionários colocassem o cliente em primeiro lugar. E que fizessem por quem escolhera a TAM algo que nunca seria esquecido.

Era o espírito inverso ao dos funcionários ranhetas que sempre surgem com uma desculpa burocrática para se livrar de um problema — e do próprio cliente. Toda vez que resolvia o problema de alguém, Rolim tinha certeza de que conquistava sua confiança. E fidelidade. Não por coincidência, ele nunca chamava alguém que comprava um bilhete da TAM de "passageiro", aquele que está de passagem. Para ele, o passageiro era sempre o "cliente": aquele que volta.

Ao colocar Umberto na chefia do "Fale com o Presidente", Rolim dava o tom não só do serviço como da própria companhia. Com sua ajuda, montou um grupo de uma dezena de atendentes, colocadas numa sala próxima à sua, no Hangar 1 de Congonhas. Ali eram lidas as cartas e atendidos os telefonemas para o comandante. As funcionárias recolhiam sugestões e as principais reclamações eram respondidas pessoalmente por Rolim.

## O sonho brasileiro

O lançamento do "Fale com o Presidente" foi comunicado em todos os vôos da TAM. A resposta desse canal de comunicação impressionou Rolim. Em 1993, com um ano de funcionamento do serviço, tinha acumulado 5 941 contatos, por telefone e carta. A maior parte, 48%, eram elogios. Outros 24%, reclamações. E 12%, sugestões.

As pessoas queriam falar.

Rolim respondia tudo. "Minha postura é de não prometer nada que não possa assumir e responder sempre, desde o mais simples bilhete até a mais complicada carta", explicava. "Relato a pura verdade, mesmo a que envolva ocorrências mais sérias. Assim, o serviço consolida a sua credibilidade."

Graças ao "Fale com o Presidente", sabia que o serviço no aeroporto de Salvador estava ruim porque um cliente apontara um problema ocorrido por lá. Ou que determinado vôo atrasara, também por meio do passageiro. Sabia quais as linhas e horários de maior preferência porque falava diretamente com os principais interessados.

O "Fale com o Presidente" aos poucos transformou-se num radar por meio do qual Rolim controlava a companhia de uma forma completamente diferente. Passou a comandá-la não a partir do que achava certo ou do que os diretores lhe traziam, mas do que dizia o cliente.

A sua rotina mudou. Das 6 às 9 da manhã, ele continuava a receber os passageiros em Congonhas. Depois, supervisionava assuntos administrativos e telefonava para os diretores, às vezes apenas para jogar conversa fora, com o intuito de demonstrar atenção. À tarde, depois do almoço, tratava de responder às cartas ou telefonar para os clientes, circulando nervosamente entre sua sala e a do "Fale com o Presidente". Parecia o alto comando de uma verdadeira operação de guerra: "Quando comecei a receber os cartões das pessoas que embarcavam na porta dos aviões, percebi que o volume de problemas, de reservas, de encomendas, de coisas extraviadas era imenso".

## O tapete mágico

Rolim se dispunha a ouvir qualquer coisa, das reclamações mais sérias às mais banais. Transformava-se em um resolvedor de problemas dos clientes. Acompanhava passageiros que chegavam doentes à enfermaria do aeroporto. Fazia pequenos consertos. Resolvia querelas. Dava a garantia de que o presidente estava ali para resolver tudo.

Rolim estava alerta não só por meio do "Fale com o Presidente", mas também pelas suas costumeiras *blitze*, ao voar pela própria companhia. Certa vez, dentro do avião, um cliente reclamou em altos brados que a aeromoça derrubara comida e manchara sua gravata. Rolim, que estava a bordo, levantou-se e foi ver o que acontecia. Resolveu a questão como aprendera nos velhos tempos com Maurício, o gerente da Suiá-Missu. Tirou a gravata do pescoço e ofereceu-a.

— Obrigado — disse o passageiro.

— Obrigado, não — disse Rolim. — Agora o senhor me dá a sua.

Como resolvedor de problemas, Rolim passou a intervir sempre procurando colocar-se ao lado do passageiro, não só no incentivo aos vôos dos Fokkers-100 como nas linhas regionais, que ainda fazia com os F-27. Adorava solucionar, sobretudo, os problemas que lhe davam oportunidade de cativar o cliente com um tipo de atenção que ele sabia não existir em nenhum outro lugar.

Rolim queria fazer justamente o que as outras companhias julgariam caro, improcedente ou desnecessário. Era essa sua forma de marcar o fato de ser diferente e ficar na memória das pessoas. Acreditava que não havia investimento supérfluo na hora de obter a fidelidade do cliente.

Não hesitava em mandar o avião fazer um pouso para somente uma pessoa ou em atender as reivindicações mais peculiares. Ao conversar com a massa de homens engravatados que embarcava todas as manhãs nos aviões da TAM, ouvia todo tipo de pedidos. A alguns dava particular razão. "Comandante, a saia das

243

comissárias tinha de ser mais curta", diziam uns. "Assim não dá para ver a calcinha."
 Rolim mandou chamar o engenheiro Falco. Decretou que as comissárias da TAM, dali em diante, precisavam subir a saia. Era, definitivamente, um pedido dos clientes.
 — Mas como vamos fazer uma coisa dessas sem ofender as comissárias ou vulgarizar a empresa? — perguntou Falco.
 — Não sei — disse Rolim. — Vamos fazer um plebiscito sobre o comprimento da saia. E tem de dar no joelho.
 Falco passou o problema para Marilu, do *marketing*. Com ela, o discurso adotado foi de que os uniformes precisavam ser renovados, apesar da motivação original da encomenda.
 Depois de estudar profundamente o caso, a costureira que fazia os uniformes da TAM criou um novo modelo, com uma saia dotada de fenda lateral. Embaixo, colocou um forro, como uma anágua mais curta, que pela fenda parecia ser uma calcinha vermelha. A solução foi aprovada e levada por Rolim para a propaganda boca a boca no salão de embarque.
 — Olha, botamos calcinha vermelha nas comissárias — sussurrava Rolim para os clientes. — Presta atenção que você vai ver.
 Muitos passageiros juravam que podiam ver realmente a calcinha vermelha.
 Rolim acreditava que era possível dar sensualidade às comissárias sem cair na vulgaridade. Como 85% do seu público era formado por executivos do sexo masculino, achava normal agradá-los daquela forma. A TAM não era a primeira companhia a fazê-lo. A Singapore Airlines, por exemplo, colocava suas comissárias em vestidos longos, que iam até os pés, com as mangas compridas. Contudo, eram peças de seda tão coladas ao corpo que produziam um efeito sensualíssimo.
 A presença de Rolim no dia-a-dia do aeroporto não exercia influência somente sobre a platéia externa. Implicava também numa nova forma de tratar a companhia internamente. Rolim

## O tapete mágico

empregava dia e noite seu receituário de administração, escrito somente na sua cabeça e transmitido por meio do exemplo.

O que mais temia, e combateria em toda sua carreira, era o inchamento e o imobilismo das empresas. Cada vez que Rolim ouvia a sugestão de um cliente, analisava-a e implantava-a imediatamente.

Gostava de contar o caso de um passageiro que reclamara das balinhas distribuídas antes dos vôos, sugerindo que a menta prejudicava o desempenho sexual masculino. Numa empresa normal, ponderava Rolim, a sugestão seria encaminhada ao departamento competente, que entregaria o problema a um nutricionista. O profissional analisaria o perfil alimentício do brasileiro e devolveria as conclusões do seu estudo, indicando alternativas. Depois, seriam chamados os fornecedores para uma análise dos preços. Ao final, as balinhas não seriam trocadas em menos de um mês.

Com Rolim era diferente. Ao subir no escritório, mandou seu motorista à padaria Rainha, ao lado do aeroporto, comprar todas as balas *toffee* e de coco que havia. E colocou-as imediatamente em todos os aviões. Ao voltar para casa naquele dia, tomando outro vôo da TAM, o mesmo passageiro telefonou, encantado.

— Estou ligando apenas para lhe agradecer a mudança das balinhas. Não precisava, comandante!

— Mas não era isso o que o senhor queria?

— Era, mas não tinha de ser hoje, comandante!

Rolim não queria saber de enrolação. "A gestão é mais eficaz quando resolvemos o problema no ato", dizia ele. "O cliente sabe que, falando o presidente, as coisas são resolvidas. Por isso, criei o 'Fale com o Presidente'. Esse canal tem credibilidade também porque dá ao cliente pronta resposta."

Rolim levava ao extremo uma velha máxima nem sempre praticada: numa empresa, quem manda é o cliente. E, se o cliente mandava na TAM, Rolim em pessoa era o seu delegado, para ter certeza de que seu pedido fosse satisfeito.

245

## O sonho brasileiro

Por meio do "Fale com o Presidente", Rolim passou a receber de 150 a 200 cartas e telefonemas por dia. Aquilo, para ele, era um "bem inominável". "O pior cliente que existe é o silencioso", dizia. "Esse não costuma ser fiel a nada. Nós queremos que o cliente interaja conosco, nos escreva, nos critique. Cada vez que um cliente liga para nós com a intenção de fazer uma crítica, nos dá a oportunidade de encantá-lo de uma tal forma que não se esquecerá da companhia jamais. Esse cliente merece respostas positivas."

A atitude de conquistar passageiro por passageiro começava a dar seus frutos. Parecia muito trabalho, mas foi daquela forma, brigando para conquistar cada passageiro, todos os dias, que Rolim iniciou um ciclo vertiginoso de expansão.

\*

Enquanto a concorrência seguia para o embate mortífero do mercado internacional, Rolim mergulhou no espaço criado no mercado interno. Nem ele imaginava, contudo, como a semente que plantara germinaria rápido — e tanto.

Tudo aquilo que antes parecia loucura, esquisitice ou extravagância, como mudar o uniforme das comissárias, distribuir balinhas em pessoa e fazer aviões mudarem de rota por causa de um passageiro, produziu seu efeito.

O investimento que ele fizera começou a ser recompensado. Não só em boa vontade, mas também em faturamento. As linhas diretas entre capitais, a chamada "rede especial", passaram a ser sua prioridade. Não precisando mais pular em cidades como Ribeirão Preto (a caminho de Brasília) ou Caxias (para Porto Alegre) para configurar o vôo regional, o último inconveniente foi derrubado para ganhar a preferência daqueles que ainda não embarcavam em seus aviões.

Rolim começou a colocar os Fokkers-100 no seu regime ideal, trabalhando em multifreqüências, nos trajetos mais procurados pelos executivos. Podia oferecer o serviço que desejava. E a

## O tapete mágico

política tarifária, auxiliada pouco mais tarde pela estabilidade monetária, com a criação do real na paridade de um para um com o dólar, faria sua receita também ser em moeda forte.

Rapidamente começou a alçar vôo. Em 1991, com seus quatro Fokkers-100, a TAM transportava 2 mil passageiros por dia útil. Em meados de 1992, Rolim recebeu o quinto e o sexto Fokkers-100, este último em junho. Com seis jatos, a TAM saltaria para 3 mil passageiros transportados por dia. E Rolim pediu à GPA dois aviões adicionais.

Enquanto a TAM crescia a olhos vistos, a Varig mantinha-se dentro de sua política de investir nas linhas internacionais, com dificuldade para enfrentar as companhias estrangeiras. A VASP, diante da concorrência brutal no mercado externo, teve de recuar para não falir. O projeto de Wagner Canhedo ruía.

Depois de correr atrás dos MD-11 para suas linhas internacionais, a VASP saíra para Seul, Bruxelas, Miami, Toronto, Barcelona, Los Angeles, numa verdadeira corrida pelo mundo. Canhedo teve de retirar todas essas linhas, deixando apenas Los Angeles e Miami, de maneira a não perder seu acordo de *code share* com a Continental Airlines.

De novembro de 1992 a fevereiro de 1993, a VASP perdeu todos os 32 aviões novos que tinha colocado em operação, sobretudo no tráfego internacional. Em 5 de novembro de 1992, a Justiça confiscou 24 dos seus 52 jatos por falta de pagamento. As dívidas da VASP somavam ao final do ano cerca de 1,2 bilhão de dólares, o quádruplo de quando Canhedo trocara a vida de dono de coletivos urbanos pela de empresário da aviação.

A Transbrasil, que chegara a Amsterdam, Londres, Miami e Washington, também perdeu centenas de milhões de dólares na tentativa de firmar-se no mercado externo. Fizera um acordo operacional com a VASP, pela qual Omar Fontana poderia arrematar a ex-estatal por 43 milhões de dólares para ficar com ela no final, se quisesse. Nem desse dinheiro dispunha.

247

E a Varig não estava muito melhor. Somente no primeiro semestre de 1992 perdera 123 milhões de dólares. Enquanto isso, a TAM aumentava a oferta de vôos entre São Paulo e Belo Horizonte, Brasília, Curitiba, Ribeirão Preto, Campo Grande, Porto Alegre. Rolim provava um gostinho especial. Começava a ser quebrada a hegemonia da Varig em Porto Alegre, berço da companhia, razão orgulhosa da preferência dos gaúchos. Se já conquistava clientes quando não fazia linhas diretas entre capitais, agora Rolim estava completamente à vontade.

A imagem que construíra para a TAM transformava-se numa enorme vantagem competitiva. Crescia num mercado em que todos os outros iam mal. Enquanto metade da frota de Canhedo voltava para as mãos das companhias de *leasing*, Rolim estava em fase de contratação de 24 pilotos e co-pilotos de Boeing demitidos pela ex-estatal. Depois do treinamento, colocou-os nos Fokkers-100 que trazia para o Brasil.

O DAC autorizou a TAM a fazer a ponte aérea, a partir de outubro de 1992, com base no princípio da anterioridade. Como ficara permitido na Conac, ele podia fazer o trecho Rio–São Paulo, desde que restrito ao mesmo número de passageiros transportados nos tempos dos F-27.

Feitos os cálculos, com um avião que agora tinha o dobro da capacidade, a TAM só teria direito a três vôos por dia. Não seria possível colocar um Fokker-100 para ficar dedicado a uma linha com somente três decolagens. Daria prejuízo. Com isso, Rolim começou a divulgar que seu avião era tão econômico, tão bom, que restringiria o número de assentos do Fokker a 80. Com isso, poderia fazer uma viagem a mais.

Rolim sabia que aquela era uma guerra de posições. O importante, primeiro, era ocupar o espaço. Mais tarde, trataria de alargá-lo.

Estabeleceu quatro freqüências de 80 lugares — dois vôos de manhã, dois à tarde, no horário de pico. Em abril de 1993, o Fokker-

## O tapete mágico

100 começou a fazer o trajeto Rio–São Paulo, com as mesmas características do serviço que Rolim procurara empregar antes no F-27, quando disputava passageiros com os Electras.

O serviço continuava sendo a grande diferença. Agora, contudo, Rolim tinha também um avião que podia competir em qualidade com os jatos do consórcio Varig-VASP-Transbrasil.

Com a entrada na ponte aérea e as linhas diretas para as capitais, Rolim começou a achar que precisava ganhar espaço em Congonhas. E a melhor maneira de fazê-lo seria por meio de uma outra ação de *marketing*, que procurava identificar a TAM como a companhia aérea de São Paulo.

Fez um contrato de patrocínio com o São Paulo Futebol Clube, que passaria a estampar o logotipo da empresa em seu uniforme. Convocou a imprensa e ganhou destaque no noticiário mais lido dos jornais, o das páginas esportivas. Fez estacionar diante de um enxame de fotógrafos e repórteres um de seus novíssimos Fokkers-100. De lá, saíram 11 modelos com a nova camisa do São Paulo, já gravada com o logotipo da TAM.

Com a entrada na ponte aérea, Rolim deu um salto em 1993 de oito para 14 Fokkers-100. O número de cidades servidas pela companhia aumentou de 52 para 56. Sua receita quase duplicou. Começava uma escalada que faria com que a TAM, cinco anos depois, detivesse mais da metade de todo o movimento do aeroporto de Congonhas.

Agora era a TAM que levava vantagem no mercado interno. Concentrando seus serviços entre as capitais, nas linhas mais movimentadas, e no interior de São Paulo, uma região com renda *per capita* comparável à de países desenvolvidos, sua rentabilidade era elevada. O foco de Rolim nos executivos em viagem de trabalho permitia, agora com maior liberdade tarifária, cobrar 20% mais que as concorrentes e ainda assim manter a fidelidade do cliente.

Enquanto isso, VASP e Transbrasil, mesmo com preços mais baixos, tinham dificuldade em ocupar seus vôos nacionais, num Brasil enorme e empobrecido. Esses vôos tinham duração quase intercontinental, entre aeroportos distantes dos grandes centros. Com isso, as grandes companhias, que antes monopolizavam as linhas diretas entre capitais, corriam para conquistar posições onde a TAM já se plantava. Choveram pedidos de solicitação ao DAC para transferir vôos que partiam de Cumbica para Congonhas, onde a TAM e a Riosul já estavam estabelecidas.

Com uma empresa enxuta e faturamento alto, Rolim via seu caixa engordar cada vez mais, enquanto a concorrência amargava o declínio.

Aos poucos, multiplicou as ações de *marketing* dentro da companhia. Não perdia oportunidade de fazer barulho e mostrar que sua companhia era diferente. Em ocasiões especiais, colocava músicos dentro do avião. Em 1994, quando o Brasil foi tetracampeão mundial de futebol, distribuiu broches comemorativos. Mandou pintar no Fokker-100 um sorriso e foi pessoalmente até a manutenção comandar o trabalho. Os Fokkers-100 da TAM passaram a voar com uma enorme boca verde-amarela no bico.

Dali em diante, Rolim passaria sempre a encomendar pinturas em seus aparelhos. Os jatos da TAM se transformaram em *outdoors*, com brincadeiras, homenagens ou pura informação publicitária. Ao inaugurar sua primeira linha para os Estados Unidos, por exemplo, a TAM pintaria no casco, ao lado do gigantesco logotipo da empresa, a inscrição "*Miami non-stop*".

Rolim procurava tirar partido até dos males inevitáveis, como o tempo de espera na sala de embarque. Não tendo como eliminá-lo, tratou de torná-lo agradável, de forma que pudesse ser lembrado de forma positiva.

Na inauguração dos vôos de Fokker-100 no trecho Rio–São Paulo, como início de um dia inteiro de festa, mandou preparar um café da manhã caprichado. O sucesso foi tanto que não teve como retirar o serviço. Montou então um café completo no bar, de

## O tapete mágico

tal forma que muitos passageiros passaram a deixar de tomá-lo em casa para fazer ali o desjejum.

Os encontros com os passageiros na sala de embarque se tornaram festivos. Rolim mandou instalar no salão um piano de cauda, e não faltavam artistas para exibir-se ali, a partir das 6 horas da manhã. Podia ser o pianista Pedrinho Mattar, um quarteto de cordas, um grupo de *jazz* ou Nhozinho, sanfoneiro que Rolim mandava trazer da cidade mineira de Ituiutaba. Aproveitava para satisfazer seus gostos pessoais.

Entusiasmado com a resposta dos passageiros no "Fale com o Presidente", Rolim resolveu incentivar suas contribuições. Lançaria em 1994 o programa "Dê-me uma idéia e eu te darei um bilhete". Os clientes que tinham suas idéias aproveitadas ganhavam um bilhete gratuito para qualquer destino servido pela companhia. No ano seguinte, teria acumulado 2 mil sugestões.

Foi graças a idéias de clientes que os aviões da TAM passaram a voar em dezembro de 1994 pintados com um gorro de Papai Noel, como um voto de feliz Natal. Outra idéia de um passageiro foi colocar músicas de Tom Jobim em homenagem ao maestro, recém-falecido. "Estou certo de que todas as pessoas que me deram idéias este ano não o fizeram somente pelo bilhete gratuito, mas querendo ajudar a aperfeiçoar os serviços da empresa", escreveu Rolim em uma de suas cartas de bordo.

Ele dizia que não precisava de um grande departamento de *marketing*, porque já tinha o que precisava: o cliente. Contudo, foi procurar ajuda para reforçar essa área. Agora que tinha o serviço desejado, precisava alcançar um número cada vez maior de pessoas. E ele encontraria, para isso, seu parceiro ideal.

\*

O publicitário Mauro Salles, conselheiro de muitas figuras de peso na história da República, exerceu também sua influência sobre Rolim. Mauro procurou o dono da TAM no início dos anos 1990, em busca da conta publicitária de sua empresa, quando ele trazia para o Brasil seus primeiros Fokkers-100.

Colecionador de carros antigos, na época presidente do Clube do Fordinho, o publicitário estimulou Rolim a criar um museu aeronáutico por causa de seu gosto por aviões antigos. Mais tarde, quando Rolim de fato criou seu museu, foi convidado para o conselho da instituição.

Rolim passou a gostar de Mauro, sobretudo por ele ter compreendido que o comandante era a coisa mais interessante da TAM. Em vez de propaganda pesada, o publicitário estimulou Rolim a capitalizar todo aquele conjunto de pequenas ações guerrilheiras que ele já fazia. Tal qual Rolim, Mauro também acreditava que a melhor propaganda era o elogio, o retorno e a recomendação dos clientes. E que a identificação dos passageiros da TAM com a companhia passava pelo seu comandante.

Mauro Salles foi um dos principais articuladores da criação de Rolim como símbolo da TAM. Reforçava a idéia de que a TAM tinha de ser a "TAM do Rolim". E o ajudava a aproveitar as pequenas idéias que produziam grandes resultados.

Mauro, por exemplo, tinha visto em uma companhia de aviação da Suécia, subsidiária da SAS, um crachá com nome grande. A explicação para o exagero era de que o passageiro, que estava sempre sob tensão dentro do avião, precisava de uma empatia maior com o funcionário da companhia aérea. Por isso, incentivava que chamassem seus funcionários pelo nome.

Aquilo era perfeito para a TAM. Rolim logo adotou a idéia. Quando o crachá começou a fazer sucesso, deu um a Mauro, com a inscrição: "Mauro, conselheiro". Mauro jamais pertenceu ao conselho da TAM. Rolim era de fazer esses pequenos gestos, cheios de significado: em vez de mandar uma carta, dera-lhe um cartão funcional permanente, símbolo de sua gratidão.

## O tapete mágico

Por meio de sua agência, Mauro passou a utilizar as "pequenas originalidades" de Rolim como método institucionalizado de promoção da companhia. Visitar os clientes, telefonar quando recebia uma reclamação, receber os passageiros no saguão do aeroporto, tudo aquilo que Rolim fazia era transformado em uma estratégia de comunicação que envolvia promoção e iniciativas novas.

Com o publicitário, Rolim começou a refletir mais sobre o papel desempenhado pelo líder em empresas que dependem de credibilidade, como na imprensa e na aviação. Não faltavam exemplos de lideranças carismáticas que tinham levantado empresas do setor, como Ruben Berta na Varig ou Omar Fontana na Transbrasil. Mesmo no exterior, havia exemplos. Foi o caso de Juan Terry Trippe, presidente da Pan American por duas décadas, responsável pela transformação do avião em meio de transporte de massa. Entre outros feitos, Trippe criou quase um monopólio dentro dos Estados Unidos, o país que mais se protege dos monopólios.

Todos esses homens eram líderes, mas estavam voltados para a empresa que dirigiam. Não eram personalidades que sensibilizavam o público. Rolim, ao contrário, tinha sua faceta de astro popular. Com isso, Mauro Salles acreditava que o grande poder da TAM era a imagem que Rolim já construíra perante o público. E que devia identificar ainda mais a companhia com seu dono, o que ela tinha de único e original.

Quando o processo de fidelização começou a ter maior importância na venda de bilhetes aéreos, foi Mauro Salles quem apontou a Rolim a idéia do Cartão Fidelidade. Ao contrário dos cartões que exigiam pontuação ou milhagem e tinham tantas regras que os clientes tinham preguiça até de ler, o Fidelidade era simples. A começar pelo nome, que Rolim no início achou pretensioso, mas acabou escolhido pela adequação perfeita ao conceito.

Seu mecanismo era um ovo-de-colombo: a cada dez trechos voados, o cliente ganhava um, sem restrição de destino ou época. Não havia troca de milhagem com outras companhias: para

253

receber o benefício, o cliente só podia voar pela TAM. Ou seja, manter-se fiel.

Na proposta publicitária do Cartão Fidelidade, apresentada pela agência a Rolim, o cartão que aparecia na foto levava o nome de Mauro Salles, com um número fantasia. Era um material para uso interno, mas Rolim, que não era de esperar, decidiu mandá-lo adiante daquela forma mesmo.

— Vamos lançar esta semana.

Saiu um folheto de emergência, com quatro páginas, explicando como funcionava o Cartão Fidelidade. Na foto do lançamento do serviço estava o cartão fictício com o nome de Mauro Salles. Com o sucesso do programa, Rolim passou a cultivar uma superstição. Todas as vezes que saía o anúncio do cartão, a foto era sempre a mesma, com o nome de Mauro, mesmo quando sua agência passara a cuidar da conta da Varig.

Em 1993, quando foi lançado o Cartão Fidelidade TAM, Rolim alcançara a marca de 10 milhões de passageiros transportados em toda a história da companhia — 2 milhões somente naquele ano. Nos três primeiros anos do programa, a TAM concederia 230 mil bilhetes de bonificação. Em 2000, os cartões Fidelidade chegariam a 800 mil. Os bilhetes de incentivo, a 1 milhão.

As iniciativas de *marketing* profissionalizaram-se. A TAM passou a ser procurada por empresas que desejavam fazer propaganda de seus produtos dentro do avião, transformado em uma nova forma de mídia. Durante uma semana, era feito o *merchandising* da empresa durante os vôos e sorteava-se ou distribuía-se um brinde, como computadores da IBM e celulares da Nokia. A Avon lançou cosméticos a bordo. A Citroën, o sedã Xsara. A Brahma passou a ser fornecedora exclusiva de cerveja da companhia.

Quando distribuía um brinde aos passageiros, Rolim marcava sua posição. "Este brinde está sendo oferecido pelo fabricante", esclarecia. "Mas o senhor só está recebendo porque está voando com a TAM."

Rolim não investia somente naquilo que aparecia para o público. Algumas de suas idéias eram destinadas a passar despercebidas pelo clientes. Uma delas foi o Passageiro Fantasma. Mesmo com todos os seus esforços para ouvir clientes, por meio da internet, do telefone e das cartas, ele achava que era pouco. Estabeleceu, então, o programa pelo qual um fiscal circulava incógnito pelos vôos da TAM, conferindo os serviços e ouvindo os passageiros, como se fosse somente o colega da poltrona ao lado. Para colocar o programa em ação, Rolim serviu-se de três empresas de consultoria, que de tempos em tempos faziam relatos do que viam e ouviam na presença de representantes das comissárias e pilotos.

O sucesso na comunicação renderia a Rolim uma série de prêmios. A TAM recebeu o "Top de Marketing" em 1994 e ele foi eleito Homem de Vendas do ano. O jornal econômico *Gazeta Mercantil* o apontou como líder do setor pela primeira vez — repetiria a indicação nos três anos seguintes e em 2000.

Com tudo isso, Rolim não precisava mais de propaganda pesada. Sua publicidade consistia em anunciar novos vôos, linhas e horários, sem adjetivos. Com isso, queria passar a idéia de que não precisava dos qualificativos — quem os dava era o cliente.

O caminho da "TAM do Rolim" estava pavimentado. Tudo o que ele tinha a fazer era continuar como estava, mantendo contato com o cliente, atendendo seus anseios, implantando novas idéias para agradá-lo.

Ainda não era líder de mercado, mas estava certo de que esse dia iria chegar.

\*

Do dia para a noite, tudo o que antes custara caro a Rolim passou a lhe cair nas mãos. Até mesmo a VASP.

Em 1993, Wagner Canhedo já percebera que a vida no mundo da aviação era mais difícil do que imaginara. Segundo

Rubel Thomas, o dono da VASP telefonara para a Varig com um pedido: "Me tira desse negócio". Fizeram uma renião na própria Varig, para a qual seria convidado Rolim, que tantas vezes falara a Rubel do consórcio para a compra da companhia paulista quando estava por ser privatizada.

Rubel e Rolim ouviram Canhedo, mas as coisas tinham mudado. Dessa vez, era Rolim que não queria a VASP.

Ao contrário de Canhedo, para quem a VASP "nunca esteve à venda", embora admitisse que, "sendo um homem de negócios", sempre estudaria uma proposta, Rubel sustentava que o dono da VASP deixara uma proposta firme para vender a companhia. E ele e Rolim chegaram a fazer piada do negócio, mais tarde.

"Perdemos eu e Rolim juntos, eu na Varig e ele na TAM, a oportunidade de comprar a VASP", conta Rubel. "Canhedo nos ofereceu a empresa por 400 parcelas de 100 mil dólares. E nós, vez ou outra, nessas ondas todas que passamos, às vezes brincávamos: fomos burros de não ter comprado."

Na verdade, Rolim já tinha algo melhor que a empresa antes tão ambicionada. Fizera seu próprio caminho, pagando suas contas do dia-a-dia, distante dos problemas de endividamento da ex-estatal.

Para ele, o mercado se tornava cada vez mais favorável. Em 1994, terminou o governo Itamar Franco, que substituiu Collor depois de sua renúncia, para dar lugar ao seu último ministro da Fazenda, Fernando Henrique Cardoso, eleito presidente em disputa com Luiz Inácio Lula da Silva. Entre o final da gestão Itamar e o começo da era Fernando Henrique, o Brasil mudara por completo.

Fernando Henrique fora uma aposta certeira de Itamar. Todos os mecanismos de correção automática de preços e salários tinham sido eliminados. Graças à conversão gradual de preço em cruzeiros para o real, equivalente a um dólar, a moeda brasileira se supervalorizou. Um estreito controle de emissão do real, a

## O tapete mágico

seriedade no trato dos gastos públicos, a abertura de importações para manter os preços baixos asseguravam o fim da inflação medida em reais. Eleito para cumprir de maneira honesta o que Collor prometera e garantir a estabilidade da moeda que ele mesmo obtivera com o real, Fernando Henrique começou um longo programa de privatização e de abertura dos mercados para acentuar a competição como política de governo. Era apenas o começo da reforma do Estado de que o país precisava. O Brasil devia trabalhar mais e melhor para baratear seus custos, criando uma sustentação definitiva para a estabilidade econômica.

Finalmente, se juntaram de maneira perfeita os três cenários pelos quais Rolim esperara: estabilidade da moeda, uma política tarifária coerente com os custos e a permissão de explorar linhas mais rentáveis.

A TAM ainda era menor que as três companhias mais tradicionais — Varig, VASP e Transbrasil —, mas não carregava os problemas das outras. Ágil, eficiente, com uma imagem poderosa no mercado, mantinha uma política de trabalho afinada com o desejo do público. Por tudo o que já vinha praticando, Rolim tornara a TAM a empresa mais preparada para aproveitar esse momento.

A aposta de Rolim no cliente, que vinha do tempo das políticas econômicas ruinosas, enfim se provou correta. E criara uma companhia sem os vícios que continuariam a envenenar as concorrentes acostumadas às benesses do Estado. Um ciclo se encerrava, porque devido a esse tipo de ajuda o poder público estava financeiramente quebrado. "Aprendi, com a década perdida da economia brasileira, que o único caminho para a TAM era acreditar na competição, enfrentando-a cada vez mais de braços dados com o mercado", definiria.

Quando Rolim criara o Projeto Evolução, depois de perder a VASP para Canhedo, imaginara chegar a oito Fokkers-100 cinco anos depois. Nesse período, no entanto, passou a ter 25. "O mercado respondeu muito mais rapidamente à oferta do que esperávamos", reconhecia ele. "Para cada assento adicional que nós oferecemos, recebemos dois pedidos de lugares. A TAM virou realmente líder do seu mercado. Tudo porque os clientes queriam conversar com alguém."

A partir de 1994, o crescimento da TAM tornou-se vertiginoso. Nesse ano, a companhia transportou 1,6 milhão de passageiros. De cem pessoas que embarcavam num vôo regional, incluindo agora os vôos diretos entre os aeroportos centrais das capitais, 49 estavam num avião de Rolim. A cada final de mês, feitas as contas, sobravam 50 milhões de dólares líquidos no caixa, graças à paridade do real com a moeda americana.

Para acompanhar a TAM, em 1994 a Riosul comprou a Nordeste Linhas Aéreas, com o capital da Varig. Assim, ficou com 38% do movimento do mercado regional. Contudo, embora melhor administrada que a companhia-mãe, não alcançava a TAM no critério eficiência. Na TAM, cada funcionário era responsável por 96 mil dólares de faturamento ao ano. Na Riosul, a média era de 76 mil dólares.

Rolim aproveitou o faturamento e a rentabilidade para investir, sempre na direção de oferecer o melhor atendimento possível ao cliente. No aeroporto, procurou eliminar a fila. Multiplicava invenções como a *"lobby lady"*, a moça que fazia o *check in* do passageiro antes que ele se aproximasse do balcão, para facilitar o embarque dos clientes sem bagagem.

Em março de 1994 inaugurou o *TicketLess*, pelo qual o cliente podia fazer sua reserva por telefone e ir para o balcão fazer o *check in* sem precisar passar pelo escritório de emissão de passagens.

O *TicketLess* dependia de um avançado sistema tecnológico. O satélite Brasilsat B2 ligava a TAM com vôos de outras companhias com centrais de reservas e postos de operações em todo o mundo. Integrava 70 aeroportos, dois deles no Paraguai. O *check in*, graças ao bilhete emitido com um código de barras de leitura a *laser*, consumia 11 segundos. A Varig não fazia a mesma operação em menos de dois minutos e meio.

Pelo sistema, Rolim recebeu em Boston o Computer-World Smithsonian Award, prêmio destinado às seis companhias no mundo que tinham dado importantes contribuições na área tecnológica.

O procedimento era tão veloz que ele ordenou às atendentes que o executassem mais devagar. Queria que elas tivessem tempo de, pelo menos, olhar para o cliente, sorrir e cumprimentá-lo, de modo que a companhia não perdesse a sua característica cordialidade.

"Colocamos uma agilidade moderada como premissa do novo sistema", dizia. "Queríamos que ele fosse tão rápido que os clientes não se aborrecessem, e suficientemente lento para que eles pudessem saudar os nossos funcionários, dentro do relacionamento humano que entendo necessário nessas circunstâncias."

Para obter esse ganho medido em segundos, Rolim fez cálculos em milhões. Somente nos projetos de instalação dos sistemas de comunicação por satélite, sem contar o treinamento e contratação de pessoal extra no setor de reservas, a TAM investiu 23 milhões de dólares.

Rolim gastava uma pequena fortuna para que o cliente ganhasse segundos no balcão porque mantinha sua fé na força dos detalhes. Apesar do empenho em trazer novos aviões e investir em tecnologia, o tratamento dedicado ao cliente ainda era o seu grande trunfo.

Com o crescimento da TAM, a entrada de novos funcionários passou a consumir mais tempo de Rolim. Precisava uniformizar o atendimento em todo o país. Tirava as quintas ou sextas-feiras para visitar as bases. Reunia o pessoal bem cedo ou à noite, quando o movimento era menor, para conseguir a maior platéia possível. Cada gerente local tinha de expor a situação do mercado na sua região e onde queria chegar. Rolim abria e encerrava cada encontro, de maneira a dar um exemplo vivo da sua cultura de trabalho e manter o pessoal motivado.

Mesmo quando passaram a se formar turmas de funcionários em admissão, Rolim nunca os deixava ingressar na TAM sem passar por ele. Obrigava todos a um programa de "integração", em que a atividade principal era assistir a uma palestra sua.

Capaz de arriscar os próprios bens e até a reputação em lances arrojados, Rolim tinha apenas um limite para o seu crescimento: o do cliente. Para ele, não havia ganho que pudesse perdurar se fosse à custa daquele que, em última análise, pagava-lhe os aviões, os investimentos e o salário: "O limite do nosso crescimento deve ser a qualidade dos nossos serviços", dizia.

Apesar de seu jeito impositivo, Rolim era, ao mesmo tempo, cativante. Aperfeiçoou a arte de fazer com que seus interlocutores se sentissem importantes. Para Rolim, o fato de colocar o indivíduo acima de tudo não era apenas uma política de trabalho, mas uma extensão de sua própria maneira de ser. Ao mesmo tempo que obtinha a fidelidade do cliente, o cliente obtinha a sua. "Um cliente é um amigo", dizia. "Como vou maltratar um amigo meu?"

Era como se isso fosse a fiança necessária para assegurar sua tranqüilidade: alguém que cativara não o trairia. Essa crença de Rolim tinha algo do compadrio do interior, no qual ele se formara. Firmava uma aliança não só com os clientes como com os funcionários, parceiros e fornecedores.

Para Rolim, a base desse relacionamento era ética. Para fechar um negócio, seus diretores tinham uma orientação. "Quando você diz não a uma proposta, você não está priorizando o produto", definia o comandante. "Quando você não responde, não está priorizando as pessoas." Para Rolim, tudo bem não querer um produto, desde que essa posição seja expressa claramente. Não se deve desprezar o fornecedor, até porque mais tarde ele poderá oferecer algo interessante.

## O tapete mágico

Fazia questão de que esse comportamento fosse assumido pelos funcionários. "Cumpram todos os compromissos assumidos, mesmo que em prejuízo da companhia", dizia. "Caso contrário, eu mesmo irei cumpri-los."

A personalização de sua gestão também passou a incluir detalhes que muitas vezes beiravam o folclore. Não admitia funcionário de barba. Quando estava por contratar alguém barbado, dependendo do candidato dizia-o abertamente ou enviava o recado por meio de terceiros.

Certa época, o diretor de planejamento de rotas e aeroportos da TAM, Armando Lucente Filho, deixou o cabelo crescer. Rolim o interpelava, querendo saber quando iria ao barbeiro. Armando, contudo, dava a desculpa de que trabalhava das 8 da manhã às 10 da noite e portanto não tinha tempo de cortar o cabelo. Na verdade, gostava do seu cabelo comprido.

Um dia, Rolim o chamou em sua sala. Armando compareceu imediatamente, certo de que estava sendo convocado para uma reunião importante. Quando entrou, lá estava Rolim ao lado de um barbeiro munido de toalhas, cremes e tesoura. Explicou:

— Como o senhor diz que não tem tempo de ir ao barbeiro, eu resolvi trazer o barbeiro aqui para o senhor.

Rolim dizia que, quando desejava contratar alguém, convidava o candidato para almoçar. Durante a refeição, verificava se ele comia rápido ou devagar. Comesse rápido, estava contratado. Comesse devagar, era descartado. Explicava assim o critério: "Um funcionário que come devagar pensa mais em si do que na empresa".

A idéia de que o funcionário devia colocar a empresa em primeiro lugar não tinha sido inventada por Rolim. Ao expressá-la naqueles termos em suas conversas privadas, soava um tanto exagerado, mas divertido e provocador — era "mais uma do Rolim". No entanto, ao fazê-lo numa das suas "Cartas do Comandante", os editoriais que escrevia nas publicações de bordo da

261

TAM, choveram reclamações. Surgiu a ameaça de um processo do sindicato dos nutricionistas, sob a alegação de que Rolim estaria incitando um comportamento nocivo à saúde.

"Todos os nutricionistas do Brasil me deram uma cacetada", dizia ele. Teve de publicar um meio-desmentido. "Respondi o seguinte: realmente no almoço eu como depressa, mas quando janto com a minha família eu vou bem devagar."

No fundo, ele gostava daquele tipo de confusão. "Eu tenho alguma coisa de polêmico", dizia Rolim. "Mas isso se ajusta muito bem à TAM. Pelo menos enquanto eu for acionista majoritário."

\*

Com o tempo, Rolim se tornou um homem controvertido. Fazia o que gostava e achava que isso lhe dava o direito de estar acima das convenções. Essa era a manifestação muito particular de sua vaidade.

Não tinha muito tempo para comer fora. A quem perguntava, dava a desculpa de que gostava de arroz soltinho e nos grandes restaurantes só encontrava o produto empapado, numa atitude de absoluto desprezo para com os risotos clássicos da culinária italiana.

Evitava ocasiões sociais. Comparecia somente a casamentos, ainda assim de "gente muito chegada". E fazia pouco de determinados capítulos da etiqueta. Era capaz de palitar os dentes na frente de alguém na mesa do almoço, sem a menor cerimônia.

Entre as frases que inventava e alardeava como suas verdades particulares, estava a de que "o grã-fino é o sujeito que tem uma educação superior à sua inteligência".

O rigor de Rolim em certos aspectos passou a ser levado a extremos. A pontualidade, virtude que ele aprendera com Orlando Ometto, virou obsessão até na vida privada. Quando sua filha Maria Cláudia se casou, exigiu dela "apenas uma coisa": que entrassem na igreja no horário correto. Assim, o tradicional atraso

## O tapete mágico

da noiva a caminho do altar não aconteceu — os convidados, surpresos e despreparados, tiveram de correr para seus assentos quando eles irromperam porta adentro no horário exato, dando início à cerimônia.

Era um narcisista diferente. No início dos anos 1980, Rolim decidira fazer uma cirurgia de microtransplante de cabelo, do tipo que transforma a cabeça dos calvos numa floresta de minúsculos tufos. Fizera a história entrar para o seu folclore particular. Passeava na Praça da República num domingo, quando o lugar se transformava num ponto de encontro no centro da cidade de São Paulo. Ali se misturavam cantores de rua, mendigos, artistas baratos, camelôs e gente de todo tipo. Acompanhado do ex-governador paulista Paulo Egydio Martins, Rolim parara diante de um repentista, que cantou alguns versos de improviso. Das cinco estrofes, três zombavam de sua pobreza capilar. Fora o incentivo que faltava para a cirurgia, que lhe custou 40 dias de dor de cabeça.

Só descansava da vaidade na fazenda em Ponta Porã, onde se sentia mais à vontade. Lá, podia fumar cigarro de palha, permitido pelos médicos, dar milho às galinhas e andar com as botinas gomeiras que comprava em Pedro Juan Caballero, no Paraguai.

Rolim nunca aprendeu a falar inglês direito, mas não tinha muitos problemas com isso. Falava do seu jeito e os outros que tratassem de entendê-lo. Chegava a fazer discursos em seu inglês defeituoso, juntando palavras.

Gostava de artes, mas não era um conhecedor. Freqüentava pouco o teatro. Ainda assim, somente quando a TAM patrocinava a peça. Numa dessas vezes, cometeu uma gafe: sem saber pelo título (*A morte e a donzela*) que o tema do espetáculo era a tortura nos governos militares, organizou uma sessão fechada para uma platéia de oficiais de alta patente da Aeronáutica.

Apesar de seus esforços, Rolim nunca se desligava totalmente do trabalho. Dizia a Athos Maia:

263

— Eu me acostumei tanto a resolver problemas que se não tiver problema eu sinto falta.

Embora procurasse ser justo em suas decisões, não deixava a intempestividade de lado. Certa vez, ao discutir com um funcionário, quebrou a mão ao dar um murro na mesa. Passional, ia de um extremo a outro, do amor ao ódio. Era um homem romântico, que na juventude escrevia lindos bilhetes a Noemy quando viajava. Mandava cartas a amigos, não perdia contato com as pessoas, mas podia ser muito rigoroso com os filhos, especialmente com Maurício. Era o pai que explodia e depois se arrependia.

Aos poucos, desenvolveu um estilo mais melífluo. Numa conversa, nunca começava falando de negócios. Procurava cativar o interlocutor, procurando se colocar logo como amigo. Eliminava seus mecanismos de defesa e, no final, dava o bote. "Primeiro ele encantava o interlocutor", definia um amigo, que o vira muitas vezes negociando aviões usados nas viagens pelos Estados Unidos e Europa. "Depois, quando sua presa estava cativada e desarmada, dava-lhe com um pau na cabeça."

O amigo era Miguel Candia, um paraguaio calvo, esperto e de riso fácil. Rolim o conhecera quando Miguel era piloto do ex-ditador da Nicarágua, Anastasio Somoza, então exilado no Paraguai. Havia levado o jatinho do patrão a São Paulo para consertá-lo nos hangares da TAM em 1982, e Rolim, por curiosidade sobre Somoza, abordou-o. Desde então tornaram-se muito próximos.

Rolim ainda mantinha o velho costume da tribo. Respeitava os pilotos que voavam melhor que ele. O piloto que admirasse podia tomar café ao seu lado com o pé em cima da mesa. E considerava Miguel um piloto habilíssimo.

Em 1985, levara-o para trabalhar numa empresa que fundara nos Estados Unidos, a First Aero Service, com sede em Miami. Lá, Rolim comprava aviões usados para revendê-los no Brasil. Voava com Miguel pelos Estados Unidos procurando bons negócios. Tinham ainda um escritório de revenda de peças e faziam vôos *char-*

## O tapete mágico

*ter* para lugares como a Martinica. Mais tarde, muito ocupado com o crescimento da TAM, Rolim deixaria a empresa nas mãos de Miguel.

Foi o hábil piloto paraguaio quem o introduziu no mundo maravilhoso dos *vips* e políticos de seu país. Muitos eram empresários, como Juan Carlos Wasmosy, que dirigia a Conempa, companhia que construía a porção paraguaia da hidrelétrica de Itaipu, e mais tarde seria eleito presidente da República.

Para completar, Miguel era seu companheiro constante de farras. Para onde Rolim quisesse levá-lo, estava sempre à disposição. Galante e aliciador, Rolim não perdia oportunidade de tecer elogios às mulheres ou entrar em algum lugar aonde a música o chamasse. Tinha nesse comportamento algo de farsesco, como se brincasse com todos os que estavam à sua volta. E, com Miguel, encontrara um parceiro também sem freios para se divertir, sobretudo nos tempos em que os negócios eram áridos.

Rolim ainda tinha muito do rapaz que adorava a sanfona do pai, que ia com Orlando Ometto às *peñas* em Assunção e gostava de desfrutar da sensação de liberdade dentro do seu avião, cortando o céu. Por causa desse temperamento, evitava muitas circunstâncias de trabalho em que se sentia prisioneiro.

Odiava reuniões burocráticas. Para discutir detalhes, cláusulas, mesmo em reuniões importantes da TAM, ficava 15 minutos e saía. Preferia deixar que alguém resolvesse o assunto por ele, de modo a não perder a paciência.

— Não agüento ficar em reunião. Sala fechada não é comigo.

Inquieto, temperamento agitado, preferia ir a campo, realizar. Tinha esse ímpeto, uma necessidade de extravasar sua espantosa energia.

Não suportava a solidão. Ficar sozinho, só quando estava trabalhando, lendo cartas de clientes ou escrevendo a resposta. Por isso, estava sempre convidando alguém para compartilhar os seus programas. Esse hábito levava-o a surgir nos lugares mais estranhos com as pessoas menos esperadas.

265

Assim, podia aparecer em uma reunião ou na casa de amigos acompanhado dos cantores caipiras que o visitavam na TAM. E arranjava um jeito de fazê-los cantar.

Era um provocador. Gostava de omelete texano, com lingüiça. Quando, em suas viagens pelos Estados Unidos, tomava café com alguém que não conhecia, pedia logo dois. Colocava o outro na frente do interlocutor e dizia:

— Come aí. Que é que você acha?

Em 1989, em Wichita, numa das visitas em que procurava cultivar seu relacionamento com a Cessna, foi convidado para um jantar. Estavam lá o *chairman* da Cessna, Jack Hezlepg, diretores, gerentes de vendas locais, além de um grupo de altos executivos da General Dinamics, proprietária da companhia americana naquele momento.

Mesmo com seu inglês de brasileiro, Rolim era o centro das atenções. Num momento de desabafo, começou a falar contra as políticas democráticas, por causa de todos os problemas que vivia o Brasil naquele momento. Punha na fraqueza do regime a culpa pela trajetória errática da política econômica de Sarney.

Num momento em que todos os países latino-americanos caminhavam para a democracia política, disse então que a ditadura era a melhor coisa para a América — logo ele, que fora perseguido pela ditadura militar e tivera seu negócio diretamente prejudicado por ela ao longo de uma década. Acrescentou que o modelo americano não servia para o Brasil.

Instado a explicar as razões do que afirmava para a platéia assombrada, virou-se para um atônito Miguel Candia, que o acompanhava, e disse:

— Miguel, *explanation to you*.

Para Rolim, autoridade era algo fundamental na liderança, algo de que ele entendia muito bem.

Deixara aquelas "idéias comunistas" para se tornar um liberal, mas se mantinha como um homem de ideais. Acreditava na liberdade, nas virtudes da livre iniciativa. Achava que a distribuição de renda se dava pela criação de novas rendas, não pela divisão da renda dos outros.

Para ele, havia um primado da iniciativa sobre as convenções e regulamentos. "O homem remove montanhas, isso é verdade", dizia Rolim. Falava como quem estava habituado a praticar o velho ditado. Acreditava ainda na prevalência da iniciativa privada e do mercado sobre qualquer ação de governo. "Acho que o homem sempre faz tudo muito mal. O governo, quanto menor, melhor. É um mal necessário."

Desdenhava os políticos: "Não costumam ter compromissos com idéias, com filosofia. Têm compromisso com o momento. E essas mutações provocam uma descontinuidade genérica extremamente nociva ao desenvolvimento dos negócios e das pessoas".

Nunca lidou muito bem com políticos. Não era o tipo que azeitava essa relação com dinheiro. Não dava passagem de graça para ninguém, mesmo aos militares da burocracia do DAC. Dizia que bilhetes aéreos eram para ser vendidos. Dessa forma, chegava a criar situações difíceis para si mesmo. Nem pessoas que o tinham ajudado recebiam esse favor.

Rolim era capaz de extremos. Podia mandar um jatinho buscar um amigo para levá-lo ao hospital, se soubesse que estava doente. Contudo, recusava uma simples passagem aérea à mesma pessoa se lhe pedisse. E mais: desclassificava quem pedia.

Detestava a política conhecida no Brasil como "toma-lá-dá-cá". Por essa razão, nunca foi muito bem visto por aqueles que gostavam de ser cortejados devido ao poder que detinham. Somente obteve alguma benevolência por parte do poder concedente quando se aninhou ali um amigo, Délio Jardim de Mattos, capaz de compreender os seus valores. Somente no fim da vida de Délio, que morreria empobrecido, Rolim lhe daria assistência.

Apesar dos altos conceitos, ele não se importava de enaltecer as piores figuras históricas, que admirava pelo simples fato de terem se destacado por sua decisão e grandiosidade. Achava que o carisma estava acima do bem e do mal.

Por causa disso, envolveu-se diversas vezes em situações que outros julgavam embaraçosas. Quando estava para comprar seus primeiros jatos intercontinentais, entrou na Alemanha carregando em seu Citation uma estátua de bronze do líder nazista Adolf Hitler. Comprou a peça em um antiquário em Madri, mandou embrulhá-la e a levou para Hamburgo, onde encontraria os principais executivos da DASA, empresa controladora da Airbus. Abriu o presente na sala de reuniões dos executivos da empresa alemã.

— Sei que vocês gostam dele, embora não reconheçam — explicou Rolim.

Como aquele senhor representava alguns milhões de dólares, ninguém da DASA ousou contrariá-lo.

Em outra ocasião, em Stuttgart, foi levado pela Mercedes Benz ao museu da companhia. Andava com o alto escalão dos executivos da empresa, olhando os primeiros carros fabricados por ela, até chegar a um canto onde estava o carro que pertencera a Hitler. Pediu então aos fotógrafos uma foto ao lado do veículo e estendeu o braço, gritando: *Heil!*

Para Rolim, certas regras existiam para que ele — e somente ele — pudesse quebrá-las. Orgulhava-se em dizer que seus melhores amigos eram as pessoas com quem fez negócios, sinal de que foram bons para ambos os lados. Contudo, fez muitos negócios em que os únicos beneficiados eram alguns amigos. E fazia vista grossa quando se aproveitavam dele. Achava que era o preço por manter a amizade.

Certa vez, um amigo de Maurício ficou lhe devendo dinheiro. Rolim censurou o filho:

— Você é um trouxa — disse. — Faz negócio com amigo teu, depois não tem direito de cobrar. Fazer negócio com amigo dá nisso.

— E o senhor deve me entender muito bem — foi a resposta.

Naquele dia, Rolim não disse mais nada. Algumas verdades o deixavam de mau humor. Rolim tinha uma maneira muito própria de lidar com as pessoas. Dirigia-se a todos por qualificativos. Pamplona era o "brigadeiro Pamplona". Quando o interlocutor não tinha o qualificativo, Rolim o inventava. Shigeaki Ueki era o "doutor" Ueki, mesmo sendo economista, não médico. Athos Maia era "capitão", sem nunca ter sido militar. Rui Aquino, que nunca freqüentara faculdade, era o "engenheiro", pelo simples fato de ter começado sua carreira na TAM na área de manutenção.

Quando não tinha o que inventar, Rolim usava simplesmente "professor", que valia para alguém que respeitasse. Exigia, também, que o tratassem da mesma forma: poucos tinham autorização para chamá-lo de outra coisa que não "comandante". Era tão enfático nisso que o hábito do qualificativo foi incorporado e se espalhou entre os diretores, como uma espécie de código interno.

\*

Além das pessoas, Rolim tinha um modo muito particular de tratar o dinheiro. Gostava de se vestir bem, embora se vangloriasse de estar sempre elegante com roupas supostamente baratas. Diante de um jornalista, era capaz de tirar o sapato para mostrar a marca — "Fidalga, 40 dólares" — e comparava-se ao próprio filho, porque Maurício pagava cinco vezes mais por um par de grife. Mesmo assim, Rolim era capaz de gastar quase os mesmos 200 dólares mandando consertar o sapato barato num sapateiro de luxo.

Quanto maior e mais caro o objeto, menos análise Rolim fazia do preço. Tinha menos dúvidas para comprar um jato de milhões de dólares do que um relógio vagabundo. Discutia centavos com vendedores. Quando enfim achava o relógio pelo preço que desejava, passava a desconfiar do artigo.

*O sonho brasileiro*

Certa vez, foi com Miguel Candia comprar um Citation 7 na fábrica da Cessna, em Wichita. Viu o avião, escolheu as especificações. O preço alcançava os 7 milhões de dólares. Rolim escolheu as cadeiras, o bar, pediu um *entertainment center*, um superestéreo, DVD, revestimento de madeira. Com tudo aquilo, o preço subiu mais 500 mil dólares. Ficou preocupado, estudaria o orçamento. Pensou: dinheiro é para gastar nesta vida. Tinha já seu desconto como distribuidor, mas queria mais. E começou a negociar, com seu inglês de Tarzan.

— *You provide discount to me* — foi dizendo. — *Or no buy*.

Discutiu com o vendedor. Miguel saiu. Quando o reencontrou, Rolim disse que tinha fechado o negócio — não pelos 500 mil dólares iniciais, mas por 250 mil. Um desconto de 50%. Assinara o contrato, estava feliz.

Miguel estranhou o tamanho do desconto. Começou a lhe fazer perguntas. Rolim explicou:

— Ele me deu *half per cent discount*.

— Comandante, o que eles lhe deram foi meio por cento de desconto, não cinqüenta por cento.

— O quê? Não pode ser. *Half* é metade.

— Sim, mas é *"half per cent"*!

Rolim emitiu um sonoro palavrão. Contudo, não voltou atrás: pagou a conta.

Engenhoso, admirador de pessoas simples e originais, tinha um gosto especial por frases de efeito, algo que perpassava sua vida. Adorava criar frases próprias e não poupava citações. Utilizava-as com freqüência nas "Cartas do Comandante" e no próprio dia-a-dia.

A maior parte delas era dirigida aos seus próprios interesses e dos executivos que eram clientes da companhia. Apreciava sobretudo aquelas que continham uma fina ironia, como uma de suas preferidas, do presidente americano Abraham Lincoln: "Concedei-me, Senhor, a serenidade necessária para aceitar as coisas

O tapete mágico

que não podemos modificar, coragem para modificar as que podemos e a sabedoria necessária para distinguir umas das outras". Rolim gostava tanto de algumas frases que as tomava muitas vezes como suas. Uma delas era de Álvaro Ayres Couto, ex-diretor da empresa de consultoria Price Waterhouse. Aplicava-a quando alguém lhe dizia não ter tempo para fazer algo de que precisava: "Quando quiser que uma coisa seja feita depressa, peça a um homem muito ocupado".

O gosto de Rolim pela autoridade e por vidas extraordinárias atingia seu auge na admiração por Napoleão. Sua biblioteca sobre o líder corso que foi general e imperador francês era vasta. Sobre a lareira, em sua casa, mantinha um retrato a óleo do ídolo. Quanto ia a Paris, nunca deixava de visitar sua tumba, sob a cúpula dourada do Hospital dos Inválidos. Admirava não só sua extraordinária biografia como o fato de que Napoleão era também um pensador sagaz, muitas vezes irônico. De origem rude como Rolim, mesmo quando imperador desdenhava certos refinamentos. Rolim deliciava-se com suas frases sobre etiqueta ("É fácil ser educado à mesa, basta não ter fome") ou sobre o poder ("O coração de um estadista ou de um homem de negócios reside em sua cabeça", recitava Rolim).

Na sua adoração ao ídolo, ele ia longe. Com Noemy, Miguel Candia e Mário Sampaio, da Multiplan, percorreria toda a rota de Napoleão desde que voltou de seu primeiro exílio, na ilha de Elba, para atravessar a França e entrar triunfante em Paris, onde seria coroado imperador. Cultivava o projeto de ir à ilha de Santa Helena, no Atlântico, onde o general imperador morreu no exílio, em 1821. Estudava fazer a viagem primeiro em um barco inglês que sairia da ilha de Ascension. Outra possibilidade seria ir num Catalina, avião anfíbio da Segunda Guerra Mundial, com 36 horas de autonomia. Chegou a negociar a compra do avião, mas não conseguiu concretizá-la. Por fim, restou a hipótese de adquirir um iate para o trajeto.

Eram tantas suas idéias mirabolantes que ele mesmo não as distinguia mais dos projetos sérios: não fora seguindo o previsível que ele conquistara seu lugar no mundo. Por isso, cada vez que se movimentava, todos olhavam-no desconfiados e incrédulos. Rolim, contudo, sempre provava o quão longe estava de tantos outros sonhadores que tinham sido enterrados pela vida prática. Aos poucos, provaria que também tinha seu quê de Napoleão.

*

Sedutor, Rolim dependia do reconhecimento alheio. Precisava de que os outros dependessem dele. Odiava quando alguém deixava sua companhia, o que lhe despertava o sentimento de rejeição.

Colocava emoção em tudo o que dizia. Conseguia uma aproximação rápida com seus interlocutores por uma razão simples: interessava-se realmente por eles. Passava a saber quem eram, o que faziam, o que desejavam, até os detalhes que pareciam menos relevantes. Era capaz de lembrar de tudo em detalhes, de modo que podia conversar com alguém que só vira uma vez como se fossem velhos amigos.

Tratava com o mesmo desembaraço funcionários, desconhecidos que encontrava em suas viagens de motocicleta, artistas, empresários, banqueiros e até reis. Não tinha problemas para se aproximar de alguém. Em uma festa, em 15 minutos parecia ser o anfitrião. Amigos contavam às dezenas os casos em que ele, devido a essa peculiaridade, se tornara amigo das pessoas mais improváveis.

Em 1987, quando já procurava aviões para substituir o F-27, interessou-se pelo ATR-42, outro aparelho para transportes regionais. Acompanhado de Miguel Candia e outros amigos, Rolim visitava todos os *shows* aéreos. No Paris Air Show, em Le

## O tapete mágico

Bourget, na França, procurou pelo estande onde estava o avião. Apresentou-se, mas como não tinha marcado a visita foi barrado na entrada. Diante da sua insistência, a atendente chamou um segurança. Este informou que em breve haveria uma visita privada. E por essa razão o estande estava fechado.

Rolim, chateado, rodeou o estande, cercado por uma fita. Dali a pouco, conseguiu se aproximar novamente do segurança e o convenceu a deixá-lo entrar, por não mais que "1 minuto" — o tempo de entrar, olhar e sair. Subiu com Miguel no avião, foi até a cabine e lá encontrou um piloto. Começaram a conversar sobre os aspectos técnicos do ATR. E o tempo passou.

De repente o segurança entrou no avião. Estava em pânico. A visita tinha se adiantado. Não podendo tirar os estranhos do avião sem serem vistos, decidiu escondê-los. Colocou Rolim com o piloto na cabine e fechou Miguel Candia no armário de serviço contíguo à sala de comando.

Em instantes entrou a comitiva, liderada por Serge Dassault, filho de Marcel Dassault, um dos maiores fabricantes de aviões do mundo, entre eles o célebre caça Dassault-Mirage. Vinha acompanhado de sua equipe e do cliente, a quem começou a mostrar os compartimentos do avião, até abrir a porta da cabine e dar com aquele sujeito a conversar animadamente com o piloto. Identificou-se e disse:

— O que o senhor está fazendo aqui?

Rolim não se apertou. Virou-se para o cliente de Dassault, e disse:

— My name is Rolim Amaro, from Brazil. And you?
— I'm king Fahd, from Saudi Arabia.
— Oh, glad to meet you, sir!

Logo entabulou conversação com o rei Fahd, explicando que era amigo de outro amigo dele, o empresário brasileiro José Luiz Whitaker, dono da Engesa, fabricante de veículos e armamentos militares que exportava para a Arábia Saudita. Nesse diálogo, firmou mais uma de suas amizades-relâmpago. Nesse instante, o grupo ouviu um barulho. Dassault abriu uma porta e disse:

— E quem é esse sujeito que está dentro do armário?

— Não tenho a menor idéia.

Em outra ocasião, Rolim foi a uma feira em Farnborough, na Inglaterra. Na *van* que conduzia os passageiros do heliporto até o local da feira, conheceu o vendedor de armas Adnan Kashoggi, então proprietário de uma das maiores fortunas do mundo.

Kashoggi simpatizou tanto com Rolim que saíram da *van* de braços dados. Rolim contou-lhe que iria em seguida para Cannes, no sul da França, onde pretendia estudar a compra de um iate numa feira náutica. Kashoggi passou-lhe seu telefone e o convidou a visitá-lo em sua *penthouse* na cidade.

Rolim foi em seu Citation para Cannes, com Miguel Candia e Rafael Alonso, vice-presidente da Airbus. Ao chegar, ligou para Kashoggi. O vendedor de armas destacou seu motorista para buscar o grupo no hotel de Rolls Royce.

No jantar, a conversa foi animada. Depois de várias garrafas de vinho, o magnata chegou a oferecer dinheiro para um "pequeno" negócio.

— Rolim, vamos comprar a Varig — dizia. — Você e eu. Eu ponho o dinheiro.

A certa altura, o vinho começou a fazer efeito. Pelas tantas, o dono da TAM passou a chamar o anfitrião de "Mr. Kadafi", referência ao ditador líbio, sem reparar que trocara o seu nome. Ao saírem, Miguel chamou sua atenção.

— Mas Rolim, você chamou o homem o tempo todo de Mr. Kadafi!

— Não é possível!

Graças aos relacionamentos que construía, Rolim muitas vezes acabava se saindo bem. Devido a seu carisma, podia falar mal dos políticos à vontade e ao mesmo tempo tornar-se amigo deles. Separava as pessoas dos seus atos.

## O tapete mágico

Dessa forma, podia ser amigo de Luiz Inácio Lula da Silva, um dos principais líderes de esquerda e futuro presidente do país. "Gosto muito do Lula", dizia ele. "Não concordo com 99% do que ele diz, mas sou amigo dele. Ele me trata muito bem." Pela mesma razão era também amigo do ex-ditador paraguaio Alfredo Stroessner e do general Hugo Banzer, ditador totalitário da Bolívia.

Certa vez, Banzer surgiu em sua fazenda, em Ponta Porã, exibindo uma promissória de 200 mil dólares, emprestados a um amigo que não o pagara de volta. Queria saber se Rolim achava que aquele papel tinha validade. De outra feita, chegou a lhe oferecer o Lloyd Aereo Boliviano por 1 dólar — Rolim, claro, ficaria com as dívidas da companhia, que dispunha de uma frota de quatro jatos. Dessa vez, dispensou a oferta.

Às vezes, fazia também vista grossa a outras coisas. O empreiteiro Cecílio Rego Almeida, apontado em 1992 pela revista americana *Forbes* como o homem mais rico do Brasil, tinha algo em comum com seus peões: gostava de exibir macheza. Certa vez, ao discutir como tratava seus desafetos na sala de embarque da TAM em Congonhas, exibiu a Rolim e a uma roda de desconcertados passageiros um pequeno revólver de cabo de madrepérola, retirado da meia cinza, e metade de uma tesourinha, que dizia servir para "arrancar os olhos" dos inimigos. Logo depois, embarcaria no avião da TAM com seu arsenal, sem ser incomodado pelo comandante. "Não tem problema, o Cecílio eu conheço", dizia Rolim.

Espirituoso, o comandante não perdia oportunidade de provocar ou alfinetar interlocutores. Não faltavam exemplos. Conhecia José Sarney do tempo do regime militar, quando era ainda um pouco conhecido político da Arena. Mais tarde, quando Sarney se tornou presidente da República, o comandante encontrou-o numa visita oficial à fazenda Itamaraty, de seu amigo Olacyr de Moraes.

Sarney vinha andando, cumprimentando as pessoas na fila. Ao chegar em Rolim, parou e disse:

275

*O sonho brasileiro*

— Rolim, você envelheceu muito!
— Obrigado, presidente. Infelizmente, não posso dizer o mesmo do senhor!

De outra feita, perguntado por um jornalista o que achava de Luiza Brunet, ex-modelo e empresária que teve seu tempo de símbolo da beleza brasileira, saiu-se com outra de suas tiradas:

— Todo mundo sabe o que eu penso da Luiza Brunet. O que interessa é saber o que ela pensa de mim.

Sempre tinha uma saída para tudo, inclusive para atender amigos e clientes. Em 1985, por exemplo, a Cessna recebeu de volta do FedEx um lote de 25 Caravans, avião que a empresa desenvolvera por desejo da própria companhia de correios e encomendas americana para atender cidades pequenas. Russ Meyer, já na direção executiva da companhia, não sabia o que fazer com tantos aparelhos que retornavam do fim do contrato de *leasing*. Em apuros, levou o problema a Rolim, que resolveu ajudá-lo. Decidiu comprar o lote inteiro, mesmo sem saber o que faria no Brasil com os aviões.

Pediu a Daniel Mandelli que estudasse o caso. E Daniel encontrou uma fórmula para colocar os 25 aviões na frota da TAM. Viu a possibilidade de colocar os Caravans em duas operações. Utilizou os aparelhos na ligação entre cidades pequenas, com pistas curtas e de terra, sobretudo na região norte, e na rede postal noturna. Os Caravans levavam também a carga do correio para cidades pequenas durante a madrugada.

Rolim sabia que o retorno sempre viria. Por isso, toda vez que mandava um diretor fazer um aparente mau negócio para favorecer alguém, antes que viesse o protesto pela execução da ordem, assumia a responsabilidade.

— O senhor não se preocupe — dizia.

Cada vez menos Rolim media esforços também para atender pedidos de passageiros. Sempre que agia nesse sentido, a história se espalhava aos quatro ventos, muitas vezes divulgada por ele

O tapete mágico

mesmo. Poucos clientes não tinham presenciado ou ouvido falar de algum caso do Rolim.

O publicitário Enio Vergueiro era um deles. Na época trabalhando na agência de publicidade DM-9, viajava de São Paulo a Brasília sempre no mesmo horário, às terças-feiras. Certa vez, apareceu no aeroporto num feriado e recebeu a notícia de que naquele dia não haveria vôo.

Podia ser apenas uma frustração corriqueira, mas Enio caiu na rede do comandante. Depois de um telefonema, a atendente informou que Rolim, ao saber que se tratava dele, um cliente regular, autorizara o frete de um jatinho para levá-lo à capital. E poderia trazê-lo de volta se retornasse até as 5 da tarde.

Enio recusou a gentileza por achá-la exagerada. Agradeceu e voltou para casa. No dia seguinte contou a história na DM-9. O publicitário Nizan Guanaes, sócio da agência e então considerado o homem mais criativo da propaganda brasileira, disse que ele tinha feito mal em recusar a oferta.

— Você perdeu a chance de virar um *case* do Rolim — disse Nizan. — Ele ia contar para todo mundo que te mandou de jatinho para Brasília.

Pouco tempo depois, Rolim rejeitou um convite para proferir uma palestra de fim de ano aos revendedores Honda. O assunto foi comentado numa reunião de diretoria entre a Honda e a DM-9, agência da fábrica de motocicletas. Afonso Serra, sócio de Nizan Guanaes na agência, também disposto a tudo para agradar clientes, lembrou que Enio tinha virado, afinal, o "amigo do Rolim". E prometeu aos executivos da Honda que, por conhecer o comandante, Enio poderia se empenhar para convencê-lo a mudar de idéia.

Na terça-feira seguinte, Enio foi para a sala de embarque da TAM, onde tomaria o avião rotineiro até Brasília. Como sempre, lá estava o comandante a conversar com os passageiros. Ao lado das comidas e bebidas, enquanto tocava o piano, Enio explicou a

277

situação a Rolim. O comandante, porém, disse que a agenda estava apertada, que o lugar da convenção da Honda era longe e, brincando, arrematou que preferia motocicletas BMW e Harley Davidson. Em seguida, passou a dar atenção a outros passageiros que vinham conversar com ele.

Pouco depois, já sentado no Fokker-100, à espera da decolagem, Enio viu quando o comandante entrou no aparelho, distribuindo as balinhas de cortesia. Quando se aproximou, debruçou-se sobre a cadeira do publicitário.

— Desculpe não ter te dado muita atenção lá na sala de embarque — disse Rolim. — Isso é muito importante para você?

— Convencer o senhor a comparecer na palestra contaria um ponto muito grande para a agência junto à Honda — respondeu Enio.

— Está bem — disse Rolim. — Vou pedir para minha secretária ver o que se pode fazer.

No dia 12 de dezembro, Rolim deu a palestra para os revendedores Honda, no Hotel Meliá. Enio, que fora buscá-lo, sentou-se na primeira fila. E, no final, se transformaria também num *case* do Rolim que nunca viria a público. Para cada história que alardeava em suas palestras, Rolim poderia contar dezenas de outras que eram guardadas somente entre as pessoas envolvidas.

Mais do que pelos resultados, pelos prêmios que ganhava ou pelo charme exibido em seus discursos, era por esse tipo de relacionamento que Rolim transformava-se em uma verdadeira celebridade.

\*

Em 1994, a TAM recebeu pela segunda vez consecutiva o prêmio de melhor empresa de aviação regional do país, atribuído pela revista *Melhores & Maiores*, edição especial da revista *Exame* que analisa os balanços das maiores companhias do Brasil.

## O tapete mágico

Os prêmios de excelência empresarial atraíram também a imprensa. Para os jornalistas, Rolim não era apenas um exemplo de empresário brasileiro reconhecido no país e no exterior pela maneira de obter grandes resultados. A imprensa descobrira nele ainda o homem ousado, com golpes de criação, talento para o *marketing* e que lutara como ninguém pela abertura de mercados. Em suma, era um herói do empresariado, do tipo feito por si mesmo, como havia poucos no Brasil.

Personagem cativante, com seus aforismos desconcertantes e seus métodos originalíssimos, tudo nele se tornara extraordinário. O fato de levantar cedo, esperar os passageiros com o tapete vermelho, seu gosto por motocicletas — cada detalhe ganhava um toque de excentricidade que os jornais e revistas de negócios adoravam.

Em 1994, Rolim recebeu 154 convites para palestras. Atendeu 43. Os pedidos partiam de empresas tão diversas quanto a IBM, fabricante de computadores, e a General Motors, de automóveis. Embora voltadas para públicos diferentes, suas palestras sempre tinham um ponto de interesse em comum: o papel da empresa de serviços, assunto em que ele se tornara o mestre do mercado. Por essas conferências, somente em 1994 recebeu 300 mil dólares, doados a uma escola com 200 crianças carentes.

Comparecia um pouco por vaidade e também pela oportunidade de consolidar entre os executivos, empresários e vendedores — afinal, o seu público — a imagem que construíra. Os resultados da TAM tinham catapultado sua fama. Todos estavam interessados na fórmula mágica com que Rolim criara a companhia mais brilhante do país.

Conhecia como poucos a arte do discurso e adorava improvisar. Praticamente não há registro de suas palestras, que ele jamais escrevia. Além disso, Rolim fazia um contrato particular proibindo gravações de imagem e som. Queria ter controle do conteúdo e valorizava sua presença.

Nas palestras, Rolim fazia uma certa *mise-en-scène*. Primeiro, exibia uma filme da TAM — não perdia ocasião de fazer propaganda da própria companhia. Levava duas moças bonitas do "Fale com o Presidente", para deleite do público, eminentemente masculino.

No dia 12 de dezembro de 1995, discursando como prometera aos revendedores da Honda no Hotel Meliá, em São Paulo, Rolim procurava demonstrar como uma companhia de aviação sentia na pele, talvez mais do que qualquer outra, o verdadeiro sentido da prestação de serviço ao público.

"A IBM, uma grande empresa brasileira e internacional, por onde passaram todos os grandes eventos da moderna administração, me convidou para fazer uma palestra. Eu teria de falar para 700 executivos dessa grande empresa aqui em São Paulo. Eu não sou formado em nada. Sou piloto. Meu pai mora em Fernandópolis. Fui criado pouco mais ou menos por lei. Pensei: o que eu vou falar para essa gente?

"Eles me estenderam um tapete vermelho comprido, me receberam com uma grande salva de palmas. Estavam preocupados com os grandes prejuízos acumulados no seu balanço. E tinham mudado a característica da sua empresa. De grande empresa fabricante de computadores, eles queriam transformá-la em prestadora de serviços da área da computação.

"Eu, para começar, não gosto de computador, não entendo desse negócio. Passei a vida inteira na cabine dos aviões apertando esses botões, estudando esse negócio. E hoje francamente não consigo nem olhar aquele controle remoto lá de casa. Cada ano é um negócio novo. Mas eles me convidaram, e eu, debaixo daquela calorosa recepção, num palco como este, fiquei numa situação desgraçada: vou ter que falar alguma coisa.

"Então eu disse: se vocês me chamaram aqui para falar de computador, se enganaram. Se foi para falar de prestação de serviço ao público, fizeram muito bem.

## O tapete mágico

"Estou vendo que vocês fazem um brutal esforço para mudar seu negócio da fabricação de computadores para a prestação de serviços na área da computação. Se é isso mesmo, quero dar meu depoimento.

"E contei uma história a eles.

"Na sexta-feira anterior à palestra, eu estava na TAM quando o telefone vermelho atrás da minha mesa, aquele que nunca toca, tocou. Naquela noite, eu iria receber para jantar em casa um ministro de Estado. Meu vice-presidente seria padrinho de casamento na Igreja Nossa Senhora do Brasil. E o responsável pelo atendimento ao público, que estava se recuperando de uma operação, iria viajar com a família.

"De tarde, chovia. Um Fokker-100 ia para São Paulo e um trem de pouso, do lado direito, não dava sinal. Estava travado. Com isso, tudo cessa na empresa aérea. Estavam todos reunidos, engenheiros, técnicos de manutenção, linha direta com o fabricante de componentes na Inglaterra, linha direta com o fabricante do sistema hidráulico do avião, linha direta com a Fokker, com fabricantes dos vários sistemas. Consultaram os manuais, faça isso, faça aquilo, toda aquela seqüência já havia sido tentada pelo comandante.

"O combustível estava acabando. Nós acionamos o comando aéreo para colocar espuma na pista de Viracopos, em Campinas, para onde foi o avião. Preparamos helicópteros, médicos, tudo. Antes do pouso, o comandante fez mais uma tentativa, o trem continuava travado. Ele fez a aproximação e conseguiu pousar. Descemos os passageiros, levamos todos para a sala de embarque para aguardar outro avião que iria buscá-los.

"Havia uma série de passageiros com conexões para outras cidades. Chegaram em São Paulo por volta das 9 da noite. Eu só fui dormir quando o último passageiro, depois das 11, colocou a chave na porta do quarto do hotel.

"Naquele dia, o ministro ficou esperando. Meu vice-presidente não foi padrinho de casamento. E o diretor de atendimento

*O sonho brasileiro*

recém-operado não viajou para lugar algum. Eu disse então ao pessoal da IBM, que pretendia mudar o foco da empresa para a prestação de serviço ao público: quem quiser que se habilite. É isso, sem tirar nem pôr."

Sua maneira de desfiar histórias, contadas como os "causos" dos caipiras que ele adorava, cativava as platéias. Para obter o efeito desejado, Rolim não hesitava em aumentar um pouco a história. Gostava, por exemplo, de contar o caso da telefonista que mandara fretar um jatinho por conta própria, para entregar uma peça ao cliente, extraviada no dia anterior. Usava o episódio como forma de demonstrar que a agilidade da empresa se devia à autonomia dos funcionários. E que cada um deles incorporara sua autoridade e iniciativa quando se tratava de trabalhar em benefício do cliente.

A versão de Rolim era um tanto diferente da história real. Por coincidência, na sexta-feira anterior à decisão tomada pela telefonista, Rolim dera aos funcionários uma palestra justamente sobre sua autonomia para resolver problemas dos passageiros, como parte de um programa de treinamento da diretora de *marketing*, Marilu Candelária. A lição estava ainda fresca no sábado à tarde, dia de pouco movimento em Congonhas, quando um executivo do frigorífico Sadia, em Paranaguá, telefonou para a TAM. Reclamava que não chegara uma peça que esperava em Curitiba desde o dia anterior, fundamental para o funcionamento da fábrica. E que, por causa do atraso, 500 funcionários estavam parados.

A telefonista, sem encontrar Rolim, outro diretor da TAM ou a própria Marilu Candelária, localizou a peça, que tinha ido por engano a Brasília no dia anterior e voltara a São Paulo. Autorizou o frete do jatinho e a conseqüente despesa de 7 mil dólares para entregar a peça direto em Paranaguá.

Era verdade que a TAM era uma das empresas de maior descentralização do país. Talvez em nenhuma outra companhia

## O tapete mágico

os empregados tivessem tanta liberdade para tomar decisões. A isso, porém, Rolim acrescentava colorido próprio. Dizia ter convocado uma reunião com todas as telefonistas da companhia, mais a diretoria da TAM. Depois de criar um certo suspense sobre o que faria, em vez de passar um pito na funcionária, teria lhe dado um beijo. E mais: ordenado que triplicassem o salário das telefonistas, além de transferi-las da área de serviços gerais para a de atendimento ao cliente.

De fato, a reunião de diretoria nunca existiu. O aumento das telefonistas também. Mais tarde, após pedir demissão para ir morar com um irmão nos Estados Unidos, a telefonista em questão, Sueli Oliveira Brito, passou a ligar para Rolim. Ameaçou processá-lo caso não lhe desse os três salários que, em suas palestras, ele garantia ter pago. Para evitar confusão, Rolim deixou de contar a história.

Graças a esses pequenos exageros, nunca se sabia em que ponto as histórias de Rolim se descolavam da realidade, ganhando um pouco da mistificação que ele próprio ajudava a construir à sua volta. Em suas palestras, por exemplo, dizia que nunca tomara um jato da TAM para uso pessoal, o que era um exagero. Seu Citation particular, entre outros aviões, o dispensava desse dilema.

Outra de suas espertezas era declarar que seu salário era a média dos três comandantes mais experientes da empresa de táxi aéreo. "Essa é uma lição que aprendi desde cedo, e digo sobretudo aos jovens empresários: nunca misture o caixa da empresa com seu caixa pessoal", afirmava. Sua intenção era ressaltar um aspecto fundamental na administração: a importância do capital. "A empresa tem necessidades próprias e é voraz", dizia. "Os recursos que você tira dela farão falta mais adiante."

Adorava contar quanto ganhava até para a imprensa. A fim de impressionar um jornalista da revista *Exame*, certa vez invocou a palavra de sua secretária, Rita Cabrera, convocada de surpresa em sua sala. Apoiando-se na suposta inocência da funcionária, Rolim perguntou-lhe diante do jornalista, de sopetão:

283

— Dona Rita, quanto eu ganho?
— O senhor ganha 13 mil reais, comandante.
— Obrigado, dona Rita.

Rolim de fato era bastante austero. E acreditava no respeito ao capital da empresa. Contudo, os 13 mil reais que recebia eram apenas o salário oriundo da TAM Linhas Aéreas Regionais. A maior parte desse dinheiro era enviado para sua esposa, Noemy, como mesada. Quando precisava, Rolim sacava dos seus rendimentos como principal acionista da Táxi Aéreo Marília, a *holding* do grupo. Dali, para comprar seus brinquedos de gente grande, ou bancar outras despesas pessoais, podia retirar três, cinco ou até dez vezes mais do que dizia ganhar.

Muitas vezes os interlocutores de Rolim compravam piamente suas histórias, ajudando a multiplicar o folclore. O consultor de empresas Júlio Lobos, que passou uma temporada dentro da TAM para escrever um livro sobre os truques de administração de Rolim, transcreveu fielmente sua versão completa para a história da telefonista que fretara o jatinho, sem averiguar a veracidade dos detalhes.

Rolim disse também a Lobos que demitia no ato o funcionário que pegasse à toa ou lendo jornais. Certo dia, ao entrar com Rolim na sala de porta sempre aberta de Mauro Guimarães, então diretor de comunicação da empresa, Lobos surpreeendeu-o com um jornal nas mãos. Imediatamente, exclamou:
— Está demitido!
— Espera aí... — disse Rolim. — Esse é o diretor de comunicação, ele é pago para isso!

Com o tempo, o próprio Rolim passava a acreditar em suas criações. Sua usina de idéias, nem todas realizáveis, funcionava a plena carga. Ele era como o limpa-trilhos de uma locomotiva. Atrás dele, vinham os diretores da TAM, tratando de tornar seus planos exeqüíveis. Ou, às vezes, demovê-lo das idéias mais mirabolantes.

## O tapete mágico

Conscientemente, Rolim usava interlocutores para saber quando estava "viajando" demais. Em geral, eram amigos que ele tornava membros do conselho de administração ou que faziam a seu pedido estudos fora da rotina.

Um deles era Shigeaki Ueki. Rolim admirava o conhecimento econômico de Ueki, sua ponderação e serenidade. Como ele, Ueki construíra uma carreira importante depois de uma infância pobre no interior paulista. De sua parte, Ueki admirara Rolim por ter se aproximado dele justo depois de deixar os cargos que ocupara no governo, fase em que ex-poderosos em geral são esquecidos.

Rolim não gostava apenas dos conselhos econômicos de Ueki. Adorava tirá-lo da sua habitual sobriedade nipônica. Descobrira que, depois do terceiro uísque, o ex-ministro era capaz de interpretar "My Way", a canção celebrizada por Frank Sinatra, com certa competência. Ao experimentar um de seus novos Citations, em vez de convidar técnicos ou diretores da empresa, foi sozinho com Ueki — divertiu-se muito ao ver como o amigo tentava manter-se preso à cadeira enquanto fazia manobras radicais.

Em seu círculo de amizades mais próximas, estava também Miguel Pacheco Chaves. Além de empresário e piloto, Miguel tinha o tipo de cultura de que Rolim gostava. Era um pensador, capaz de fazer citações filosóficas e traduzir as idéias que Rolim não conseguia colocar em termos conceituais. "É o único homem que eu conheço que sabe tudo", dizia ele. "Não importa o assunto." Via também em Miguel um homem de espírito livre: piloto de monomotores, amante das viagens de motocicleta, exímio fotógrafo, admirador da vida. Aceitava seu crivo crítico e usava muitas das suas frases, histórias e idéias.

Rolim era perspicaz, mas alternava esperteza com grande ingenuidade, em especial no caso de pessoas que o elogiavam antes de desferir-lhe uma estocada. Nessas situações, perdia um pouco a objetividade. Miguel, homem sem ambição de fama, capaz de andar de pochete pendurada na cintura, com os cabelos mal arrumados, era o seu guardião contra a própria vaidade, sempre a alertá-lo para os perigos desse pecado capital.

Como Orlando Ometto, Rolim criou ainda um círculo de amigos empresários. Tendo iniciado sua carreira como piloto, homem com objetivos e uma enorme vontade de crescer, admirava as pessoas que sabiam construir. Tornou-se amigo fraterno dos "três reis", que estavam entre os maiores produtores do mundo em sua especialidade — Olacyr de Moraes (soja), Érico Ribeiro (arroz) e Olavo Barbosa (leite).

Olavo Barbosa e Rolim tinham em comum a mesma origem, o mesmo tipo de firmeza de caráter, de autodisciplina, de despojamento. Era, como Rolim, um homem simples que conseguira atingir resultados fantásticos. O mesmo se aplicava ao gaúcho Érico Ribeiro. Olacyr, que sempre mantivera seus jatinhos nos hangares da TAM, era a quem Rolim se unia quando a discussão orbitava por três questões acaloradas para ambos: poder, dinheiro e mulheres.

Mesmo com esses conselheiros, Rolim ouvia as opiniões mais diversas, ainda que no final ficasse com a sua. Tinha prazer especial em seguir seus próprios desígnios. Colocava o coração como seu único patrão e só o desobedecia com muita relutância.

Foi assim, seguindo o coração, que ele realizou mais um negócio repelido pelos que o cercavam. Em 1995, estudou a compra da menos cobiçada companhia aérea da América Latina, a Linhas Aéreas Paraguaias S.A., mais conhecida como LAPSA. A atração de Rolim pelos negócios do Paraguai possuía algo de mágico. E seria preciso, de fato, uma mágica para transformar o episódio em algo diferente de um desastre.

\*

Rolim reencontrou-se em Rio Preto com Mauro da Costa Lima em 1982, por mero acaso: quando passeava no veleiro de um

## O tapete mágico

amigo, ouvira o segundo de dois LPs que Mauro gravara em Assunção do Paraguai, intitulado *Los peñeiros*. Numa das faixas, Mauro falava dos pais, e o comandante reconheceu sua voz. Foi visitá-lo em Rio Preto com uma idéia. Queria inaugurar uma linha São Paulo–Campo Grande–Assunção, com aviões Bandeirantes. Sempre tinha sonhado com isso, a ponto de tornar-se uma obsessão. E achava interessante promover a linha financiando o disco de um brasileiro que tocava música paraguaia.

Voz grave, bigode de milongueiro, longas unhas em forma de garras reforçadas por uma camada de esmalte que utilizava para tocar harpa paraguaia, Mauro apresentava-se em seus concertos como "Dom" Mauro da Costa Lima, falando castelhano, apesar de ser goiano de Jataí. Rolim simplesmente adorava o instrumento, do qual Mauro se revelava um virtuose.

Fizeram um disco de vinil, chamado *Paraguay rapé-re* ("Rumo ao Paraguai", em guarani), mas que caiu no vazio com a frustração da linha, que Rolim não conseguiu fazer vingar. Contudo, ambos passaram a cultivar afinidades, apesar da diferença de temperamento. Calmo e ponderado, Mauro tornou-se para o impulsivo Rolim como um irmão mais velho.

Com Mauro, Rolim aproveitou para reaproximar-se da cultura paraguaia, paixão que dividira com Orlando Ometto nas suas idas a Assunção. Adorava o espírito passional das guarânias, que lembravam a velha sanfona de seu pai Adolfo. Espiritualista, reencarnacionista, embora avesso a religiões instituídas, Mauro dizia a Rolim que seu interesse por militares como Napoleão e Solano López, além daquele estranho amor ao Paraguai, devia vir de uma outra encarnação. Concluíra que Rolim, numa vida passada, havia sido oficial francês, instrutor do exército da República do Chaco.

Rolim era cético, mas não deixava de escutar. Estudou profundamente a guerra do Paraguai e passou de monomotor a baixa altura sobre todos os locais das batalhas de López em vôo de reconhecimento.

Para participar de *peñas*, Rolim levava às sextas-feiras Mauro em seu avião para o Paraguai. Passavam dois dias em Assunção e voltavam de madrugada. Visitavam com freqüência Vila Rica, centro de tradições folclóricas, a meio caminho entre Ciudad del Este e Assunção.

Rolim andava nos ranchos dos músicos mais humildes, ajudava-os com dinheiro, produzia seus CDs, patrocinava o festival de música local. Mesmo certo de que não venderia um único bilhete, mandou colocar uma loja da TAM ali. Era tão querido em Vila Rica que ruas e até o aeroporto local foram rebatizados com seu nome.

Na volta para São Paulo em seu jatinho, Rolim pedia para Mauro, habilitado a voar somente monomotores:

— Segura aí que vou dar uma cochilada.

Dormia a viagem toda, 40 minutos. Acordava miraculosamente descansado.

Mauro era obrigado a levar sua harpa, instrumento da altura de um homem, para cima e para baixo. Por onde passavam, Rolim o estimulava a tocar. Certa vez, parou para reabastecer seu turboélice Mitsubishi no aeroporto de Puerto Plata, na República Dominicana. Eram 11 horas da noite e um policial perguntou se aquele imenso volume dentro da capa negra era uma arma. Naquela noite, até funcionários da torre desceram para assistir ao espetáculo de "Dom" Mauro, improvisado na pista.

Quando ia à sua fazenda em Ponta Porã, Rolim mandava trazer de carro ou ônibus os músicos de Assunção e Vila Rica, para passar com ele o fim de semana. Levava Victor Gonzales, entre outros, para tocar *peñas* em sua casa de Fort Lauderdale. Na capital paraguaia, Rolim se hospedava numa pensão barata da cidade, propriedade de um amigo, Miguel Villalba, com "um terço de estrela". Justificava: "É uma porca-

# O tapete mágico

ria, cheio de baratas, mas ele é meu amigo, tenho de ficar lá de qualquer jeito".

Rolim montou um estúdio musical numa casa alugada defronte ao Hangar 1 de Congonhas, do outro lado da rua. Era dirigido pelo maestro Marciano Domingos Maldonado, especializado em música paraguaia, para gravar, editar e entregar as cópias dos CDs aos músicos, que depois se encarregavam de vender o material. Rolim comparecia ao estúdio para assistir as gravações e dar os seus palpites no andamento do trabalho. Ali fez gravar também um CD para Diogo, violeiro de Orlando Ometto: *Diogo do Violão*.

A música era uma ponte com as pessoas. Rolim sabia que o presidente João Baptista de Figueiredo gostava de música latina. Quando voara com ele durante a campanha presidencial, descobrira que morara em Buenos Aires quando criança, na época em que o pai, o também general Euclides de Figueiredo, tinha sido exilado pelo presidente Getúlio Vargas. Levado por Délio Jardim de Mattos, em 1978 Rolim apareceu em Brasília com uma banda à paraguaia: Mauro na harpa, dois violonistas e dois bandoneonistas. A banda, auto-intitulada "Los Necesitados", apesar de ter chegado a Brasília de jatinho, fez um concerto para o presidente ao lado da comprida churrasqueira da Granja do Torto. Figueiredo, que "conhecia uns tangos mais velhos que o Carlos Gardel", adorou. Na troca de amabilidades, o presidente presenteou Rolim com um de seus cavalos.

Ao assumir a presidência do Paraguai em 1993, Juan Carlos Wasmosy procurou o comandante na fazenda Jaguarundy. Queria ajuda para reerguer a economia do país. Sugeriu que Rolim comprasse a LAPSA, a estatal aérea, primeira empresa em sua lista de privatizações.

Muito envolvido na época com a expansão da TAM, Rolim não quis a LAPSA, mas se dispôs a ajudar de outra forma.

## O sonho brasileiro

Criou uma "comissão de notáveis" brasileiros, na verdade um grupo de amigos formado por Olacyr de Moraes, Érico Ribeiro, Olavo Barbosa e Shigeaki Ueki, para aconselhar Wasmosy em um plano econômico nacional. Em 1995, quando a LAPSA já funcionava sob a direção de um consórcio equatoriano, finalmente Rolim tinha tempo, disposição e dinheiro para fazer nova incursão no Paraguai. Abriu lá uma empresa — a ARPA — para operar uma rota de Ponta Porã a Assunção, extensão de uma linha da TAM que vinha de São Paulo, utilizando aviões Caravan.

Nessa mesma época, comprou no Paraguai uma fazenda de 18 mil hectares. Cada vez mais os negócios se aproximavam do que lhe mandava o coração.

Wasmosy não aproveitou muito a ajuda dos "notáveis" de Rolim, mas voltou a procurá-lo quando o consórcio equatoriano que adquiriu a LAPSA começou a naufragar. A empresa lutava com o próprio Rolim para proibi-lo de voar dentro do país, direito que garantia lhe ter sido assegurado pelas regras de privatização. A dificuldade para fazer a ARPA crescer no Paraguai deixou Rolim frustrado. Quando apareceu a segunda oportunidade de comprar a LAPSA, pensou numa forma de fundir as duas empresas.

A negociação se arrastou por longos meses. Em fins de 1995, Rolim havia perdido a paciência. Em vez de uma sociedade com o consórcio equatoriano, chegou a uma conclusão:

— Vou comprar essa porcaria toda.

Levou a questão para a diretoria da TAM, que na época tinha três vice-presidentes: Ramiro Tojal, Luiz Eduardo Falco e Daniel Mandelli Martin. Cada um recebeu a tarefa de estudar o negócio em sua área: Ramiro (o economista) ficou com a missão de avaliar os números; Falco (o engenheiro), o mercado; e Daniel (o tesoureiro), a disponibilidade de dinheiro.

## O tapete mágico

Os três mosqueteiros de Rolim estudaram a compra da LAPSA de janeiro a agosto de 1996. Contudo, qualquer que fosse o resultado, ele já tinha tomado a decisão de fazer o negócio, embora não quisesse demonstrá-lo para não parecer antidemocrático demais.

Na TAM, os encarregados de analisar tecnicamente o caso, especialmente Ramiro Tojal, foram unânimes. Ninguém gostava daquela história. Achavam que Rolim, mais uma vez, era movido somente pela paixão. A matemática indicava que comprar a LAPSA seria um erro de proporções internacionais.

Somente um conselheiro de Rolim, Shigeaki Ueki, foi a favor do negócio. "O Paraguai é uma região central na América Latina, um ponto importante para quem ambiciona avançar para o mercado do continente", dizia ele.

Os diretores da TAM, contudo, olhavam somente para os balanços negativos da empresa, o patrimônio sucateado, o mercado quase irrelevante. O Paraguai nunca tivera demanda no setor aéreo, nem grande atividade econômica. Considerando seus passivos, a LAPSA era um problema de 30 milhões de dólares. Operava antiqüíssimos Boeings 707. Fazia vôos para a Alemanha, Espanha, Estados Unidos com DC-10 alugados da Varig e Airbus da Equatoriana, que davam grandes prejuízos. Envolvera-se com sociedades ruinosas no Peru. Por fim, perdera a autorização para explorar linhas nos territórios europeu e americano. Fazendo o negócio, Ramiro Tojal calculava que Rolim perderia na LAPSA, além do investimento inicial, mais 10 milhões de dólares ao ano.

Em julho de 1996, Rolim reuniu os seus mosqueteiros para resolver o assunto de uma vez. Começou a conversa de modo cortante.

— O doutor Ramiro não quer a operação do Paraguai. Tem mais alguém aqui que não quer?

Os outros diretores se entreolharam. Todos conheciam o que lhes parecia ser o estranho caso de amor de Rolim com o Paraguai. Todos já tinham visto as contas. E todos eram contra o negócio, mas receavam, com a exceção de Tojal, dizer não de modo explícito ao comandante.

Antes mesmo que os diretores se manifestassem, Rolim avisou que na verdade já havia assinado o protocolo com o governo paraguaio e os antigos donos da LAPSA. Quando ouviu objeções, deu um tapa na mesa e disse que não poderia voltar atrás na palavra empenhada ao amigo presidente.

Rolim pagou pela LAPSA 28 milhões de dólares, 3 milhões à vista e o restante em três anos. Na prática, comprou a LAPSA para fechá-la. Abriu uma nova empresa, a TAM Mercosul. Na presidência, colocou Miguel Candia. Quando o questionavam sobre sua decisão de colocar o amigo paraguaio na direção da companhia, botava os dedos em cruz e dava o argumento pelo qual mais o admirava, segundo o velho código dos pilotos:

— Mas o Miguel nos procedimentos todos bota tudo cravadinho! — dizia, referindo-se aos instrumentos que verificam a precisão das manobras do avião.

Ramiro Tojal considerou o episódio paraguaio a gota d'água para seus pruridos técnicos. Pediu demissão. Sairia legalmente no dia 31 de dezembro. Na prática, estaria fora no ano seguinte, em fevereiro de 1997, depois de 17 anos na companhia.

\*

Apesar das dúvidas em relação ao Paraguai, a TAM Mercosul seguiu em frente. Rolim podia até mesmo se dar ao luxo de investir num negócio que lhe trazia prejuízo certo. Em 1996, o caixa da TAM Linhas Aéreas era cortejado por todos os bancos. Rolim enchia-se de orgulho. Não fazia aquele lucro por força de um monopólio, como a Varig no passado, mas por meio da produtividade.

Com a aceitação do público, a TAM crescia de forma assombrosa no mercado — praticamente sozinha. A Varig diminuía na área internacional. A VASP, mesmo depois de seu desinchamento, não ganhava dinheiro. Aumentava seu endividamento e não fixava posição. A Riosul, principal competidora da TAM, não conseguia os mesmos resultados.

Rolim amontoava láureas empresariais. A TAM recebeu a medalha de prata no festival de Nova York por seu programa de milhagem. Foi considerada a empresa mais rentável em seu setor no Brasil pelo jornal *Folha de S. Paulo*. E a empresa de aviação mais rentável do mundo pela revista *Airline Business*.

Tudo o que Rolim tinha a fazer era seguir adiante. Os concorrentes diminuíam suas frotas, mas a dele crescia rápido. De 28 aviões, em 1990, a frota aumentara para 70, dos quais 28 eram jatos Fokker-100. A companhia operava entre 96 cidades. Com a TAM Mercosul, seus vôos podiam se conectar também a Assunção, Buenos Aires e mais sete cidades da América Latina, com 14 vôos semanais.

Em 1995 a Varig tivera prejuízo e a VASP e Transbrasil mal beiravam o azul. Enquanto isso, o lucro da TAM crescera 142% em relação ao ano anterior. O preço das ações da companhia em bolsa subira 150%. Somente no primeiro semestre de 1996, levantou mais 200%. Ao final daquele ano, a alta acumulada seria de 500%, num período em que o índice Bovespa de São Paulo ficaria estacionário.

No fim do primeiro semestre de 1996 chegou o vigésimo nono Fokker-100, que ganhou uma decoração especial. Rolim mandou pintar seu casco de azul e imprimir em letras garrafais a inscrição *Number One*, referência ao prêmio da *Air Transport World*, a mais conceituada revista especializada do setor, que elegera a TAM em fevereiro como a melhor companhia de aviação regional do mundo.

O *Number One* fez o vôo inaugural da rota para Caxias do Sul. Na festa, Rolim fez descer do avião uma turma de modelos com trajes típicos. Depois, o avião foi colocado na ponte Rio–São Paulo.

Rolim pensava no próximo passo. Todas as três grandes companhias aéreas, duas das quais (VASP e Transbrasil) ultrapassara no mercado interno, tinham diminuído suas ambições no mercado externo. Aquele era o momento de iniciar as operações da TAM em linhas internacionais a partir da sólida infra-estrutura implantada no Brasil. Pela primeira vez ele tinha caixa, credibilidade e espaço, abandonado pelas concorrentes.

Só não tinha a seu lado alguém com experiência na área internacional, como tivera o brigadeiro Pamplona no lançamento das primeiras linhas regionais regulares. Sentia falta de um conselheiro de peso. Pamplona, que voltara à TAM como consultor nos estudos para a compra da VASP e na implantação do Fokker-100, ligou-se novamente à companhia até três meses antes de morrer, em 1994, aos 84 anos de idade. Deixara com Rolim, além da sua contribuição, uma herança simbólica, entregue em 1993, quando passou da vice-presidência executiva para o conselho de administração.

Tratava-se da gravura de um gato preto esfolado, que Pamplona recebera na juventude de Ruben Berta, com uma dedicatória do fundador da Varig: "Ao Brigadeiro Pamplona, um reconhecimento às lutas em comum, no interesse brasileiro. SP, 12/5/59". Ao repassar a relíquia a Rolim, deixou também sua mensagem: "À TAM, onde encontrei o espírito de luta por um ideal que levou o velho Berta a criar esse símbolo. Pamplona, 15/4/93".

    Rolim precisaria mais uma vez de ajuda e já não tinha a seu lado a sabedoria do "velho diabo". Daria mais uma vez uma grande cartada, em que o preço do erro seria o desastre, com a diferença de que a queda, àquela altura, seria muito maior.

    Olhou em volta e só via um homem com esse conhecimento à disposição no mercado. E Rolim não pouparia esforços para tê-lo ao seu lado.

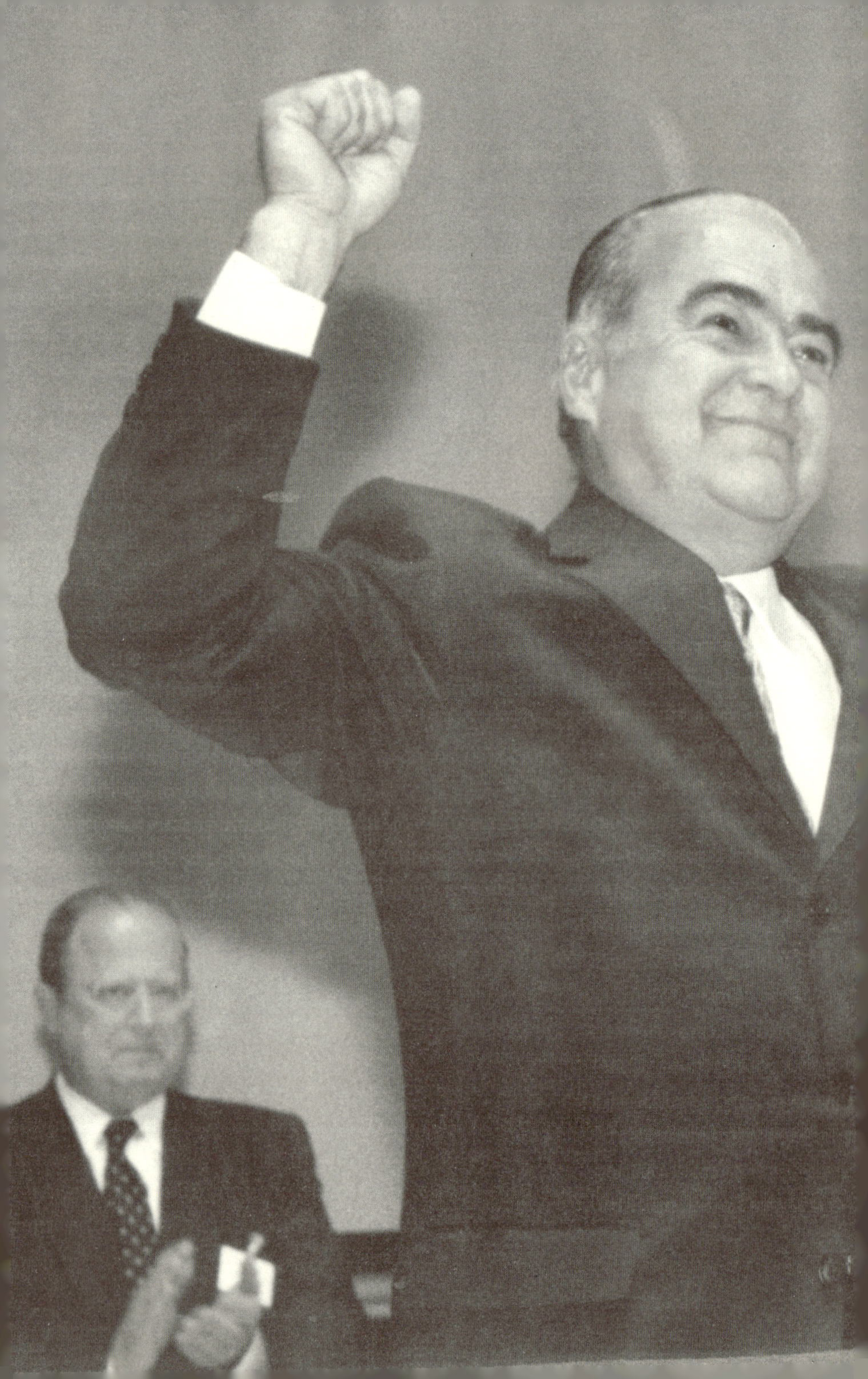

# 7. Number One

Rubel Thomas saíra da Varig em 1995, depois de 35 anos de carreira dentro da companhia. Aposentado, entrou como sócio minoritário numa revenda de caminhões Volkswagen. Tinha 25% da Sodicar, na rodovia Raposo Tavares, em São Paulo. Dona Norma, viúva de Hélio Smidt, seu predecessor na presidência da Varig, ficara com outros 25%. O restante era da família Bueno de Moraes, proprietária também da Sodicar Automóveis.

Rubel trabalhou na Sodicar um ano e Rolim ouviu notícias de que sua situação financeira não era das melhores. Foi visitá-lo na revendedora levando uma maquete do Fokker-100 de presente. E uma maneira de aproximação que considerou irresistível.

— Queria comprar uns caminhões...

A última coisa de que Rolim precisava era de caminhões. Para sacramentar a aproximação com Rubel, contudo, comprou dez na mesma hora. Depois, entregou os veículos à diretoria, que teria de pensar muito para dar um destino àquela novíssima frota.

"Rolim não precisava mesmo dos caminhões", diria Rubel Thomas mais tarde. "Demorou um bocado para achar o que fazer com eles, mas era muito engenhoso e acabou arrumando alguma coisa." A TAM pintou um de cada cor e colocou-os nos aeroportos de Congonhas e Santos Dumont, com o pretexto de dar início ao serviço de bordo na rua.

No passado, Rolim sempre estivera em posição antagônica à de Rubel. Isso não o assustava. O brigadeiro Pamplona tinha deixado suas lições. Sabia apreciar as qualidades do ex-presidente da Varig e avaliar qual podia ser sua contribuição à TAM.

*O sonho brasileiro*

Assim como Pamplona ajudara-o a organizar a TAM Linhas Aéreas Regionais, Rubel sabia como montar uma companhia internacional. Além disso, conhecia empresas estrangeiras, gente no governo e os meandros da aviação internacional. Mais uma vez, Rolim buscava entre os aposentados o homem de que necessitava.

— Vou precisar de alguém para essa parte internacional, da qual eu não entendo nada – disse Rolim. – Vem cuidar disso para mim.

Em três dias, Rubel vendeu sua participação na revendedora de caminhões, que mais tarde seria fechada. E foi para a TAM.

No início, Rubel foi designado para ocupar a direção geral da TAM Mercosul. Colocado acima de Miguel Candia, reestruturou a companhia. Dos 490 funcionários da antiga LAPSA, sobraram 164. As linhas internacionais foram suspensas, como medida temporária.

O gasto de Rolim com a compra da LAPSA foi amortecido por um golpe de sorte. Aos abrir as gavetas da empresa, o diretor financeiro da TAM Mercosul, Oscar Johanssen, encontrou um pequeno tesouro. A LAPSA tinha adquirido ações da SITA, empresa de serviços internacionais de comunicação aeronáutica. Antiga cooperativa, foi transformada em S.A. e depois vendida à France Telecom. Mais tarde, surgiu a oportunidade de as empresas aéreas venderem parte de seu capital na empresa e continuarem sócias, recebendo seus serviços.

Com a valorização dos papéis da SITA, Johanssen acabara de descobrir 18 milhões de dólares esquecidos nas gavetas.

— Eu falei para vocês! — berrava Rolim para a diretoria, eufórico. — Eu falei para vocês que era bom negócio! A companhia saiu de graça!

Graças à venda dos papéis da SITA, a TAM pôde recuperar boa parte do dinheiro investido. Mesmo assim, o tesouro da TAM Mercosul não resolvia seu prejuízo operacional, que continuava existindo. O fato de a empresa ter o direito de operar linhas aéreas internacionais não ajudava muito, pois existiam muitas restrições. A TAM só poderia embarcar para os Estados Unidos, por exemplo, 25% de passageiros provenientes do Brasil. A solução foi manter a Mercosul como uma companhia local, mais econômica. Os vôos para o exterior, como Assunção–Miami, que a própria TAM não oferecia, foram cancelados.

A solução que Rubel encontrou para estancar as perdas da empresa foi conversar com as companhias que voavam para o Paraguai — LanChile, Aerolineas Argentinas — e fazer acordos de venda compartilhada. A TAM Mercosul operava os trechos entre Assunção e as outras capitais da América Latina. Dali, podiam seguir para os Estados Unidos e Europa. Como eram compartilhados, os vôos designavam-se TAM-Aerolineas, TAM-LanChile.

A velha frota da LAPSA foi trocada por dois Fokkers-100, para fazer vôos internacionais em distâncias semelhantes às dos trajetos que esses aviões faziam no Brasil. A ARPA ficou com dois Caravans para os vôos internos. Em um ano e meio a TAM Mercosul saiu do vermelho, embora com um faturamento pequeno para Rolim, de cerca de 35 milhões de dólares ao ano.

Ele tinha outros planos: a entrada no Paraguai era só o começo. Com a retirada drástica da Transbrasil e da VASP, era Rolim agora quem defendia a necessidade de uma segunda opção à Varig nos vôos internacionais. Já tinha provado a qualidade dos seus serviços no mercado doméstico e por isso reivindicava o direito de ir para o exterior.

Os vôos internacionais tinham se tornado uma questão estratégica. Em 1995, Rolim acrescentara à TAM 30 novos destinos dentro do Brasil. Voava de Macapá, no norte do país, a Chuí, no extremo sul. Contudo, as paradas entre trechos curtos diminuíam a rentabilidade da companhia. Se ficasse somente no mercado nacional, Rolim tinha apenas duas opções: ou mantinha a antiga empresa de nicho, bem-sucedida, rentável e pequena, ou partia

## O sonho brasileiro

para uma empresa maior, de menor rentabilidade, que necessitava investir em algumas rotas deficitárias para alimentar as principais. Não gostava de nenhuma das duas. Olhava agora para o grande filé da aviação. Disputaria as linhas mais nobres também nos vôos internacionais. Ganhava-se mais dinheiro com um vôo de São Paulo a Miami com um Airbus do que em dez trechos de Fokker-100 no mercado interno. Além disso, por mais que Rolim quisesse crescer, Congonhas esgotara sua capacidade. O aeroporto que o ajudara no seu sucesso, agora funcionando a plena carga, tornara-se um limitador para sua expansão.

Com o auxílio de Rubel Thomas, Rolim criou uma nova empresa, a TAM Transportes Aéreos Meridionais, que operava com a sigla JJ em Cumbica, onde fazia a conexão com os vôos internacionais. A partir de 12 de dezembro de 1996, a Meridionais passou a funcionar ligando as capitais em regime de multifreqüência. "Pretendemos oferecer a mesma linha de atendimento ao público e a identificação com o mercado da TAM Linhas Aéreas Regionais", anunciou Rolim.

Falava sério. Como o trajeto de São Paulo ao aeroporto de Cumbica podia chegar a 40 minutos de carro, um executivo corria o risco de perder o embarque se atrasasse no trânsito. Por isso, Rolim instituiu um serviço de "salvamento". Manteve um jatinho Citation para levar quem perdesse o vôo. Garantia aos passageiros da TAM que, de um jeito ou de outro, iam embarcar. "Custou uma fortuna, mas tínhamos de preservar nossa reputação de sempre resolver o problema do cliente", defendia Rolim.

A partir dos grandes aeroportos, a TAM podia fazer conexões de vôos internacionais para os destinos da TAM Mercosul, sobretudo Assunção, no Paraguai. Rolim se lançava numa competição mais direta com a Varig, concorrente já não considerada tão grande, dadas as proporções que a TAM adquirira. Trilhava o caminho que Canhedo ambicionara ao conquistar a VASP, seis anos mais tarde, mas de modo progressivo e seguro.

A fazenda Jaguarundy era seu parque de diversões, onde podia fazer negócios como criar cavalos andaluzes sem a preocupação com os resultados.

*Em suas terras na fronteira com o Paraguai,
a caráter: reencontro com as raízes fincadas na cultura do interior.*

*O Fokker-100, mesmo proibido de voar direto entre capitais, lança a TAM na era do jato: do fundo do poço para um completo renascimento.*

*Com Maurício (à esq.), Marcos, Maria Cláudia e Noemy: a luta contra um tumor na garganta o reaproxima dos filhos e abre uma fase na qual o homem começa a pensar mais em si mesmo.*

Rolim mandava buscar músicos em Assunção, no Paraguai, fazia seus CDs em São Paulo e promovia peñas que podiam virar a noite em sua fazenda de Ponta Porã.

Em 1993, um evento a la Rolim. Em pé, da esq. para a direita: o cantor sertanejo Rolando Boldrin, o próprio, o técnico de futebol Telê Santana, o violeiro Diogo, Umberto de Angelis, o sanfoneiro Nhozinho, Dom Mauro da Costa Lima e Daniel Mandelli.

*Dois orgulhos de sua coleção: uma moto Harley-Davison e um Cessna-180, que o recordava dos tempos em que voava nas selvas do Araguaia com esse modelo.*

*Em um de seus passatempos favoritos, com o irmão João (à esquerda), Paula Monteiro, esposa de Miguel Pacheco Chaves, Paulo de Almeida Demanato, marido de sua filha Maria Cláudia, e o filho Marcos.*

*No cemitério de Cerro Corá, onde está enterrado
Solano López: em busca de uma misteriosa ligação com o passado.*

*Com Diogo: Rolim assumiu o estilo dos ricos compadres
do interior e gostava de levar o antigo violeiro de Orlando Ometto
a todos os lugares aonde ia.*

A família reunida: João, Adolfinho, Fani,
Rolim, Leci, dona Etelvina e o patriarca, Adolfo.

*Em 1996 com comissárias na inauguração da rota São Paulo–Caxias do Sul, diante do Number One, que mais tarde cairia em São Paulo matando 99 pessoas: no auge, a trágedia.*

*Com Robert Crandall, presidente da
American Airlines, em 1999: um acordo de
code share punha a TAM no mapa do mundo.*

*Ao receber o prêmio de
Melhores&Maiores: um discurso
que ele não conseguiu fazer.*

*No Pantanal, em 1998, com o presidente da Airbus Jean Pierson
(1º à esquerda) e a esposa, Shigeaki Ueki (à direita) e outros convidados no Amici
Verdi: peixes grandes e contratos que chegariam a 2 bilhões de dólares.*

*Rolim e os "funcionários do mês": esforço gigantesco para
manter a qualidade do serviço, num regime de crescimento vertiginoso.*

*No Focke-Wulf e com o Corsair (ao lado do irmão João), destinados ao museu Asas de um Sonho: captura de exemplares no interior da Argentina e presentes no valor de até 1 milhão de dólares de seus fornecedores.*

*Chega em 1998 o primeiro A-330-200, destinado ao trecho São Paulo–Miami: o piloto de monomotores entra no mundo dos jatos transcontinentais e começa a ocupar o espaço das companhias brasileiras que naufragavam no mercado externo.*

*Na antiga CBT: contra a opinião dos técnicos e diretores, Rolim compra a herança do projeto megalomaníaco de Mário Pereira Lopes com uma visão do futuro — fazer um gigantesco centro de manutenção de aeronaves.*

*A nova sede da TAM, onde o único barulho nos corredores era o dos aviões decolando: a empresa se tornou grande com a mesma estrutura administrativa de quando era pequena.*

*A TAM chega a Paris em 1999: com seu padrão de qualidade, Rolim começa a disputar passageiros com as grandes companhias aéreas internacionais.*

*Em 2001, com Daniel Mandelli e o filho Maurício ( a dir.): preparando o terreno para a "desrolinização" da TAM.*

*Com o presidente Fernando Henrique Cardoso em 2000:
o governo entrega a Rolim o papel de liderar a reformulação do mercado.*

O A-330-200 chega a Frankfurt em 2001 com seu símbolo agora em inglês: a mágica de Rolim começa a fazer efeito também na Europa.

## Number One

Rolim nomeou Rubel representante da TAM dentro da Cernai, entidade com integrantes de diversos órgãos do governo, para fazer da TAM bandeira internacional. Dessa vez, tudo estava a seu favor. A Embraer pressionava o governo para liberar uma quarta bandeira internacional, que permitiria em contrapartida o crescimento do número de vôos para o Brasil da Continental Airlines. Era a condição imposta pela companhia americana para confirmar a compra de 200 jatos fabricados pela empresa.

Formada por membros do Itamaraty, do DAC, do Ministério da Fazenda e das empresas aéreas, a Cernai abriu licitação em 1996 para cem linhas internacionais. O governo queria ver pelo menos duas companhias brasileiras concorrendo na oferta de passagens para o exterior. Com a retirada da VASP e da Transbrasil do cenário, praticamente a única empresa que se apresentou foi a TAM. Rolim abocanhou 92 das cem linhas licitadas.

Rolim recebeu concessão para a França, com quatro vôos semanais. Para a Espanha foram sete, 14 para o Uruguai, outros 14 para os Estados Unidos e 35 para a Argentina.

Era preciso alicerçar a saída para o exterior com parcerias. Rolim, então, mandou Rubel entabular essas conversações. Com a Lufthansa, apesar da insistência de Rolim e da amizade de Rubel com o presidente da companhia alemã, Jürgen Webber, não houve acordo. Como integrante da Star Alliance, ela já tinha no Brasil a Varig como parceira. No entanto, a TAM fechou negócio na Europa com a Air France.

Nos Estados Unidos, Rubel fez aproximação com a American Airlines, que também buscava um parceiro no Brasil. Como a VASP selara um acordo com a Continental e a Varig com a United, de certa forma a TAM e a American tinham sobrado.

As negociações levaram um ano para se concretizar. O acordo com a American compreendia assistência a todos os passageiros da companhia que desembarcassem no Brasil. E os clientes da TAM também comprariam bilhetes TAM-American no

## O sonho brasileiro

sistema de *code share*. Podiam tomar os aviões da TAM em qualquer cidade do Brasil para São Paulo e ter acesso, com a American, a cidades americanas como Miami, São Francisco, Detroit, Washington, Los Angeles e Orlando. As bagagens também seguiriam direto ao destino final.

Pelo acordo, a TAM funcionaria na prática como a extensão da American Airlines no Brasil. Os programas de milhagem — o Fidelidade e o AAdvantage da American — também foram compartilhados. Os passageiros da TAM seriam atendidos nos Estados Unidos em balcões da própria American, sem a necessidade de troca de terminais, como se as duas fossem uma única companhia.

Rolim queria fazer seus próprios vôos a Miami. Começou a analisar os aviões, a começar pelo Boeing 767-300. Havia ainda o MD-11 e o Airbus A-330-200, irmão maior do A-310, que estava sendo lançado. No início, tinha dúvidas. Não conhecia o A-330-200 e desconfiava do serviço pós-venda da Airbus, empresa menos tradicional que a Boeing. Não queria comprar os aviões e depois ficar sem a assistência técnica necessária.

Mário Sampaio, da Multiplan, agora representante da Airbus, o convenceu de que o 767 já estava envelhecido. Dois anos mais tarde, a Boeing lançaria o 777, conhecido como *Triple Seven*, e Rolim teria comprado um avião ultrapassado. Com o A-330-200, a TAM ficaria com um avião 4% mais caro que o 767, mas com capacidade para transportar um número de passageiros 20% maior. E, quando viesse o *Triple Seven*, ainda teria um avião da mesma geração tecnológica.

Além disso, a Airbus tinha um perfil similar ao da própria TAM. Era uma empresa jovem, em ascensão, com um serviço que melhorava muito. Nenhuma fábrica predominava muito tempo na aviação. Na década de 1940, tinha sido a Lockheed, que tinha o Constellation. Nos anos 1950, a Douglas, com o célebre DC-3. A partir da década de 1960, a Boeing ocupara esse lugar. A Varig começara sua grande expansão ao apostar na Boeing justamente quando era a companhia emergente. Mário Sampaio sugeriu que a TAM e a Airbus podiam repetir essa história. Ambas as companhias candidatavam-se a líderes de mercado no início do terceiro milênio.

Pesou na decisão final o fato de que na companhia francesa Rolim falava mais alto: "Na Boeing eu sou mais um, enquanto na Airbus eu converso com o presidente", dizia.

De fato tornou-se amigo do seu presidente, Jean Pierson, e do vice Rafael Alonso. Convidou-os para uma pescaria no Pantanal como as que Ometto costumava promover para celebrar amigos e negócios. A bordo do Amici Verdi, barco fluvial de três andares de Waldemar Verdi, dono de concessionárias de veículos e amigo de Rolim, Pierson comemoraria com a esposa seus 30 anos de casamento, a captura de alguns peixes gordos no rio Paraguai e contratos que chegariam a 2 bilhões de dólares.

Rolim definiu-se pelo A-330-200, mas não tinha pressa. Desejava assegurar um serviço diferente, assim como fizera ao comprar os F-27 e os Fokkers-100. Entrou com um pedido na Cernai para adiar a estréia das linhas internacionais em um ano, até que chegassem os aviões da forma que desejava. Recebeu a autorização.

Rubel Thomas sugeriu que a TAM firmasse pé em um ponto na Europa, outro nos Estados Unidos e um terceiro na Argentina. Rolim, contudo, queria mais. Aceitava o que Rubel propunha como primeiro passo, mas fazia questão da Alemanha. E desejava crescer nos Estados Unidos tanto quanto a Varig.

Não deixou de investir no mercado nacional. Em fevereiro de 1996, começou a substituir nos vôos regionais os velhos F-27 pelos Fokkers-50, turboélices maiores, modernos e mais silenciosos.

Os planos eram grandes, mas 1996 não seria só um ano de glórias. Em 4 de julho, morreu o pai de Rolim, então aposentado. Ele nunca mais ouviria a sanfona do velho Adolfo, que lhe deixara tantas lições — do que não devia fazer nos negócios ao exemplo de "trabalho e probidade".

Em agosto, a Fokker encerrou suas atividades na Holanda. Rolim não gostou. Quando escolheu os F-27, levara em conta justamente o fato de trazer para o Brasil aparelhos que continuavam a ser fabricados. Isso, contudo, não era tão grave. Havia muitas aeronaves que voavam sem problemas décadas depois de terem saído de linha, a exemplo do antigo Electra da ponte aérea. Aquilo não passava de uma pálida nota negativa para uma companhia saudável, lucrativa, em crescimento no mercado interno, lançando-se para o exterior com um plano consistente.

Rolim ainda não sabia, mas entre ele e o futuro que construía arduamente haveria ainda um abismo de verdade. Não um desses abertos pelo mercado, pela concorrência ou o governo, mas sim provocado brutalmente pelo destino.

*

Bem antes do acidente aéreo que matou 99 pessoas em plena cidade de São Paulo, Rolim gostava de repetir sua reinterpretação de um aforismo muito comum na aviação sobre a segurança dessas máquinas que voam. "O avião é um aparelho generoso", dizia. "Para cair, é preciso que aconteçam pelo menos três problemas ao mesmo tempo: com a máquina, com o piloto e uma coincidência. Somente com dois, ele não cai."

Essa combinação improvável ocorreu na manhã de quinta-feira, 31 de outubro de 1996, dia das bruxas. Um Fokker-100 com 91 passageiros e cinco tripulantes partiu da pista do aeroporto de Congonhas com destino ao Rio de Janeiro. O vôo ficou conhecido pelo seu número, 402. Ao deixar o solo, o avião sofreu um impacto brusco. O primeiro dos três problemas da combinação fatalista foi com a máquina. Em plena decolagem, o lado direito foi freado pela ação do reversor, peça metálica que se abre atrás da turbina, jogando o ar para a frente e fazendo que o avião perca velocidade, em vez de acelerar.

## Number One

No Fokker-100, a ação do reversor era automática nas aterrissagens. Naquele dia, ocorreu no momento errado. Com a ação de um relê descontrolado, o reversor abriu e fechou três vezes seguidas. Cinco anos antes, a Fokker fizera uma modificação no sistema. Ele era tão seguro que a companhia temia que o reversor pudesse não abrir no solo, situação em que também provocaria um desastre. O travamento foi modificado. Com isso, a possibilidade de acionamento durante o vôo, embora ínfima, aumentara bastante em termos estatísticos. A probabilidade de o reversor abrir em vôo era de uma em 1 bilhão. Com as modificações da Fokker, passou a ser de uma em 1 milhão.

Nesse dia, o que parecia apenas um número infinitesimal aconteceu. Sem força para decolar, o piloto José Antonio Moreno e o co-piloto Ricardo Martins foram induzidos ao erro por uma coincidência. Acreditavam que o avião tinha algum problema no *auto-throttle*, equipamento de aceleração automática das turbinas. Tinham sido notificados de um defeito no sistema pelo piloto do vôo anterior, Armando Luiz Barbosa, que lhes entregara o aparelho. Acreditaram estar diante da mesma dificuldade de seu antecessor. Foi o problema número dois.

Com poucos segundos para avaliar o que ocorria, tentaram jogar mais carga nos motores. Na prática, os dois pilotos aumentaram a resistência da turbina que brecava quando devia acelerar. Ao levar para trás também o manete do motor saudável, o manete direito foi forçado para a frente de tal maneira que o cabo de segurança se rompeu. Então o reversor abriu para não fechar mais.

Mais tarde, o relatório final do Ministério da Aeronáutica sobre o desastre indicaria a precipitação dos dois pilotos. "Doutrinariamente, qualquer ação de uma tripulação frente a qualquer anormalidade no ambiente da cabine de comando não é recomendável abaixo de 400 pés." Problema número três.

Ainda a pouca altura, o aparelho adernou. Sua asa direita, inclinada para baixo, cortou o telhado do edifício do Mercado

## O sonho brasileiro

Ênfase como uma fatia de bolo. O avião descreveu um semicírculo a cerca de 20 metros do solo, levou o telhado de construções maiores e mergulhou com uma tríplice explosão entre as casas da ladeira Luís Orsine de Castro, numa tranqüila zona residencial, 2 quilômetros adiante da pista de Congonhas. O vôo durara 25 segundos. Morreram todas as 96 pessoas a bordo o jato, mais três que estavam no solo.

A rua se tornou um cenário de pesadelo. O querosene do avião, escorrendo ladeira abaixo, produziu um rio de chamas com 200 metros a partir do lugar da queda. Sete carros explodiram. Colunas de fogo emergiam dos bueiros. Com a chegada dos bombeiros, os corpos carbonizados dos passageiros foram transportados para a rua entre moradores ainda em estado de choque.

Em 11 segundos, tempo que o Fokker-100 levou no seu pouso de morte, tudo o que Rolim pregara parecia ter ruído. Vivera pela cultura do melhor serviço ao cliente. Ela perdia todo seu significado quando 99 pessoas acabavam de morrer.

Não era só isso. Seu sucesso fora baseado na idéia da reativação dos aeroportos centrais. Agora, diante do aeroporto de Congonhas se via uma zona residencial rasgada por um rastro de escombros. O avião que ele escolhera como símbolo de sua fórmula de sucesso, aquele que garantia ser o mais econômico, o menos barulhento, o mais moderno, acabara de virar um monte de ferragens, sob a suspeita de uma falha mecânica fatal. Se o acidente tivesse sido com um Boeing, avião que todas as outras companhias operavam, o problema não seria somente seu. Agora, Rolim pagava o mais indesejado preço por sua vontade de ser diferente.

Para coroar o desastre, o Fokker-100 em questão era o *Number One*. O próprio símbolo do sucesso da TAM foi calcinado na tragédia.

Instantes depois da queda, o acidente já era transmitido ao vivo pela Rede Globo, por meio do helicóptero de plantão. A primeira equipe de reportagem em terra, da repórter Graziela Azevedo, também da Globo, chegou em dez minutos. Em uma hora, o local estava sitiado pela imprensa, que passou a transmitir o resgate dos corpos ao vivo para todo o país.

Foi um momento de comoção nacional. Em São Paulo e no Rio de Janeiro, as linhas telefônicas transbordaram com ligações de pessoas que procuravam saber se parentes estavam no vôo. A confirmação de que não havia sobreviventes realçou o drama.

Naquele dia, Rolim estava na ilha de Bonaire, no Caribe, onde descera com seu Citation para pernoitar durante uma viagem aos Estados Unidos. Em Miami, já o esperavam Daniel Mandelli e Rui Aquino, com quem iria acertar detalhes da vinda dos aviões para sua expansão no mercado internacional. Sem contato com a empresa, soube do acidente pela televisão: enquanto fazia a barba, deparou-se com as imagens ao vivo na CNN.

Na sede da TAM, o responsável pela companhia era o vice-presidente Luiz Eduardo Falco. Rolim ligou para Falco, informou-se das primeiras providências que estavam sendo tomadas, pediu que dessem o melhor atendimento possível aos familiares das vítimas. Precisava de tempo para voltar. Gripado, depois das notícias pela CNN foi acometido também por um mal-estar gástrico.

Em São Paulo, os corpos espalhados pela rua precisavam ser retirados o quanto antes. A sala VIP da TAM, um andar abaixo do escritório de Rolim, transformara-se numa central de operações. Ali ficou decidido que a TAM ajudaria os bombeiros na retirada dos corpos com seus baús de carga. A idéia foi aprovada, apesar da consideração de que todos os caminhões tinham gravado o logotipo da companhia.

A idéia da própria TAM retirando os cadáveres ao vivo na TV parecia suicídio para aqueles que se preocupavam com a imagem da empresa. Prevaleceu entre os diretores, porém, a crença de que a TAM tinha de continuar a ser uma companhia verdadeira. Nunca tinham feito um ensaio para um acidente daquele tipo.

*O sonho brasileiro*

Assumiam a posição de quem não tinha nada a esconder e a melhor forma de comportamento era, simplesmente, enfrentar a verdade. Diretores foram para o aeroporto e para um hotel ao lado de Congonhas onde seriam hospedados os familiares das vítimas que viviam fora de São Paulo. Os corpos foram filmados em vídeo, de modo a evitar o choque ainda mais doloroso do reconhecimento pessoal. Essa era a recomendação do manual da parceira da TAM, a American Airlines, que despachou quatro funcionários a São Paulo para colaborar com sua experiência em acidentes daquele porte.

Rolim desembarcou em São Paulo às 5 da manhã do dia seguinte, mas nada comunicou à família, aos diretores da TAM ou à sua assessoria de imprensa. Saiu do aeroporto direto para a casa do presidente do Grupo Ultra, Pery Igel, aviador e amigo fraterno. O filho de Igel, Ernesto, chegara a morar com Maurício, filho de Rolim, quando ambos estudavam administração nos Estados Unidos. Era um dos passageiros do vôo 402. Tinha 27 anos.

Depois de visitar o amigo, Rolim ainda foi a um velório, consolar outro amigo, Oscar Americano, de uma perda trágica: seu filho Henrique tinha sido assassinado em São Paulo na noite anterior. Só depois Rolim foi para a TAM, onde almoçou com seu assessor de imprensa, Luiz Carlos Franco. Discutiram a necessidade de uma entrevista coletiva à imprensa, à tarde.

Naquele dia negro, em que teria perdido a "vontade de viver", teria dito mais tarde, Rolim não queria encarar os jornalistas. Nem achava ético dizer algo sobre o acidente enquanto o Ministério da Aeronáutica não divulgasse o laudo oficial sobre a sua causa. Quem o convenceu de que precisava fazer aquilo foi o publicitário Mauro Salles.

— Se você der essa entrevista hoje, terá autoridade para não falar mais, enquanto não vierem os resultados do inquérito. Se não der, vai passar o dia escondido, fugindo da imprensa. Vai ter foto da sua mulher entrando em casa, todos os sinais que você emi-

## Number One

tir vão transmitir culpa. Quando você deitar na cama, vai sair de lá debaixo um repórter tipo tico-tico para te fotografar.

Rolim aceitou dar a entrevista, sem ensaio, diante de um enxame ávido de repórteres e fotógrafos. Já havia sinais de que o problema do avião tinha sido no reversor: um mecânico da Líder Táxi Aéreo, Antônio Bueno de Souza, que estava na pista de Congonhas na manhã do acidente testemunhara o acionamento do equipamento no momento da decolagem. Mas aquilo ainda era pouco para encerrar a onda de especulações.

Muitas companhias aéreas passaram por acidentes trágicos. Nem mesmo a Fokker detinha a exclusividade de um acidente por causa do reversor. Em 1991, um Boeing 767 da Lauda Air caíra, matando 223 pessoas, devido à abertura do equipamento durante o vôo. O sistema de válvulas de todos os Boeings 767 foi alterado para abrir somente depois que o avião tocasse o solo.

A TAM também não era a única companhia aérea a passar por um desastre de grande efeito moral. A Varig tivera vários, como os dos vôos de Orly (em 1973, com 123 mortos), Abidjan (em 1987, com 50 mortos) e Marabá (em 1989, com 12 mortos). Nenhum desses desastres, contudo, aconteceu na ribalta, sob a luz dos holofotes, como o da TAM.

O problema é que a companhia não era tão antiga e consolidada a ponto de passar pela experiência como mera turbulência. O mesmo se podia dizer do jato que escolhera como base do seu negócio. A maior proprietária de Fokkers-100 no mundo era a American Airlines, com 75 aparelhos. Contudo, como no Brasil somente a TAM o utilizava, a empresa foi colocada tão em dúvida quanto o avião. Rolim jogara todas as suas fichas no Fokker-100 e, com o acidente, arriscava-se a perder tudo também de uma só vez.

Ele sabia que sua empresa corria o risco de desaparecer. Havia o caso anterior da Panair. Em 1962, um DC-8 que se acidentara ao levantar do aeroporto do Galeão, no Rio de Janeiro, e um Constellation que mergulhara na selva amazônica, perto de

## O sonho brasileiro

Manaus, causando 50 mortes, tinham sido os golpes de misericórdia na então maior e mais famosa empresa aérea do país, que encenou suas atividades em 1965.

Embora próspera, a TAM não tinha uma situação financeira tão consolidada que lhe permitisse sofrer um baque de grandes proporções. Como o *Number One*, a empresa inteira podia cair em plena decolagem.

A imprensa explorou o acidente de forma demolidora. Hipóteses não provadas foram espalhadas como fagulhas num palheiro. No sábado, o Jornal Nacional da Rede Globo, programa de maior audiência da TV brasileira, levou ao ar a entrevista com um piloto encapuçado afirmando que os Fokkers-100 tinham preferência nos aeroportos porque costumavam viajar com pouco combustível, como se na TAM a emergência fosse rotina.

Surgiram outras denúncias de fontes anônimas que ganharam crédito, entre elas a de que os aviões da TAM viajavam com equipamentos quebrados. A onda de sensacionalismo prosseguiu, como a investigação sobre um possível excesso no número de tripulantes nos aviões da companhia. Dava-se vazão a questões que não esbarravam nas causas do acidente, nem se apoiavam em fontes seguramente idôneas.

O fato de a Fokker ter falido pouco tempo antes não melhorava a situação. O desaparecimento de um fabricante de aviões não tem necessariamente relação com acidentes. A Varig comprara seus Electras depois de saírem de linha, e só registrou um único incidente com os aparelhos — um pouso de barriga — entre mais de 30 pousos e decolagens diários ao longo de três décadas. Contudo, no caso da TAM, o acidente logo após a falência não podia ser considerado uma coincidência.

Nos dias seguintes, apesar do barulho que se ouvia lá fora, a TAM ficou em silêncio. Os telefones do serviço "Fale com o Presidente" emudeceram. As caixas de correio esvaziaram. Rolim entrou em pânico. Para ele, perder o contato com o cliente era como chegar ao fundo do abismo. Sentir-se abandonado pelos passageiros, cuja proximidade tanto cultivara, liquidava-o.

Dois dias após a tragédia, convocou a diretoria para tirá-la do espírito fúnebre.

— Vamos perder um ano – disse ele. – Trabalharemos mais, 24 horas por dia, para sair dessa situação.

Só via uma escapatória: continuar sendo transparente e fazer o que sempre fazia. Iria se colocar ao lado do cliente não como o responsável pela tragédia, mas, da mesma forma que ele, como vítima.

Na edição de dezembro de sua carta de bordo, Rolim definiria sua posição: "Com a consciência tranqüila, estamos aqui na TAM vivendo uma dura prova, animados apenas com a certeza de que não poderíamos ser diferentes, na hora da tempestade, daquilo que somos nos momentos de bonança".

Apesar disso, Rolim teria de mudar certos comportamentos, ainda que a contragosto. Em vez de dar um pagamento exemplar às famílias, como seria do espírito de tudo o que vinha fazendo até então, viu-se obrigado a deixar à companhia de seguros do Unibanco a tarefa de indenizá-las conforme as regras internacionais. Como em última análise seria a seguradora que faria o pagamento, também lhe cabia conduzir as negociações. Logo surgiram as "viúvas da TAM" — parentes das vítimas revoltadas com o acidente, que reclamavam da demora em receber assistência, especialmente no caso das famílias que ficaram sem arrimo. O movimento, que no início tinha forte base emocional, tornou-se econômico.

Rolim procurou afastar-se do processo, que se arrastou de forma penosa. A proposta inicial de pagar 145 mil dólares a cada família, valor dez vezes maior que o estipulado pelo Código Brasileiro do Ar, foi recusada.

A indenização só chegaria seis anos depois, por meio da justiça americana. Em acordo, cada uma das 60 famílias das vítimas que processaram a TAM aceitou receber entre 300 mil e 800 mil dólares.

A turbulência à volta de Rolim diminuiu quando ficou muito clara a responsabilidade do fabricante. A mudança no sistema de comando do reversor dos Fokkers-100, os da TAM e os do resto do mundo, foi fartamente anunciada.

Como que para dar crédito à companhia pelo seu passado, aos poucos os clientes foram voltando. Mesmo quando nada parecia forte o suficiente para convencer os passageiros a voar novamente pela TAM, Rolim permaneceu imutável. Seus aviões decolavam e pousavam nos horários de sempre, mesmo quando não havia passageiros.

No final, as conseqüências do desastre sobre a companhia acabaram sendo menores do que se poderia esperar. Nas semanas seguintes, os vôos saíram com lotação parcial. No trecho Rio–São Paulo, o movimento caiu de 283 mil passageiros transportados em outubro de 1996 para 236 mil no mês seguinte. A partir daí, o movimento retornou ao normal.

No primeiro trimestre de 1997, Rolim viu que perdera 15% de seus passageiros. O lucro líquido, que fora de 16,6 milhões de reais no primeiro trimestre de 1996, caiu a 11,4 milhões no mesmo período de 1997. Por meio do *telemarketing*, Rolim investigou a razão pela qual 16 mil passageiros não utilizavam mais a companhia. A maioria estava de férias ou mudara de residência. Apenas 5% dos entrevistados alegavam ter deixado de voar pela TAM por serem parentes ou conhecidos dos passageiros do vôo 402 ou estarem com medo. Em maio de 1997, esse índice caiu a 1%. Rolim lutou para resgatar os clientes mais reticentes. Chegou a convidar trinta deles para visitar os hangares da companhia e almoçou com o grupo.

A relação da TAM com seus clientes revelou-se mais sólida do que seu tempo como companhia de transportes regular podia proporcionar. O cliente, que Rolim cultivara com obsessão, afinal não o havia abandonado. Construíra um capital cuja dimensão nem ele mesmo soubera avaliar. "Não há dúvida de que a grande moeda que nos deu respaldo no *day after* foi a imagem de credibilidade que construímos no mercado", diria Rolim.

Em junho de 1997, menos de oito meses após o acidente, o lote com mil ações da TAM valia 12% mais que os 57 dólares cotados na véspera do acidente. Em julho, a TAM estabelecia seu recorde histórico, com o transporte de 420 mil passageiros.

O público voltou. Restava saber se a própria TAM voltaria a si. Rolim não pensara no efeito que o acidente teria dentro da própria companhia. Os funcionários, que passaram pela experiência de ajudar na retirada de corpos, juntar as peças do avião e atender os parentes das vítimas, também tinham sofrido. Sua identificação com a empresa, no primeiro momento, fez que experimentassem uma espécie de trauma coletivo. Mais tarde, cobraram sua lealdade. Tendo dado tudo de si no episódio, acreditavam merecer uma contrapartida da empresa.

O comandante também não avaliou o efeito que o episódio trouxera sobre outro funcionário fundamental da TAM: ele próprio. Da mesma forma que garantia a qualidade dos serviços da TAM, Rolim sentiu na pele a responsabilidade pelo que acontecera. E ficou remoendo o vôo 402. Nos Estados Unidos, os parceiros da American Airlines já haviam lhe dito que uma experiência como aquela certamente viria em algum momento. Emocionalmente, contudo, ele não estava preparado.

Rolim sempre achou que, se o acidente tinha sido uma fatalidade, fora uma fatalidade desejada por alguém. Toda a comunidade aeronáutica aceitou as explicações para a pane — do contrário, nenhum piloto voltaria a pilotar o avião. Rolim, não. Podia entender o que ocorrera em termos técnicos, mas não com tranqüilidade.

Reflexo disso foi sua decisão de visitar todos os parentes das vítimas, um a um. Queria ter e demonstrar que tinha esse tipo de comportamento. Enfrentou a resistência de seu próprio pessoal, de sua família e da American Airlines, que não estava acostumada a tal atitude dentro da aviação. Rolim, contudo, manteve obstinada e teimosamente sua decisão.

Reservou um horário na agenda, às sextas-feiras, para fazer visitas de condolências. Todos estavam certos de que Rolim ficaria sujeito a grandes constrangimentos. Por isso, ele tomava certos cuidados. Fazia a visita sem dar tempo para a família avisar a imprensa. Enviava um relações-públicas da TAM, perguntando se as pessoas estavam disponíveis naquele momento. Em caso positivo, Rolim fazia a visita e voltava.

Nessas visitas, Rolim explicava tecnicamente o acidente, mas falava com pessoas que não queriam razões para um problema emocional. Em algumas casas, rezava com os parentes das vítimas. Em outras, era recepcionado com ofensas ou a exigência do pagamento imediato da indenização, como se lhe coubesse essa tarefa.

Das 99 famílias que se propôs a visitar após o acidente, Rolim foi ao encontro de 25. Foi mal recebido tantas vezes, e tal era a energia negativa que carregava desses encontros, que acabou por desistir.

A frustração de não conseguir demonstrar o quanto sofria diante de famílias desinteressadas em seus sentimentos o amargurava.

— Não adianta — disse a Miguel Pacheco Chaves. — Cada vez eles me entendem menos.

O comandante purgava sua tristeza com a autoflagelação. Mesmo assim, o fazia à sua maneira. Levava consigo para a casa dos parentes das vítimas a chefe do serviço "Fale com o Presidente", Patrícia dos Santos Silva, ou um amigo, que podia ser tanto Olacyr de Moraes como Shigeaki Ueki ou Diogo, o violeiro. Na alegria e na tristeza, não queria estar sozinho.

Nessa época, repetiu a pessoas diferentes uma queixa em tom amargo: "Nunca uma vitória foi fácil para mim. Cada vez que dou um passo, algo acontece, como se fosse para marcar essa vitória". Sempre esperaria, depois de um grande sucesso, outro impacto terrível. E nenhuma demonstração de tolerância por parte do público o livraria desse sentimento.

Seis meses depois do acidente, em junho de 1997, Rolim foi avisado de que receberia o prêmio da revista *Exame* como a companhia do ano de 1996. Com base no resultado dos balanços e na análise de índices técnicos, a TAM era a companhia com o melhor desempenho na aviação pelo terceiro ano consecutivo. Em 1996, mesmo com o acidente do vôo 402, seu faturamento ultrapassara o meio bilhão de dólares. Crescera 21% em relação a 1995. A empresa exibia uma saúde financeira invejável. Em 1997, transportara 3 milhões de passageiros, marca da qual a Rio-sul se aproximaria somente quatro anos mais tarde. Isso num período em que Varig, VASP e Transbrasil tinham perdido passageiros e receita. A taxa de rentabilidade da TAM era de 43,5%. Transportava 1 458 passageiros por funcionário, enquanto a Varig levava 537. De 1995 para 1996, as vendas da TAM tinham crescido quatro vezes mais que a média das 500 maiores empresas do Brasil.

Além do desempenho consistente, havia também a "contribuição para o desenvolvimento empresarial". As lições de administração de Rolim transformaram a empresa num caso exemplar. Mais: com a liberdade tarifária que o governo dera às empresas aéreas, permitindo faixas de desconto a partir de determinado preço para horários de pico, Rolim simbolizava uma vitória de toda a aviação. Estava diante de uma inédita liberdade de mercado pela qual lutara por mais de uma década.

Havia, porém, a questão do acidente. A direção da Editora Abril, a quem cabia a escolha final do vencedor, levou em consideração a repercussão que traria a escolha da TAM como a melhor empresa do país, justamente no ano do acidente. O entendimento foi de que a companhia merecia o prêmio, não só por estar no auge do seu desempenho econômico, como pelo seu comportamento diante da tragédia.

*O sonho brasileiro*

O prêmio encampava o reconhecimento da sociedade de que a TAM não tinha culpa. "Houve uma razão além dos números para que conferíssemos à TAM o prêmio. Foi a maneira destemida, transparente, eficaz como ela reagiu à tragédia do vôo 402", escreveu o jornalista Nelson Blecher, editor executivo de *Exame*, responsável pela reportagem de capa da revista anunciando o vencedor de *Melhores & Maiores*. Atestava-se que acidentes podiam acontecer até mesmo em companhias exemplares, cabendo a elas saber lidar com esse tipo de situação.

Ao receber a notícia da premiação, Rolim sentiu como se flutuasse no ar. Levantou e saiu do seu gabinete rodopiando como um bailarino até a sala vizinha, onde trabalhavam as moças do "Fale com o Presidente". Depois, em uma consulta à direção da Editora Abril, perguntou se poderia enviar um coral da TAM à cerimônia de premiação, marcada para o auditório do Clube Monte Líbano, em São Paulo, onde a festa se realizava anualmente. Deram-lhe sinal verde para dar seu *show* particular.

Apesar da alegria pelo prêmio, os dias que antecederam a cerimônia de *Melhores & Maiores* foram uma tortura para Rolim. A seu modo de fazer consultas, perguntava a quem encontrava pela frente se deveria, em seu discurso de agradecimento, fazer menção ao desastre do vôo 402. Havia consenso entre os conselheiros de Rolim. Como líder de uma empresa que não se furtara ao verdadeiro tamanho da tragédia, ele não poderia deixar de mencioná-la. Rolim, contudo, hesitava. Recusava-se a exibir uma nódoa no dia que representava o brilho de toda a sua carreira.

No dia da premiação, subiram a longa escadaria que levava ao salão da cerimônia no Monte Líbano cerca de mil pessoas, boa parte delas empresários e executivos pesos-pesados da economia nacional. Na entrada, um constrangimento: um grupo de "órfãos da TAM", vestidos de preto, distribuía panfletos para os convidados.

No salão lotado, o coral da TAM deu sua exibição e Rolim foi ovacionado ao anúncio da vitória. Depois de receber o troféu

## Number One

das mãos do ministro da Fazenda, Pedro Malan, agradeceu a "surpresa" do coral, falou de sua história, dos números da TAM, da importância da premiação. A certa altura, seu discurso foi interrompido. Uma das "viúvas da TAM", Vera Roncati, 35 anos, viúva do consultor financeiro Raymundo de Paulo Roncati, levantou-se no meio da platéia. Caminhou rumo ao palco e pronunciou algumas palavras que escaparam ao público, mas foram ouvidas atentamente por Rolim.

Apesar da expectativa, ele retomou seu discurso como se nada houvesse acontecido e encerrou-o sem mencionar o fatídico vôo do *Number One*, para espanto e desapontamento geral. Durante sua fala, citou seis vezes a palavra "triunfo" e quatro vezes a palavra "drama", contidas no título da reportagem que lhe conferia o prêmio. Nenhuma delas foi utilizada para mencionar o acidente, mas sim as dificuldades pessoais e de mercado que enfrentara ao longo de sua carreira.

Ao descer do palanque, Rolim parecia um lutador que acabara de sair do ringue nocauteado em pé. Cercado por jornalistas, amigos, colaboradores e o presidente da Editora Abril, um atônito Roberto Civita, perguntou o que tinham achado do discurso. Ficou no ar um silêncio acabrunhado. Rolim preferiu ignorá-lo e foi embora como se tivesse feito tudo o que pudera suportar.

\*

Depois do acidente do vôo 402, a preocupação de Rolim com a segurança em seus aviões tornou-se obsessiva. O treinamento do pessoal de manutenção seria constante. Contratos de auditoria externa, treinamento de pilotos no exterior em simuladores, controle preventivo dos sistemas de checagem, nada foi poupado. Mais tarde, nomeou o comandante Marco Antonio Rocha para cuidar somente de segurança. Estreitou relações com entidades como a International Civil Aviation Organization e fez parte da direção da Flight Safety Foundation. Estava disposto a tudo para fazer valer um lema que estava entre os mandamentos da companhia: "Mais importante que o cliente é a segurança".

Mesmo assim, depois do vôo 402 Rolim enfrentou uma sucessão de incidentes para ele inexplicáveis. Sua central de distribuição foi roubada. No Nordeste, desapareceu um Gran Caravan utilizado no táxi aéreo. Suspeitas recaíram em traficantes de drogas — o avião, capaz de pousar em pistas muito curtas, era o preferido para alcançar os esconderijos da indústria da coca na Colômbia.

Nada foi provado.

Menos de um ano após o acidente do vôo 402, um novo episódio contribuiu para alimentar teorias conspiratórias. Na manhã do dia 9 de julho de 1997, o professor Leonardo Teodoro de Castro embarcou num Fokker-100 no aeroporto de São José dos Campos, escala de um vôo de Vitória a São Paulo. Sem controle de entrada de objetos metálicos no aeroporto, passou despercebido um pacote levado pelo passageiro. O professor sentou-se na fileira 18, depois mudou três carreiras de poltronas para a frente, deixando uma bomba de efeito retardado sob a poltrona D.

A explosão afundou o chão do Fokker-100 em pleno vôo, abriu um buraco de três metros de diâmetro na parede e cuspiu pela abertura o engenheiro eletrônico Fernando Caldeira de Moura, passageiro mais próximo da detonação. Fernando foi lançado a 2 400 metros de altura ainda preso à sua poltrona pelo cinto de segurança. Caiu a 600 quilômetros por hora no terreno da fazenda Mandioca, em Tijuco Preto, no município de Suzano, abrindo no chão um buraco de 1 metro de diâmetro e 20 centímetros de profundidade.

Dentro do avião, seguiu-se o pandemônio. Os outros 54 passageiros, apavorados, gritavam. A porta que isola a cabine do resto do avião se abriu com o impacto, que torceu o corpo do aparelho, abrindo frestas pelas portas. Partes da fuselagem e do revestimento interno batiam na turbina e eram esmagadas por suas pás. A 9 mil metros de altitude, o avião teria se esfrangalhado. Como fazia um trajeto curto, não subira além de 2400 metros e pôde ser controlado.

Com o avião despressurizado, o piloto Humberto Angelo Scarel diminuiu a velocidade de 460 para 400 quilômetros por hora para diminuir a turbulência. Pediu à torre de Congonhas permissão para um pouso de emergência e aterrissou 23 minutos depois. Só então verificou que a causa do problema era o buraco na parede — até então, acreditava que uma porta tinha sido mal fechada. A TAM só soube que deixara um passageiro pelo caminho uma hora após o pouso, quando foi notificada pela polícia do município onde o engenheiro expelido aterrissara.

Rolim viu o filme passar na sua frente outra vez. Não tinha sido um desastre das mesmas proporções que o do vôo 402, mas um novo incidente com o Fokker-100 seria suficiente para destruir a TAM de vez.

O jato foi recolhido. Todas as evidências eram de que um passageiro explodira uma bomba dentro do aparelho, o que tirava da companhia a responsabilidade pelo episódio. Contudo, a aeronáutica e os bombeiros proibiram o acesso ao aparelho, praxe nesses casos. Até que saísse um laudo oficial, Rolim estava certo de que a exploração da incerteza sobre o que ocorrera pela imprensa iria arruiná-lo.

— Rolim, isso é uma loucura, isso é contra você — disse-lhe Mauro Salles. — A melhor maneira de sair dessa situação é deixar o avião ser fotografado, para todo mundo ver o que aconteceu.

Mesmo sem inquérito, era preciso esclarecer imediatamente que uma bomba explodira. Alguma testemunha séria tinha de entrar no avião.

Rolim então se preparou para colocar a imprensa no hangar onde estava o Fokker-100, numa operação organizada por Mauro Guimarães. Jornalista que ocupara cargos de chefia em jornais e na TV, Mauro tinha sido contratado por Rolim com a missão justamente de lidar com a sensível área da comunicação corporativa.

Na sexta-feira seguinte, dois dias após a explosão no Fokker-100, Mauro Guimarães abriu as portas da TAM para uma equipe da revista *Veja*: o então editor executivo Eduardo Oinegue, a repórter Karina Pastore e o fotógrafo Antonio Milena. Os jornalistas conversaram com Rolim e Falco, puderam falar com o comandante do avião e todos os funcionários pelos quais se interessaram. Depois, foram levados numa Kombi de serviço para o hangar onde estava o avião.

Lá, subiram por uma escadinha que conduzia diretamente ao buraco. Milena fotografou-o por fora e por dentro. Os jornalistas observaram os efeitos da explosão: não só o rombo na parede como o afundamento no piso e no teto.

Rolim ofereceu a reportagem à revista de maior alcance do país, com tiragem de mais de 1 milhão de exemplares, porque a notícia só poderia sair em um lugar. Como oficialmente a TAM não podia mostrar o avião à imprensa, teria de explicar a burla à Infraero com a história de que a equipe de *Veja* conseguira o acesso sem seu consentimento e fora retirada imediatamente de lá. Dessa forma, a TAM não poderia ser responsabilizada.

A edição de *Veja* que saiu no sábado, dia 12, estampava a reportagem mostrando claramente que o acidente não fora causado por um problema de estrutura, ou pela queda da porta em pleno vôo, como vinha sendo ventilado. Apontava os sinais de que houvera uma violenta explosão originada do lado de dentro. A conclusão vinha reforçada pela foto, que, sozinha, contava metade da história. Com a ajuda da revista de comprovada credibilidade, Rolim pulava rápido o abismo que se abrira à sua frente.

Embora resolvido da melhor forma possível, o incidente deixou Rolim magoado. Para ele, as autoridades deveriam ter esclarecido desde o início que a TAM não tinha sido vítima de um acidente, mas de um atentado. Contudo, o discurso era o de que seria preciso fazer a investigação antes de afirmar qualquer coisa, apesar dos indícios claros de que houve uma explosão.

A imaginação naturalmente fértil de Rolim voou longe. A sucessão de problemas na TAM não podia ser coincidência. Além disso, um atentado, por ser intencional, era muito diferente de um acidente.

As dúvidas de Rolim foram alimentadas pelo fato de que a explosão no Fokker-100 nunca foi suficientemente esclarecida.

No início, a polícia suspeitou do passageiro defenestrado, cuja família era proprietária de uma pedreira com uma dezena de funcionários, a Krafer — contração do nome de Fernando com o de um irmão, Kramer. Mais tarde, as suspeitas recaíram sobre Leonardo, professor desempregado, demitido pelo Senai, único passageiro que não explicou o que fazia naquele avião. Tinha treze apólices de seguro de vida.

Em uma maleta dentro do avião, foram encontrados resíduos de nitrato de amônia, componente que reunido ao estifnato de chumbo forma um poderoso explosivo. Ali estava, também, um par de óculos que Leonardo reconheceu lhe pertencerem. Havia, por fim, uma caixa de papelão com a inscrição "protótipo", batida à máquina. Mais tarde, a perícia provaria que era o mesmo tipo produzido pela máquina de escrever da casa do professor.

Apesar disso, Leonardo nunca testemunhou de forma convincente sobre seu papel na explosão. Com 58 anos e um histórico que indicava problemas mentais, apenas três dias depois da explosão no jato da TAM foi atropelado por um ônibus em São Paulo, numa possível tentativa de suicídio. Saiu do hospital quatro meses e meio mais tarde, paraplégico e com uma lesão cerebral de 4 centímetros na região do lobo parieto-temporal. Ficou mentalmente transtornado e com a memória comprometida.

Rolim nunca descartou a hipótese de que pudesse haver alguém por trás da ação de Leonardo. Achava que existia uma orquestração contra a TAM para impedi-la de crescer. Passou a

## O sonho brasileiro

investigar outros episódios estranhos, como uma notícia publicada nos jornais pouco antes da explosão no Fokker-100, com informações sobre uma certa ATA, associação de usuários de linhas aéreas. Segundo a entidade, depois do vôo 402 a TAM passara a ser considerada a companhia mais insegura da América do Sul. Depois de uma diligência por conta própria, Rolim descobriu que essa associação da qual nunca ouvira falar e que ganhara crédito na imprensa brasileira tinha um único e misterioso sócio, jamais localizado, e sua sede era uma sala em Nova York.

Rolim passou a ver sabotadores em toda parte. A história de Leonardo deixaria no dono da TAM o travo amargo de quem tinha sido vítima do mais injustificável mal.

\*

Rolim não esquecia tanto as coisas boas quanto as ruins. Uma delas atendia pelo nome de VASP. Durante anos, sustentou uma pendência com a empresa, pela participação que a companhia tinha no capital da TAM desde sua formação como empresa aérea regional. Era uma percentagem incômoda, não só porque Rolim gostava de manter o domínio completo das coisas, como pelo motivo de que o dono desse pedaço passara a ser Wagner Canhedo.

Rolim espremeu a participação da VASP dentro da TAM. Aumentava o capital sem dar oportunidade a Canhedo de acompanhá-lo. Dos 30% que a VASP tinha dentro da TAM na criação das linhas regionais, restavam 6% em 1990, quando a empresa foi privatizada. Ainda assim, tinha direito a um membro no conselho de administração. Logo que pôde, Rolim fez novo aumento de capital, para diluir ainda mais a participação de Canhedo e tirar o representante da VASP de sua vista na TAM.

Rolim publicou o anúncio obrigatório do aumento de capital em jornais que ninguém lia, para escapar ao departamento jurídico da VASP. "Isso me aborreceu profundamente, porque não havia razão para ele fazer aquilo", diria Canhedo, que mandou um protesto por escrito à Bovespa. "Não achei atitude digna do Rolim."

Em 1996 a VASP tinha 3,3% do capital da TAM. Rolim, 90%. O restante era negociado em bolsa diariamente.

Canhedo ficara emparedado. Como enfrentava dificuldades financeiras, preferiu sair da TAM.

— Vendo minha participação — disse Canhedo a Rolim.

— Não quero ser empecilho.

— Quanto você quer?

Acertaram o preço: 10 milhões de reais, com o real cotado na época a um dólar. Pela primeira vez na vida, Rolim fez um negócio à vista. O estranho no ninho da aviação, além de paralisado no mercado, estava fora do seu quintal.

Rolim voltou a ter como sócio somente seu irmão João Amaro. Depois de abrir o capital em meados da "década perdida" para salvar-se, recomprou praticamente tudo o que deixara ao mercado. No entanto, pensou em arrumar outro parceiro. Um sócio capitalista que lhe trouxesse recursos para os investimentos que planejava fazer, sem criar endividamento.

Antes mesmo do acidente com o Fokker-100 em Congonhas, Rolim aproximou-se do banqueiro Jorge Paulo Lehman, principal sócio do Banco Garantia. Trabalhador tão incansável quanto lutador aguerrido nos torneios seniores de tênis em que fora várias vezes campeão, Lehman era na época o mais brilhante espécime no Brasil dos arrojados jogadores do mercado financeiro. Certo dia, antes do acidente com o Fokker-100 em Congonhas, apresentou-se na TAM sem ter marcado encontro. Identificou-se para a secretária de Rolim, Rita, somente como "Jorge".

— Rolim, vim para te conhecer — disse Lehman, segundo o próprio Rolim. — Leio tudo sobre você. Queria pedir um favor. Não faça nenhum negócio sem antes me oferecer parceria.

## O sonho brasileiro

O que o lobo das finanças via na TAM? A empresa mais capitalizada num setor difícil, o que para ele era sinônimo de oportunidade. Também uma empresa altamente rentável, que crescia à razão de 35% ao ano, com alta produtividade. Por fim, uma empresa de grande visibilidade no mercado, assegurada não só por seus resultados como pela figura de seu célebre líder.

A aproximação de Lehman evoluiu para a possibilidade de o Garantia, por meio dos fundos de investimento que administrava, adquirir 23% das ações da TAM. Com o desastre do vôo 402, as conversas foram interrompidas. Entretanto, como o resto do mercado, Lehman preferiu dar um voto de confiança à companhia.

Para o Garantia, os números falavam mais alto que as conseqüências psicológicas do desastre. O mercado aéreo regional crescia à razão de 73% ao ano no Brasil, muito graças à própria TAM. Nos Estados Unidos, mais saturado, esse mesmo índice era de 8%. Uma diferença e tanto que não passou despercebida aos dois fundos americanos administrados por Lehman.

Ao modo de fazer contas entre os banqueiros, havia muito espaço aberto. O tráfego aéreo interno brasileiro ainda equivalia a 67% do México e 29% da Colômbia, numa conta em que eram pesadas as diferenças entre o Produto Interno Bruto dos três países. Isso significava que o Brasil ainda estava longe da saturação e a TAM cresceria muito mais.

Aos poucos, Rolim se deixou convencer por seus conselheiros de que ter uma empresa de investimentos como parceira traria outros tipos de benefícios. Além de recursos para a rápida expansão, Rolim teria de aceitar algum tipo de ingerência do sócio. Passaria a ser mais tolerante com a opinião alheia em seus próprios domínios. Instalaria na empresa uma segunda fase de gestão. Teria de lutar contra uma das máximas que ele mesmo instituíra: "Empresa aérea precisa ter cara. A cara do dono".

## Number One

Começaria a tornar a TAM menos dependente dele próprio, passo necessário para quando desejasse preparar o terreno de sua sucessão.

Rolim relutava em admiti-lo, mas sabia que não era imortal. E, durante aqueles anos, sua imagem se associara de tal maneira à da companhia que ninguém a imaginava sem ele.

O braço direito de Rolim, Daniel Mandelli, foi o autor intelectual e operador da venda de 23% da TAM aos fundos administrados pelo Garantia Participações, GP. Trabalho difícil, não do ponto de vista do negócio. Mais uma vez, foi preciso atravessar o "processo do Rolim", que sentia como se estivesse vendendo um braço. Ou, pior, como se estivesse voltando aos tempos em que lutara para sobreviver à crise com Orlando Ometto.

Daniel precisou de dupla habilidade para trazer não só os parceiros interessados no negócio, como para acomodar o sistema de comando à sua chegada. Os fundos entraram na TAM em 26 de novembro de 1997, com um aporte de 73,3 milhões de reais. O conselho de administração, antes apenas um grupo magnetizado por Rolim, foi formalizado. O GP, por acordo de acionistas, tinha o direito de indicar diretores, incluindo o financeiro.

Funcionou, com os seus problemas. Quando ingressaram na companhia, os representantes do GP descobriram que a TAM empenhava o seu dinheiro na abertura de novas linhas. E procuraram convencer Rolim de que Luiz Eduardo Falco não podia concentrar todo o poder nessa área.

Na época, o núcleo de decisões da TAM incluía, além de Rolim, Daniel Mandelli (administração e finanças), Falco (vice-presidente da área de operação), Ruy Amparo (guindado para a chefia da área de operações depois do acidente com o Fokker-100) e Rubel Thomas (desenvolvimento). Rolim, contudo, com freqüência mudava pessoas de lugar e muitas vezes uns invadiam a área dos outros. Ensaiou a formalização de um modelo de negócios, em que seria necessária a aprovação formal de determinadas deci-

*327*

sões. Burocratizaria o sistema. E, na prática, esvaziaria o papel de Falco, que era quem estava mais acostumado a agir sozinho.

Tão incendiário quanto o próprio Rolim, Falco mostrou resistência. Era responsável na companhia pela avaliação de mercado e abertura de novas linhas havia mais de dez anos. Cuidava de toda a área operacional e muitas vezes era destacado por Rolim como porta-voz da companhia. Conhecia o negócio como poucos. Quando entrara na empresa, a TAM fazia 20 vôos por dia. Em 1997, eram 750. Falco implantara toda a malha e não estava disposto a mudar seus métodos de trabalho ou a compartilhá-los.

— Olha, comandante, faz tempo que nós fazemos esse negócio aqui. Nosso método é estatístico, não erramos nenhuma linha até agora. Posso fazer um estudo para mudar o jeito que funciona, mas só vamos ficar ensinando os caras (os executivos do GP). Só quero fazer primeiro para ensinar depois, porque o mercado é dinâmico.

Com sócios investidores, era preciso esclarecer como as coisas eram feitas. Rolim, contudo, acabou por apoiar Falco. Ele próprio sentia-se tolhido e dava guarida às queixas do executivo, que considerava seu pupilo. E, nas reuniões do conselho de administração, com a participação de três integrantes do GP, contemporizava:

— Deixa o Falco, ele sabe o que está fazendo.

Em julho de 1998, o GP começou a transferir sua participação na TAM ao Credit Suisse First Boston. Entraram novos parceiros, mas a natureza da associação permaneceu.

Havia uma peculiaridade da TAM com que os investidores não estavam muito acostumados. Enquanto as empresas brasileiras cresciam 6% ao ano em média, a TAM crescia 30%. O que era anormal para muitos, ali era comum. Para os investidores, mesmo ávidos por lucros, parecia loucura avançar naquele ritmo.

Falco, assim como Rolim, gostava de olhar para a frente. Lançava novas linhas, confiante de que tinha o mercado aberto.

## Number One

Quando criticado, apontava o número de passageiros da Varig, que era três vezes maior que o da TAM, para dizer que aquele era o mercado a ser conquistado. Esse tipo de ousadia empresarial e retórica não era muito bem visto pelos membros mais conservadores do conselho, que começaram a pressionar muito no início de 1999.

— Vocês estão segurando, vai faltar oferta no segundo semestre deste ano — reclamava Falco.

Por um lado, o conselho gostava do crescimento. Por outro, desconfiava daqueles malucos que viviam se atirando para a frente.

O cenário da economia mudava. O período em que o governo sustentara a paridade do real com o dólar terminara. O ciclo de privatizações que tinha atraído grande quantidade de moeda estrangeira esgotava-se. Uma brusca desvalorização do real tirou rentabilidade dos vôos nacionais. Ao mesmo tempo, começava uma guerra tarifária na aviação. Seguindo os preceitos de liberalização do governo, o DAC promoveu uma desregulamentação maior do setor. Permitiu que as companhias aéreas pudessem dar descontos de até 65% na tarifa cheia. E as autorizou a operar com quantas freqüências desejassem.

Para Rolim, que construíra a base do seu sucesso explorando o filão dos clientes da área executiva com preços acima dos concorrentes, o quadro também era outro. Agora que tinha escala e saúde financeira para promover uma política mais agressiva de preços, era hora de aproveitar aquela liberdade. Ele usaria novas linhas e preços mais baixos para tirar clientes da concorrência, em especial da Varig.

Somente no trecho Rio–São Paulo, o percurso mais lucrativo, com 5500 passageiros por dia, criou 13 novos vôos. No início de 1997, a TAM Meridionais, que já cuidava das linhas entre capitais e dos vôos internacionais, tinha 160 funcionários. No final do mesmo ano, passou a mil.

*O sonho brasileiro*

A nova empresa nacional de Rolim conquistava clientes em trechos entre capitais como Brasília, Campo Grande, Florianópolis, Fortaleza, Goiânia, Porto Alegre, Recife, além de cidades de movimento econômico importante, como Joinville, em Santa Catarina. Sem perder de vista o cliente executivo, Rolim alcançava o grande público. Com maior escala e preços mais baixos, seu desafio era proporcionar a um número muito maior de passageiros a qualidade e o atendimento que eram marcas da companhia.

Em novembro de 1997, escreveu em uma de suas cartas de bordo: "Os serviços se dinamizaram com a redução das tarifas e o que estamos vendo agora é um perfil de novos clientes usando os aviões da empresa por todo o Brasil". Com isso, tratou de administrar a sobrecarga no sistema de reservas, cujo tempo de atendimento, sobretudo com clientes que ainda não conheciam a TAM, havia triplicado.

Apoiou seu crescimento também na expansão do mercado. Segundo estimativa do Ministério do Planejamento, de 1994 a 1998 um contingente de 40 milhões de consumidores começou a comprar bilhetes aéreos no Brasil.

Rolim tinha de manter seu antigo cliente, com dinheiro e exigente, que receava cair na bacia das almas. Não queria abandonar o que sabia ser um pedaço ainda importante da TAM. Pretendia manter em escala nacional e internacional o mesmo padrão de serviço, que geraria um esforço muito maior, a começar por convencer o passageiro de que a expansão da companhia não iria comprometer a qualidade de seus serviços.

"O mercado de pessoa jurídica não deixou de ser atendido. Ao contrário, aumentaram as facilidades para suas viagens, ao mesmo tempo em que cresce muito o mercado da pessoa física no Brasil", escreveu Rolim aos clientes em sua carta de bordo de julho de 1998.

A TAM Meridionais ainda não dava lucro, mas para Rolim não era o momento de pensar em dinheiro, mas de crescer. Aumentou a freqüência dos vôos para as cidades onde já operava. Em dias úteis, a TAM passou a ter 23 vôos entre São Paulo e Rio de Janeiro, esforço que Rolim logo capitalizou chamando-o de "Superponte TAM". Ficou também com 16 vôos diários de São Paulo para Belo Horizonte, nove para Curitiba, outros nove para Porto Alegre, dez para Brasília. Em maio de 1998, a TAM transportou 500 mil passageiros, 58% mais que no mesmo mês do ano anterior.

Não bastava agressividade na política tarifária e nas ofertas. Para mostrar a preocupação da TAM com a segurança, Rolim lançou uma revista, TAM *Safety Digest*. Por intermédio de seu *site* criou o E-Ticket, que permitiria fazer reservas pela internet. Chegara a hora também de investir pesado. Mais uma vez, Rolim precisava de aviões — maiores, melhores e com a ficha limpa.

*

Na cerimônia em que a parceria com a American Airlines fora anunciada, no início de 1997, Rolim recebera em São Paulo o presidente da companhia, Robert Crandal. Num encontro privado, dissera a Crandal que desejava operar com a própria TAM de São Paulo para Miami. Estava decidido a começar de fato as operações internacionais.

O desastre do vôo 402 atrasou os planos internacionais de Rolim, mas em 11 de junho de 1997 foi assinado um contrato com a Airbus de compra de cinco A-330-200, num valor de 450 milhões de dólares. E a TAM deixava junto à Airbus opção para a compra de mais cinco aeronaves.

O A-330-200 era um *wide body* dotado de sistema *fly by wire*, comandos elétricos controlados por computadores. O manche é substituído por um *sidestick*. Com 240 toneladas, 69 metros de envergadura, duas turbinas de 150 mil libras de empuxo, internamente era uma máquina confortável para 250 passageiros, capaz de voar 19 600 quilômetros sem reabastecimento.

Em um vôo de teste, Rolim ficou encantado ao ver aquele avião gigantesco passar em vôo rasante sobre o aeroporto de Congonhas, com velocidade inferior à de um pequeno bimotor. Quase flutuava.

Numa manhã fria do inverno europeu de 1998, Rolim desembarcou em Paris para assinar com a Air France um acordo de *code share* semelhante ao realizado com a American Airlines. Foi ao novíssimo escritório da TAM em Paris, na Avenue de Friedland, 11-13, próximo ao Arco do Triunfo. E depois a um salão do hotel InterContinental, com a presença de diplomatas brasileiros e franceses, onde fechou o negócio.

Na ocasião, conheceu o *chairman* da Air France, Jean Cyril Spinetta. Logo se aproximou, ao saber que, além de bem-sucedido na França, Spinetta era corso de nascimento, como seu ídolo, Napoleão. Era o início de mais um casamento à moda de Rolim.

O *code share* da TAM com a Air France previa que a companhia francesa passaria a atender os clientes da empresa brasileira como se fossem seus, no segmento F do aeroporto Charles De Gaulle, nos arredores de Paris. Como era seu desejo, Rolim também já dispunha do que podia haver de melhor na porta de entrada para a Europa.

Faltava a compra de uma nova frota de aviões para o mercado nacional. Em 1998, chegaram à TAM mais sete Fokkers-100, que elevariam a frota desse aparelho a 48 aeronaves. Rolim, contudo, necessitava para os vôos nacionais e o Mercosul de um avião maior, mais moderno e sem o histórico de acidentes que ainda preocupava muitos passageiros da companhia. Seria destinado principalmente à ponte aérea Rio–São Paulo.

Durante seis meses, a escolha do jato gerou acaloradas reuniões na diretoria da TAM. Na negociação para a compra dos jatos intercontinentais, o A-330-200 da Airbus tinha uma vantagem clara sobre seu concorrente direto à época, o Boeing 767-300. Dessa vez, porém, a diferença entre os equipamentos na disputa não era tanta.

Rolim voltou a sonhar com a Boeing. Ele sempre repetia em suas palestras preferir a Airbus porque lá falava com o presidente, enquanto na Boeing era mais um. Porém, não engolira a vez em que fora esnobado ao comprar um Boeing. Ficara magoado de morte.

Agora que a diferença entre os aviões que concorriam era pequena, o peso sentimental passara a contar mais. Imaginar que os aparelhos da tradicional fabricante levariam a inscrição da TAM mexia profundamente com Rolim. Na segunda concorrência, queria apenas provar à Boeing que podia ser seu cliente.

A posição dos técnicos da TAM era clara: eles preferiam os Airbus A-319 e 320 aos Boeing 737-700 e 800. Buscavam o melhor avião pelo melhor preço e achavam o negócio com a companhia francesa mais vantajoso. O contrato, que abarcava um número maior de aviões, era mais vultoso. A TAM compraria, de uma só vez, 38 aparelhos. Cada pequeno ganho percentual significava muito dinheiro. Além disso, o sistema de pilotagem dos A-319 era o mesmo do A-320. Com isso, os pilotos podiam passar de um avião a outro com pouco treinamento, como se passa de um carro pequeno a um grande sem ser preciso reaprender a dirigir.

A negociação com a Airbus foi pesada: começou no Brasil, foi para o Chile, depois à Costa Rica, e terminou em Miami. Rolim encontrara uma solução engenhosa. Reuniu o presidente da Lan Chile, Enrique Cueto, e Frederico Bloch, líder da TACA, consórcio de companhias de aviação em cinco países da América Central. Ambos precisavam ir às compras como ele e Rolim formou um pacote para adquirir 88 aeronaves. Na negociação conjunta, ganhava força para baratear o preço.

A Airbus podia ter a preferência dos executivos, mas para Rolim possuir um Boeing era muito importante. E isso contava tanto quanto quaisquer argumentos técnicos. Além dos encontros exaustivos com os fabricantes, os executivos da companhia tiveram também de passar novamente pelo "processo do Rolim", a dura tarefa de convencer o chefe a aceitar razões que contrariavam seus desejos.

No fim, a posição da diretoria prevaleceu. Pesaroso, Rolim deu a mão à palmatória.

O grupo de negociadores da TAM, liderado por Rolim, ainda teria que ir a duas reuniões finais, uma com a Boeing, outra com a Airbus. A decisão estava tomada. A primeira reunião, na Airbus, seria para dar um aperto final no preço. A segunda, na Boeing, era apenas para agradecer a atenção dispensada.

Nessa hora, contudo, Rolim inverteu a ordem das reuniões.

— Vamos primeiro à Boeing — disse ele.

— Por quê? — quis saber Falco.

— Primeiro temos de falar com aquele que perdeu.

— Isso vale alguns milhões de dólares — alertou o vice-presidente. — Se a gente vai na Boeing, fala que ela perdeu e essa informação chega à Airbus, eles não vão se esforçar para melhorar o preço. Nosso aperto final vai ser muito ineficiente.

— Não importa — decretou Rolim. — Primeiro, a gente tem de dar a notícia aos perdedores.

Em 20 de março de 1998, o segundo negócio com a Airbus foi fechado. Somente a parte da TAM, com a compra dos 38 aviões, somava 1,5 bilhão de dólares. O consórcio TAM-TACA-LanChile podia, ainda, optar pela compra de mais 80 aparelhos.

Nesse ano, em função da guerra tarifária, a TAM foi a única empresa aérea brasileira a ter lucro. Para seus padrões era agora um lucro pequeno, de 8,8 milhões de dólares, mas ainda era lucro. Seu faturamento atingiu meio bilhão de dólares, metade dos quais vindos da TAM Meridionais, que lucrara 12,8 milhões.

Enquanto isso, a concorrência amargara pesados prejuízos. O da VASP foi de 119 milhões de dólares. A Transbrasil teve um resultado operacional negativo de 210 milhões. Seu balanço, no entanto, apresentou resultado positivo, em função de uma indenização que recebeu da União pelo congelamento das tarifas no Plano Cruzado, em 1986. A Varig fechou o ano com 36,8 milhões de dólares no vermelho.

Esses números não contavam toda a história. Com uma estrutura pesada, um sistema de comando bloqueado pelo domínio da Fundação Ruben Berta, refratária a uma reestruturação que já se tornava tardia, a Varig mergulhara numa profunda crise administrativa e financeira. Suas dívidas já iam além do bilhão de dólares. Não eram só dívidas de investimento, mas um passivo que começava a se agigantar como uma bola de neve.

A TAM suportara melhor a guerra de tarifas porque, no seu caso, a redução nos preços correspondia a um ganho de escala. Em março de 1998, com o aumento de freqüências no trecho Rio–São Paulo, pôde repassar ganhos de produtividade aos passageiros. No dia 9, reduziu o preço do bilhete de ida de 158,34 para 119 reais, sem a taxa de embarque.

Em novembro de 1998, ficaram prontos dois A-330-200. Como costumava fazer, Rolim foi buscar o primeiro deles pessoalmente. Voou de Tolouse ao aeroporto de Viracopos, em Campinas, sem escalas. Mais um sonho como piloto se realizara.

No dia 10 de dezembro de 1998, a TAM inaugurou sua primeira linha internacional, de São Paulo a Miami. O acordo com a American Airlines entrava em uma nova fase. Os aviões da companhia americana que desciam em São Paulo colocavam seus passageiros em conexão com os vôos da TAM. Os passageiros da companhia brasileira, incluindo os do interior, além de ter acesso aos Estados Unidos com a American pelo acordo de *code share*, agora podiam ir a Miami com a própria TAM.

Desse modo, o faturamento de Rolim crescia numa linha altamente rentável, em dólar. Entrava no mercado internacional mais uma vez no momento certo. Com a progressiva desvalorização

*O sonho brasileiro*

da moeda brasileira, que chegaria a 3 reais por dólar em 2002, voltava a ser importante para as companhias nacionais voar para o exterior. Mais uma vez Rolim dirigia a TAM para onde estava a receita forte.

Apesar disso, ele sabia que não podia contar com esse dinheiro se não fizesse a costumeira lição de casa. Pedira o A-330-200 com uma configuração especial que atenderia o passageiro exigente ao qual estava habituado. Tinha 18 lugares na primeira classe, 36 na executiva e 171 na econômica. Os assentos na primeira classe reclinavam 180 graus, como uma cama. O A-330-200 da TAM dispunha ainda de dois bares para que os passageiros pudessem tomar drinques durante o percurso.

Em 9 de junho de 1999, a TAM fez seu primeiro vôo para a Europa: São Paulo–Paris, em *code share* com a Air France. Dessa vez, Rolim não consultara somente a intuição ou os passageiros no embarque. Encomendara uma pesquisa de verdade. Ela revelara que 50% dos brasileiros que iam para a Europa utilizavam a capital francesa como porta de entrada. Era o que ele necessitava saber. Com aquela única linha, estava em condições de disputar metade dos passageiros brasileiros que se dirigiam para território europeu.

Em 1999, o lucro da TAM Transportes Aéreos Regionais foi de 200 mil dólares. A TAM Meridionais teve prejuízo de 33,6 milhões. Isso ocorreu, contudo, em função da canalização dos investimentos em novos aviões. Alimentando um novo ciclo de expansão, seu faturamento cresceu muito. Em 1999, a receita da TAM foi 26,6% maior que no ano anterior. A da TAM Meridionais cresceu ainda mais: 83,9%.

Eram números bem melhores que os da concorrência. No mesmo ano, o faturamento da Varig cresceu apenas 11%. VASP e Transbrasil continuaram a ver suas vendas encolherem (12,6% e 14,7%, respectivamente). Mais uma vez, Rolim provava que podia colocar no mercado quantos aviões quisesse. Assim que disponibilizava mais uma poltrona, ela era ocupada. Como sempre, tinha mercado.

Com novas linhas e vôos, a TAM já ultrapassara a Transbrasil e a VASP em número de passageiros transportados. Aproximava-se celeremente da Varig, com uma diferença: sua empresa tinha um perfil financeiro muito mais saudável. A TAM estava em ascensão, enquanto a empresa que exercera a hegemonia na aviação brasileira por mais de duas décadas vinha em trajetória descendente.

Para Rolim, a entrada no mercado internacional era o último passo. Beliscava o território que sempre fora da Varig, com uma vantagem: podia sustentar investimentos e tinha eficiência para alcançar rentabilidade no mercado interno, onde as margens de lucro se tornavam cada vez menores devido ao câmbio. Contava com os ganhos de escala que obtinha. Evitava ao máximo aumentar sua estrutura. A mesma equipe que trabalhava nos vôos regionais da TAM em grandes aeroportos operava nos vôos nacionais.

O mesmo processo que estrangulava a Varig era o que fazia a TAM ocupar espaços. Agora, Rolim começava a olhar para fora. Na rota São Paulo–Miami, já não considerava concorrer com a Varig, mas com as gigantes americanas que faziam a mesma rota: United Airlines, Delta e Continental, três das maiores companhias de aviação do mundo. Olhava mais uma vez para os líderes do mercado.

"Confesso que em toda minha vida de piloto jamais pensei que pudesse presidir uma empresa com esse patamar de desenvolvimento e pujança na aviação comercial de meu país", diria.

Em apenas quatro anos, de 1994 a 1998, Rolim transformara uma empresa regional em uma companhia nacional que se aproximava rapidamente da liderança no mercado interno. Além disso, passara a ser a segunda força da aviação comercial brasileira no mercado internacional. Agora, participava de um jogo mais

## O sonho brasileiro

pesado. Para Rolim, que já quebrara todos os tabus, o Brasil também começava a deixar de ser o limite.

*

Nas década de 1970 e 1980, três empresários do interior paulista se destacaram como os grandes visionários da empresa nacional brasileira, ousando produzir no país o que se acreditava ser possível apenas às multinacionais.

Um deles foi Amaral Gurgel, de Limeira, que arriscou competir com as grandes montadoras de automóveis, fazendo carros de passeio. Outro foi José Luiz Whitaker, da Engesa, fabricante de veículos militares, vendidos para o exército brasileiro e exportados para vários países do mundo. O terceiro foi Mário Pereira Lopes, criador da Companhia Brasileira de Tratores, a CBT.

Em comum, todos tiveram sonhos grandiosos, além da ajuda do governo militar, que incentivava a economia nacionalizada e a substituição de importações. Todos traziam também outro fato em comum: quebraram espetacularmente, deixando lugar aos competidores capazes de enfrentar a economia de mercado.

Desse trio de sonhadores, todos amigos de Rolim, Mário Pereira Lopes foi o que deixou a herança mais vistosa. O homem que tornara famosas as geladeiras Cônsul e começara a fazer tratores arruinou-se de maneira grandiosa. Construiu em São Carlos uma fábrica para o novo milênio que se avizinhava. Tudo na CBT tinha inspiração grandiloqüente. A obra foi realizada numa fazenda de 200 alqueires. Contava com uma pista de pouso de 1450 metros. E um galpão de 450 metros de comprimento por 130 de largura. Somente o refeitório ocupava uma área de 2 mil metros quadrados.

Mário Pereira Lopes realizou seu sonho graças a grandes empréstimos subsidiados, contraídos junto ao BNDES. A CBT faliu em 1995. Ao ver que não conseguiria indenizar os funcionários, Mário pediu que criassem uma cooperativa. Deixou-lhes tudo, menos a pista de pouso anexa à fábrica, que já estava penhorada pelo próprio BNDES.

Por quase cinco anos, o lugar ficou exatamente como no dia em que funcionários da CESP, a Centrais Elétricas de São Paulo, cortaram a luz por falta de pagamento. Nos escritórios, os papéis estavam sobre as mesas. Os cinzeiros ainda estavam cobertos de bitucas. Os tornos mecânicos que usinavam as peças estavam na exata posição em que pararam quando acabou a eletricidade. A CBT era como um dinossauro congelado. Dava a impressão de que, caso a energia elétrica fosse religada, poderia ressuscitar.

Ninguém, entretanto, queria comprar o dinossauro.

Foi assim que João Amaro encontrou o lugar, em 1999. Desde que deixara sua posição executiva na TAM, ocupara-se com uma empresa de locação de veículos. "Perdia um pouco de dinheiro, mas dava para me divertir", dizia do seu negócio. Encontrara um *hobby*: aviões antigos. Em Cuiabá, onde tinha morado, comprou um avião abandonado, leiloado pela Infraero: um velho Cessna-195, de 1950. Depois de uma reforma, ficou como novo.

Ao visitar João em Cuiabá, Rolim voou no avião. Gostou tanto que quis comprá-lo do irmão a todo custo. Infernizou João de tal maneira que o irmão cedeu. Levou a antiguidade para sua fazenda em Ponta Porã.

Um dia, Rolim chamou João em São Paulo. Disse que estava comprando a Helisul Táxi Aéreo, empresa curitibana que tinha alguns Bandeirantes. Possuía também três aviões antigos, trazidos de Buenos Aires. Não sabia o que fazer com eles. Enviou o irmão a Curitiba para ver se poderia restaurá-los.

João voltou "louco". Os aviões estavam apodrecendo no pátio de estacionamento: queria levá-los imediatamente a São Paulo. Desmontou-os e os levou para um hangar em Jundiaí, a 50 quilômetros da capital paulista. Propôs que fizessem com eles um museu. Rolim recebeu a idéia com um olhar faiscante.

— Seria uma forma de agradecer à sociedade o sucesso da TAM — disse.

Reformaram os aviões. Rolim e João passaram a sair de motocicleta para a Argentina e o Chile à procura de outros aviões antigos que pudessem recuperar. Nas pequenas vilas argentinas, havia muitos aviões de fazendeiros, a maior parte deles importados na década de 1930, que tinham sido abandonados na mesma medida em que seus donos e o país empobreciam.

Dessa forma, compraram 15 aviões. João voltava nos que podiam voar. Para reformar as aeronaves, montaram no hangar de João em Jundiaí uma oficina especializada, com suporte da engenharia da TAM. E os fornecedores de Rolim, em parte por seu charme pessoal, sua maneira desabrida de pedir, ou ansiosos por conquistar suas preferências, passaram a bajulá-lo com valiosos presentes voadores.

Ao museu faltava o local. João foi a São Carlos visitar um terreno que lhe tinha sido oferecido, próximo à universidade local. Recebeu a sugestão de pousar na pista da antiga CBT, que ficava próxima. Ao ver aquela construção, João nem foi ver o terreno combinado. Maravilhado, ficou por ali mesmo. Saiu de São Carlos convencido de que era aquele o lugar de que a TAM precisava, não só para o museu, como para o seu hangar de manutenção.

Com o crescimento no mercado interno, somado às novas linhas internacionais, a TAM não tinha mais espaço. A maioria dos seus aviões pernoitava em São Paulo. Em Congonhas, era feito 95% do trabalho de manutenção, mas sem área suficiente. Rolim buscava outro lugar que pudesse comportar o crescimento da companhia, não só para o que era, como para o que viria a ser.

A Infraero prometia ceder à TAM uma área no aeroporto de Cumbica, em Guarulhos, na qual seria preciso construir uma infra-estrutura que custaria 60 milhões de dólares. Parecia caro e óbvio demais. Rolim gostava de soluções mais ambiciosas e anticonvencionais. Por isso, ouviu o relato do irmão com vivo entusiasmo.

Conhecia bem Mário Pereira Lopes: não se esquecera do homem a quem vendera o Lear Jet da TAM no esforço de quitar suas promissórias com Orlando Omettto. Admirava a impetuosidade do empresário falido e se lembrava da construção que um dia abrigara a fábrica da CBT. Comprou na hora a idéia de João.

— É isso mesmo o que eu queria. Vamos lá agora.

Levou todo o alto comando da TAM na manhã seguinte para São Carlos. Na diretoria, todos sentiram um leve frio na barriga, pensando que em algum lugar havia um ponto de contato entre Rolim e Mário Pereira Lopes: o sonho de grandiosidade, muitas vezes a qualquer preço. E temiam pelo mesmo resultado. No entanto, o fato é que Rolim até então tinha escolhido o caminho certo. O sucesso o mantinha no território não dos loucos, mas dos ousados.

Rolim dava muita importância à auto-suficiência na manutenção. Previa que no futuro haveria pouco espaço para a realização do serviço nos aviões dentro dos principais aeroportos, como já ocorria há tempo na Europa. E o custo seria elevado. Para ele, São Carlos era a sua Shannon. Ali, teria condições de fazer algo que qualquer companhia aérea do mundo invejaria.

O único diretor da empresa que concordava com Rolim era Rubel Thomas. Partilhava com ele a idéia de que a fazenda da CBT seria um patrimônio da empresa, enquanto tudo o que estava nos aeroportos, como o parque técnico da Varig no Galeão, era alugado. Somente nesse parque, a Varig gastara 200 milhões de dólares em benfeitorias que não lhe pertenciam, pois estavam em área da União, cedida em comodato pela Infraero.

Ao contrário das benfeitorias em terreno público, um imóvel próprio podia ser dado em garantia de um eventual empréstimo bancário, algo que sempre fizera falta a Rolim. Além disso, São Carlos era um centro com boas escolas de engenharia, fornecedoras de mão-de-obra qualificada. Com 98 aviões em sua frota e perspectiva de crescer, Rolim estava certo de que deixaria algo para o futuro. Tomou a decisão de comprar a antiga fábrica da CBT, mesmo contra a posição dos diretores, que preferiam Guarulhos.

Chamou João.

— Olha, ninguém aqui da diretoria quer. Mas vai lá e fecha o negócio.

Em 2000, a TAM comprou a fábrica por 8 milhões de reais. Foram planejadas três fases. Cada uma contemplava a conclusão de um hangar, com capacidade para a manutenção simultânea de até quatro aviões. E começou a reforma do prédio do museu de aviação, batizado de Asas de um Sonho.

Rolim queria transferir para lá a oficina de restauração em Jundiaí, mais todos os aviões já reformados. Imaginava, ainda, levar para São Carlos a feira de aviação que apoiava tradicionalmente em Sorocaba.

Estava certo de que o crescimento da TAM justificava o empreendimento. A TAM ganhava espaço nos vôos internacionais. Com os A-330-200 e o acordo com a American, a TAM estava se saindo bem na rota São Paulo–Miami. Rolim conquistava o público que desejava. O índice de aproveitamento nas classes nobres, que definia a rentabilidade do vôo, era muito bom.

Mais uma vez, vencia pela qualidade. Quando a VASP e a Transbrasil tinham se aventurado nas linhas internacionais, estavam mais preocupadas com a receita em moeda forte do que com o serviço. Na competição com as grandes companhias americanas e européias, Rolim queria vencer com o padrão que havia criado. A prática revelava que os serviços da TAM não perdiam em nada para o das companhias mundiais.

Tirou o último vestígio do antigo azul de seus aviões e ficou só com o vermelho, a cor dos tapetes que se tornaram o símbolo da companhia. A frota branca e vermelha da TAM tornou-se ainda mais vistosa. Das suas 98 aeronaves, 58 eram jatos com mais de cem lugares e idade média inferior a cinco anos. A chegada dos novos A-330-200 tornou o logotipo da empresa mais conhecido no exterior. Os vôos para Paris em 2000 passaram a ser diários, com embarque e desembarque no terminal 2 da Air France, no aeroporto Charles de Gaulle.

Rolim não descansava. Inaugurou um serviço de cargas, que junto com os malotes de correio e o fretamento de jatos a empresas de turismo nos fins de semana tornou-se uma forma de aumentar a rentabilidade de seu equipamento.

Tudo o que Rolim podia fazer sozinho, fazia melhor. Quanto mais se afastasse dos negócios compartilhados com as outras companhias aéreas nacionais, mais seguro estava. Um exemplo disso foi a decisão de tirar os funcionários da TAM do fundo de previdência dos aeronautas, o Aerus.

Em 1983, ainda sob a égide de Délio Jardim de Mattos no Ministério da Aeronáutica, o governo federal instituíra o Aerus com o objetivo de garantir uma aposentadoria complementar para os aeronautas. A Varig, com maior número de funcionários, era o maior contribuinte do fundo. A Transbrasil, além de outras companhias menores, também participava. A empresa pagava uma parte da contribuição, os empregados outra.

Para incentivar o Aerus, o governo autorizou a cobrança de uma taxa de 2% sobre as passagens aéreas. Essa taxa era paga inclusive pela VASP, mesmo sem tirar disso nenhum benefício, já que como estatal à época tinha seu próprio fundo previdenciário — o homófono Aeros.

Rolim era o curador da TAM no fundo. Como detestava as reuniões do Aerus, mandava sempre um diretor como seu suplente nas reuniões mensais. Foi informado de que a Varig começara a atrasar os pagamentos. Além disso, como principal controladora do caixa, passara a tomar empréstimos do fundo. À medida que

*O sonho brasileiro*

suas dificuldades financeiras cresciam, aumentava também a promessa de um grande calote no Aerus, que atingiria os funcionários da própria Varig e de todas as outras companhias participantes.

O dono da TAM viu o risco de estar contribuindo para o fundo junto com seus funcionários e perder seus benefícios, caso o Aerus viesse a quebrar. Como a sua era a única empresa lucrativa do mercado, achou melhor ficar sozinho. Depois de negociações, em 1999 conseguiu sair do Aerus, levando todo o dinheiro que a TAM e seus funcionários tinham depositado. Todo esse patrimônio foi transferido para um fundo privado, o Multipensions Bradesco.

Saiu-se bem do caso do Aerus, mas havia outro território de combate na área dos recursos humanos. Rolim costumava dizer que o administrador de uma companhia aérea tinha três grandes fatores de risco e limitadores de crescimento. Dependia intensamente de energia, condicionada ao preço do dólar e ao mercado internacional do petróleo. Dependia, ainda, do governo. E, vindo de um processo de expansão tão rápido, passara a depender ainda mais do terceiro fator: o treinamento de pessoal.

Nesse terreno, tão estratégico para seu negócio quanto mutável, volúvel e enganador, Rolim travou uma batalha ao seu gosto: a conquista de corações e mentes.

*

Em 1996, a TAM já gastava 10 milhões de dólares por ano com treinamento. Trocava anualmente 25% das 500 comissárias e 800 balconistas, funcionárias em setores de contato direto com o público. Era o setor no qual a TAM prestava mais atenção, mas também o trabalho mais desgastante. E por isso o de rotatividade mais elevada.

Além da substituição pura e simples de funcionários, Rolim tinha de atender às necessidades de expansão. Formar comandantes de Fokker-100 lhe custava 50 mil dólares. Com

## Number One

sua nova frota de Airbus, esse gasto se tornou exponencial. Comissárias, comandantes e pessoal de terra que trabalhavam na operação dos Airbus eram preparados no centro da Airbus em Miami. Em 1999, Rolim gastou 4 milhões de dólares somente para o treinamento de tripulações na academia de vôo da American Airlines em Dallas para os Fokkers-100 e em Tolouse e Miami para os Airbus.

Para capitalizar em imagem o esforço que já fazia em recursos humanos, ele instituiu a Academia de Serviços da TAM. Com o tempo, pretendia transferir toda essa tecnologia para a Academia, que passaria a funcionar num prédio adaptado para esse fim, com 1200 metros quadrados, na Rua Ática, 673, em São Paulo.

Para Rolim, era fundamental a formação de quadros com a cultura da companhia. Quando a Varig devolveu quatro Superjumbos que faziam os vôos para Paris e Nova York, os 30 pilotos que estavam sendo demitidos foram procurá-lo. Teria sido um bom negócio contratar aquela gente. Como estava ampliando suas linhas de Airbus em vôos internacionais, a TAM precisava de pilotos com experiência.

Contudo, Rolim optou por ligar para o então presidente da Varig, Ozires Silva, que assumira o cargo em 2000, numa tentativa da Fundação Ruben Berta de salvar a empresa com um dos mais vistosos medalhões do setor aéreo. Contou que estava sendo procurado e esclareceu sua posição.

— Posso contratar esses pilotos, mas para colocá-los nos Fokkers-100. Não vou poder fazê-los passar na frente dos meus próprios pilotos. Cumprindo o tempo de Fokker-100, aí sim podem ir para as linhas internacionais.

Primeiro, Rolim não queria se indispor com a Varig, com quem desejava iniciar uma dança de sedução. Segundo, não desapontaria seus próprios pilotos. Fizesse diferente, seria um desestímulo para seu próprio pessoal, que na época dedicava-se a estudar para o vôo dos Airbus, fazia curso de inglês e tinha a expectativa

*O sonho brasileiro*

de, tendo contribuído para o crescimento da companhia, subir com ela na profissão. Os funcionários da TAM eram sagrados. Desde sua saída da Aero-Rancho, no início da carreira, Rolim ficara tão traumatizado que passou a vida reclamando do processo de demissão. "Eu tive uma lição pessoal", dizia. "Sei como é humilhante ser demitido. O que você vai falar quando isso acontece? Vai falar para o seu amigo que a empresa não precisava mais de você, que é um derrotado? Vai falar para a sua mulher que tinha outro melhor que você na empresa? Vai falar para o seu filho o quê? A última coisa que se faz com uma pessoa é mandá-la embora."

Não aceitava a explicação para a saída dos funcionários de que na aviação havia um *turn over* forçado. Explicavam-lhe que dificilmente uma comissária de bordo vive mais que dois anos no estilo de vida exigido pela profissão, obrigada a dormir todo dia num lugar diferente. Muitas das comissárias da TAM se casavam com passageiros, o que era natural, já que eram as pessoas que conheciam no local de trabalho.

Para compensar o inevitável, as formaturas mensais de novos funcionários passaram a ter um caráter de passagem de bastão. Era preciso fazer uma catequese permanente do pessoal que estava continuamente ingressando na companhia. Depois de promover um circuito de palestras para funcionários de modo a explicar o que tinha acontecido no acidente do vôo 402, uniformizando a postura que deviam tomar a partir dali, Rolim adotou esses encontros como rotina. Precisava que o funcionário fosse forte não pelo salário, mas por ouvir pessoalmente a palavra do presidente.

Para ele, a demissão significava que tinha ocorrido um erro na contratação. Então colocava todo o seu empenho no processo de admissão. "Gastem mais tempo no processo de admissão, mas não façam a demissão", dizia Rolim aos diretores. Pensava também no dinheiro. Dizia que, ao contratar um funcionário, multiplicava seu salário pelo período de dez anos mínimo em que desejava ter os seus serviços, para saber quanto ele lhe custaria. "Em 99% dos casos, desisto", dizia.

A cada diretor, pedia também que pensasse duas vezes antes de mandar alguém embora: "E lembre-se de que quem cometeu o erro foi você".

Instituiu uma pesquisa de saída de quadros. Todo funcionário demitido tinha de passar por uma entrevista de saída no departamento de pessoal. Essa entrevista seguia por escrito para o responsável pela demissão, que tinha de ler o depoimento e assiná-lo. Na prática, era ele quem estava em julgamento.

Rolim só via duas justificativas para mandar gente embora: descaso com o cliente e greve. Orgulhava-se em dizer que na TAM nunca houvera greve. E defendia o direito de seus funcionários de trabalhar durante as greves dos aeroviários, que tentavam impedi-los de trabalhar. "Sindicatos fazem uma coisa imoral: o tal do piquete", dizia. "Não deixam em paz aqueles que querem trabalhar. A polícia tem de garantir o direito de uns fazerem greve, mas também tem de garantir o direito dos outros de trabalhar."

Rolim tratava os grevistas de uma forma simples: punha-os para fora. Em 1991, os aeroviários fizeram uma paralisação declarada ilegal. Rolim deu sua posição: "Pelo que eu sei, na TAM não haverá greve. Vamos conversar com os descontentes de forma individual".

Para driblar os piquetes, Rolim marcou um ponto de encontro. Em vez de irem para o hangar da TAM, os funcionários se dirigiam para a estação Jabaquara do Metrô. Lá, a empresa mandava ônibus e táxis transportá-los diretamente para dentro da empresa, de modo a não serem barrados na porta pelos piqueteiros.

Com isso, Rolim podia dizer que só não trabalhava quem realmente não quisesse. E não dava nenhuma desculpa aos que não comparecessem. "Aquele que não vier, ou não telefonar justificando a ausência, está na rua", alertou ele. Não apareceram ou avisaram 80 funcionários; foram 80 os demitidos.

Demitir funcionários em períodos de crise era para Rolim o fim do mundo. Não admitia a hipótese de voltar atrás. Falar em reduzir alguma coisa por causa de dificuldades econômicas do país era deixá-lo de mau humor. Ao contrário, dizia que nas maiores crises fizera seus melhores negócios. Crise, para ele, tinha de ser festa. Estava sempre na contramão.

"Todo mundo agora me vê só como um homem de *marketing*", dizia ele. "Isso reflete apenas um lado. Eu sou um homem multifacetado, que não trataria o cliente como um rei e um empregado como bandido. Trato empregado da mesma maneira. Por isso o milagre de a TAM funcionar como funciona." Acreditava ter aprendido algo muito cedo. "Se nós queremos tratar bem o nosso cliente e não podemos estar em todos os lugares onde ele está, só há um jeito", explicava. "Tratar bem as pessoas que o fazem em nosso nome."

A política do entusiasmo ainda era o que prendia os funcionários à companhia. "A grande maioria dos funcionários da TAM se identifica com a empresa", dizia ele. "Estão felizes." Continuava a pagar baixos salários. Em compensação, seria pioneiro na iniciativa de distribuir bônus para todos os empregados, decisão tomada depois de alertado por Olacyr de Moraes de que poderia perder seus melhores profissionais, algo que lhe parecia inimaginável.

Criou um sistema de remuneração variável, mas que jamais formalizou. Rolim conversava com Daniel Mandelli e, quando o caixa ia bem, autorizava o pagamento de um salário adicional, não importava o mês.

No segundo ano de trabalho de Rubel Thomas na TAM, Rolim sentou-se ao seu lado durante a apresentação do resultado da TAM Mercosul, numa das convenções da companhia.

— Rubel, vou mandar o Daniel dar um dinheirinho pra você, viu? Em retribuição.

Rolim gostava de surpreender seus diretores com algumas palavras de parabéns e um cheque num envelope fechado. O valor era arbitrado por ele, mas era sempre considerado "generoso". O bônus, contudo, continuava tendo o caráter de um gesto de gratidão, não de remuneração pelo trabalho.

Rolim admitia pagar menos que o mercado. "Os salários da TAM são baixos", dizia ele. Tinha uma explicação bastante conveniente para isso. "Essa é uma política que eu desenvolvi", dizia. "Os salários são baixos porque assim você não precisa demitir nos períodos de crise. Em compensação, nos períodos bons há uma bonificação que reflete os resultados da empresa."

Não era retórica. Em 1996, todos os funcionários da TAM receberam dois salários extras. Os três vice-presidentes, sete. Rolim chegou a dar um 16º salário no meio do ano. Assim como acontecia com os executivos, o bônus era distribuído à medida que a empresa obtinha resultados, mas não era institucionalizado. Concedê-lo era prerrogativa de Rolim.

Assim como a remuneração variável, não oficializava códigos de conduta. Dizia que se fizesse um plano de carreira teria de acrescentar uma descrição de cada função. E se descrevesse cada função o empregado só iria cumprir o que estava escrito. Preferia evitar a burocratização da empresa.

A cultura de trabalho, para Rolim, era mais importante que a fixação de tarefas. Com a Academia da TAM, pretendia investir nessa direção. "A Academia, como um verdadeiro centro universitário, para mim vai muito além: dará a todos a exata noção do que queremos, quando queremos e para onde iremos", definia.

Muita gente perguntava se Rolim conseguiria manter o entusiasmo coletivo e a cultura da empresa numa organização que crescia exponencialmente. Para aqueles que duvidavam, Rolim sempre surgia com uma surpresa.

Em dezembro de 1998, quando preparava as primeiras turmas para trabalhar nos vôos internacionais, promoveu uma excursão dos funcionários a Miami a bordo do A-330-200, que acabara

*O sonho brasileiro*

de trazer. Era para ser uma viagem de turismo, mas começou a dar errado desde o primeiro momento. Primeiramente, só havia lugar para 225 passageiros. Devido ao *overbooking*, muitos ficaram de fora do passeio. O vôo decolou fora de hora, o serviço de bordo atrasou e a chegada foi tão tarde que o jantar começou à meia noite. Para completar, diversas malas foram extraviadas.

Na volta, o *check in* a passo de tartaruga aumentou ainda mais a irritação geral. A decolagem novamente atrasou em pouco mais de uma hora. Após o pouso em Cumbica, contudo, Rolim explicou que todos aqueles erros, com a "colaboração" dos chefes que comandavam os serviços, tinham sido propositais. Queria que os funcionários sentissem na pele tudo aquilo que os clientes não gostariam que lhes acontecesse. E que a lição ficasse estampada na memória.

Rolim confiava que, aplicando nos funcionários os mesmos truques com os quais conquistava passageiros, obteria sucesso no seu grande esforço de recrutamento. "Em empresas grandes, é uma tarefa hercúlea motivar permanentemente as pessoas", definia. "Isso acontece exatamente pela distância a que elas ficam do centro de formulação e definição da estratégia, do pensamento dos seus dirigentes."

Dizia que, se tivesse de começar o negócio de novo, a ênfase seria sempre na comunicação corporativa. Fazer que conhecessem seu pensamento era a fórmula pela qual "qualquer funcionário, por mais humilde que seja, pode tomar para si os riscos de uma ação arrojada ou necessariamente rápida".

Tinha plena consciência de que com o crescimento da TAM entrava numa verdadeira roda-viva. Contudo, não tinha medo. Ao contrário, deliciava-se. Olhando para trás, passara a comparar a administração de uma companhia aérea a um filme de Indiana Jones: "algo envolvente, repleto de emoções". E preparava-se para um novo episódio da série. Começava uma nova e

# Number One

ainda mais vertiginosa expansão, como no início da década de 1990, quando perdera a VASP para Wagner Canhedo. Como crescer? Só havia duas alternativas. Uma, mais uma vez, era investir pesado na própria companhia. A outra, fazer aquisições.

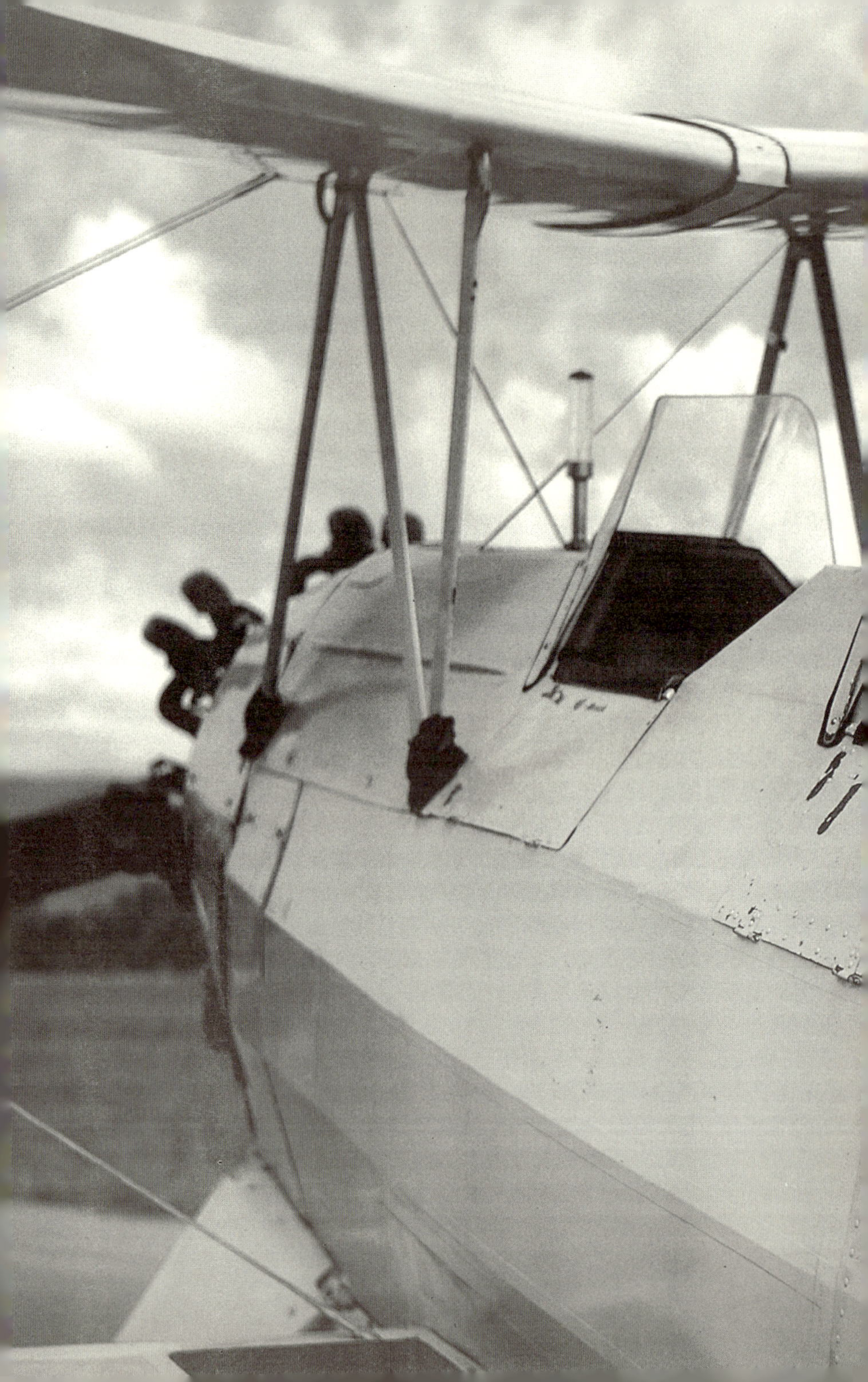

# 8. Onde o homem se sente mais livre

Ramiro Tojal estava num castelo do vale do Loire quando o telefone tocou.

— Seu Ramiro, eu precisando do senhor aqui, e o senhor está na França! Tomando vinho dos "bão"!

Era Rolim.

— Quando é que o senhor volta? Estamos aqui com esse assunto da Transbrasil adiantado. Vindo para cá, venha conversar comigo.

Sempre em movimento, Rolim no final da década de 1990 fez várias tentativas de comprar as concorrentes que já deixara para trás. Virtualmente nocauteada, a Transbrasil era a que estava em pior situação. Rolim tentou comprá-la, fazendo antes um acordo para operar algumas de suas linhas. Em 2000, TAM e Transbrasil passaram a dividir alguns custos operacionais.

Ele tratava o assunto como caso de vida ou morte. E aproveitava para se reaproximar de velhos colaboradores, aliciados para seus novos projetos.

Ramiro Tojal reuniu-se a outros assessores de Rolim naquela que foi a última tentativa de adquirir a Transbrasil, abalada também com a doença de Omar Fontana, que lutava contra o câncer.

Enquanto vigorava o acordo operacional, uma auditoria procurava avaliar a situação financeira da Transbrasil. Era o primeiro passo para a aquisição da empresa, cujas linhas, pessoal e equipamentos Rolim queria para acelerar seu processo de expansão — previa a chegada de 38 novos jatos até 2005.

Havia outro fator. Depois de uma década em lua-de-mel com a economia, Rolim também começava a sofrer com o aumento dos seus custos em moeda americana, após a desvalorização de mais de 200% do real. Nem ele resistia ao processo que já esmagara VASP, Transbrasil e Varig.

Agora que escasseava o dinheiro de investidores externos, depois do fim da era de privatizações e com o agravamento de uma crise mundial, olhava-se para o setor público e via-se que as reformas estruturais da economia continuavam por ser feitas. Fernando Henrique mantivera por dois mandatos consecutivos a estabilidade da moeda, mas não conseguira avançar muito no âmago dos problemas econômicos.

O Brasil pedia medidas que exigiam complexas negociações dentro do Congresso, como uma reforma da previdência, de modo a diminuir a longo prazo o déficit com o pagamento dos aposentados. Fernando Henrique abrira mão de promover uma reforma tributária que elevasse a arrecadação pela ampliação da base de contribuintes, com a abolição de um sistema em que poucos pagavam muito e muitos não pagavam nada. Com taxações e impostos em cascata, o sistema fiscal brasileiro era ainda herança da ditadura econômica, célebre por onerar o setor produtivo e estimular a fuga de recursos para a economia informal.

O Brasil voltava a ter uma cara que Rolim já conhecia. A maxidesvalorização da moeda promovida pelo governo tinha o intuito de substituir os recursos que antes vinham de investimentos com um modelo exportador. Era um quadro que lembrava o início da nada saudosa década perdida. Para o bem, a diferença é que o Brasil dos anos 2000 tinha uma indústria mais moderna. Para o mal, dependia muito mais do mercado externo e dos produtos importados ou cotados no mercado internacional em dólar.

Rolim conhecia bem essa ciranda. Numa empresa que sempre tivera receita em moeda brasileira e despesa em dólar, fosse no aluguel dos aviões ou no preço do combustível que os fazia decolar, os custos seriam proibitivos. A única saída era reduzir gastos. Havia uma certa ironia do destino. Rolim, que sempre acreditara na competição quando se tratava de abrir espaço no fechado mercado da aviação, passou a vestir a casaca pertencente à Varig no passado. No novo cenário, entendia que somente uma única empresa, com muito ganho em escala, poderia sobreviver à combinação da concorrência externa com a recessão.

No passado, quando Rolim e a TAM lutavam para sair do seu microcosmo, essa empresa capaz de resistir a tudo era a velha companhia erguida por Ruben Berta. Em 1955, quando o fundador da Varig inventou o sistema pelo qual transferia o controle da empresa para seus funcionários, por meio da fundação com seu nome, acreditava que poderia eternizar a companhia que se tornaria a maior do país. A Varig, contudo, se acomodou num sistema de gestão de pouca mobilidade, no qual um colegiado com mais de 200 representantes de diversos setores da empresa elegia o presidente da Fundação e um conselho. E acostumou-se confortavelmente aos favores que o poder concedente granjeou-lhe, assegurando mercado sem exigir a perseguição feroz da eficiência.

Em 2000, Rolim colocara a TAM na posição da empresa com mais condições de aglutinar as forças de mercado. E a única com o perfil necessário para sobreviver. Numa época em que nenhuma empresa aérea brasileira prometia lucro, havia algo de errado. Acreditava convencer o governo desse fato. Nesse cenário, a TAM ainda era a empresa melhor administrada. Enfrentava dificuldades não por seus próprios defeitos, mas pela conjuntura.

Mais do que incorporar a Transbrasil, Rolim aparecia agora como o homem que tinha a fórmula para salvar um setor em que todas as companhias caminhavam para o naufrágio. Tinha autoridade moral. Montara uma empresa que funcionava bem sem se furtar ao pagamento de suas obrigações, apesar da regulação que considerava ainda excessiva e pouco inteligente.

*O sonho brasileiro*

Antes de agir, porém, tinha de lidar com o Conselho Administrativo de Defesa Econômica, o CADE, órgão ligado ao Ministério da Fazenda.

No momento em que o acordo operacional entre a TAM e a Transbrasil foi ventilado, Rolim recebeu uma carta do seu presidente, Gesner de Oliveira, alertando-o de que qualquer associação daquele gênero tinha de passar pelo seu crivo.

Rolim defendeu a incorporação da Transbrasil usando números. Com a desvalorização do real, aliado à recessão e à competição com as companhias estrangeiras, as empresas de aviação no Brasil somadas já alcançavam 400 milhões de reais de prejuízo ao ano. Suas dívidas acumuladas atingiam 6 bilhões de reais. O índice médio de ocupação dos vôos estava abaixo de 50%.

Das 216 rotas internacionais permitidas pelos acordos bilaterais com os Estados Unidos e com países da Europa e da Ásia, somente 125 eram aproveitadas.

Ele se apresentava como o líder, com resultados e propostas para tirar o setor da crise. Sua primeira solução era juntar companhias para reduzir custos, por meio da racionalização.

O CADE acabou por aceitar o acordo operacional entre TAM e Transbrasil por um período experimental de 90 dias. As negociações para a aquisição da empresa de Omar Fontana, porém, não foram concluídas.

Gravemente enfermo, Omar fazia-se representar por seu genro, Antônio Celso Cipriani, e o presidente da companhia, o executivo Paulo Henrique Coco. Relutou em vender a Transbrasil até morrer, em 4 de maio de 2000.

Na prática, com Omar a Transbrasil também morria. Ainda sobreviveu algum tempo, mas sua situação financeira, com dívidas de 300 milhões de reais, era tão ruim que até Rolim acreditou não poder salvá-la. Mesmo assim, levou as negociações adiante após a morte de Omar e só desistiu no último dia, quando devia assinar um protocolo de intenções. Pelas contas de seus diretores,

358

a Transbrasil lhe traria prejuízos mensais por pelo menos três anos. Nada justificava aquele ônus.

Voltou-se para a VASP. Canhedo, que uma vez o ameaçara dizendo que quebraria a TAM, agora estava na posição de eterno vendedor. Nos últimos anos, tivera de reduzir seus custos e tocava uma frota pequena, antiga e desprovida de ambições. Procurava, apenas, respirar. Isso significava ir rolando os passivos da companhia.

Ao discutir a compra da VASP, Rolim sempre esbarrava no preço. Mesmo endividado, Canhedo ainda tinha um resto de forças que lhe permitiam barganhar. As companhias passavam por avaliações, mas quando Rolim era o comprador surgia um sobrepreço de 50%.

Canhedo queria 200 milhões de dólares pela VASP. E Rolim achava que o grande valor da empresa, devido ao envelhecimento de sua frota, resumia-se ao seu parque em Congonhas. Ao montar seu próprio parque em São Carlos, o interesse de Rolim pela VASP terminou.

Novamente, a TAM acabaria não precisando de outras aquisições para crescer. Sempre namorando todas as companhias do mercado, Rolim por fim chegava aonde queria por conta própria.

Em setembro de 2000, como um dia após o outro, a TAM ultrapassou a Varig no mercado doméstico. Era resultado de uma manobra orquestrada por Rolim e operada por Luiz Eduardo Falco.

Para evitar tumulto nos horários de pico, as linhas de Congonhas, já bastante congestionado, foram acomodadas em *slots* — horários predefinidos para pousos e decolagens. Os vôos que saíam do aeroporto da capital paulista eram muito concorridos das 7 às 10 da manhã e das 5 da tarde às 8 da noite. No restante do dia, o movimento era menor.

Rolim viu a oportunidade de preencher esses horários, dando maior produtividade à sua rede. Queria tirar passageiros da Varig que voavam em horários de pico, mas que podiam viajar no final da manhã ou no começo da tarde se lhes oferecesse um preço mais baixo.

## O sonho brasileiro

Agora que o mercado estava aberto, a TAM tinha um perfil mais ajustado para o crescimento que a concorrência. Era mais ágil nas decisões, tinha finanças enxutas e a velha agressividade do seu comandante. Podia baixar tarifas, criar novos vôos e sustentá-los. Mais: Rolim e sua equipe sempre apontavam na direção certa. Cada vez que disponibilizavam uma nova linha, os clientes respondiam. A imagem de bons serviços se apegara à companhia como algo inerente. Agora que o cliente podia escolher, e a TAM colocava seus preços em nível igual ou mais baixo que os da concorrência, recebia sempre a preferência.

Rolim não precisava de pesquisas de mercado para verificar que, naquele momento, o público estava mais interessado em preços convidativos do que em escolher horários. Como estava na sala de embarque todo dia conversando com os clientes, sabia o que o público queria. Em agosto, a TAM baixou o preço das tarifas nos horários menos concorridos. Ficou com um volante de vôos maior que o da Varig nos trajetos entre grandes capitais fora dos horários de pico.

A manobra fez a companhia avançar três pontos em participação de mercado somente naquele mês. A partir desse momento, a TAM passou a ser maior que a Varig em todas as grandes linhas domésticas, menos na ponte Rio–São Paulo, na qual as duas empresas se equivaliam. Seria uma questão de tempo ultrapassar a Varig também nos horários de pico.

Com o resultado da manobra nas mãos, Falco entrou na sala de Rolim e disse:

— A Varig ajoelhou.

Rolim não cabia em si de entusiasmo. Estava disposto a contar a história ao primeiro jornalista que surgisse na sua frente. Contudo, seus diretores tentavam segurar a euforia do comandante. Era preciso ainda consolidar aquela posição.

O segredo era um só. Rolim podia baixar os preços, mas sua produtividade era tão maior que a de outras companhias que não baixava a qualidade dos serviços. Ao contrário, defendia que a qualidade era a única coisa que não podia cair.

Em 1995, já gastava de 5 a 6 milhões de dólares mensais com refeições — o equivalente a 10% da receita. Cortasse um pouco disso e aumentaria a lucratividade. Isso, porém, era contra seus princípios. Considerava o serviço de bordo um catalisador de passageiros, um instrumento de venda, não uma despesa passível de cortes. "Os passageiros sentem muito quando você tira uma fatia de queijo do sanduíche", acreditava.

A empresa cresceu vertiginosamente, mas ele não abandonava uma frase muito repetida nessa fase em que sua companhia se transformava em gigante:

— No dia em que eu não puder mais tratar bem o cliente, vou embora da TAM.

Como essa saída era impensável, a companhia tinha de ser fiel a sua tradição.

Ter superado a Varig foi como a realização da obra de toda sua vida. Desde que lançara seu primeiro jato, no início da década de 1990, Rolim nunca olhara para a Transbrasil, ou mesmo para a VASP. Não comemorara quando ultrapassara ambas as empresas — foi como se nem tivesse notado. Desde que a TAM era um telhado de zinco, mirava somente a líder do mercado.

Sua euforia, contudo, não durou muito. Alcançar a Varig também virara passado. Precisava estabelecer um outro objetivo. E tinha um excelente. Além de ampliar ainda mais seu espaço dentro do Brasil, queria montar uma operação que cobrisse toda a América Latina. Com isso, teria a escala de que precisava para sobreviver na roda-viva da economia brasileira.

No entendimento de Rolim, descartadas a Transbrasil e a VASP, o jeito mais rápido de alcançar esse objetivo era algo quase impensável no passado: comprar a Varig.

Para seguir adiante com a idéia, talvez fosse preciso eliminar um problema. Se a incorporação da Transbrasil já incomodava o poder concedente, o que dizer de uma associação entre a TAM e a Varig? Rolim sabia que de pronto seria acusado de criar um novo monopólio.

Como Rolim detinha 91% das ações votantes da empresa, a concentração de capital se tornaria um impedimento. O próprio ministro da Indústria e Comércio, o banqueiro Alcides Tápias, dizia-lhe: "Sem pulverizar o capital, não dá".

Todos acreditavam que Rolim era o líder para fazer a aproximação com a Varig, mas não viam com bons olhos suas ambições. Mesmo dentro da sua equipe, havia gente com essa posição. Falco achava que o comandante devia ficar somente com a metade mais 1% da companhia. Isso daria a estabilidade de gestão e facilitaria a fusão entre as duas maiores empresas aéreas do país.

Entregar qualquer coisa que fosse conquistada por mérito era inaceitável para Rolim. A TAM, na qual começara como o último piloto, agora era dele. A idéia de que uma companhia aérea devia socializar seu capital por trazer um benefício social era incompreensível. Entendia que esse benefício vinha para o público na forma do serviço prestado e dos impostos que pagava. E apontava para o que tinha acontecido com a própria Varig, como exemplo de provável futuro para uma empresa sem dono.

Sempre que alguém tentava voltar ao assunto, Rolim sentia-se invadido. Toda vez que se tocava na sua parcela das ações, reagia com irritação.

— As ações são minhas, o problema é meu – dizia.

Ou:

— A TAM não é minha, a TAM é do Brasil!

O controle acionário é que lhe dava legitimidade para agir como agia. Nas reuniões de conselho, havia uma certa formalidade. Os membros que representavam os investidores tinham sua posição, mas era claro que a palavra dominante, para não dizer final, era sempre de Rolim. Da mesma forma que dobrara os investidores, convencendo-os de que o jeito de ganhar dinheiro era deixá-lo trabalhar, ele achava que tinha capacidade de concluir a compra da Varig.

Acreditava que convenceria os ministérios da Fazenda e da Aeronáutica de que a concentração de capital era positiva. Sob seu comando os custos seriam reduzidos e ele rentabilizaria ambas as empresas envolvidas. Oferecia-se como o líder confiável que entendia do mercado também para o colégio de conselheiros da Fundação Ruben Berta. Iniciaria um processo de sedução, de forma a impor sua liderança também à Varig.

Esse era, no negócio, o atrativo adicional que o estimulava: exigiria todo seu talento como encantador de serpentes.

*

Mesmo com o crescimento inaudito da TAM, Rolim manteve-se fiel ao princípio de voltar todos os recursos ao foco do negócio, a prestação de serviço ao cliente. Com uma centena de aviões em operação, incluindo os transcontinentais, mantinha uma administração enxuta.

Na diretoria executiva, com exceção de Rubel Thomas, todos tinham sido criados dentro da própria TAM. Rolim estimulava o desenvolvimento dos que o acompanhavam. Gostava daqueles que tinham começado de baixo como ele. Quando contratava, Rolim não priorizava a escolaridade.

Rui Aquino, guindado à presidência da TAM Táxi Aéreo, na época em que Rolim transferiu Daniel Mandelli para a diretoria administrativa e financeira da TAM Linhas Aéreas, tinha esse perfil. Até os 19 anos ganhara a vida como bóia-fria, como eram conhecidos os trabalhadores temporários nas fazendas de cana, café e algodão no interior de São Paulo. Depois trabalhara na Motores Rolls Royce e na Motortec, encarregada da revisão de turbinas dos jatos da TAM. Começara lavando peças e terminara como chefe da revisão de turbinas, antes de ser convidado a trabalhar no setor de manutenção da TAM.

Rolim cultivava a amizade dos antigos funcionários. Quando Umberto de Angelis se aposentou, Rolim entregou-lhe o serviço de rampa da TAM, que tocaria com uma empresa terceirizada. Era uma forma de agradecer a um dos seus mais fiéis funcionários e, ao mesmo tempo, arranjar um meio de mantê-lo por perto.

Dava preferência àqueles que já estavam dentro da empresa. Mesmo Rubel Thomas, que vinha da presidência da Varig, tivera de reconstruir sua carreira na TAM. Só depois de passar pela direção da TAM Mercosul e organizar a área internacional da companhia o ex-presidente da Varig tornou-se um dos vice-presidentes do grupo.

Em alguns casos, Rolim sequer sacramentava os cargos que seus diretores ocupavam. Em 1999, quando a companhia começou a ficar grande demais para manter seus escritórios no Hangar 1, e passou para outro edifício, o Hangar 7, em um condomínio no aeroporto de Congonhas, Rolim teve de deixar sua sala na diretoria da TAM Táxi Aéreo Marília. Retardara aquele momento ao máximo. Ao chamar Rui Aquino para avisá-lo de que substituiria Daniel Mandelli, comunicou:

— O senhor vai ficar na minha sala.

— É uma honra, comandante.

— É uma honra, não. É uma responsabilidade. É bom que o senhor saiba disso. Fiquei 27 anos e oito meses nesta sala.

Promovido na prática a presidente da TAM Táxi Aéreo, Rui nunca teve formalizado seu novo cargo. Dirigia a companhia, ainda um próspero centro de negócios, que tinha como núcleo a revenda da Cessna e um feixe de serviços que incluía desde a manutenção de jatinhos de terceiros até o próprio táxi aéreo. Contudo, apesar de tocar a empresa, não sabia o que escrever no próprio cartão de visitas. Inquiria Rolim sobre o nome de sua função, mas o chefe desconversava.

— O senhor está preocupado?
— Não — obrigava-se a dizer Rui. — Não sou eu, é o mercado que precisa saber disso.
— Então o senhor não se preocupe. Do mercado cuido eu.

Mesmo tendo mudado de sala e posição, Rolim considerava a presidência da companhia do táxi aéreo, onde iniciara seu negócio e ainda a *holding* do grupo, um cargo eternamente seu. Rui acabou por inventar um posto para si mesmo, de maneira a se apresentar a seus interlocutores: "diretor-superintendente". E só se tornaria presidente formal do táxi aéreo depois da morte do comandante.

Apesar da mudança de lugar em Congonhas, Rolim não se viu tentado a ocupar todo o espaço adicional que ganhara. No Hangar 7, um edifício maior, de corredores em forma de U, abertos para o espaço onde ficavam aviões do táxi aéreo, reinava a tranquilidade. No lugar do azáfama típico das áreas administrativas das grandes companhias, ali o silêncio só era cortado pelo troar dos aviões que decolavam.

Nas salas para as quais esses corredores davam acesso, as decisões eram tomadas pelo mesmo pequeno colegiado do Hangar 1, que podia se reunir a qualquer momento na sala contígua ao gabinete de Rolim, decorada com retratos de batalhas aéreas da Segunda Guerra e de Napoleão Bonaparte. As questões eram debatidas, as resoluções firmadas e cada qual saía para tomar providências imediatamente.

Rolim dizia, em tom de blague, que desenvolvera o conceito de "democracia ditatorial" na TAM:

— Gosto de desenvolver o debate. Contudo, depois da ideia debatida, não discuto mais sua aplicação, acabou. Não se precisa mais de discussão, mas de ação. Sou absolutamente implacável nisso. Nós demoramos para tomar posições, mas quando tomamos, sai de baixo.

Ao mesmo tempo que podia ser afetuoso com antigos funcionários e pilotos, gostava de incendiar as relações à sua volta.

## O sonho brasileiro

Apreciava ser desafiado, tanto pelos interlocutores quanto por diretores da empresa. Era uma espécie de estímulo para continuar. Muitas vezes alimentava o confronto. Todos os que trabalhavam com ele mais de perto tiveram seu momento de enfrentá-lo. Ramiro Tojal, depois de diversos embates, acabara por deixar o grupo quando da compra da LAPSA. Em seu lugar, ascendera Falco, jovem, elétrico, fértil em idéias e ambicioso. Tinha sido decisivo em muitos momentos da história recente da companhia, como na implantação do sistema TicketLess, que defendera e levara a cabo pessoalmente. Ocupara as mais diversas funções na diretoria. Rolim gostava tanto dele que muitos, incluindo o próprio Falco, acreditavam que o comandante um dia lhe passaria o bastão da TAM.

Rolim teria de tomar uma decisão nessa área. Não poderia manter a informalidade da gestão para sempre. Havia muito tempo vinha reclamando do crescimento da companhia, como se ela fosse lhe escapar. Queixava-se do fato de que já não conseguia chamar mais a todos os funcionários pelo nome e sabia que cedo ou tarde teria de criar uma nova estrutura administrativa.

Dentro da empresa, a introdução das metodologias modernas de administração era feita por Falco. Rolim, no entanto, era o guardião de certos preceitos. Receava copiar modelos administrativos. A empresa crescera, mas o tamanho da diretoria e o mecanismo de decisão eram os mesmos inventados por ele.

Apesar do personalismo, a vantagem daquele sistema era conservar a agilidade de decisões e uma administração que pesava pouco nos gastos da companhia. Dessa forma, não fazia sentido a Rolim pensar em sucessão quando tudo ia tão bem. Numa palestra em 1995, Rolim definira o que pensava a respeito do assunto: "As pessoas me perguntam como vai ser o processo de sucessão na TAM. E eu quero dizer que estou muito bem de saúde".

Ele queria provar que poderia continuar daquela forma mesmo numa empresa já de grande porte. Achava que a TAM ainda dependia dele, quando na realidade dependia cada vez menos. Por isso, sempre retardara o processo de "desrolinização" da TAM, expressão que alguém cunhara dentro da empresa e ele logo encampara.

A idéia de juntar a TAM à Varig, porém, fez que ele amadurecesse uma outra posição. A possibilidade de pulverizar as ações da TAM para formar um grupo mais forte, que garantisse a continuidade da companhia, contava a favor da consolidação da estrutura de cargos de comando. A hipótese de que algo poderia acontecer com o líder passou a ser um tema central na vida de Rolim. Mesmo assim, não gostava de ser forçado por outros a encontrar soluções para esse assunto. Por isso Falco, quem mais insistia na tese da pulverização acionária, começou ele próprio a ser pulverizado dentro da empresa.

Engenheiro aeronáutico, formado no Instituto Tecnológico da Aeronáutica, o ITA, com especialização em *marketing* e finanças pela Fundação Getúlio Vargas, Falco começara na empresa aos 20 anos. Rolim sabia o que o mercado queria, mas nem sempre sabia como fazer. Entregava ao jovem engenheiro a tarefa e assim formava com ele uma unidade de comando em que era o general.

Falco tinha o temperamento agressivo de Rolim. Olhava sempre para a frente, sem medo. O comandante dera-lhe corda e ele a aproveitara. Embora brilhante, Falco muitas vezes era impertinente. Autoconfiante ao extremo, era ousado a ponto de enfrentar Rolim em algumas decisões alegando que defendia a companhia dele próprio.

— Entre você e a TAM eu já decidi: eu sou pela TAM.

Rolim se assustava com aquilo, como se uma coisa não pudesse ser diferente da outra.

Por fim, Rolim começou a ensaiar um plano para mudar a administração da TAM. Começaria, enfim, a "desrolinizá-la". Ao mesmo tempo, controlaria as decisões finais.

Apesar da questão ser de poder, Rolim procurou transformá-la numa discussão administrativa. Era um falso dilema. Numa empresa grande, é natural que o presidente preencha os estágios intermediários de processos e crie uma hierarquia. No caso da TAM, era diferente. Havia o "Fale com o Presidente", que colocava Rolim em contato direto com o cliente. Não precisava de outros processos. Ele ouvia o mercado e aplicava a medida. Tudo funcionava sem muitos estamentos.

Certo dia, Rolim desenhou um sistema com Daniel Mandelli acima de Falco. Daniel era, em tudo, o oposto do comandante, em espírito e fenótipo. Alto, magro, com uma calvície sem disfarces, trabalhara até então como o homem discreto e fiel que cuidava dos assuntos financeiros. Uma longa carreira dentro da TAM conferira-lhe respeito profissional dentro da empresa e no próprio mercado. Embora jovem, ocupara na empresa o espaço deixado pelo brigadeiro Pamplona como o elemento que mantinha os pés no chão.

Sua ligação com Rolim, porém, ia além disso. Dele, o comandante costumava dizer que tivera "a inteligência de casar-se" com sua irmã Leci. A frase encerrava uma tirada para o público, outra para consumo interno. Daniel já trabalhava na TAM quando, ainda namorados, Leci engravidou. Rolim ouvira boatos de que ambos planejavam um aborto. Chamou Daniel às falas. "Nem venha com essa conversa, porque isso não vai acontecer", cortou Daniel, anunciando que se casaria com Leci. A partir desse dia, ganhara um outro tipo de respeito por parte do cunhado e patrão.

Como executivo da TAM, sem participação acionária, Daniel dirigira a Táxi Aéreo com competência, realizara as principais manobras de engenharia financeira da empresa e tinha sobretudo o comportamento confiável do escudeiro. Falco nem tanto. Ao dizer que fazia tudo pela TAM, não por Rolim, indicava que não seguiria seus preceitos à risca. Ao optar por Daniel, Rolim dava uma mensagem clara: o esteio da companhia poderia ser aquele que menos aparecia para o público.

## Onde o homem se sente mais livre

O prejudicado não engoliu muito bem o recado. Enquanto Daniel ficou num cargo superior, Falco passou a disputar com ele o poder. Não perdia oportunidade de apontar onde Daniel errava. E vice-versa.

Rolim podia gostar de colocar seus executivos uns contra os outros, mas achou que aquilo estava indo longe demais. Contratou a consultoria Booz-Allen para estudar o funcionamento da empresa e propor um novo modelo.

O primeiro diagnóstico dos homens da Booz-Allen foi simples: apesar de rebaixado, Falco ainda concentrava muito poder. O consultor da Booz-Allen, Maurizio Mauro, defendeu junto a Rolim que a dependência com relação a um ou a outro executivo deveria ser menor numa empresa que se tornara grande. De fato, Falco estipulava horários, criava linhas, trocava tripulação — em suma, operava a empresa. E aquilo, do ponto de vista da consultoria, colocava a TAM tão em risco quanto se dependesse inteiramente de Rolim.

— Eu faço muita coisa — admitia Falco. — Mas diga alguma que eu tenha feito errado — desafiava.

Enfim, a Booz-Allen apresentou um novo modelo para o organograma da TAM. O desenho final aumentava bastante a diretoria. Havia em cima a caixinha correspondente ao presidente e embaixo outras seis caixinhas, lado a lado, representando as vice-presidências. Em outubro de 2000, Rolim levou o papel até os diretores e o colocou sobre a mesa. Disse qual posto cada qual ocuparia dentro daquela nova divisão de tarefas e pediu que cada um, diante dos colegas, fizesse seus comentários.

Das seis caixinhas que a Booz-Allen tinha sugerido, Falco na prática já estivera em cinco. Quando Rolim perguntou-lhe em qual caixinha então queria ficar, apontou para a que estava sozinha, no alto.

— Mas essa de cima é a minha — disse o comandante.

— Não... — disse Falco. — O senhor está acima do bem e do mal... Essa caixinha de cima é do sujeito que toca a empresa.

— Mas essa caixinha não está disponível.
— Se ficar só com uma, terei o direito de trabalhar meio expediente, pois eu posso fazer muito mais.

O desafio de Falco e a pretensão de ocupar o lugar de Rolim sacramentaram o início de um período de isolamento do executivo. Mesmo assim, Falco só sairia da companhia depois da morte do comandante.

Rolim avançava para a formalização de uma *holding* que controlaria quatro empresas diferentes, operando de forma profissionalizada e autônoma. Contudo, diante do impasse entre seus principais executivos, não conseguiu o que mais queria: desligar-se das decisões administrativas para dedicar mais tempo à fusão com a Varig, à reforma do mercado de aviação e ao seu papel como líder no cenário nacional. Mas a TAM caminhava de forma racional para a "desrolinização", de modo que, no limite, ela se tornasse finalmente daqueles que a faziam: os clientes. Seu inconsciente e as dificuldades imediatas, porém, ainda trabalhavam contra o projeto toda vez que ele se aproximava desse ponto.

Mesmo assim, ele passava por uma grande mudança. Adquiria a capacidade de perseguir objetivos sem prejulgamentos. Pela primeira vez na vida, começava a admitir até mesmo viver sem a TAM. Percebia que a companhia podia ser apenas uma fase de sua vida. Aos poucos, tornava-se menos o homem da TAM e mais um homem da aviação. Para crescer, talvez tivesse de romper a circunscrição que lhe impunha a empresa, para ser somente um homem que pensava no mercado e no próprio desenvolvimento do Brasil.

Para ir além da TAM, Rolim tinha de manter sua flexibilidade, jogar em muitas posições. Seu único compromisso era esse. Quando precisava de algo, estava numa posição. Quando precisava de outra coisa, assumia a posição correspondente.

A maior prova disso passou a ser a transformação do seu discurso. Rolim, que toda a vida defendera a competição no mercado, quando lutava para abrir caminho no quase monopólio da

Varig, começou a defender abertamente a concentração. Com uma diferença: dessa vez, estaria em suas mãos.

\*

Como costumava fazer com colaboradores que o "traíam", Rolim reclamou muito quando Mauro Salles deixou a conta da TAM e assumiu a da Varig.

Mauro teve notícias do antigo cliente quando a nova propaganda da Varig feita por sua agência foi ao ar na maior emissora de TV em horário nobre. Era um belo filme, cujo maior trunfo era o que não aparecia: via-se apenas a sombra do avião da Varig passando sobre uma praia ensolarada, sobre um belo campo e, por último, sobre uma criança. No dia seguinte, às 8 e meia da manhã, horário sagrado em que chegava no escritório depois do "expediente" da sala de embarque, Rolim telefonou:

— Mauro, você é um...

E começou a desfiar todos os insultos que conhecia.

Rolim tinha sua pequena vingança. Ainda usava na propaganda do Cartão Fidelidade da TAM o nome de Mauro Salles, dos tempos em que ele detinha a conta da companhia.

— Mas não sou mais a sua agência — protestava Mauro.

— Quem foi que disse? — respondia Rolim.

Para o amigo não ficar mal, Rolim ligou para Ozires Silva na Varig.

— Ozires, aquele negócio do Mauro... É que tem muito impresso, ele não tem culpa, não.

E deu risada.

De fato, Mauro ainda serviu a Rolim, numa tarefa para a qual parecia estar numa posição privilegiada: acelerar a aproximação com a Varig.

Ainda quando tinha a conta da TAM, Mauro apoiara a tese de que Rolim devia procurar um acordo qualquer com a Varig.

*O sonho brasileiro*

Essa associação o ajudaria também a defender-se do DAC, que queria facilitar o crescimento de novas empresas ainda sem infraestrutura, como a recém-criada Gol. A empresa, então com apenas dois jatos, criada por outro empresário oriundo do transporte de ônibus, Constantino de Oliveira Júnior, surgira com a proposta de um serviço espartano e preços mais baixos. Fazia já bastante sucesso na ponte Rio–São Paulo. A concorrência aumentara, sobretudo com a abertura do DAC para o surgimento de companhias pequenas e a liberação para qualquer empresa aérea que quisesse competir nas "linhas especiais" entre capitais.

No entendimento de Rolim, antes de melhorar a aviação, os burocratas iriam piorá-la muito. Ele ainda era dono da única empresa que sempre respeitara princípios de governança: não gastava mais do que faturava, declarava dívidas quando as tinha, recolhia corretamente impostos, não atrasava pagamentos nem tomava dinheiro público. Cabia a ele, então, tomar a iniciativa de difundir no mercado esses princípios, antes que começasse a descambar para um reino onde tudo era possível. Incluindo a volta das benesses para as companhias tradicionais e a entrada de outros "aventureiros" que, como acreditava, só derrubavam a aviação comercial.

Para isso, Rolim tinha de se impor definitivamente ao mercado. Atrairia a Varig de uma vez sob suas asas.

Essa aproximação não era das mais simples. Entre Rubel Thomas e Ozires, ocupara a presidência da empresa Fernando Pinto, um jovem administrador que fizera sucesso à frente da Riosul. Rolim procurara Pinto, que não conseguira convencer os membros da Fundação Ruben Berta das vantagens de uma parceria com a TAM. A direção da empresa estava limitada por um sistema de administração que não lhe permitia maiores ousadias, mumificando-a num regime que conduzia ao seu fim.

Com Ozires à frente da Varig, poderia haver nova oportunidade. Homem do interior, de fala mansa, que há muito trocara o

## Onde o homem se sente mais livre

uniforme militar pelo terno bem cortado, Ozires tinha temperamento para acordos e, esperava-se, força junto à Fundação. Sobretudo, apesar dos conflitos no passado, era seu amigo.

Rolim recebeu Ozires para jantar em sua casa, num domingo de junho de 2000. Durante cinco horas, discutiram parcerias possíveis entre a Varig e a TAM. Dessa conversa, resultariam posturas uniformes junto ao governo, que, num segundo momento, poderiam se transformar numa aproximação ainda maior.

Para Rolim, o primeiro passo era o compartilhamento de uma série de custos, num processo em que a Varig, cujos custos eram todos maiores, era quem mais teria a ganhar. Dessa forma, a competição ficaria somente na venda, no balcão. Parcerias desse tipo já andavam muito em voga no mundo inteiro, especialmente na área automobilística.

O comandante, entretanto, enxergava mais longe. A junção de operações da Varig e da TAM terminaria na fusão completa das duas companhias. No Brasil, acabara de ser sacramentada pelo governo a junção das maiores cervejarias do país, Brahma e Antarctica, dentro de uma nova empresa conhecida por sua sigla, Ambev. Como o governo aceitara aquela operação sem considerar que havia sido formado um cartel no ramo de bebidas, Rolim achava defensável pleitear a criação, sob sua batuta, de uma "Ambev da aviação".

Rolim e Ozires concordaram que no mercado para o qual se encaminhavam havia lugar para uma companhia só, como na França, onde reinava a Air France, e na Itália, com a exclusividade do mercado para a Alitalia. O mercado brasileiro encolhia e não haveria espaço para todo mundo, muito menos para novos concorrentes. E isso significava a necessidade de reduzir quadros. No limite, a fusão da TAM com a Varig implicaria descartar toda a estrutura da companhia gaúcha no Brasil. Ao mesmo tempo, a TAM incorporaria as linhas, a estrutura e a tradição da marca Varig na área internacional.

## O sonho brasileiro

Rolim contratou novamente Mauro Salles, agora com a agência Interamericana, para fazer o estudo da fusão das duas companhias. Mauro tinha a experiência anterior da fusão da Brahma e da Antarctica, aparando as arestas para que o negócio pudesse ser concretizado. O projeto da fusão das companhias aéreas ganhou contornos em sua sala refrigerada, com pinturas e reproduções de carros antigos. Mauro deu-lhe o codinome de Operação Cruzeiro do Sul, referência à constelação que simbolizava o hemisfério ambicionado por Rolim. Assessorava a Interamericana no projeto o ex-jornalista e ex-governador gaúcho Antônio Britto, encarregado de ajudar na aproximação com políticos gaúchos e com os membros da Fundação Ruben Berta.

Aos poucos, Rolim aproximava-se mais e mais dos membros da Fundação. Outra vez, estava no papel de cortejador de uma donzela arruinada, mas que ainda assim se fazia de difícil. Rolim não se importava. Para ele, a Varig era a Varig, empresa cuja história se confundia com a da própria aviação civil brasileira. Dava tanto valor à sua marca que talvez fosse o último no mercado a achar que ela ainda valia o que parecia não valer mais.

Fora da TAM, Rolim não se aproximava somente dos membros da Fundação Ruben Berta. Aos poucos, armava todo um ambiente propício ao negócio. Chegara a disseminar, no governo e entre alguns jornalistas, como o colunista econômico Luís Nassif, que escreveu sobre o tema, as vantagens da "Ambev da aviação", capaz de competir de igual para igual com as companhias estrangeiras.

Dizia que não estava preocupado com o controle acionário da companhia resultante. E que até estava disposto a ter 40% de algo maior do que ser majoritário em algo menor. Era certo, contudo, que não acreditava em ser minoritário para sempre. Já estivera como executivo principal e acionista minoritário antes, na última fase de sua parceria com Orlando Ometto. Sabia que não ficava confortável nesse tipo de roupagem. Assim como fizera ao assumir a velha, endividada e emperrada TAM de Orlando, seu único requisito na associação com a a Varig era controlar a gestão. Disso não abriria mão.

Empresário que apontara o caminho da nova empresa de serviços no futuro, dentro do contexto de uma liberdade política e econômica duradoura no Brasil, Rolim não hesitaria em assumir o papel que antes combatera. Lutara a vida inteira pela concorrência, contra a hegemonia da Varig, mas diante da possibilidade de comprá-la para ficar sozinho no mercado obedecia primeiro ao instinto dos falcões.

Na Fundação Ruben Berta, começou a abrir portas. E a ser ouvido. Com sua lábia, dizia aos conselheiros que para competir com as companhias internacionais o Brasil precisava de uma empresa com 40 milhões de passageiros. Na época, a soma exata do movimento da Varig com o da TAM.

O sonhador voltara, com surtos febris. Fusão, para ele, era ter uma frota de 200 aviões — os seus cem, mais os outros cem da Varig. Dominaria o tráfego aéreo do Atlântico, teria aviões partindo para o mundo inteiro, uma festa. A TAM, de fato, seria uma página de sua história. Estava aberto a tudo. E queria que os seus escudeiros encontrassem uma fórmula financeira para chegar a um acordo.

Para alguns colaboradores de Rolim, a fusão com a Varig seria a mais rematada de suas loucuras. Trocaria uma companhia boa, da qual era acionista majoritário, por uma obra do doutor Frankenstein. Enquanto a Varig era pesada, deficitária, inerte, a TAM era lépida, eficiente, com um sistema ágil de comando e sem os vícios de uma grande corporação. Tocava o mesmo volume de tráfego que a Varig, com uma diferença: tinha pouco mais que a metade dos funcionários da concorrente.

A diferença entre os 8 mil empregados da TAM e os 14 mil da Varig tinha uma explicação. Rolim sempre tentou fazer o máximo possível em termos de produtividade. Cada vez que chegava um avião novo, fazia-se o cálculo dos pilotos para que eles ingressassem na empresa junto com o aparelho, de modo que a TAM sempre tinha a conta justa.

Rolim trabalhava dentro do limite da regulamentação, mas no máximo permitido. Os pilotos ganhavam por quilômetro percorrido, de modo a compensar um pouco mais de desgaste. Os mais agressivos, ou que desejavam ganhar mais, ficavam na companhia, assumindo o seu perfil. Os pilotos mais acomodados acabavam por sair.

Numa empresa que crescia 30% ao ano, era fácil controlar os gastos. Bastava fechar a torneira de entrada de pessoal: em um ano, todos estavam trabalhando 30% mais. A TAM contratava somente nos pontos em que claramente passava a haver sobrecarga. Enquanto isso, na Varig acontecia o contrário. A torneira de entrada estava aberta, enquanto a empresa há muito não crescia.

Havia também uma diferença menos tangível, mas não menor. Rolim criara em sua companhia uma cultura de atenção ao cliente, de decisões rápidas, totalmente voltada para o lucro. Na Varig, a cultura de inovação e bons serviços fora minada pelo comodismo dos tempos de monopólio. Sua direção tinha algo do corporativismo das velhas estatais brasileiras. Seria difícil implantar na Varig a mesma cultura de trabalho, embora a excelência no atendimento estivesse na origem do sucesso da companhia.

Era preciso convencer a Fundação que controlava a Varig com espírito monolítico da necessidade de cortes. Tratava-se de uma reviravolta tão profunda que só Rolim, com sua inclinação para as jogadas impossíveis, acreditava poder realizar.

Quando um de seus auxiliares tentava demonstrar o quão ingrata seria a tarefa de enquadrar os conselheiros e funcionários da Varig, ele tinha uma resposta de quem confiava no seu poder carismático.

— Isso eu resolvo.

Para Rolim, nenhuma dessas dificuldades importava. Estava afeito a esse tipo de desafio. Sua empresa crescera, mas a têmpera, a velha audácia e a extrema autoconfiança continuavam as mesmas de quando tinha apenas um pequeno monomotor. A Varig seria a coroação de sua carreira, e mesmo que não conseguisse comprá-la, como havia feito com a VASP, faria o melhor ao tentar. Aliás, tinha pressa. Disse ao consultor e amigo Antônio Teixeira de Barros, convocado para ajudar a fazer o estudo de viabilidade do negócio:

— Você está aí, não está?

— Estou.

— Então inventa um jeito de dar certo.

Por fim, Rolim criou a simulação de como ficaria a empresa depois da fusão. No desenho, como ele imaginara desde o princípio, a Varig e a TAM teriam uma organização só. Não seria necessária toda a infra-estrutura da companhia gaúcha nos aeroportos. Na prática, eliminaria os pesados custos da empresa que seria absorvida, mantendo sua estrutura apenas em lugares onde a TAM não estava presente.

Enquanto tramava a Operação Cruzeiro do Sul, Rolim não abandonara o desenvolvimento próprio da TAM. Em março de 2001, a companhia começou a voar para Buenos Aires, com quatro freqüências diárias, partindo de Fortaleza, Salvador, Rio de Janeiro e São Paulo, sem escalas. Estava marcada para junho a estréia da linha São Paulo–Frankfurt. O próprio Rolim fez um vôo inaugural para a cidade alemã, num A-330-200 com uma grande inscrição em vermelho vendendo o seu peixe, agora em inglês: "The Magic Red Carpet".

A companhia também inauguraria uma rota Brasília–Manaus–Miami. Rolim via a oportunidade de levar de Brasília um passageiro com alto poder aquisitivo direto para os Estados Unidos, sem precisar voltar até São Paulo. Ao mesmo tempo, queria atrair americanos interessados em fazer turismo ecológico na Amazônia.

*O sonho brasileiro*

Ao final de junho de 2001, Rolim e Mauro Salles fizeram uma reunião com todos os que trabalhavam na Operação Cruzeiro do Sul. O comandante ficou muito entusiasmado com o rumo do projeto. Na sexta-feira, 6 de julho, ligou para o publicitário, pedindo que ele o acompanhasse ao Paraguai, para afinar melhor o plano.

— Mauro, precisamos conversar um pouco mais. Estou indo para Ponta Porã no fim de semana. Você vai comigo, ficamos na fazenda. Eu só tenho de ir ao Paraguai durante algumas horas.

Mauro, com outros compromissos, não pôde viajar. Seria a última vez que falaria com Rolim.

*

Enquanto encaminhava a fusão da TAM com a Varig, Rolim tecia uma ampla teia para seu novo passo de expansão rumo a uma companhia de dimensões continentais. Além de atingir o transporte de 40 a 50 milhões de passageiros ao ano, graças à junção com a Varig, pensava em ocupar os espaços dos países vizinhos ao Brasil, sem tráfego suficiente para sustentar linhas para a Europa e os Estados Unidos. A menos que estivessem sob as asas de uma companhia maior, brasileira.

Uma de suas iniciativas foi a compra de uma pequena companhia aérea na Argentina, a Aerovip, com uma frota de cinco turboélices. Parecia um negócio despretensioso. Rolim, no entanto, pensava em fazer uma companhia doméstica muito forte no país vizinho, princípio de uma concorrência para a Aerolineas Argentinas, então próxima de falir.

O negócio seria fechado em 9 de julho de 2001, segunda-feira, numa reunião com o proprietário da companhia, o grupo argentino Bunge & Borne.

Em 30 de junho, pouco antes de selar esse acordo, Rolim foi procurado por representantes da Sociedad Estatal de Participaciones Industriales, SEPI, consórcio do governo espanhol de investimentos que comprara a própria Aerolineas Argentinas. Com a empresa em fase agônica, o dono da TAM era visto como o candidato mais provável a comprá-la.

Rolim encomendou ao seu consultor financeiro, Antônio Teixeira de Barros, uma fórmula para ficar com a empresa. Começou o projeto de juntar a Aerovip com a Aerolineas. Também para 9 de julho marcou uma reunião com os espanhóis para dizer que aceitava receber a Aerolineas, desde que a SEPI continuasse no negócio fazendo um aporte de capital.

Seria o primeiro passo para juntar as peças do grande quebra-cabeças latino-americano que Rolim montava. Em suas mãos, a Aerolineas não seria mais branca e azul, mas branca e vermelha. Junto com a Aerovip, passaria a se chamar, obviamente, TAM – Transportes Argentinos do Mercosul.

A entrada no mercado argentino interessava a Rolim para fechar as portas a uma concorrência que surgia pelas costas. "Não é mais possível o Brasil ser beijado por todas as empresas aéreas dos países do Mercosul, que vêm aqui todos os dias buscar passageiros para alimentar seus vôos para o exterior", dizia. "Os aviões de uma empresa na Argentina saem de Buenos Aires, pousam em São Paulo, deixam passageiros, apanham outros e seguem para os Estados Unidos e a Europa. A rigor, poderíamos fazer o mesmo. Mas isso na prática é inviável. Pousaríamos em Buenos Aires e seguiríamos para onde? A Patagônia? O Pólo Sul?"

Com a compra da Varig e da Aerolineas, juntamente com o apoio que tinha da Airbus, Rolim fecharia seu plano de formação da maior companhia latino-americana e uma das maiores do mundo. Faltava ainda um detalhe: costurar um acordo com dois associados para ampliar a rede: A LanChile e a Equatoriana.

Sua escolha se dera por uma razão: elas abririam-lhe as portas para o Pacífico. A LanChile, especialmente, o atraía. Era uma empresa bem organizada, que só tinha um problema: todos os seus vôos para a Europa tinham de fazer uma escala no Brasil. Rolim po-

*O sonho brasileiro*

deria fazer conexões com a LanChile em Santiago para vôos até a Austrália ou o Japão, ao mesmo tempo que poderia receber passageiros da LanChile em São Paulo para conexões à Europa. Seria um serviço com o qual as companhias européias não conseguiriam concorrer, em preço e qualidade. A abertura para o Pacífico seria a cereja no topo do bolo.

No sábado, 7 de julho de 2001, Rolim reuniu-se com o vice-presidente da TAM, Rubel Thomas, no Konstanz, restaurante de comida alemã em Moema, a meio quilômetro da cabeceira da pista de Congonhas. Ali, entre garfadas de Kartoffelsalat e truta à *belle meunière*, conversaram sobre a progressão dos acontecimentos.

Ao som da música ambiente, com o vento entrando pelas amplas janelas, o sonho de ver a TAM como a maior companhia já vista na América Latina parecia muito próximo. Rolim transbordava entusiasmo. A sensação de vida correndo em suas veias parecia tão intensa quanto o troar dos aviões que passavam como aves de metal, em procedimento de aterrissagem, centenas de metros acima da mesa onde comia.

\*

Para Rolim, comprar a Aerolineas Argentinas, juntar a LanChile e a Equatoriana, fazer a fusão com a Varig, tudo isso dependia de algo mais. A simbiose com outras companhias podia ser a solução de curto prazo para diminuir custos e ganhar escala, dando mais força a uma nova empresa, mas nada disso adiantaria se ele não conseguisse mudar o sistema aéreo brasileiro. Nas conversas com Ozires Silva, da Varig, ficara claro que isso teria de ser resolvido primeiro.

As companhias aéreas iam mal por causa dos vícios de poder na aviação e da excessiva taxação, resquícios da ditadura econômica que ainda dificultavam o bom funcionamento do mercado. Sem atacar as causas dos problemas do setor, mesmo que fun-

## Onde o homem se sente mais livre

disse a TAM com a Varig Rolim estava certo de que mais adiante a empresa voltaria a apresentar dificuldades. De nada adiantava ter uma empresa rentável, maior, trabalhando no máximo de suas possibilidades, num tipo de mercado que caminhava para inviabilizar mais uma vez o negócio da aviação.

Por esse motivo, Rolim apoiou a iniciativa do governo de lançar o projeto de criação da ANAC, Agência Nacional da Aviação Civil, que na realidade já tardava. O governo Fernando Henrique, depois de promover a privatização de várias estatais que antes faziam o papel de regular setores como a telefonia, passara a supervisionar essas áreas por meio de agências, sob a chefia dos ministérios da área. Assim fora criada a Anatel, agência reguladora das telecomunicações, e a Aneel, no setor elétrico. A ANAC teria a mesma função no campo da aviação civil.

Assim como nos antigos Conacs, a regulamentação dessa agência praticamente definiria o funcionamento da aviação no futuro. Para Rolim, uma boa regulamentação podia resolver os problemas estruturais do setor. E seria indispensável para a fusão entre a TAM e a Varig.

A seu ver, o mercado precisava de uma clarividente desregulamentação para eliminar muito da interferência do Estado que ainda restava na aviação. Concentrado em administrar a inflação no curto prazo, nos três anos já transcorridos do seu segundo mandato, Fernando Henrique retardara tanto as reformas de base que o Brasil era um dos últimos países do mundo a ainda controlar os preços das passagens aéreas, entre outros entraves.

"O setor reclama de liberdade empresarial, que é nula", já dizia Rolim em novembro de 1999. "Há excesso de regulamentação. O governo espera criar uma década de progresso no setor através da criação dessa agência. Se essa idéia vingar, a fusão [de empresas do setor] pode ser uma boa idéia."

Começou a trabalhar no projeto de mudança da aviação com o mesmo interesse que tivera no passado, durante a confecção da regulamentação da aviação regional. Embora, a princípio, sem querer participar diretamente. Cada vez mais avesso à política, preferia que o problema da ANAC fosse daqueles que se resolvessem sozinhos. Queria, apenas, ficar livre para trabalhar. Definia sua posição em relação ao governo com uma de suas pérolas de sabedoria, que exigia muita sintonia fina para ser colocada em prática: "Quero ter do governo proximidade suficiente para me defender e distância o bastante para não ser prejudicado por ele".

Para lidar com essa questão importante, mas que o entediava, Rolim colocou em ação um lobista, José de Anchieta Élcias, ex-diretor da Transbrasil. E fez Miguel Pacheco Chaves, seu velho amigo e "olhar não comprometido", participar do processo como uma espécie de auditor particular.

Na comissão especial da Câmara dos Deputados encarregada de discutir o projeto enviado pelo governo, o seu presidente, o deputado Nelson Marchesan, começou ouvindo o ministro Geraldo Magela Quintão, o comandante da Aeronáutica, brigadeiro Carlos de Almeida Batista, e o diretor-geral do DAC, brigadeiro Venâncio Grossi.

Depois, foram ouvidas as empresas. Cada uma tinha a sua proposta. A Varig queria uma ANAC ao estilo dos tempos do regime militar, que fizesse passar medidas capazes de salvá-la. Nos trabalhos de discussão, dentro da comissão especial do Congresso, procurava inserir no texto da regulamentação cláusulas como a extensão de sua concessão por 30 anos, ou a obtenção de um certificado negativo de débito do INSS, o Instituto Nacional de Seguridade Social, com quem tinha pesadas dívidas.

Enquanto procurava garantir privilégios que no passado tinham mantido sua hegemonia, com o apoio dos cofres públicos, a Varig na prática já não tinha condições de ser cessionária. O governo sabia disso muito bem. Quando Fernando Henrique mandara fazer uma licitação para escolher uma companhia privada que lhe prestasse o serviço do transporte aéreo presidencial, a Varig saíra

## Onde o homem se sente mais livre

da concorrência, deixando a TAM sozinha no páreo, por não ter sequer como tirar a CND, Certidão Negativa de Débito, indispensável em qualquer concorrência pública.

No início de junho de 2000, Miguel Pacheco Chaves pediu a Rolim para intervir. Estava preocupado com o andamento das conversas.

— A ANAC que o governo achava que ia sair vai dançar — disse Miguel. — Isso vai virar um escândalo, vai estourar nos jornais. Você precisa assumir esse processo pessoalmente.

Sentaram um sábado à tarde na TAM. Rolim nunca tinha lido o anteprojeto de lei da criação da ANAC.

Mudou no texto o que queria e na semana seguinte foi com Miguel para Brasília. Ele mesmo iria conversar com os integrantes da comissão no Congresso e os responsáveis pela redação do projeto da ANAC no Executivo.

Em Brasília, Rolim recebeu todos os sinais de que o governo iria se definir por um modelo baseado na competição. A posição do governo Fernando Henrique era a de que o poder público não tinha mais dinheiro para socorrer empresas aéreas. E de que a legislação devia contemplar empresas de mercado, não as que se deterioravam pela ineficiência e só sobreviviam às custas do Erário. Os recursos públicos seriam canalizados para ações sociais.

O recado era claro: o mercado de aviação nacional tinha de ter a cara da TAM. Rolim recebeu sinal claro disso ao encontrar Fernando Henrique numa cerimônia promovida pelo jornal *O Dia*, no Rio de Janeiro, no dia 5 de junho de 2001. Em palavras a Rolim, e depois num discurso de improviso, Fernando Henrique elogiou a Embraer e destacou a determinação da TAM em progredir.

O Executivo retirou o primeiro anteprojeto da ANAC. Apresentou um segundo projeto, bem mais simples, que contemplava reivindicações de Rolim. Ele queria, entre outras coisas, que todas as construções das companhias aéreas deixassem de ser propriedade exclusiva da União. A Varig, que construíra a maior área

383

O sonho brasileiro

técnica de manutenção de aviões da América Latina no aeroporto do Galeão, onde deixara os 200 milhões de dólares que tanta falta lhe faziam, tinha ainda que pagar aluguel para ocupar o espaço. O prazo da concessão era de 25 anos, mas não deixava de ter caráter precário. Enquanto isso, nos Estados Unidos, empresas como a American Airlines podiam ter seus próprios terminais, patrimônio que podiam vender ou oferecer como aval de empréstimos.

Outra reivindicação das empresas de aviação, encampada por Rolim, era a de que todo o patrimônio das companhias aéreas pudesse servir como aval para seus financiamentos, desde que o dinheiro fosse destinado para sua atividade específica. Outra tese defendida por Rolim, no seu propósito de "desregulamentação", envolvia a complexa questão fiscal. Clamava pelo fim do Ataero, equivalente a 50% das taxas aeroportuárias. Era uma sobretaxa criada no passado, para a construção de novos aeroportos internacionais no Brasil, numa época em que a Infraero não tinha recursos para isso. Tinha sido instituída em caráter provisório, mas se tornara permanente.

A Constituição de 1988 permitira que Estados e Municípios pudessem taxar concessões federais. Os combustíveis foram taxados em cascata pelos Estados, gerando uma carga tributária de 33%. Somente depois de uma batalha jurídica, as empresas de aviação tinham conseguido derrubar os 9% de ICMS, imposto estadual, aplicado sobre os bilhetes aéreos. Enquanto as companhias estrangeiras que aterrissavam no Brasil eram isentas de impostos, as nacionais tinham de recolher 5% do preço da passagem em impostos e contribuições sociais, como Cofins, PIS e Pasep.

O Estado, que carecia ainda de tantas reformas, derrubava sobre a aviação seu braço oneroso. Os Estados Unidos, com uma extensão territorial semelhante à brasileira, aplicavam sobre o bilhete aéreo 7,5% de carga tributária total. Na União Européia, essa porcentagem era de 16%. No Brasil, a carga tributária chegava a 35%.

## Onde o homem se sente mais livre

O que Rolim propunha era um antídoto para isso tudo: "No fundo, no fundo, o que está por trás desse problema é a seguinte questão: queremos ou não queremos um país de custo barato?" Ele, que sempre pressionava o governo para dar ao setor o que entendia como necessário, subitamente fora colocado na posição de ditar o sistema pelo qual o mercado passaria a funcionar no futuro. Não era a primeira vez que um governo chamava alguém da iniciativa privada para liderar o desenvolvimento de um setor. Na década de 1950, Getúlio Vargas fizera o mesmo com a família Klabin. Oferecera-lhe dinheiro e apoio político para instalar uma indústria de papel competitiva no país, entregando à iniciativa privada uma atividade que na época era considerada de interesse nacional.

Em fins de junho de 2001, Rolim tinha a negociação da ANAC encaminhada nos seus termos. "Temos de rever o universo da aviação comercial brasileira, no sentido de modernizá-la", dizia. "Vamos conferir-lhe instrumentos para que possa sobreviver em um ambiente saudável de competição aqui dentro. E, ao mesmo tempo, preservar a empresa nacional da competição desigual e ruinosa frente às companhias internacionais."

A nova legislação, segundo acreditava, permitiria enfim a estabilidade necessária aos negócios que faria. Resolvida a questão da ANAC, o próximo passo seria finalizar os entendimentos com Ozires Silva e a Fundação Ruben Berta para a fusão entre a TAM e a Varig. Os entendimentos com a LanChile e a Equatoriana estavam adiantados. Em 10 de julho, Rolim iria reunir-se com executivos das duas empresas para acertar os detalhes finais dessa colaboração.

Rolim caminhava para o seu paraíso pessoal. De certa forma, o mundo que sempre lhe fora áspero organizava-se conforme seus desígnios. Saboreava esse momento especial, pelo tanto que lutara por ele. Estava no melhor de sua carreira, naquele ponto em que a energia de trabalho encontra a sabedoria.

E tinha apenas 59 anos.

*O sonho brasileiro*

Agora que tudo se tornava fácil, que os obstáculos caíam, que o vento parecia a favor, não contava que tinha pouco tempo pela frente.

\*

No domingo, 8 de julho de 2001, Rolim desejava fazer uma curta viagem a partir de sua fazenda em Ponta Porã. Sua mais recente paixão era a pilotagem de helicópteros. Tinha um Robinson 44, o mais vendido da marca, de quatro lugares. Ficara com a representação da Robinson no Paraguai e ganhara de presente um exemplar, vermelho.

Qualquer coisa motorizada o interessava. Além das longas viagens de motocicleta, não perdia oportunidade de utilizar máquinas novas. Como presente, o Robinson ganhara preferência, embora Rolim tivesse comprado apenas três meses antes um Esquilo, mais potente.

Andava muito empolgado. Chegara a passear no Robinson com o filho mais novo, Marcos, e incentivava o mais velho, Maurício, a aprender também. Todos na família, contudo, tentavam fazer com que desistisse daquilo. Amigos como Miguel Pacheco recomendavam que ficasse somente com o avião.

Em geral, pilotos de avião não gostam de helicópteros e vice-versa. Ambos são aparelhos que voam, mas por princípios completamente diferentes. Por isso, a reação do piloto de avião diante de uma pane é oposta à do piloto de helicóptero. No caso do avião, a tendência do piloto é baixar o bico do aparelho, para ganhar velocidade e, em conseqüência, sustentação. No caso do helicóptero, o movimento é o de levantar o bico. É dessa forma que suas pás funcionam como desacelerador e o aparelho ganha sustentação.

Essas diferenças não incomodavam Rolim. Sempre respeitara as características do equipamento que utilizava, embora fosse audaz. Miguel Pacheco Chaves, que não apenas tentara fazê-lo desistir do helicóptero como das longas viagens de motocicleta, dizia que Rolim não fazia conta da passagem do tempo. Tentava executar no avião as mesmas manobras de antigamente, só que sem o reflexo e a prática da juventude, quando voava o tempo todo. O próprio Miguel procurava dar o exemplo, diminuindo a distância e a freqüência de suas viagens de moto.

Mesmo durante os momentos de descanso, Rolim nunca estava totalmente longe do risco. Em 1994, havia escapado por pouco da morte quando passeava ao largo do Guarujá, no litoral paulista. Acabara de comprar uma lancha Oceanic 23 de um amigo, o dono do *Jornal do Brasil*, Nascimento Brito. Num dia de mar revolto, a embarcação pegou fogo, que havia iniciado na casa de máquinas. O marinheiro foi o primeiro a pular na água, seguido por Miguel Candia e Rolim. O barco em chamas, com o motor funcionando, passou a girar em círculos em volta do grupo, cada vez mais próximo. Na última volta, quando estava prestes a passar por cima dos tripulantes, mudou o rumo e foi para a costa, explodindo nas pedras. Os náufragos foram resgatados por outro barco.

Nos últimos tempos, Rolim recebera alguns sinais de que andava exagerando. Duas semanas antes daquele domingo de julho, fizera um pouso sem gasolina, quando voava de Ponta Porã para sua fazenda no Paraguai. No ano anterior, na feira aérea de Sorocaba, dera um rasante que empenara um Aero Commander de sua coleção. O avião teve de ser mandado para conserto nos Estados Unidos, tal o estrago. Ele, contudo, não renunciava a certo tipo de diversão. Se havia algo que os anos não tinham abalado, era sua autoconfiança.

Orgulhava-se de ter "pés e mãos" — no jargão da aviação, a habilidade de sentir o avião como uma extensão dele mesmo. Tinha facilidade para dirigir aviões que nunca pilotara. Quando estava por comprar o A-330, voara com ele na fábrica da Airbus em Toulouse sem nunca antes ter embarcado em um aparelho daquele tipo, desprovido de manche. Decolara e pousara, ao lado de um instrutor, sem maiores problemas. Não via por que não podia dominar também aquela outra maquininha de voar, só porque ela tinha pás, e não asas.

Na quinta-feira, Rolim passara o dia com Gilberto Ramalho, seu amigo de longa data, fabricante das lanchas Intermarine, dono de helicóptero há 15 anos. Comprara um barco de 74 pés e bebera a champanhe que Gilberto havia oferecido para comemorar o fato de que a TAM acabara de ultrapassar a Varig também em faturamento. Era verdade que a alta do dólar, a volta da recessão e a necessidade das reformas no setor aéreo pelas quais ele trabalhava tinham feito a TAM ao mesmo tempo registrar, depois de uma década de lucros, seus primeiros resultados negativos. "É um pouco estranho comemorar com um prejuízo de 25 milhões de dólares", disse Rolim.

Ofereceu o Robinson a Gilberto como parte do pagamento do barco. O amigo não só recusou como o censurou por manter um helicóptero na fazenda para sobrevoar o gado a baixa altitude, dentro da faixa conhecida como a "curva do homem morto", na qual o aparelho está tão baixo que, em caso de pane, não tem espaço para ganhar sustentação. "Desse jeito", disse Gilberto, "você vai morrer".

No domingo, Rolim decolou no Robinson com destino a Cerro Corá, colina conhecida como o local da mais famosa batalha do Paraguai, onde morreu seu líder, o marechal Solano López. Desejava ajudar um grupo de irlandeses a refazer a biografia

## Onde o homem se sente mais livre

de Madame Lynch, que vivera com Solano López e tivera sobre o caudilho, segundo estudiosos, importante influência.

Rolim conhecia bem Cerro Corá. Visitara o seu cemitério, onde está enterrado López, numa cova aberta pela própria mulher. Há algum tempo, estava envolvido com o projeto. Michael Lillis, diretor para as Américas da GECAS, companhia da General Electric de *leasing* de aviões, também historiador, começara a estudar a vida de Lynch. Rolim, com seu entusiasmo habitual, decidira colaborar. Mandara fazer pesquisas em diversos países sobre a vida da irlandesa. Depois, patrocinou um simpósio de historiadores em Assunção.

Como sempre, tentou levar amigos para seu passeio. Procurou por Athos Maia na sexta-feira, durante todo o dia, mas não o encontrou. Convidou também Diogo, mas uma contra-indicação médica o deixou também sem a companhia do violeiro. Shigeaki Ueki tinha um compromisso de família. Rolim então recorreu à chefe do serviço "Fale com o Presidente", Patrícia dos Santos Silva. Convenceu-a a acompanhá-lo na última hora, depois de muita insistência.

Em Cerro Corá, já o esperavam Miguel Candia, da TAM Mercosul, Lillis e o grupo de historiadores. Eram 20 minutos de vôo de Ponta Porã até ali, mas Rolim nunca chegou. A 30 quilômetros do seu destino, nas proximidades de Pedro Juan Caballero, o Robinson 44 perdeu uma pá, perdeu o controle e mergulhou de uma altura de 150 metros, segundo o laudo da polícia paraguaia.

Muitas vezes Rolim esteve perto da morte. Enfim ela chegara.

Apesar de na maturidade ter construído um coerente arcabouço de idéias, tanto no que tangia à administração de uma empresa quanto à política e aos negócios públicos, Rolim se destacara menos pelas frases ou conceitos que criava e mais pela forma como conseguira aplicar seu pensamento na vida prática e produzir resultados extraordinários. Revolucionário da simplicidade, empregada num negócio complexo, tornara-se também ele, como aqueles que admirava, um caso exemplar.

Muito se pode especular sobre o que teria feito se tivesse vivido mais. Em 8 de julho de 2001, todas as articulações que Rolim costurava à sua volta foram congeladas: a fusão com a Varig, a compra da Aerolineas Argentinas, os acordos operacionais com a LanChile e a Equatoriana. Até mesmo a criação da ANAC e o novo desenho da aviação brasileira foram paralisados.

Concretizasse ou não esses negócios, assim como não comprara a VASP e a Transbrasil, Rolim sabia que a TAM precisava crescer e continuaria crescendo. E dera-lhe condições para isso, com uma filosofia própria, uma cultura de trabalho e um foco muito claro de negócio. A empresa continuaria, com ou sem fusões, graças ou não à sua participação. A idéia que ele construíra caminhava sozinha. Sabia também que a luta pela economia de mercado estava consolidada, como um caminho do consenso, deixado depois de tantas lutas.

Por essa razão, ele se tornara um pouco melancólico, como se pela primeira vez o que fazia não importasse tanto.

Cultivava essa sensação nos últimos tempos. Ao mesmo tempo em que sonhava com o crescimento, exalava uma certa melancolia. Dizia que gostava mais do negócio quando era menor. Resmungava:

— A empresa está grande demais, minhas ordens não têm mais eco.

A Táxi Aéreo Marília, que nunca tinha sido grande, era ainda onde tinha mais prazer em circular. A empresa, em sua história, tivera no máximo 340 funcionários. Em 2000, operava cinco Caravans e sete Citations. Rolim ainda a considerava sua empresa de negócios. Tinha 92% dela, e seu irmão João, 8%. Ali, onde estava sua história, Rolim se sentia mais confortável. A indepedência da TAM em relação a ele mesmo, porém, o lembrava de que o sal da vida estava em outro lugar. De certa forma, ele passara para outro plano. Mais que um pragmático, Rolim tinha uma visão superior do mundo. Apegava-se às idéias como se apegava à imaginação. Podia estar no comando de uma grande companhia, mas seu universo ainda era um pouco feito de sonho, e ele nunca perdia isso de vista. Ao ver sua obra, estava ainda presente sua motivação primordial.

Aos poucos, Rolim acabara montando uma invejável coleção de aviões antigos. O museu aeronáutico cujo prédio estava em obras em São Carlos seria de saída um dos melhores do mundo. Sob os cuidados de seu irmão João, reunira 43 aeronaves de 1920 a 1960. Quando sua coleção se tornou mais conhecida, Rolim passou a receber doações de clientes ou fornecedores interessados em agradá-lo.

A Airbus foi a primeira, ao doar um Bücker, biplano muito leve, da década de 1930. A International Aero Engines, IAE, fabricante dos motores do Airbus, deu-lhe um Mig-15, jato de caça soviético. A Rolls Royce, fabricante de motores para aviões, entregara o item mais valioso de sua coleção: um Spitfire, fabricado em 1942, que combatera no norte da África e participara das batalhas do dia D. Até mesmo a Shell contribuiu, doando ao museu um caminhão de abastecimento antigo.

O último desses presentes foi da Pratt & Whitney, fabricante de motores da Airbus, que oferecera a Rolim em 1999 um Corsair utilizado pela força aérea neo-zelandesa no Pacífico durante a Segunda Guerra. Era o mais antigo Corsair do mundo, um agrado de mais de 1 milhão de dólares. O aparelho fora cuidadosamente restaurado e estava em condições de ser apresentado ao público.

Rolim preparou uma grande festa no Hangar 7, em fevereiro de 2001. Era uma manhã de sol cristalino. O aparelho, encoberto por uma gigantesca cortina de cetim vermelho, foi tratado como uma estrela de cinema. Duzentos convidados circulavam pelo hangar, entre taças de champanhe e música orquestrada. O presidente da Pratt & Whitney, Luis Chenevert, fez um longo discurso enaltecendo a excelência do museu e do seu cliente. Rolim, por sua vez, fez também um discurso cordial, com as piadas de sempre. Trazia o sorriso largo de quem sabia que, para o tamanho de seus negócios, com contratos de compra de aviões de 2 bilhões de dólares, aquele presente de 1 milhão que surgiu depois de descerrada a cortina já não era nada.

Mais que na festa, sua atenção estava ali, naquele avião pousado no hangar, silencioso entre o som da fanfarra e o burburinho dos convidados. Era para aquela máquina que ele dava olhares furtivos, enquanto passava de roda em roda fazendo o papel do anfitrião. E pensava no que deviam ter sentido os pilotos que cruzavam os céus do Pacífico a bordo daquele aparelho, emoções perdidas num instante.

Olhava o Corsair como se ele estivesse apenas à espera de alguém que pudesse dar partida a seus motores e levá-lo para o lugar em que o homem se sente mais livre, desafiador de todos os limites. Rolim fizera muito, mas não precisara da TAM para ser um homem realizado, pois tirava esse prazer de algo elementar.

Para ele, a essência estava ali dentro do Corsair, capaz de lhe dar a mesma sensação de aspirar o cheiro de gasolina do pequeno Paulistinha do tio Joaquim, quando criança. O velho cheiro de gasolina 100, que ele sentia enquanto via o capim ondulando nas velhas pistas do interior.

Rolim Adolfo Amaro tinha feito mais do que mostrar como se podem fazer negócios. Mostrara a si mesmo e a quem quisesse ver que qualidades um homem precisa ter para voar.

"Assim é que se faz negócio"

Em 11 de dezembro de 1995, o comandante Rolim Adolfo Amaro deu em São Paulo uma palestra a convite da Assobens, Associação dos Revendedores de Caminhões Mercedes-Benz. Na platéia, acomodavam-se 200 cavalheiros atentos ao discurso do mágico que apresentava balanços extraordinários, tivera sua empresa eleita a melhor do ano no setor de aviação regional no Brasil e no mundo, e acumulava prêmios em várias áreas.

Ainda viria a crescer muito mais, mas estava no auge do estrelato, como a grande novidade do mercado. Todos queriam saber mais sobre a fórmula que o tornara tão famoso no mundo dos negócios quanto um galã de novela. Sobretudo, desejavam absorver as idéias inovadoras que pareciam produzir resultados espetaculares.

O registro dessas palestras é raridade: por contrato, Rolim impedia a filmagem, a gravação e a transcrição do que falava. Nessa época, ele se fazia acompanhar de duas moças, vindas do serviço "Fale com o Presidente", vestidas com o uniforme da companhia. Apresentava, antes de começar, um vídeo da TAM. Depois, desfiava suas principais idéias.

A palestra de 1995 revelava o cerne do pensamento de Rolim, num momento de desenvoltura.

"Senhores,
Ainda ontem eu estava lendo o jornal e vi que o Ministério das Comunicações pretende lançar no mercado mais 475 mil

## O sonho brasileiro

linhas de aparelho celular. Com essa notícia, fiquei meditando sobre o que é o nosso Brasil.

Outro dia fui a Brasília, num daqueles lindos auditórios que só Brasília tem, com mais de mil pessoas instaladas naquelas magníficas cadeiras pagas com o nosso dinheiro, para falar numa convenção da Telebrás. Estavam lá todos os presidentes das empresas de telefonia do Brasil — Telesp, Telemig, Telepar, enfim, todas essas teles aí. E eu andava um pouco irritado, porque estava querendo falar naquele meu aparelho celular fazia dois dias, sem conseguir. Vinha de Salvador, onde também tinha ido fazer uma palestra, e estavam igualmente congestionadas as linhas.

Diante daquela platéia florida, mais de mil pessoas no auditório lindíssimo, peguei meu aparelhinho celular assim e perguntei: algum de vocês sabe o que é isto aqui? Não precisam me dizer. Estou há dois dias tentando falar nesse aparelho e não estou conseguindo. Volto para São Paulo hoje e vou colocar o seguinte anúncio na seção de classificados do Estadão[1]: troco meu telefone celular com vibrador — o meu tem — por um vibrador sem celular.

E vou pegar este vibrador e dar a ele o destino que os administradores de estatais telefônicas deveriam ter. Porque com isso aqui não se fala. É mais uma mentira do serviço público brasileiro.

Estou contando essa história para vocês porque temos de refrescar um pouco a memória e lembrar o que houve no Brasil, esses últimos 20 anos de oligopólios, de monopólios, de reserva de mercado, de proibição de importação, dos cartéis, com um governo extremamente protetor, sobretudo da ineficiência. Agora, estamos às voltas com uma das poucas coisas boas que aquele simpático ladrão das Alagoas[2] nos legou, que foi essa competição magnífica, que o Brasil agora experimenta de Norte a Sul e de Leste a Oeste.

---

[1] O jornal O *Estado de S. Paulo*.
[2] O ex-presidente Fernando Collor de Melo, primeiro presidente civil eleito diretamente em 20 anos, que renunciou diante da iminência do *impeachment* por falcatruas apontadas em sua gestão.

## "Assim é que se faz negócio"

Conto essa história para vocês porque parece que a sociedade de fato acordou. O Brasil busca por meio da satisfação do cliente, da competição, firmar as empresas que aqui produzem. Eu enfrentei todo esse passado desastroso buscando o tempo da competição. As pessoas sabem muito pouco de um lado da nossa faceta negocial. Todo mundo pensa que o comandante Rolim é apenas um carregador de bagagem bem pago no aeroporto de Congonhas. E fazem bem em pensar isso, porque hoje de manhã carreguei muita bagagem para algumas senhoras que estavam embarcando nos nossos vôos. A TAM me paga um bom salário, e eu não tenho nenhum pudor em fazer isso, sobretudo quando vejo que as pessoas estão em dificuldades.

No entanto, não é só isso, e vou explicar por que essa historinha faz tanto sentido dentro da reunião que vocês promovem aqui hoje.

A famosa década perdida da aviação comercial brasileira terminou em 1992. Realmente foi uma década perdida, na qual nós não só perdemos grande parte do nosso capital, grande parte do que tínhamos conseguido dentro das empresas, como perdemos também um certo *élan* na prestação de serviços ao público. Eu concordo com as empresas que experimentam prejuízos constantes: é realmente desanimador trabalhar num quadro assim.

Contudo, em 1980, nós assinamos um contrato de representação exclusiva para o Brasil para vender o produto da Cessna, o jato Citation. Como vocês, sou representante de uma marca no meu país. Falamos a mesma linguagem. Devemos entender do mesmo assunto, apesar do meu mercado, como os senhores imaginam, ser muito mais restrito que o de vocês.

Assinamos o contrato com a Cessna exatamente na hora em que a empresa parava de produzir os monomotores e bimotores convencionais. Concentrava sua operação nos aviões a jato executivos de pequeno porte. Até então, a Cessna não tinha aviões de grande *performance*. Nós, me lembro bem, vínhamos há anos, des-

## O sonho brasileiro

de 1972, fazendo um relatório anual da *performance* da economia brasileira, mostrando como era nefasto uma estatal (a Embraer) produzir aviões, o quanto era nocivo o conceito de similaridade dos aviões, porque os Bandeirantes serviam para tudo. E dizíamos da nossa esperança de que essa situação pudesse mudar.

Acreditávamos que esse quadro seria mesmo revertido, se não motivando as pessoas que fazem a política, sobretudo por aquelas que faziam o mercado. Sabíamos que essa segunda forma era muito mais difícil porque mais lenta, mas quando viesse seria muito mais duradoura.

Nós, depois de anos de relatórios para a Cessna, seu presidente, seus diretores, com o mercado brasileiro fechado, fomos a Wichita para discutir a possível representação da Cessna no Brasil.

Estou falando, repito, de 1980. Todos os homens de negócio da Cessna estavam ali reunidos. O Brasil operava só quatro Cessnas Citation. Em compensação, havia aqui 64 jatinhos de outras marcas que competiam com o Cessna Citation. Eles disseram:

— Queríamos que você nos desse aqui uma perspectiva de venda de aviões no mercado. E, para assinar o contrato de representação da Cessna, que colocasse um pedido firme de Citations.

Eu disse:

— Não vim aqui para comprar avião. Vim para discutir o mercado. E para fazer uma política. Eu opero outros tipos de avião. No Brasil não tem mercado a curto prazo para este tipo de jato, a não ser que façamos algumas coisas.

E que coisas eram essas?

Primeiro, nós precisávamos de uma oficina homologada, para fazer o serviço nesses aviões que íamos vender no Brasil. De um estoque de peças, para manter esse aviões voando no país. Terceiro, de uma condição econômica mínima dentro da empresa, para ter um ou dois aviões de reserva, mesmo sendo do serviço de táxi aéreo. Porque, se o cliente tivesse um problema no

## "Assim é que se faz negócio"

seu avião, eu colocaria o meu para voar no lugar do avião dele, sem custos adicionais. Senão, estaríamos mortos, não iríamos a lugar nenhum.

Os americanos ficaram frustrados. Não quiseram continuar as conversas, porque diziam que eu não queria comprar avião. E eu não queria mesmo. Queria fazer uma política para o Brasil, não apenas colocar mais meia dúzia de aviões no país.

Então eles disseram que não tinha negócio, iam procurar outro representante. Respondi: Passem bem, senhores. Voltei para o Brasil, mas não quebrei aquilo que considerava vital para o nosso plano poder se materializar a médio prazo.

Outros candidatos a representante da Cessna foram a Wichita. Ou por falta de opção, ou porque alguma voz, algum ouvido, algum cérebro mais iluminado acreditou em mim, resolveram me chamar para uma nova conversa. Insisti: faria pedido depois de ter as condições mínimas de apoio, de suporte aos aviões que iríamos vender no Brasil. Senão não haveria nenhuma condição de a Cessna disputar o mercado brasileiro.

Voltei para o Brasil. Uma semana depois, chegou aqui um enviado da Cessna, com um contrato para assinar. No contrato, estava uma cláusula para que nós comprássemos três Citations. Nós não tínhamos nenhuma condição de comprar Citations.

— O senhor pode voltar para Wichita. Nós não estamos discutindo compra de avião — disse a ele.

Fui firme, duro. O homem da Cessna voltou e depois de algum tempo me passaram um fax concordando com a minha postura. E nós então assinamos o contrato.

Desde então, a TAM é a maior distribuidora de Citations do mundo. Os Cessnas Citation, que eram só quatro no país, agora são mais de 160, dez anos depois. O Brasil é o segundo maior importador de Citations do mundo. A TAM é responsável por 27% da produção da Cessna. E ela própria é a maior operadora de Citations fora dos Estados Unidos. Temos 17 Citations em nossa frota.

## O sonho brasileiro

Uma das nossas empresas, a ARPA, no Paraguai, é a única operadora de Citations em linha regular no mundo.

Como isso foi possível? Nós tínhamos um entendimento claro da situação. Era simples. O avião está a 8 mil milhas da fábrica, portanto precisa de apoio, de uma assistência mínima. E quero dizer a vocês que tem sido absolutamente um sucesso a nossa operação com o Citation.

Ainda recentemente, um cliente que comprou um Citation teve seu avião retido 60 dias nas nossas oficinas, porque as peças necessárias para sua manutenção não haviam chegado. Não por nossa culpa, mas porque a alfândega do Brasil, a Receita Federal, estava em greve. Mesmo assim, sabem o que fizemos? Colocamos um de nossos aviões para voar com o cliente. E ele pagou apenas as despesas operacionais que já teria de pagar no avião dele.

É assim que se faz negócio, assim que se cria mercado.

Eu me lembro de um fato muito interessante, que foi para mim um grande choque. Estava lendo um livro e descobri que na década de 1960 a Volkswagen tinha 65% do mercado americano de carros pequenos. Fiquei impressionado com aquele número, porque só quem conhece o mercado americano sabe o que isso representa. Hoje a Volks lá tem menos de 3%. Também fiquei impressionado com esse número ridículo. Há pouco tempo fui comprar um carro Volkswagen para um filho meu que vive no Estados Unidos e o sujeito disse: não compre porque o valor de revenda é pequeno. Eu disse: mas é Volkswagen, é um carro alemão!

Não sei qual é o porcentual que a Volkswagen tem do mercado brasileiro. É 40%? Eu acho que este é um filão que a empresa terá de lutar para manter, senão vai perdê-lo continuamente.

Imaginem se eu fosse distribuidor da Mercedes. E tivesse uma placa com aquela magnífica estrela de três pontas em cima do teto de uma empresa minha, por exemplo, em Marília, ou Dracena, ou Belo Horizonte. Seguramente seria uma pessoa importan-

"Assim é que se faz negócio"

tíssima na cidade. A Mercedes me dá esse *status*. Claro. Mas será que o mercado me dá o *status* correspondente? As pessoas hoje se assustam com a velocidade com que a TAM cada vez mais participa do mercado. Aproveito para dar em primeira mão a vocês uma notícia. Sexta-feira, eu estava no meu escritório quando me ligou o editor da *Air Transport World*, uma revista americana que circula em 178 países. É a bíblia das empresas aéreas. E tinha eleito a TAM, por meio de seus editores e de uma pesquisa entre os clientes, como a melhor empresa regional do mundo. Vamos receber o prêmio no dia 5 de fevereiro em Cingapura.

Fiquei impressionado. Perguntei ao editor da revista: como é que vocês chegaram a essa conclusão? A resposta foi: primeiro, fizemos uma pesquisa na TAM. Segundo, fizemos uma pesquisa com os clientes da companhia, e descobrimos duas coisas vitais para o desenvolvimento de qualquer negócio: mais de 75% das pessoas que nunca viajaram pela TAM têm disposição de fazê-lo; e 99% das pessoas que já voaram pela TAM têm disposição de voltar a voar por ela.

Eu fiquei lisonjeado, claro.

Outro dia, fiz uma palestra a um grupo de representantes de uma grande fábrica brasileira de automóveis, muito feliz porque tinha lançado um carro muito à frente dos outros, segundo eles, porque realmente é barato e tem uma boa *performance*. Eu disse: grande coisa o que vocês estão fazendo. Estão lançando um automóvel turbo. Sabe o que vai acontecer amanhã? Alguém lançará o biturbo, mais barato.

Não é assim que as coisas são?

O que eu quero dizer a vocês, a minha grande experiência, nisso eu posso lhes ser útil, é que o comprador do caminhão, o comprador do automóvel, do pneu, de uma roda, é uma pessoa que tem emoção. Que tem sentimento. Que tem coração! E é isto que as indústrias precisam saber. Não há sistema no mundo que resista a qualquer embate mercadológico se ignorar essa regrinha simples.

## O sonho brasileiro

As pessoas querem ser ouvidas. Querem conversar, dar a sua opinião. Querem participar!

Como aprendi isso? É simples. Eu fui para a porta dos aviões, quando o governo começou a negar para nós algo a que tínhamos direito, cristalinamente. Queríamos trocar os aviões de tecnologia antiga por tecnologia moderna, nos principais pontos de ligação aérea: São Paulo–Belo Horizonte, São Paulo–Curitiba, São Paulo–Brasília. O governo não nos autorizava a voar, apesar de os aviões estarem nos hangares, prontos. Tínhamos importado o Fokker-100, raspando o fundo do tacho da nossa credibilidade, claro, porque dinheiro no começo da década de 1990 não tínhamos mais. A década perdida comera nosso patrimônio inteiro, e o que sustentou nossa sobrevivência foi exatamente esse comércio que fizemos, com a representação da Cessna. Na atividade que o governo controlava, éramos eméritos perdedores. Na que ele não controlava, ganhávamos dinheiro.

Quando resolvemos substituir o F-27 pelo Fokker-100, tinha de ser de modo a não deixar nenhuma dúvida. Quando posicionamos a nossa frota de Fokkers-100, dois aviões, defronte ao aeroporto de Congonhas, havia um problema. Primeiro, ninguém mais voava em Congonhas. As manhãs eram tristes. Para voar entre capitais, precisávamos fazer escala em alguma cidade do interior. Tínhamos uma freqüência por dia para Brasília, enquanto o aeroporto de Cumbica, em Guarulhos, tinha 29 em vôos diretos. Tínhamos outra para Belo Horizonte, Guarulhos tinha 36. Só restavam em Congonhas os vôos da ponte aérea Rio–São Paulo. E vôos regionais.

Eu, pessoalmente, havia cometido um erro. Quando nós fizemos a publicidade do Fokker-100 como o jato de Congonhas, o novíssimo Fokker-100, não tinha me dado ao trabalho, ou nem pensara, que ninguém conhecia aquele avião. O Fokker-100 é o primeiro jato que não é da fabricação da Boeing a operar no mercado brasileiro. O Brasil era o país da Boeing. Aqui, nas linhas domésticas era só Boeing. Como, entre os caminhões, é só Mercedes.

"Assim é que se faz negócio"

Nós trouxemos o Fokker-100 e não avisamos o que era o avião. As pessoas pensavam que era aquele simpático turboélice, barulhento como o diabo, de tecnologia antiga, que já tinham visto na ponte aérea ou num dos nossos outros vôos regionais. E muitas vezes aconteciam coisas assim: o magnífico Fokker-100, de última geração, ficava parado na pista em Cuiabá ao lado de um Boeing velhinho de uma empresa congênere, mas os passageiros não queriam desembarcar do avião em pane para entrar naquele novíssimo aparelho de 34 milhões de dólares que não conheciam. Diziam: ah, esse avião eu não conheço, não é Boeing, não.

Cometi esse erro. Achei que o mercado saberia o que era o Fokker-100. E o mercado não sabia. Então nos vimos com um problema desgraçado. Tínhamos um avião, tínhamos a disposição de fazer o serviço correto e não podíamos fazê-lo. Primeiro, o governo não deixava, de um lado, que pudéssemos voar sem os entraves que o poder concedente nos impunha. De outro, as pessoas não sabiam o que era aquilo que estávamos oferecendo.

Quando eu tomei a decisão de posicionar os aviões em Congonhas, fui para a porta do avião embarcar cada passageiro que se aventurasse a entrar naquela máquina com 39 metros de comprimento que ninguém conhecia. E fui contar o que era o avião, como era silencioso, moderno, e o que tinha sido a sobrevivência da empresa para chegar até ali. Assim, começamos a criar um relacionamento novo com o cliente e com o mercado.

Todas as manhãs, depois que eu soltava os dois Fokkers-100, e os aviões mais antigos também, voltava ao meu escritório sempre com cinco, seis cartões de visita de clientes. Comecei a trocar correspondência com todos. Passei a perguntar a eles se tinham feito boa viagem, se estavam felizes com o vôo, se tinham alguma sugestão de horário. Resultado: começamos a criar um vínculo direto com o cliente.

Sabem o que aconteceu? Esse vínculo direto com o cliente se transformou num banco de dados, que hoje tem mais de 500 mil

*O sonho brasileiro*

nomes. São pessoas que passaram a ter o nosso Cartão Fidelidade. E que foram conquistadas uma a uma. Conversando, ouvindo histórias, atendendo suas necessidades. Cada cliente que reclamava de uma coisa, sugeria algo, entrava nessa lista. E tínhamos a oportunidade de mostrar que o avião era adequado, os horários eram adequados, a nossa postura era adequada. Sem nenhuma afirmação adicional, nenhum adjetivo na nossa propaganda.

Observem a publicidade da TAM. Mostra as datas dos vôos, as horas, dá o telefone para a reserva e acabou. Nós não falamos que temos a melhor comida. Nem dizemos que o nosso caminhão é o melhor. Ou que ele gasta menos e anda mais. Está aqui o produto, experimente e o resto está conosco.

Ainda hoje de manhã, em Congonhas, um cliente veio e me disse: comandante, eu perdi o avião para Varginha. Eu disse: mas onde é que o senhor estava, que nós o procuramos aqui por essa sala toda? Ele disse: eu estava no toalete. Mas tanto tempo? É, foi sério... E eu preciso ir para Varginha, comandante. Eu disse: só há um jeito. Tem um avião nosso saindo para Franca agora. Está com 12 passageiros. Deixa eu falar com os 12 passageiros. O vôo é direto para Franca. Se eles tiverem horário para cumprir em Franca, o avião vai levá-los a Franca e vai trazê-lo de volta a Varginha. Se não fizerem questão, o avião faz uma escala em Varginha para deixá-lo, depois os leva a Franca.

Fui levar a questão para os passageiros de Franca. Comandante, disseram, pode descer em Varginha. E assim foi.

Tive que consultá-los, é claro. A opção de parar no caminho ou não é do cliente, não minha. Eu vendi para ele um vôo nobre, direto. E ele vai fazer um vôo com escala, que é um vôo pobre. Não tenho direito de tomar o seu tempo. Ia me custar o dobro trazer o avião de volta a Varginha, mas eu iria fazê-lo, se os passageiros não concordassem com a escala. O cliente de Varginha merecia. Era um homem que já tinha feito 96 viagens durante o ano, exatamente para Varginha. Não iria atendê-lo?

## "Assim é que se faz negócio"

Ao estabelecer um vínculo direto com o mercado, com essas pessoas, descobrimos coisas fantásticas. Imaginem os senhores se eu fosse administrar a TAM pelo lado do prazer. A TAM, fora dos Estados Unidos, é o maior cliente da Rolls Royce no mundo. Imaginem os senhores quando eu chego em Londres para visitar a empresa. A limusine já está me esperando no aeroporto de Heathrow. Fico no hotel Hyde Park. Eles pagam, é claro. Porque se fosse eu a pagar, talvez ficasse na pensão da rodoviária.

Vocês acham que os ingleses da Rolls Royce me oferecem isso porque gostam de mim? Esse é o lado do poder de que as pessoas gostam tanto, a representação. Contudo, isso não é meu! É de quem for o presidente da TAM. Então isso é dela, da companhia.

Meu é o dever de motivar as pessoas, de fazê-las todas acreditar que estamos no caminho certo e tratar de fazer isso corretamente. Não uso o poder em nenhum momento pelas benesses que ele me dá. Nunca ninguém me vê em festa por aí. Claro, como vou em festa? No outro dia vou acordar às 4h40 da manhã, para estar naquela maldita esteira, ou eu ando na marra. Chego no aeroporto às 6 da manhã. E porque eu chego às 6 da manhã? Os senhores sabem melhor que eu. Não é no interior que as pessoas dizem que se o patrão senta o empregado deita?

E o melhor é a convivência com o cliente de manhã, a ilustração que isso me dá. Os senhores acreditem, por gentileza, porque é verdade: todo dia cedo eu aprendo uma lição nova no aeroporto. Todas essas pesquisas de *marketing*, que dizem que a TAM é a melhor marca de rua, os senhores pensam que vêm de onde? Os senhores pensam que nós temos o monopólio dos inventos? O cliente é que deu a sugestão. Nós recebemos de 150 a 200 cartas por dia! Algumas com sugestões magníficas... Por quê? O cliente nos procura exatamente porque sabe que nós atendemos. Quanto mais eu vou ao aeroporto, mais eu vou para a porta do avião, mais aumenta o volume de correspondência do cliente. São essas idéias que nos dão tantos prêmios.

## O sonho brasileiro

É notável isso. As organizações que se lixem. Fiquem perto dos clientes. Eles criarão um *élan* novo para a sua empresa. Depois de ir para a porta dos aviões, comecei a receber cada vez mais cartões. Eram cinco, passaram a dez, 15, 20, e hoje já não preciso mais encher os meus bolsos de cartões, porque 90% dos clientes da TAM já estão cadastrados. Eles apenas precisam me dar o número do Cartão Fidelidade e eu já sei de quem se trata.

A TAM criou um relacionamento novo com o cliente. Isso sim é o maior bem que uma organização pode ter. Sempre digo aos nosso funcionários: olha, avião para a empresa, um a mais, um a menos, não significa grande coisa. Mas quebrar esse pilar da credibilidade, da comunicação, das pessoas saberem que nós podemos resolver o seu problema, isso não há dinheiro no mundo que pague. É claro. Porque o avião é um produto que tira o homem do seu meio natural. Ele sempre tem um certo receio. Então, presta atenção em tudo, para ver se está funcionando.

Primeiro ele tem que fazer a reserva. Se tocou no telefone aquela musiquinha 20 minutos, ele já fica bravo. O tempo dele é de ouro. Mas ele conseguiu fazer a reserva. Chegou no aeroporto, vai emitir o seu bilhete: não deve ter fila. E se tiver, tem de ser rápida. Depois, vai fazer o *check in*. Aí a moça tem que estar penteada, arrumada, bonita. Senão ele já não vai gostar muito. Vai para a sala de embarque. Geralmente lá estão aquelas cadeiras quebradas, que os aeroportos brasileiros não trocam. Em muitos dos aeroportos do interior brasileiro a TAM tem que pôr até o papel higiênico nas salas de embarque. Nem isso eles fazem, apesar de cobrarem grandes taxas de embarque.

O cliente vai para o avião. Se aquele material de rampa, aqueles tratores, tiverem um vazamento de óleo — as empresas áereas não costumam dar muita bola para o material de rampa —, ele já começa a botar defeito, olhar aquilo com olho meio de lado. Chega, embarca no avião, passa por aquelas comissárias convencidas, que nem olham na cara dele. Senta, o encosto da poltrona cai para trás sozinho. Vai abrir a bolsa, está cheio de lixo lá dentro.

"Assim é que se faz negócio"

Olha para o colega do lado e diz: se essa porcaria está assim, imagine como deve estar o motor.

É assim que o cliente reage.

Agora, na TAM, o material de rampa está pintado de branco. É a única empresa aérea do mundo que pinta todo seu material de branco. Da cor deste lenço. E este lenço é uma grande ferramenta de trabalho nas manhãs de Congonhas. Porque eu o passo sobre o piano. Eu o passo sobre o balcão do bar, onde estão servindo os drinques para as pessoas que estão esperando seu embarque. Passo nos tratores, no avião, no banheiro, passo esse lenço em tudo que é lugar. Se o lenço sair com uma mancha, meus amigos, tem encrenca. Aqui está a transparência da cor do serviço que nós queremos prestar. Estamos trabalhando com gente que observa essas coisas.

Colocamos na porta dos aviões um tapete vermelho. Isso passou a ser um símbolo da TAM, reconhecido em todo o Brasil. Um símbolo interessantíssimo, porque é uma coisa muito simples. Primeiro, e de fato, é o símbolo da nossa reverência ao cliente. Segundo, a gente economiza o tapete do avião, que é um tapete suíço, à prova de fogo, cuja lavagem custa bastante caro.

Um dia recebo uma carta de um cliente de Belo Horizonte... Era o representante da Philips. Ele dizia: comandante, observo que em Congonhas o tapete vermelho, após o nosso embarque, é limpo, enrolado e guardado. E aqui em Belo Horizonte, já vi o tapete duas vezes sendo arrastado pela pista. Digo: mas meu Deus, essa carta é um achado! Fiquei emocionado. Li a carta, liguei para o cliente no ato. Digo, olha, eu quero agradecer muito. Estou feliz que o senhor tenha me feito esta observação. Eu queria pedir a sua autorização para usar essa carta internamente. Ele disse, claro, comandante, fique tranquilo, faça dela o uso que o senhor quiser! E eu disse: estou lhe mandando um presente. E mandei dois livros para ele.

Peguei a carta, reuni meu pessoal e a comissão de serviços. Havia lá uma quantidade enorme de pessoas. Digo: eu queria con-

## O sonho brasileiro

versar um pouquinho com vocês sobre essa carta. Pergunto: algum de vocês aqui nessa companhia arrasta uma aeromoça pela pista? Não, não fazemos isso, comandante. E eu: como então vocês deixam fazer isso com o tapete vermelho da empresa? O tapete que passou a ser o símbolo da nossa reverência, do nosso respeito ao cliente? O tapete vermelho, meus amigos, passou a ter vida própria. Nenhuma organização do mundo vive sem uma bandeira. E o tapete vermelho naquele momento era a nossa bandeira. Símbolo de toda nossa luta para prestar um bom serviço. As organizações vivem de símbolos! Sem símbolo, não vamos a lugar nenhum. É preciso renovar permanentemente os símbolos!

Temos que ter forças para adotar esse tipo de medida internamente. Esse ano de 1996, por exemplo, estaremos com um novo símbolo na TAM. Vocês vão saber primeiro que os funcionários, inclusive. Agora dia 19, na nossa convenção, o nosso símbolo para 1996 será "Uma só TAM". Por quê? Porque a TAM tem um serviço melhor em Congonhas do que em Conceição do Araguaia. Tem serviço melhor em Congonhas que em Salvador. E eu recebo reclamações. Vamos investir nisso. Ao longo desses anos, quantas bandeiras nós já não tivemos? Ano após ano, nós as renovamos.

Há pouco tempo eu recebi uma lição tremenda. Gosto de contar essa história. Não conto em muitos auditórios por aí, mas aqui vejo um perfil de empresários, de pessoas até mais velhas e mais bem-sucedidas que eu. Há pouco tempo, eu dizia, eu estava em Congonhas, numa segunda-feira, andando pela pista, e vejo um senhor lá longe, andando. Era o nosso chefe do serviço geral, o senhor Álvaro. Ele me procura e diz, comandante, temos um problema. Mas que problema, seu Álvaro? Sábado, aqui na TAM, um cliente nosso de Paranaguá, o Moinho de Trigo da Sadia, telefonou. Tinha mandado uma peça para revisar em São Paulo na quarta-feira, a peça ficou pronta na sexta. Deveria ter sido colocada no porão do Fokker-100, para ser entregue em Curitiba sexta à noite. A peça foi entregue a nós, havia seis Fokkers-100 parados para sair, o menino

## "Assim é que se faz negócio"

equivocadamente colocou no porão do avião que ia para Brasília. A peça foi para Brasília, lá viram que tinha um pacote a mais, cor do despacho de Curitiba, voltou para São Paulo. Em Curitiba, o cliente foi para o aeroporto, a peça não chegou, ele voltou para casa. Sábado de manhã, ele telefonou para a TAM, perguntando da peça. E nós não tínhamos vôo aquela manhã. Ele ficou desesperado. Ligou para São Paulo. O diretor de plantão não estava na empresa: tinha tido um problema com o filho. O gerente de plantão também não estava. Ou vocês acham que a TAM é perfeita? Ele disse para a telefonista: não quero saber se essa peça está aí ou não, quero essa peça aqui, agora. Estou pagando frete, preciso dessa peça, e tem 500 homens parados no nosso moinho de trigo esperando por isso.

A telefonista disse: o senhor pode me dar o número do seu conhecimento? Pegou o número, verificou onde estava a peça, depois ligou para ele e disse: onde o senhor quer que a peça seja entregue, em Curitiba ou Paranaguá? Em Paranaguá, ele respondeu. Então o senhor pode ir para o aeroporto, tem um jatinho da TAM entregando a peça para o senhor.

E mandou a peça desse jeito.

Quando cheguei na segunda-feira, os senhores entendem porque o senhor Álvaro estava preocupado na pista. Disse: comandante, o senhor imagine que uma telefonista, para receber os 400 dólares do transporte de uma peça para Curitiba, gastou 7 mil dólares usando um jatinho. Eu digo, mas seu Álvaro, a telefonista fez mesmo isso? Fez, comandante. Então o senhor me faça um favor: coloque todas as telefonistas na sala de reunião, e na hora em que estiverem todas lá, vou falar com elas. Pois não. Saiu, foi embora.

Chamei minha secretária. Disse: D. Rita, a senhora por favor me avise todos os vice-presidentes, diretores e gerentes para estarem na sala de reunião com as telefonistas na hora em que elas lá chegarem.

Às 11 horas, a secretária me disse que já estavam todos na sala de reunião. Fui até lá. Bati na porta. A gente, depois de certa

411

idade, quando vai a um lugar onde tem homem e mulher fica mais discreto... Bati na porta e abri a porta com jeito, calma, tipo mineiro. Botei o rosto... As telefonistas todas numa ala da mesa... E atrás delas, de pé, estava o chefe do serviço geral assim, pronto para matar quem fosse. Eu entrei na sala e perguntei: Eu queria saber aqui, agora, quem foi a telefonista que fretou um jatinho para mandar uma peça para Curitiba!

    E a coitadinha diz:

    — Comandante... Fui eu, comandante!

    — Então se levante.

    Ela se levantou. E eu:

    — Vem aqui, meu amor! Eu quero te dar um beijo!

    É claro que eu beijei de olho fechado, afinal ela não era tão bonita assim. Dei um beijo nela e vi que desanuviou o ambiente. Naquele tempo não havia esse PBX moderno, tinha bastante telefonista. Eu virei para os diretores:

    — Olha, queria saber o seguinte. A quem as telefonistas estão subordinadas aqui na TAM?

    — Ao serviço geral.

    — Está bem. A partir de hoje, as telefonistas não estarão mais subordinadas ao serviço geral. Ficam subordinadas ao Apoio ao Cliente. E me façam um favor: peguem o salário delas e multipliquem por três.

    — Mas vai dar problema, elas vão ganhar mais que os outros...

    — Dane-se, façam isso!

    As telefonistas estavam cheias de moral. Eu disse à telefonista em questão:

    — Já que você está de pé, eu queria saber o seguinte. O que é que te levou, meu amor, a fretar um jatinho, arriscando o teu emprego, para mandar uma peça ao cliente em Curitiba, no sábado?

    — Ah, comandante, foi simples. Se o senhor estivesse aqui, o que faria?

    — Eu tinha fretado o jatinho.

    — Pois foi isso que eu fiz, comandante.

"Assim é que se faz negócio"

Sabe qual foi a grande lição que eu tirei disso? Numa organização, as pessoas precisam saber como nós pensamos, como nós agimos, como reagimos. Daí, sabe o que acontece? Elas tomam o risco. Resolvem os problemas. Sem isso, elas não terão firmeza e condição de fazer o que precisa ser feito.

Todo mundo pensa que a TAM é uma empresa de um homem só. É uma burrice desgraçada. Eu fiquei um ano fora da TAM, doente, não aconteceu nada. Ela cresceu mais até do que se eu estivesse aí. Dizem, essa empresa é do One Man Show. Mas as equipes têm de tomar a gestão e levá-la a peito.

Eu não deixo fazer organograma na TAM. Sabe por quê? Eu sempre digo isso na TAM: organização custa dinheiro! Disciplina não custa nada, zero! E vou explicar a vocês por que não deixo fazer organograma. Nós temos 2200 empregados. Fiquei sabendo hoje de manhã, até. Se fizermos organograma, vamos ter de fazer um manual de função. Se fizer um manual de função, vamos ter de fazer um manual de competência. Se fizer manual de competência, vamos chegar à seguinte conclusão: o funcionário não pode gastar. O engenheiro pode gastar dez. O diretor 20. O vice-presidente 30. E o presidente não tem limite. Mas será que é só o presidente que é inteligente aqui?

Outro dia desceu um Fokker-100 em Viracopos, Campinas. Daí a pouco, outro Fokker-100 em Viracopos. Daí outro. Outro... Em 25 minutos tínhamos seis Fokkers-100 pousados em Viracopos. Naquele dia, meu celular não vibrou, eu não falei com São Pedro, não sabia que em São Paulo, à tarde, ia fechar o aeroporto por causa do tempo. O aeroporto estava fechado, os aviões foram todos para Campinas, e nós não íamos desembarcar 600 passageiros em Viracopos, esperando Congonhas abrir. Ia ser o caos. Como é que você reúne todo esse pessoal de volta para colocar dentro do avião?

Os aviões ficaram na pista, esperando Congonhas abrir, com os passageiros dentro. Por mais que nós tentássemos, ainda não descobrimos um jeito de colocar destilaria de uísque a bordo dos aviões. Já tentamos, mas não conseguimos. Os aviões, para

413

## O sonho brasileiro

Brasília, Belo Horizonte, Curitiba, levam o uísque necessário para o passageiro tomar, mas não para ficar três, quatro horas no chão, comendo, ouvindo música. Resultado: as comissárias de bordo se viram em situação difícil, porque o uísque começou a acabar. Aí um comissário, chefe de cabine, correu nos outros aviões, debaixo de chuva. Estavam na mesma situação. Não teve dúvidas: sacou o talão de cheques do bolso, assinou em branco, chamou o menino da Kombi que nós temos no aeroporto de Viracopos e disse: me acha uísque onde tiver. E compre uns 40 litros para os aviões todos. O menino da Kombi saiu desesperado procurando uísque ali. Por sorte em volta do aeroporto de Viracopos tem uma zona de vida muito alegre, às vezes começa a funcionar meio cedo... Já tinha alguma daquelas casas abertas, e ele comprou Drury's, Old Eight... depois de algumas doses, quem vai reconhecer a marca, não é?

Comprou o que pôde encontrar, distribuiu para os aviões e os passageiros sequer se deram conta da descontinuidade do serviço.

Naquele mês, nós premiamos o comissário de bordo como o funcionário do mês, pelo espírito de iniciativa. Agora eu pergunto: que manual de instrução ou de método pode prever uma situação como esta? As pessoas precisam reagir. Têm de saber como nós pensamos.

Nas organizações dos senhores, é preciso que seja assim. Eu faço uma pergunta: qual dos senhores já entregou um caminhão da sua própria empresa porque não recebeu uma peça para o técnico consertar o caminhão do cliente e ele estava perdendo o frete?

Não importa buscar culpados. Os culpados no fundo somos nós mesmos, porque quando está insatisfeito o cliente liga para outro lugar. O que eu quero dizer a vocês, em outras palavras, é o seguinte: a TAM descobriu uma coisa óbvia. Enquanto a cabine do avião, cheia de relojinho, era importante para mim, a companhia não andava bem. Mas depois que parei de pensar como piloto e passei a pensar como as pessoas que estão lá atrás no avião, vendo se estão bem, o que estão deixando de comer, para melhorar o cardápio, seguramente passamos a andar muito melhor.

## "Assim é que se faz negócio"

Minha experiência, meus amigos, é uma só. É tentar conciliar no dia-a-dia as várias pressões que a comunidade tem por melhor serviço. Eu não tenho vergonha nenhuma de dizer que a TAM está dando lucro, que nós buscamos lucro continuamente no nosso dia-a-dia. Porque o lucro tem função social. Não pertence ao empresário, pertence à empresa. É a remuneração do capital e a possibilidade que nós temos de comprar tecnologia melhor. Melhorar nossas instalações. Investir mais em produtos, em cursos de aperfeiçoamento. O lucro sobretudo gera a possibilidade de pagar imposto, coisa tão útil ao país, que não tem dinheiro sequer para tirar as crianças da rua.

O que eu quero dizer a vocês é que nós vivemos num mundo extremamente pequeno. A TAM tem feito alguma propaganda, muito menos até do que devia, nas rotas novas, mas tem feito uma outra coisa que eu acho vital no dia-a-dia. É dar aquilo que o cliente pensa, que o cliente fala, o que o cliente diz.

Muita gente me pergunta: mas Rolim, como é que você consegue isso? Como as moças de Porto Alegre estão rindo do mesmo jeito que as de São Paulo? E você não escreve nada! Como? Belo Horizonte e Recife é a mesma coisa!

Aí, meus amigos, eu tenho uma lição, mas é uma lição pessoal, acho que pode ser útil para vocês. Eu já fui demitido. Eu sei como é humilhante ser demitido. O que você vai falar quando é demitido? Vai falar para o teu amigo que a empresa não precisava mais de você? Que é um derrotado? Vai falar para a tua mulher que tinha outro melhor que você na empresa? Vai falar para o teu filho o quê?

Por isso, eu aprendi uma coisa muito cedo. Se você quer tratar bem o cliente e não pode estar em todos os lugares onde ele está, só há um jeito. Trate bem as pessoas que o fazem em seu nome.

Muito obrigado."

"Nada substitui o lucro"

Rolim Adolfo Amaro era objetivo até para elaborar os mandamentos de sua companhia — em 1993, reduziu-os de dez para apenas sete, que achava suficientes para resumir sua filosofia de negócios. Em 12 de dezembro de 1995, numa palestra a revendedores de motocicletas Honda, no hotel Meliá, em São Paulo, Rolim comentou cada um deles, explicando o que havia por trás das frases que gostava de ver nas paredes de sua empresa, como um código de conduta.

**1º mandamento: Nada substitui o lucro.**
"A sociedade latina tem medo de mostrar o lucro. E nós temos de perseguir o lucro a qualquer preço. Eu sou representante da Cessna no Brasil há 16 anos e um dos maiores representantes da Cessna no mundo. Vocês vendem motocicleta, eu vendo avião a jato. Nunca vendi um avião com desconto na minha comissão. Sabe por quê? Porque se eu sacrificar a comissão do avião vendido não poderei dar ao comprador aquilo que ele precisa, que é a assistência técnica ao produto, peças de reserva. Tenho de ter capital para bancar esse negócio. Eu sempre troquei o desconto eventual da minha comissão por uma assistência técnica de primeiríssima ordem. A TAM é a única oficina da Cessna no mundo que pode fazer qualquer serviço em seus aviões. É a única representante que tem turbinas e aviões de reserva. O cliente, quando compra um avião, não tem nenhum problema.

E por que eu falo do lucro? Porque o lucro é legítimo! O lucro é produto do trabalho. E se vocês tiverem lucro, vão poder pagar um salário melhor para seus funcionários. Olhem para a TAM, que este ano pagou 15 salários para o seu pessoal. É nossa política distribuir os resultados. Não é só por isso, porque sabemos que na TAM não se trabalha só por dinheiro. Porém, como é importante ganhar o dinheiro!

Uma coisa tem de ficar clara para vocês: o lucro legitima nossas empresas. O lucro faz com que todos nós possamos nos orgulhar da nossa cidadania. Estamos devolvendo na forma de impostos à sociedade aquilo que ela nos dá, na forma de participação no mercado, da preferência pelos nossos serviços. É preciso permanentemente buscar o lucro. Sem medo de escondê-lo, de publicá-lo."

**2º mandamento: Em busca do ótimo não se faz o bom.**

"Não adianta gastar milhões de dólares para fazer um programa de qualidade, um manual disso e daquilo. Não existe um manual que ensine a lidar com o público. Ele vai ensinar a dizer bom dia, boa tarde, mas não ensinará aquele algo mais. Outro dia eu entrei numa loja de motocicleta, num sábado, usando uma calça Lee, tênis, a camisa para fora. O vendedor nem me olhou na cara.

— Posso dar uma espiada na moto?

— Não tem moto aqui para *test drive* — ele respondeu. — Se o senhor quiser, compra.

— Mas como é que eu vou comprar uma moto sem experimentar?

— Experimenta a de um amigo seu.

— Posso pelo menos sentar em cima?

— Pode, mas não arranhe.

Algum de nós quer ser tratado assim? Que nada. Eu estava com um grupo de pessoas. Era meio-dia, um calor de rachar. Per-

"Nada substitui o lucro"

guntei se podia tomar chá gelado no balcão. Sabe o que ele respondeu? 'Vão lá, podem se servir.'
É assim. As pessoas não se dão conta do que é tratar o cliente bem. Administrar uma empresa aérea é uma encrenca. Não é como lidar com o sujeito que comprou um veículo, vai para casa e só volta porque está na garantia. Não. Na empresa aérea você tem que vender o bilhete, tem de fazer o *check in*, levar o passageiro para a sala de embarque, embarcá-lo. Quando ele pede um copo de água gelada, tem de ter o gelo. Uma falha em qualquer desses segmentos da prestação de serviço seguramente vai deixar o cliente insatisfeito.

Então eu sempre digo: em busca do ótimo não se faz o bom. A TAM não exige que ninguém faça o ótimo. Nós trabalhamos sempre no bom. Eu compreendo que numa cadeia de serviços é sempre difícil fazer o bom. Sobretudo num país como o nosso, que depende de muita coisa. Você faz uma bela motocicleta, o sujeito sai na rua, cai num buraco porque a prefeitura não conserta e entorta a roda. Mas não adianta chorar o leite derramado. O Brasil é assim, nós vamos ter de enfrentar muito buraco. Então até disso temos de tirar proveito."

3º **mandamento: Mais importante do que o cliente é a segurança.**

"A TAM ganhou tudo quanto é prêmio que os senhores podem imaginar nos últimos cinco anos, em satisfação do cliente, em *marketing*, isso e aquilo. Mas é o que eu sempre digo: se o avião não está em condições de vôo, não vai voar. Você botou a bunda naquele assento ali, se der encrenca, não tem volta. E geralmente as pessoas me perguntam: Rolim, qual é o critério que eu devo ter para escolher uma empresa aérea? É o preço do bilhete? É o tamanho do sanduíche? Ou do avião?

## O sonho brasileiro

Fizeram uma pesquisa nos Estados Unidos tentando descobrir o que levava uma pessoa a escolher uma empresa aérea, e qual a ser recomendada ao cliente. Depois de estudarem profundamente o assunto, viram que uma empresa aérea economizava em manutenção, outra economizava na comida, cada uma priorizava uma coisa. E a conclusão era a seguinte: o cliente devia escolher sempre a empresa aérea lucrativa. Porque essa não vai fazer economia na manutenção do avião. E é verdade. Eu já tive empresa aérea extremamente deficitária, durante os anos negros da aviação comercial brasileira, de 1982 a 1992. Meus amigos, o primeiro mandamento ('Nada substitui o lucro') estava absolutamente certo."

**4º mandamento: A melhor maneira de ganhar dinheiro é parar de perder.**

"Muitas vezes nós temos a tendência de conviver com situações, vamos levando. Eu sou implacável quanto a essa questão. No início da TAM, eu falei para o pessoal da administração: estamos perdendo dinheiro? Parem. Não paguem. E se recusem a pagar. E me perguntam: como a TAM tem dinheiro para pagar dois, três jatinhos de reserva para os clientes que têm problemas com os seus, ou para levar o cliente que perdeu um vôo para Brasília porque o avião estava lotado? É simples. Isso não é despesa, nós tratamos como investimento.

Eu pergunto aqui: quantas vezes um senhor ofereceu uma moto sua, ou da loja, para um cliente que tinha um programa para fazer de moto e não fez porque não tinha peça para repor? Isso o cliente nunca mais esquece. É preciso que nós tentemos fazer de cada situação, ainda que negativa, uma situação positiva. Quando um cliente me telefona reclamando de uma mala que perdeu, é uma chance magnífica que a gente tem de recuperá-lo, de uma forma que ele nunca mais se esqueça da TAM. Está surgindo a

"Nada substitui o lucro"

chance de criar com ele vínculos indestrutíveis, à prova da concorrência, à prova de preço. A TAM não dá desconto para ninguém. E ninguém se queixa, pelo contrário, as pessoas dizem: comandante, ponha mais caro, não deixe cair o padrão! O preço não é o fator básico. Quando vocês tiverem um problema, façam disso alguma coisa positiva. De forma que o cliente no fim venha a passar apenas para tomar um café.

Estamos recebendo agora o prêmio da *Air Transport World*, a revista que nos escolheu como a melhor empresa de aviação regional do mundo. Sabem por quê? Fizeram uma pesquisa em 178 países. Nunca viram na vida deles algo igual ao cliente da TAM: de dez pessoas que já viajaram com a companhia, dez o fariam outra vez. Isto sim que é o grande patrimônio da empresa. Não é um avião a mais ou a menos."

**5º mandamento: Pense muito antes de agir.**

"Eu ontem fui fazer uma palestra para os revendedores da Mercedes Benz, no hotel Maksoud Plaza. E contei a eles uma história que vou contar também a vocês, que reflete muito o 'pense antes de agir'. A TAM é uma empresa absolutamente descentralizada. Qualquer chefe de equipe nos aeroportos tem autonomia para fretar um jatinho, pôr um passageiro em outro avião, contrair despesa, pagar restaurante para 50, 60, 70 pessoas. Qualquer chefe de equipe tem autonomia quando se trata do atendimento ao cliente. E aqui vai então essa história que faz bem o perfil dos senhores, que são empresários.

Outro dia, um cliente do Moinho de Trigo Sadia mandou a São Paulo uma peça para consertar. Essa peça chegou, foi consertada e entregue numa sexta-feira para voltar a Curitiba. Só que inadvertidamente foi colocada no avião que ia para Brasília. Ao chegar em Brasília, o funcionário que estava no aeroporto viu que o pacote estava com destino equivocado. Mandou a peça de volta.

Lá em Curitiba, o cliente foi para o aeroporto, a peça não chegou. Voltara para São Paulo às 10 horas da noite e lá ficou trancada. No sábado, o cliente voltou ao aeroporto de Curitiba e a peça não tinha vindo. Ligou para São Paulo, procurou nosso diretor de plantão. Não estava no aeroporto. Ligou para o gerente, estava fazendo não sei o quê. Não conseguiu falar com ninguém.

Aí ele disse à telefonista: estou com 500 homens aqui parados, por causa dessa peça. É problema de vocês. A telefonista tentou me encontrar. Eu tinha ido almoçar com o Telê Santana, que estava querendo comprar um jogador para o São Paulo. Também não me encontrou. Preocupadíssima, a telefonista ligou para o cliente e disse: o senhor pode me dar o número do seu conhecimento aéreo? Pois não, ele respondeu. A telefonista encontrou a peça, ligou para o cliente e disse: o senhor quer que eu mande a peça para onde? Para Paranaguá. Ela afirmou: então daqui a 40 minutos a peça estará em Paranaguá. E fretou um jatinho da TAM, colocou a peça dentro e mandou para lá.

Sabe qual foi a lição que eu tirei desse negócio? Todos que trabalham na TAM têm de agir como age o chefe. A empresa não pode ter diretor que tem caixa preta, que não se comunica com o outro. Todos precisam falar a mesma língua. As pessoas sabem como reagir e reagem.

A TAM não tem nenhum manual de instrução. A TAM não tem organograma. E eu não deixo fazer. Se tiver descrição de função, tenho de fazer manual de cargos e salários. E como vou reconhecer o mérito?

Nós temos que ter iniciativa e premiamos o nosso funcionário por isso. Porque cada dia é um fato novo. Assim é que as coisas são. Por isso colocamos o mandamento: pense muito antes de

"Nada substitui o lucro"

agir. E depois que vocês agirem, nós vamos respeitar, de qualquer maneira, a decisão que foi tomada. Vamos cumpri-la ao pé da letra. Nós da TAM jamais desconsideramos o que o funcionário fez. O que ele fez, está feito. Se custar 1 milhão de dólares, não tem problema nenhum. Por isso, ele faz."

**6º mandamento: A humildade é fundamental.**

"A TAM tem 360 comandantes. Comandante é uma classe à parte da aviação. Gostam muito, quando estão voando, de tomar café com queijo suíço no café da manhã. À noite, estão sempre com os outros funcionários, dormindo nos hotéis. É uma característica da profissão. E nós lembramos a eles que é importante que sejam humildes.

Vocês devem ter o mesmo problema. Ao colocar em algum lugar o nome da Honda, um produto que tem excelência, surge motivo para se deixar de lado a humildade. E é preciso ser humilde.

Há quem diga em Congonhas que eu sou o carregador de bagagem mais bem pago do aeroporto. Isso não está longe de ser verdade. Ainda hoje de manhã, eu carreguei as bagagens de uma senhora. Outro dia, vi uma senhora que vinha fazendo uma força desgraçada para carregar duas caixas. Eu estava na porta do avião, perguntei:

— Qual é o número do seu assento?
— 13 A.
— Então deixe isso aqui. Eu levo para a senhora.

Ela embarcou. Chamei o comandante para me dar uma ajuda. Fomos até lá, colocamos a caixa em cima, no bagageiro. Eu disse à senhora:

— Olha, vou pedir um favor. Quando desembarcar no Rio de Janeiro, procure o funcionário que vou pedir que espere lá para pegar isso e levar no táxi para a senhora.

## O sonho brasileiro

— Ah, muito obrigada — disse ela.

Dias depois, recebi uma carta, da Embaixada do Canadá, com uma caixa cheia de bebidas. Era da senhora a quem eu tinha ajudado aquele outro dia. Explicava que aquelas duas caixas que eu carregara continham uma bebida que simboliza o espírito de amor e de fraternidade para os canadenses. Dizia que ia dar uma recepção no Rio de Janeiro, no consulado do Canadá, e o primeiro-ministro do Canadá queria oferecê-la ao presidente do Brasil. E completava afirmando que eu não podia, dada a minha humildade, deixar de ter uma bebida dessas na minha casa. Ou qualquer outro produto que precisasse do Canadá.

Olhei embaixo quem assinava. Era a própria embaixadora canadense. Como eu ia saber que tinha ajudado a embaixadora do Canadá? Não podia. Só fiquei sabendo depois. Claro que agradeci muito.

Portanto, todos precisam ter o mesmo comportamento. Quanto mais eu estou na sala de embarque, quanto mais eu atendo as pessoas, mais elas me procuram, mais elas questionam, ajudam, dão sugestões. E elas têm com o que contribuir. Não há nada que não possa ser feito melhor. Temos que interagir."

**7º mandamento: Quem não tem inteligência para criar tem que ter coragem para copiar.**

"Eu sempre digo uma coisa: o melhor negócio que existe no mundo é o meu. Por isso não posso sair dele. Portanto, a lição que aprendi em muitos anos é não mudar o foco do negócio. Às vezes aparece uma idéia: vamos comprar aí uma rede de sanduíches, para botar sanduíche nos aviões. Mas o negócio da TAM não é ter restaurante, o negócio é transporte aéreo. Não se deve sair do seu negócio.

Por mais perfeito que seja o produto, sempre haverá um concorrente que pode ter melhor preço. Não existe produto que

"Nada substitui o lucro"

tenha tudo melhor. Em alguma coisa você vai perder. Por isso, o serviço "Fale com o Presidente" é um sistema fantástico. Muitas vezes, quando eu recebo a carta do cliente e tomo a ação, no sentido de corrigir o problema, mando carta para ele. O departamento onde está o problema já ficou sabendo e já deve tê-lo corrigido. As pessoas mandam cartas, eu acho, porque acreditam que nós estamos resolvendo. Isso vale mais que procurar sempre ter o melhor produto. Em produto, em preço, alguém sempre vai estar te superando. Mas uma relação construída com o cliente, essa ninguém vai tirar."

**Rolinianas**

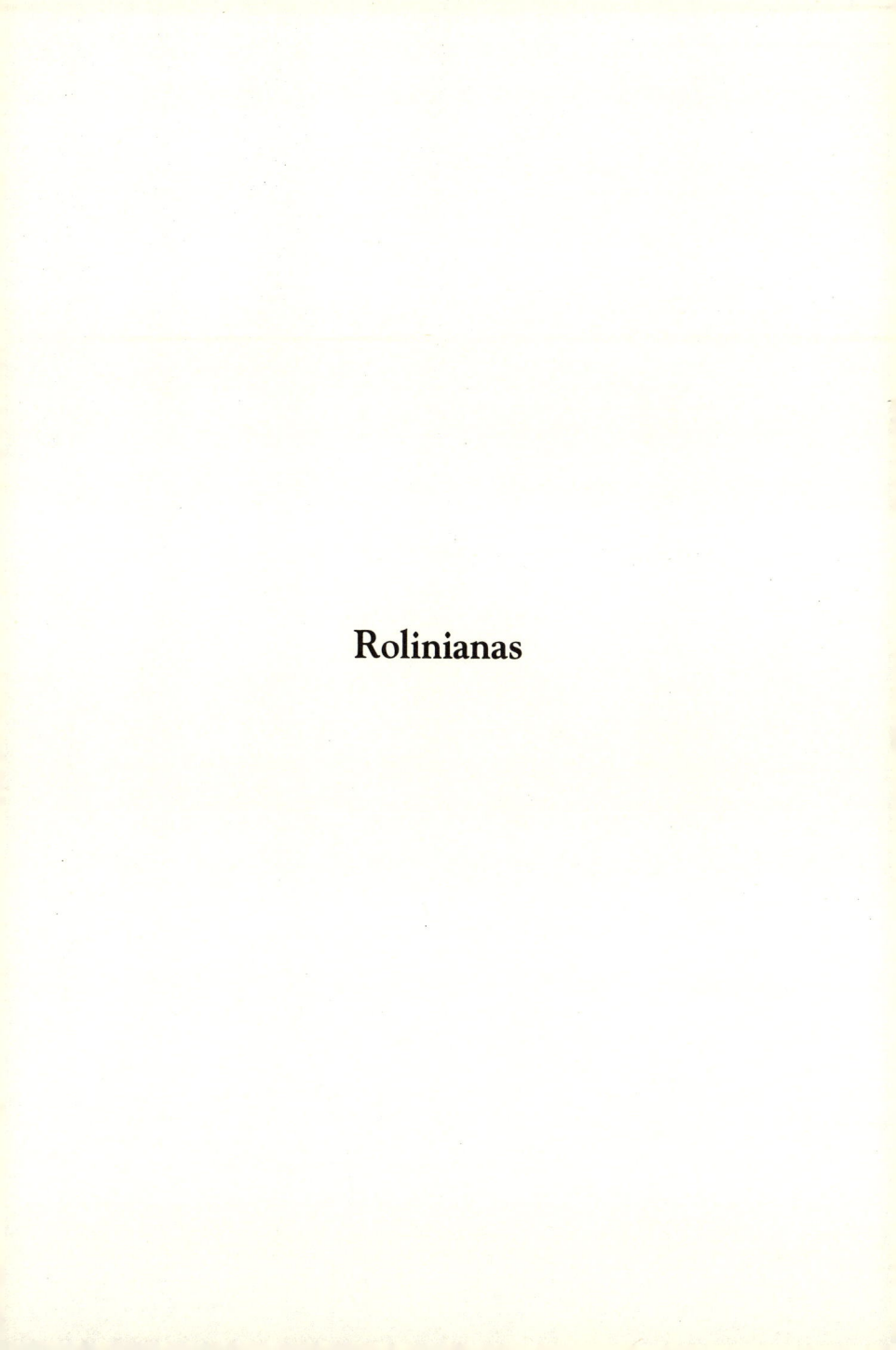

A suma do pensamento de Rolim Adolfo Amaro nas suas frases lapidares:

"Empresa aérea precisa ter a cara do dono."

"Para ganhar credibilidade, é preciso uma interminável série de ações corretas diariamente. Para perdê-la, basta um erro."

"Deus, do alto de sua sabedoria, foi socialista em apenas um fator: na distribuição do tempo. Ele é igual para todos."

"Não há, em nenhum lugar do mundo, algo que garanta a distribuição da riqueza antes mesmo da sua criação."

"Quem precisa de desculpa não merece ser desculpado."

"Os argumentos dos mais fortes valem mais que os mais fortes argumentos."

"Trabalhe na causa, não no efeito."

"O caminho para o sucesso não é fazer uma coisa 100% melhor, mas fazer cem coisas 1% melhor."

"Parece claro, para mim, que os partidos políticos, ou o Estado, em nenhuma sociedade, podem mudar a natureza humana. Mas nós podemos e devemos tentar criar uma estrutura com a qual, desencorajando o pior, possamos ressaltar a face boa e natural do homem e da sociedade."

"O supérfluo não merece ser aperfeiçoado."

"A reforma tributária necessária para liberar as forças da economia não deve ser vista como a vê o governo, de forma imediatista, apenas como um risco de perda de receita por parte do Erário. Se o poder constituído não tem meios para administrar o seu orçamento dentro daquilo que a nação pode pagar, seguramente o custo do governo continuará subindo de forma intolerável."

"A redistribuição de riquezas por meio de impostos, de taxas, até mesmo de confisco, não é a solução. Ela ignorou o esforço construtivo, puniu-o e fez com que o talento para o desenvolvimento de novos negócios, aqueles que criam mais empregos e mais riquezas, ficassem ofuscados."

"É preciso entender que a lei foi feita para o homem e não o homem para a lei; que os administradores são servidores do povo e não seus donos; que cada oportunidade corresponde a uma obrigação e cada direito a uma responsabilidade."

"O valor supremo do indivíduo está no direito à vida, no direito à liberdade e à busca sem fim da felicidade."

"Nenhum sistema liberal ou mesmo a liberdade poderá sobreviver se a liberdade econômica for mutilada."

# Rolinianas

"Trate de incutir em cada empregado a noção da empresa como um todo. Se o empregado pensa como empresa, a empresa não tem empregado, tem empresários."

"Se o empregado desconhece a missão da empresa e a sua própria, será apenas um assalariado e, portanto, infeliz."

"O salário justo e a recompensa são essenciais à vida e ao futuro da empresa."

"Procure caracterizar sempre a estabilidade na empresa; o medo do desemprego é mau companheiro."

"Se a crise vier, e ela está sempre por perto, não dispense pessoas. Coloque-as para vender."

"O melhor argumento é aquele que parece uma simples explicação; por isso, os mais velhos são importantes."

"Um homem sem sonho é um homem sem futuro."

"Não existe plano sem metas; as metas devem ser balizadas; superá-las é executar o plano."

"O melhor vendedor é um homem motivado."

"Se o nosso produto for bom e honesto, deverá ter mercado."

"Não poderemos aviltar a razão da nossa existência, a crença em nosso produto e nosso trabalho."

"Lembre-se de que aquilo que o cliente vê vale mais do que você fala."

## O sonho brasileiro

"Para que possamos continuar crescendo, é muito importante: ser ético; amar o país; respeitar a inteligência e as limitações alheias; tentar sempre melhorar."

"As empresas de prestação de serviços ao público precisam, intensamente, levar em conta aquilo que chamo de 'espírito de servir'. Por isso, selecionamos aqui pessoas que trabalham com o 'espírito do servidor'."

"O presidente não pode viver dentro de uma redoma de falsa importância e perder a noção do objetivo da empresa, que é o da prestação de serviço ao público."

"Em busca do ótimo não se faz o bom."

"Uma nação só pode vencer as várias barreiras que se interpõem ao desenvolvimento quando a vontade nacional é superior e manifesta-se como uma pressão irresistível no sentido de fazer as coisas acontecerem."

"Ganhar ou não é conseqüência da competição, da oportunidade e até mesmo do caráter. O mais importante, contudo, é a união em torno de um objetivo."

"O pior tipo de cliente que existe é o cliente silencioso. Esse não costuma ser fiel a nada. Nós queremos que o cliente interaja conosco, nos escreva, nos critique."

"O cliente que me liga ou manda uma carta é um bem inominável. Ele merece respostas positivas."

"Um presidente não precisa entender profundamente de assuntos administrativos, técnicos ou políticos. Mas quando se trata de implementar o seu desejo, seja no sentido de melhorar o serviço para os clientes, de contribuir com a comunidade, ou de melhorar a situação dos empregados e da própria empresa, ele deverá ser um líder inconteste."

"A única forma de se perpetuar uma empresa a longo prazo é fazer negócios de maneira ética."

"A TAM só chegou até aqui porque sempre tive em mente que os compromissos com os clientes, por um lado, e com os fornecedores, de outro, deveriam ter um perfeito equilíbrio, cujo ponto de apoio seria a moral e a ética."

"Quem busca o custo por vezes acaba perdendo o benefício. Por outro lado, quando se busca apenas o benefício, em algumas ocasiões se precipita a elevação dos custos."

"O limite do nosso crescimento deve ser a qualidade dos nossos serviços."

"O líder de uma empresa não deve hesitar um só momento em radicalizar o discurso quando isso for necessário; desembainhar a espada, quando o momento exigir, sem nenhum medo de ser julgado radical. De fato, o que garante sua legitimidade é a convicção pessoal de que a defesa da empresa e da sua perenidade deve ser sempre tenazmente perseguida."

"Certamente as pessoas têm muita boa vontade com os homens que são 'fazedores', aqueles que perseguem os seus objetivos. E quando eles têm pronta disposição para reconhecer os seus erros e corrigi-los, terão criado o fator credibilidade que os empurrará para diante em todas as suas ações."

## O sonho brasileiro

"Ao promover essa felicidade nas pessoas, sinto que a TAM cumpre, de fato, o papel que um dia pensamos que ela pudesse cumprir. E, ao fazê-lo, de forma ética, por meio de suas ações, sinto-me realizado. Vejo que as 42 horas semanais de trabalho que devo cumprir por força do regulamento são atingidas já na quarta-feira ao meio-dia, e que encontro no desafio motivo para continuar trabalhando o resto da semana com o mesmo entusiasmo."

"O erro é produto da realização e a correção do erro é produto da humildade e da inteligência."

"Quando você diz não a uma proposta, você não está priorizando o produto. Quando você não responde, não está priorizando as pessoas."

"Você pode não querer um produto, mas não pode desprezar quem vende. Até porque, em outro momento, a mesma pessoa pode estar na posição de ter algo que você quer."

"Quero ter do governo proximidade suficiente para defender-me e distância bastante para não ser prejudicado por ele."

"É melhor que os pilotos aprendam no avião dos outros."

"O que mostra minha experiência, adquirida da pior forma possível, é que na aviação não há dois acidentes iguais."

"O grã-fino é o sujeito que tem uma educação superior à sua inteligência."

"Para acabar com a corrupção ou diminuí-la sensivelmente, bastam apenas duas providências: reduzir a participação do Estado e acabar com a inflação."

## Rolinianas

"É preciso encontrar na imaginação uma fonte permanente para criar novos serviços, sedimentar uma postura correta junto ao mercado e adotar internamente uma política motivadora do nosso pessoal, de forma a executar o trabalho com entusiasmo."

"Condições para admissão: é preciso ter bom humor, entusiasmo, espírito de servir, humildade, envolvimento, participação e apresentação pessoal."

"Infeliz o comerciante que faz uma venda de oportunidade. O negócio é vender o produto pela vida inteira."

"Não há nada que não possa ser feito melhor."

"O sucesso é o casamento da oportunidade com a vontade."

"Nunca faça nenhuma surpresa, para não ser surpreendido."

"A síntese da minha vida foi ato de ganhar tempo."

"Eu tenho muita dó das pessoas que morrem cheias de dinheiro e com o quarto vazio de amigos."

"Se você quiser ser feliz, tire a sua felicidade da felicidade dos outros. Clientes ou não."

"Só existe um jeito de fazer a roda girar. É trabalhar ou ganhar mais que os outros."

"O trabalho não mata, pelo contrário, prolonga a vida."

"Ninguém melhor que o consumidor para indicar o caminho que uma empresa deve seguir."

"Quanto mais facilidade de comunicação se dá, mais o cliente se comunica."

"Quem não tem inteligência para criar tem que ter coragem para copiar."

"A melhor maneira de ganhar dinheiro é deixar de perdê-lo."

"O lucro é conseqüência do serviço prestado, não do negócio realizado."

"Para contratar alguém, eu convido para almoçar e vejo como ele come. Se ele come rápido, contrato. Se comer devagar, não serve. Quem se demora comendo é porque pensa mais em si mesmo do que no trabalho."

"Rico não é quem mais tem, é quem menos precisa."

"O sucesso só se mantém quando vem aos poucos."

"Só não terceirizamos a nossa inteligência."

"A diferença entre o teimoso e o obstinado é o sucesso."

"Dizem que sou um homem de visão. Só não sabem que estou cercado por gente que vê mais longe."

"Nenhum negócio é bem-sucedido quando só uma das partes merece fé."

"O sucesso traz a arrogância e a arrogância traz o insucesso."

"Quando se mantém a humildade em doses elevadas, as

chances de errar são menores, até porque a capacidade de ouvir outras pessoas quase sempre faz com que o rumo das ações seja tomado com uma visão mais abrangente."

"Manter a humildade e fazer com que essa mesma humildade possa contagiar todos os quadros da empresa é mais do que um sinal de inteligência. É um claro incentivo àqueles que trabalham dentro da empresa para manter junto ao cliente uma posição de ouvinte, que absorve seus problemas, e de gestor, que os resolve."

"O cliente, todos sabem, é um ser específico e tem exigências diferenciadas. Por isso, a sua satisfação não pode em nenhuma hipótese ser garantida com soluções uniformes."

"Não adianta demitir o funcionário que involuntariamente errou se sua ação foi motivada pelo anseio de acertar."

"Na correta administração do risco é que está a verdadeira sabedoria do empreendedor."

"O culto ao trabalho e a busca pela redução dos custos e por procedimentos eficazes devem prevalecer sobre os perigos de uma esperança alienada."

"O respeito à propriedade privada, que é o mais elementar direito do regime constitucional liberal, é a base para toda iniciativa em qualquer campo."

"Eu não acredito em governos fracos. Acredito em governos fortes, sobretudo para fazer respeitar os princípios constitucionais estabelecidos. Para ser forte, o governo precisa exercer autoridade; para exercer autoridade, ele precisa ser limitado por um Estado de Direito eqüitativo."

## O sonho brasileiro

"O governo precisa perseguir a solidez da moeda, ter baixos níveis de impostos, reduzir a regulamentação drasticamente, a ponto de ela ser apenas o mínimo necessário; precisa ter um espírito empreendedor, sobretudo para incentivar seus melhores valores; e precisa, acima de tudo, de freio ético no exercício do poder."

"Só uma economia aberta poderá representar prosperidade permanente. O Brasil nesse cenário precisará atender as exigências de mercados internacionais e, conseqüentemente, procurar garantir o progresso por meio de políticas fiscais modernas e indutoras. Dará, assim, proteção mínima às suas empresas, produtos e serviços, e compartilhará mais vastamente dos benefícios do comércio mundial."

"Quando o Estado não cumpre seus contratos, é mau patrão em suas empresas e administra as coisas de interesse público de maneira equivocada, é preciso que os valores que se agregam ao caráter dos jovens sejam mantidos por meio de um esforço da sociedade para que, principalmente, os valores morais e éticos não pereçam."

"O Executivo dá pequeno valor ao tempo; o Legislativo o vê como uma miragem; mas o sistema Judiciário nacional não o conhece."

"Uma longa viagem deve ser sempre a soma bem executada de pequenos trajetos."

"A única segurança da empresa provém de clientes satisfeitos."

"É conveniente comunicar os feitos da empresa como se fossem a razão máxima da sua vida."

"Se não existir uma vantagem competitiva, não dê início a nenhuma competição."

"Mude antes que seja obrigado."

"É necessário fazer planos, porque sem eles não é possível fazer as necessárias revisões."

"Aos 50 anos, você ousa sonhar. Aos 15, o sonho é permanente."

"Só envelhece quem não tem capacidade de sonhar."

"Quando você vê sua obra, vai entender as suas raízes."

"Você tem de passar de temido para querido."

"Quem mais tem o poder da caneta é quem menos o usa."

"Devemos fazer com que as altas notas da cidadania, da moral, do cívico e, sobretudo, dos valores do trabalho, do respeito e da ética, transmitidas por nossos antepassados, sejam sempre cultivadas, já que os longos anos de inflação os destruíram. Isso tudo já é um sonho brasileiro, mas todas essas coisas só se fixarão quando aqueles que governam derem o exemplo. Caso contrário, os governados perderão o respeito pelos governantes."

"Só a competição pode corrigir posturas, melhorar os horários, adequar as freqüências e forjar, no conceito do usuário, as melhores lembranças."

"Vale a pena investir na sociedade, retribuindo o que ela nos dá em participação de mercado e lucratividade."

## O sonho brasileiro

"Sou sempre obrigado a pensar que a TAM é um bem da comunidade. As suas ações servem apenas para me dar estabilidade na condução de sua gestão, mas é claro que ela é uma empresa do Brasil e contribui para enriquecer o patrimônio nacional. Dessa maneira, quanto mais satisfação eu puder dar à comunidade como um todo, seja por meio de seus usuários diretos, fornecedores e colaboradores, mais a empresa estará contribuindo para exercer o papel que lhe foi confiado por essa mesma comunidade."

"É sabido que o homem positivo é aquele que vê, em cada problema, uma oportunidade. E o negativo é aquele que faz de cada oportunidade um problema."

"Toda grande obra é fruto da obsessão de um sonhador."

Impresso na ArtPrinter
em agosto de 2003

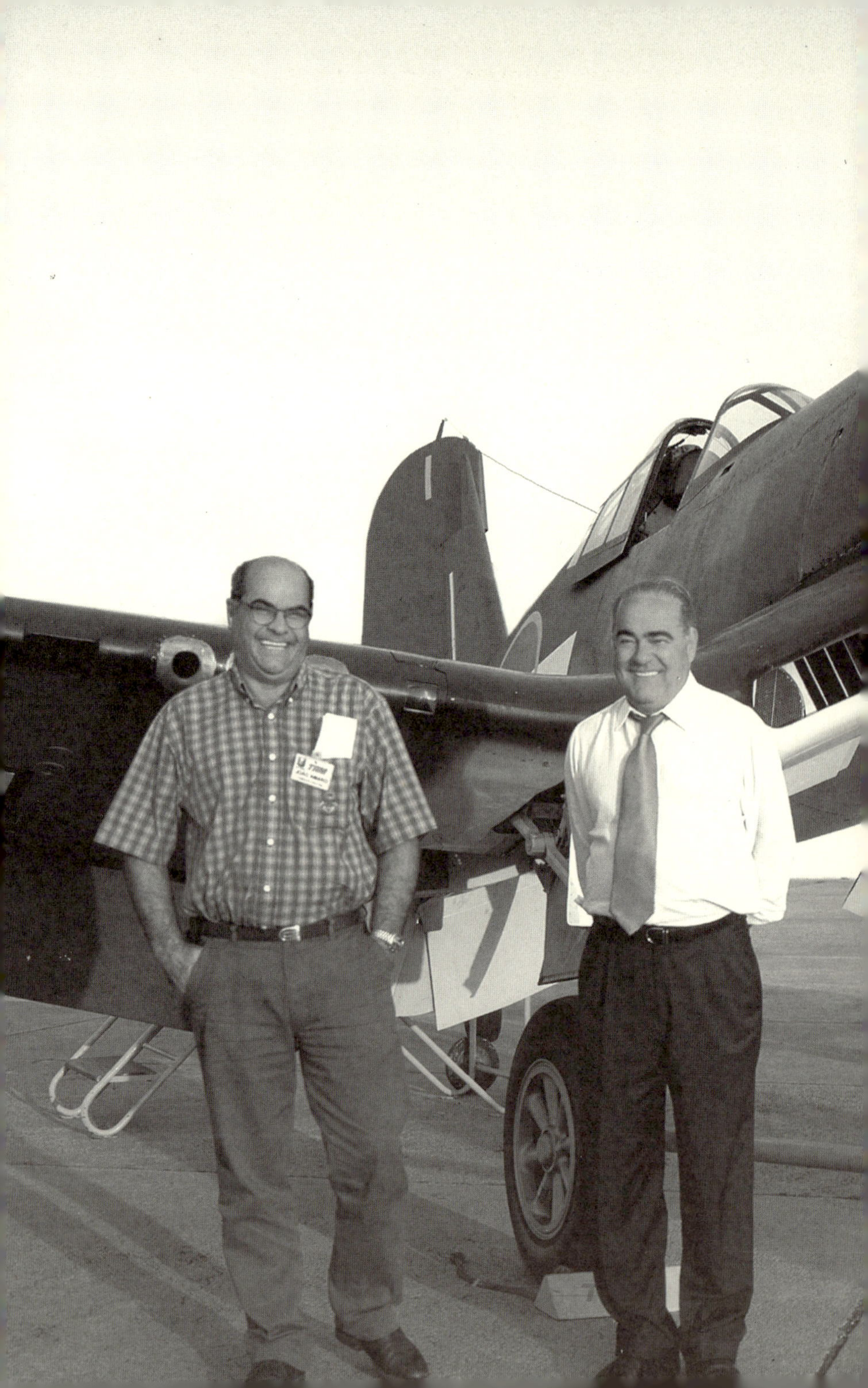